预防性文物保护环境监测调控技术

马金香 著

科 学 出 版 社
北 京

图书在版编目（CIP）数据

预防性文物保护环境监测调控技术 / 马金香著. —北京：科学出版社，2015. 9

ISBN 978-7-03-045272-6

Ⅰ. ①预…　Ⅱ. ①马…　Ⅲ. ①藏品保管（博物馆）-环境监测-研究　Ⅳ. ①G264.2

中国版本图书馆CIP数据核字（2015）第175048号

责任编辑：李　茜　曹　玮 / 责任校对：张凤琴

责任印制：赵　博 / 封面设计：北京美光制版有限公司

科学出版社 出版

北京东黄城根北街 16 号

邮政编码：100717

http://www.sciencep.com

北京厚诚则铭印刷科技有限公司　印刷

科学出版社发行　各地新华书店经销

*

2015年9月第　一　版　　开本：720×1000　1/16

2024年3月第二次印刷　　印张：19 5/8

字数：453 000

定价：128.00 元

（如有印装质量问题，我社负责调换）

前　言

中华民族五千多年的文明史留存了丰富的文化遗产，这些宝贵的遗产不仅构成了中华民族深厚的文化底蕴，也承载着中华民族文化渊源的基因，它们见证了历史的发展、时代的变迁。在我国全面建设小康社会和实现中国特色社会主义现代化的伟大历史进程中，文物是推动文化大发展、大繁荣，提高国家文化软实力的不可再生的重要物质资源；同时，也是实现经济社会全面、协调、可持续发展的重要战略性资源。文物藏品的保护工作，历来是博物馆工作的重要组成部分，不仅仅是数量上的收藏保管，而是更高要求的长期良好保存。社会发展对文化遗产保护的重视以及博物馆事业的发展，对藏品保护工作提出了更高的要求。

随着对外交流的展开，我国藏品保护的理念也在不断发展进步，逐步与国际接轨。博物馆藏品保护工作的重点，正从以抢救性保护修复、被动维修受损文物为主导，向以预防性调控环境、主动维护防止文物劣化（腐蚀）方面转变。就馆藏文物保护而言，研究应用一切与博物馆环境相关的科学技术和成果，对馆藏文物保存环境进行有效的监测和控制，最大限度地抑制和减缓环境因素对文物材料的破坏作用，是预防性地从源头上保护珍贵文物的关键，即预防性文物保护理念已经成为当今国际文化遗产保护的共识，也是当今世界文物科技保护领域的发展趋势。

1930年在意大利罗马召开的关于艺术品保护国际研讨会上，第一次提出预防性保护的概念，即指对博物馆藏品保存环境实施有效的监控，抑制环境因素对文物的危害作用。这次会议肯定了实验室研究对文物研究的意义，在国际范围内达成了文物科学保护的共识。20世纪50年代以来，英国、加拿大、美国等国家级研究机构相继成立，开展了众多与博物馆环境相关的研究工作。《博物馆环境》《博物馆藏品保护与展览：包装、运输、存储及环境考量》《博物馆与美术馆环境管理指南》等具有指导性意义的经典书籍相继出版。IIC 出版的杂志《文物保护研究》于1952年创刊，刊登了大量博物馆环境领域内的研究论文。近年来，馆藏文物保存环境研究向着更加深入细致的方向发展，开拓了许多崭新的领域。1998年，由英国、荷兰、丹麦、加拿大、美国等国文物保护学者自发建立了“博物馆及档案馆室内环境质量学术组织”（Indoor Air Quality in Museums and Archives, IAQ），主要研究室内污染气体对文物的影响因素、作用机理、分析检测、应用实践等。自成立以来IAQ已组织了10次国际学术研讨会，最近的一次会议于2012年6月在英国伦敦召开。针对博物馆环境内的污染气体，国外已经开展了大量研究，在污染气体的监测、检测、评估、调控等各个方面取得了重要的研究成果。

我国的文物保护研究基础起初较为薄弱，对预防性保护理念与博物馆环境工作的意识也较为淡薄。改革开放以来，随着我国政府重视程度与扶植力度不断增加，文化遗产保护事业逐渐进入了繁荣的阶段，馆藏文物保存环境研究工作取得了显著的进展。国家文物局在“九五”“十五”“十一五”“十二五”期间将馆藏文物保存环境研究列为文物保护科技发展规划的重点，组织开展了“影响文物保护的环境因素及环境质量标准”“全国馆藏文物腐蚀损失调查”“馆藏文物保护管理综合研究”“珍贵文物保存环境控制关键技术研究”等专项研究；借鉴国外成熟的研究成果，探讨提出了我国文物保存环境标准和管理规范；翻译出版了《博物馆环境》《博物馆藏品保护与展览：包装、运输、存储及环境考量》等博物馆藏品预防性保护的经典指导书籍；实施了“馆藏文物保存环境达标试点工程”，从环境监测分析、质量标准、管理规范、工程实践等方面进行了诸多有益的探索，努力在馆藏文物保存环境研究的各个领域取得更大的进步。

本书共十章，第一章介绍了我国预防性文物保护的现状，包括馆藏文物、古建筑遗址类文物的保护；第二章介绍了博物馆环境国内外相关的标准；第三至五章分别介绍了博物馆内的温湿度环境、光环境及博物馆内的空气品质；第六章介绍了文物的监测技术，同时还对全国可移动文物保护环境监测系统平台进行了详细说明；第七章介绍了博物馆环境模拟技术，并对博物馆展厅环境进行了模拟；第八、九章先对博物馆环境调控的理论进行介绍，再针对博物馆内展厅、库房、展柜内环境的调控系统进行详细说明；第十章介绍了相关的文物保护技术。

本书引用了国内外多本著作、教材及文献并在书中给出标注，在此一并表示感谢。由于作者水平和经验有限，疏忽及漏引之处在所难免，还望相关读者、同行们多加指正。

目　　录

第一章　预防性文物保护现状

随着对预防性保护理念认识的不断深入，馆藏文物保存环境监测和检测技术在国内得到了充分重视，研究工作获得了许多突破性的进展。总的来说，我国博物馆环境因素的研究对象比以往更为全面，由原本集中于对温度和相对湿度的监测转为对温湿度、光辐射、污染物、生物与微生物等环境因素的全方位监测。特别是针对污染气体的研究工作逐步加强，污染气体的分类检测日渐细化，各种污染气体间协同作用的研究也日渐清晰。

第一节　预防性文物保护的概念及作用

所谓文物“预防性保护”，就是采取有效的质量管理、监测、评估、调控等预防措施，抑制各种环境因素对文物的危害作用，努力使文物处于一个“稳定、洁净”的安全生存环境，尽可能阻止或延缓文物的物理和化学性质改变乃至最终劣化，达到长久保存文物的目的。博物馆“稳定”环境，是指控制温度、湿度等环境因素在适宜指标下的平稳性，防止出现较大幅度的波动，“适宜指标”，是指文物本身已经长期良好适应的温湿度环境状态。博物馆“洁净”环境，是指控制文物收藏、展示环境空气中特征污染物浓度达到科学合理的安全极限值以内。预防措施是通过管理和技术应用，从源头控制文物保存空间的污染物水平、光照强度和温湿度平稳性（如防止藏展材料散发污染物，提升文物展柜密封度和环境调控功能等），加强环境监测与风险评估，实施必要的环境调控措施。

博物馆环境主要是指收藏与展示各类可移动文物的相对封闭空间的总体，包括文物库房、展厅、展柜、储藏柜（箱、盒）等空间中的各种物理、化学、生物等条件。博物馆环境根据空间类型可分为微环境（以展柜、储藏柜、包装盒内空间为代表）、小环境（以库房、展厅等室内空间为代表）、大环境（覆盖整个博物馆建筑的空间）、室外环境（博物馆建筑之外的空间）。环境因素是引发博物馆藏品劣化损害的主要原因，主要包括温湿度、光辐射、污染气体（包括颗粒物）和有害生物四类。环境因素对文物保存有着至关重要的影响，我国已从以抢救性保护修复、被动维修遭损文物，向以预防性调控环境、主动维护防止文物产生劣化方面转变。“预防性保护”原则已经成为国际共识和发展方向。

我国现有文物总量如下：国有文物藏品3000多万件（套）；一级文物约6万件（套）；二级文物约98万件；三级文物251万多件；考古发掘，每年增加35 000件。国家文物局进行的“全国馆藏文物腐蚀损失调查”项目结果显示：50.66%的馆藏文物存在不同程度的腐蚀损害，其中，重度以上腐蚀的馆藏文物200余万件（占16.5%），一级文物3000余件，二级文物12余万件，三级文物30余万件。结果表明，环境影响成为当前馆藏文物劣化损害的主要因素，环境质量问题所造成的文物材料老化腐蚀的状况严重，数量巨大，其经济损失甚至已经超过了其他行业。

随着珍贵文物保护修复技术能力提升达标专项的实施，我国文物保护综合技术中心的设施设备跻身世界文化遗产保护先进行列，31个省部共建区域性保护国家修复中心、93个技术推广站及15个移动修复实验室的建成和发展，我国建立起可移动文物保护修复的全国三级网络和移动修复网络；文物保护科技支撑体系的合理布局，使我国文物行业在科技资源整合、自主创新能力、应用技术研发等方面得到大幅度提升，珍贵文物保护综合能力得到极大的提高，从而推动我国文物保护事业进入科学化、规范化的新阶段。

文物保护科技是指给文物看病，进行体检诊断（诊病）、治疗病害（治病）和采取措施预防病变（防病），使文物能够延年益寿。文物预防性保护行动就是研究应用一切与博物馆环境及风险管理相关的科学技术和成果，对馆藏文物保存环境进行有效的监测和控制，抑制各种环境因素对文物的危害作用，努力使文物处于一个安全的生存环境，尽可能阻止或延缓文物的物理和化学性质改变乃至最终劣化，达到长久保存馆藏文物的目的。

《国家文物博物馆事业发展“十二五”规划（2011～2015年）》和《国家文物保护科学和技术发展“十二五”规划（2011～2015年）》设立重大专项之一就是“文物风险预控技术体系研究与示范”，系统开展文物自然劣化、突发灾害、人为破坏等风险因素的识别、分级、预测、评估和处理研究，建立文物风险预控的理论及方法体系。研发馆藏文物微环境高效调控技术及博物馆环境监测系统解决方案，初步建立博物馆环境质量评估、监测和调控技术支撑体系。应用空间信息技术、图像分析技术、环境监测技术、物联网技术、海量数据存储与分析技术等，建立基础地理数据库、环境监测数据库、文物状态数据库、图像存储信息库、安全防范数据库等，形成文物预防性保护及辅助决策的技术支撑体系、标准规范体系和信息管理系统平台。针对文化遗产地、博物馆等领域的文物保护特点，有计划地开展科技示范，提高文物保护管理的信息监测、动态管理与辅助决策支持能力。馆藏文物保护管理职能机构和科研基础平台建设得到不断完善各级博物馆普遍设置了文物保管部门，专职负责馆藏文物的保管工作。在国家级和许多省级博物馆、部分文物机构和科研院所内，逐步建立了文物保护和修复专业的部门或岗位，已经在国内形成了具有一定规模的馆藏文物保护科技力量。从多种渠道筹集投入了近亿元的科研设施及科研项目资金，运用现代科学技术开展了数百项保护文物的探索和应用研究项目，获得了一批馆藏文物保护修复成果。同时，已经制定《文物保护修复实验室建设规范》，并建立17家国家文物局重点科研基地，包含了馆藏文物保存环境重点科研基地，针对该领域的重大问题开展技术研究。

预防性文物保护理念的应用和全国文物保护修复网络的构建，使馆藏文物保存环境科学和技术工作得到了极大的重视和加强。在法制规章、发展规划、管理机构、新建场馆、科技研究、标准化建设等方面有了很大的发展，我国馆藏珍贵文物和部分重要出土文物得到了科学保护，全面改善了馆藏珍贵易损文物的保存环境，提高了科技水平，降低了文物损毁率，从根本上解决了文物保护能力薄弱的问题，扭转了“头疼医头，脚疼医脚”的被动局面，推动了由“被动的抢救性保护”向“主动的预防性保护”转变。

第二节　博物馆馆藏文物科技保护现状

博物馆中的藏品按来源性质主要分为考古发掘出土文物和传世文物，根据文物质地的物理化性能的不同，文物的材质大致分为有机质地、无机质地和人工复合质地三大类（表1-1）。

这些文物都经历了长时间的保存，尽管保存的环境和条件都非常好，但它们都会发生不同程度的变化。一方面，文物与保存环境周围的水、空气、土壤、光照等接触，而这些都会或多或少地对文物产生影响；另一方面，不

表1-1 文物分类

文物质地类型	类别	举例
有机质	纸质	古籍、书画、信件等
	木质	家具、竹器、漆木器、版画
	纺织品	绵、毛、丝、麻
	角骨	牙、甲骨、贝、角
	皮革	各类动物皮革制品、皮影、羊皮书、皮鼓、皮箱包等
无机质	金属	金、银、铜、铁、锡等
	石质	石刻、石碑、玉器、宝石等
	陶瓷	陶器、瓷器、砖、瓦当、玻璃等
人工合成	化学合成、壁画	各种塑料、环氧树脂件

同材质的文物都有一个自然老化过程，这种老化蜕变是它们自身与环境相互作用的结果，同样对文物产生了负面影响。调查数据表明，馆藏文物腐蚀程度与材质有关，无机类文物重度以上腐蚀平均率低于有机质文物。

馆藏文物的预防性保护，是一项管理、研究和应用并举的系统工程，需要通过建设一个统一的馆藏文物保存环境监测平台来有效实施。为此，国家文物局在组织开展“十一五”国家科技支撑计划《馆藏文物保存环境应用技术研究（2006BAK20B01）》等一批专项研究。在获得一批研究成果的基础上，2011起还组织开展了一系列“馆藏文物保存环境监控技术成果集成示范”项目，至今已经取得了一批研究成果，进行了示范、培训和推广，并已组织研制了一批相关的技术规范。

《国家文物博物馆事业发展“十二五”规划（2011～2015年）》和《国家文物保护科学和技术发展“十二五”规划（2011～2015年）》针对可移动文物预防性保护，以“显著提高馆藏文物和遗产地风险预控能力”为发展目标，坚持“建立科学保护文物的长效机制，推进文物的抢救性保护与预防性保护的有机结合。加强文物的日常保养，监测文物的保护状况，改善文物的保存环境”的保护为基本原则，将组织实施“文物风险预控技术体系研究与示范”和推进博物馆藏品保存环境达标建设，研究推广应用博物馆藏品保存保护技术，有效降低博物馆藏品的自然损坏率列为文物博物馆科学研究和技术创新、加强博物馆藏品保护和科学研究方面的主要任务，将“建立馆藏文物保存环境监测平台，提高馆藏文物收藏保管能力”作为可移动文物保护和文物保护装备保障两方面重大工程内容，将“开展100个包括国家文物保存环境监测中心、区域文物保存环境监测中心、文物保存环境监测站在内的全国珍贵文物保存环境监测网络建设工作”作为发展指标，将“研发馆藏文物微环境高效调控技术及博物馆环境监测系统解决方案，初步建立博物馆环境质量评估、监测和调控技术支撑体系”作为重大专项研究内容。

《国家文物博物馆事业发展“十二五”规划（2011～2015年）》提出了推动博物馆发展从数量增长向质量提升转变，优化博物馆体系，基本形成以中央地方共建国家级博物馆为龙头，国家一、二、三级博物馆和重点行业博物馆为骨干；国有博物馆为主体，民办博物馆为补充的博物馆体系，构建辐射全国、面向世界的博物馆资源共享平台。建成一批体现国家或地方文明形象的博物馆，新建、改扩建一批地市级和文物大县博物馆，加强博物馆基础设施、安全防范设施、保管装备、保存环境控制设施、陈列展示设施建设。大力推进中央地方共建国家级博物馆和创建世界一流博物馆工作。支持各省、自治区、直辖市建设地方重点博物馆。立足行业特点和地域文化特色，积极发展科技、艺术、自然、民族、民俗、工业遗产等类型的专题性博物馆，大力推进生态博物馆、社区博物馆、数字博物馆等新形态博物馆建设。实施民办博物馆质量提升行动计划，引导、规范和扶持民办博物馆发展。

在“十二五”规划中，提出加强博物馆藏品保护和科学研究拓展博物馆藏品来源渠道，丰富博物馆藏品种类，增加博物馆藏品数量。创新博物馆与文物考古研究机构的协作机制，推进考古发掘品向国有文物收藏单位移交。鼓励民间文物收藏者将珍贵文物捐赠或委托博物馆保管，提高民间收藏文物的保护展示水平。加强地市级博物馆库房和区域文物中心库房建设，建立文物中心库房集中保管重要藏品制度。结合国有可移动文物普查，建立全国博物馆藏品数据库。开展国家一级文物藏品档案复核工作，实施全国国有文物收藏单位藏品定级达标建设活动。推进博物馆藏品保存环境达标建设，研究推广应用博物馆藏品保存保护技术，有效降低博物馆藏品的自然损坏率。开展国有馆藏一级文物以及重要出土文物的病害分析和健康评估工作，修复保护一批博物馆藏品。加强博物馆藏品的科学研究和保护技术攻关，提高博物馆的科研能力、学术地位和社会影响力。

创新博物馆管理机制，以中央地方共建国家级博物馆和国家一级博物馆为重点，逐步构建公益目标明确、投入机制完善、监管制度健全、治理结构规范、微观运行高效的现代博物馆制度。健全博物馆馆际交流、陈列展览项目交流合作、藏品开放工作制度，建立以国家一级博物馆为核心的博物馆专业协作网络，推进对中小型博物馆的连锁、代管和对民办博物馆的帮扶，激发基层博物馆的活力。建立博物馆藏品共享平台和藏品利用激励机制，大幅提高博物馆藏品利用效率。推进博物馆陈列展览精品工程，建立博物馆陈列展览和社会服务质量评价制度。完善博物馆登记、年检制度，分类管理国有博物馆和民办博物馆。健全博物馆评估定级和运行评估制度，建立政府、行业和社会共同参与的博物馆监督管理机制。实行博物馆专业人员资格管理制度，壮大博物馆之友和博物馆志愿者队伍，加强博物馆行业协会建设，提高博物馆工作人员的职业道德水平。

《国家文物保护科学和技术发展“十二五”规划》，在技术创新活动方面，国家先后启动实施了“中华文明探源工程（二）”“文化遗产保护关键技术研究”“大遗址保护关键技术研究与开发”“古代建筑保护技术及传统工艺科学化研究”“石质文物保护关键技术研究”“中华文明探源工程及其相关文物保护技术研究”“指南针计划——中国古代发明创造的价值挖掘与展示”等一批重大科研项目。通过联合攻关，在系统揭示文化遗产价值、探究中华文明形成与早期发展的特征与规律、现代科学技术在考古领域的应用、大遗址的保护与管理、馆藏文物保护修复技术与材料、馆藏文物保存环境的监测与控制、传统工艺科学化、不可移动文物保护、文物保护集成装备等方面取得了一批具有自主知识产权的共性和关键技术研究成果，文物保护科技水平显著提高，若干制约文物、博物馆事业发展的重点、难点和瓶颈问题得以解决。白鹤梁题刻原址水下保护工程研究与实践、文物出土现场保护移动实验室、“南海Ⅰ号”整体打捞及保护等一批优秀科技成果，以及优秀科技工作者获得国家级和省部级科技奖励。许多科技成果在第三次全国文物普查、长城资源调查、重点文物保护工程、大遗址保护工程、灾后文化遗产抢救性保护、可移动文物保护、馆藏文物保存环境改善、博物馆展示服务提升等重大工程和重点工作中得以应用，有效提升了文物保护的科技含量，取得了显著的社会效益和经济效益。

《国家文物保护科学和技术发展“十二五”规划》，提出文物保护关键技术提升计划：

1. 可移动文物保护修复关键技术提升计划

开展可移动文物无损或微损检测技术和应用规范研究；开展金属文物

深层有害锈转化关键技术研究，研发新型环保的缓蚀、加固和封护材料；开展脆弱陶质文物快速脱盐及加固材料与工艺研究；针对脆弱纺织品和纸质文物污染、粉化、褪色等病害，开展生物技术清洗、接枝加固和显微修复关键技术及材料研究；针对竹木漆器干缩、变形、漆层开裂脱落等病害，开展木质纤维微结构修复、整器加固定型和漆层回贴加固关键技术和工艺研究；针对骨角质文物酥松、脆化等主要病害，开展生物技术修复和加固关键技术研究；针对油画的空鼓、开裂、变色等病害，开展保护修复的关键技术研究；开展近现代文物病害专题调研和保护修复技术适用性研究；在已有关键技术成果的基础上，开展保护修复技术规范化研究，实施科技示范工程。

2. 不可移动文物保护关键技术提升计划

针对古建筑、石质文物、土遗址、壁画等存在的保护瓶颈问题，重点开展文物保护工程前期勘察的适宜技术研究，建立勘察的成套技术体系；在古代木结构建筑安全稳定性评价关键技术及专有装备方面实现突破，建立木结构建筑安全监测技术系统解决方案；开展砂岩类石质文物表面风化程度无损检测技术、保护材料和修复工艺等关键技术研发，解决砂岩类石质文物保护的关键问题；开展石窟寺危岩体加固效果评价的关键技术研究与示范；开展饱和土和非饱和土遗址保护综合技术研究，研发针对土遗址坍塌、开裂、遗址表面风化等病害的专有集成技术；开展墓葬壁画环境控制、真菌防治、地仗及颜料层保护材料和工艺关键技术研究；开展遗址博物馆生物病害防治关键技术的研究，以及激光清洗技术在石质文物、烟熏壁画和历史建筑等方面的应用研究；针对不可移动文物保护和修复的共性和关键科学问题，建立多场偶合模拟实验场。

3. 考古与出土现场应急保护关键技术提升计划

系统开展考古调查发掘、现场应急保护和实验室分析等关键技术研究，多维度认识和解读古代遗存所蕴含的物质与文化属性。重点开展低空遥感技术在考古遗址识别中的应用研究；开展磁法、电法及雷达探测技术在地下遗迹遗存预探测中的集成应用研究；建立基于GIS技术的考古发掘信息记录系统；加强考古工作数理统计方法研究；系统开展脆弱出土文物微环境控制封存、可逆性加固材料和技术、现场防霉技术以及新型整体文物包装材料和技术等研究；开展现场快速分析检测技术对出土文物与埋藏环境的分析研究；

建立考古发掘过程中各类文化堆积状况和包含物的量化描述标准；开展测年技术、同位素技术、DNA技术、显微分析技术等在实验室考古中的应用研究，建立相关规范和技术标准。

全国馆藏文物保存环境监测平台的建设目标，是根据文物预防性保护原则，针对当前博物馆藏品预防性保护缺乏环境监测手段、不能及时感知和预控馆藏文物保存环境质量等问题，运用先进传感技术、互联网技术和通信技术，应用适宜的博物馆环境监测技术、调控技术和预警管理技术，建立统一与共享的全国馆藏文物保存环境监测网络系统，提高馆藏文物风险预控的感知、评估和决策能力；建立有效调控馆藏文物微环境的手段和管理体系，改善博物馆收藏文物保存环境质量。

拟建成的全国馆藏文物保存环境监测平台，将作为我国可移动文物保存环境监测共享平台和国家监测信息中心，其功能是实时监测我国主要和重要博物馆珍藏文物的保存环境质量、汇集统计信息、科学分析数据、评估环境质量、查询交流信息、开展咨询和培训等活动。全国馆藏文物保存环境监测平台由国家（文物局）馆藏文物保存环境监测中心、区域文物保存环境监测中心和文博单位文物保存环境监测站组成，通过三级监测层的技术监测和数据处理，达到评估预测文物收藏保管风险，决策指导博物馆环境优化调控，预防保护珍贵文物的目的。全国馆藏文物保存环境监测平台分层结构示意图如图1-1所示。

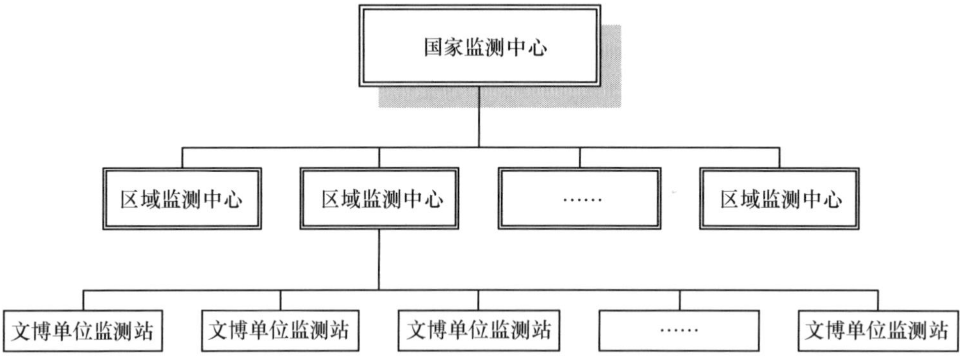

图1-1　馆藏文物保存环境监测平台分层示意图

馆藏文物保存环境监测平台建设，主要包括构建馆藏文物保存环境监测信息网络系统、建立比较完备的环境监测技术系统和实施有效的环境调控应用系统三方面工作。

信息网络系统建设是“馆藏文物保存环境监测平台”成功实现全国博物馆环境监测和调控网络化管理与应用的基础。信息网络系统拟通过国家文物保存环境监测中心、区域文物保存环境监测中心和文物保存环境监测站网络硬件建设，以馆藏文物保存环境监测平台软件为核心，以新型传感器技术、计算机网络与通信技术、数据库技术以及智能信息处理为手段，建成统一的博物馆环境监测数据存储、交互和安全管理平台；通过监测技术系统应用实现数据采集、传输、记录、储存、分析、管理、查询、交流；通过调控应用系统实施环境质量评估、风险预警、决策调控，并可扩展应用于研究环境因素劣化作用机理等需求。馆藏文物保存环境监测信息网络系统结构示意如图1-2所示。

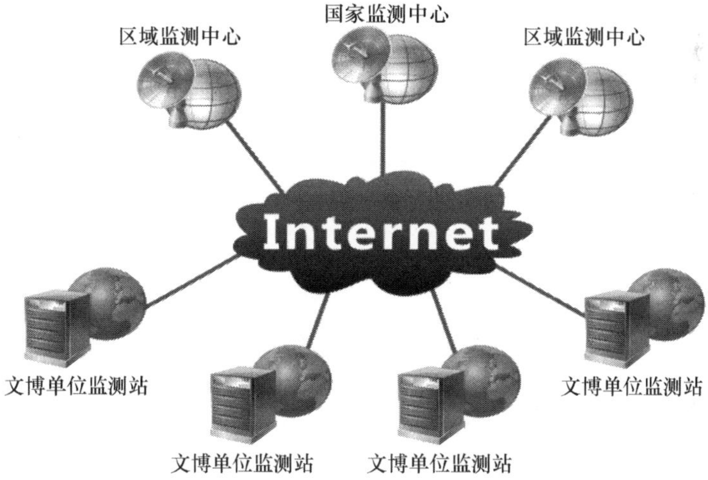

图1-2　馆藏文物保存环境监测信息网络系统结构示意图

环境监测技术系统建设是“馆藏文物保存环境监测平台”从技术层面实现博物馆环境监测分析、实验分析、评估分析、风险预警、决策调控的基础。环境监测技术系统拟由无线传感器及其网络、被动扩散采样检测和便携式仪器检测三类实时监测或实验室检测方法所构成。环境监测技术系统建设按照文博单位收藏保管、展陈利用等实际需要，统筹考虑博物馆展厅和库房等空间分布、采取文物保存微环境调控区域与非调控区域比对监测、不同材质文物选择性监测等因素。环境监测技术系统构成如图1-3所示。

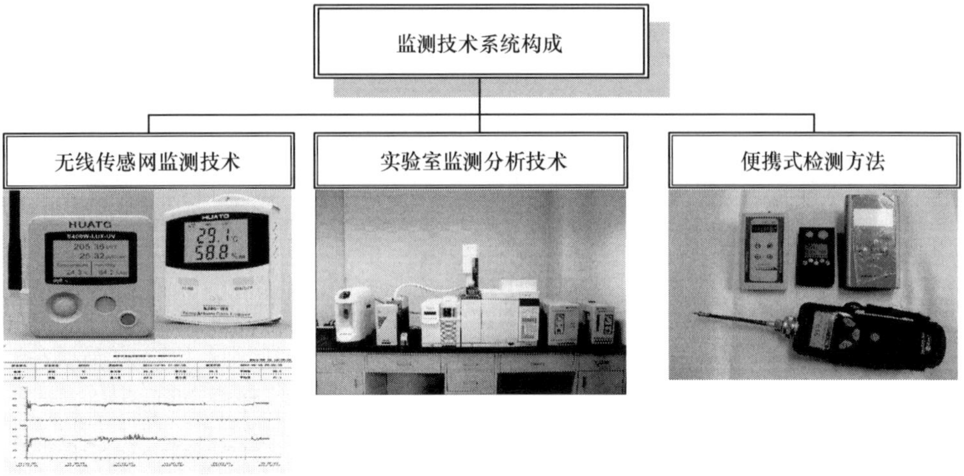

图1-3 监测技术系统构成

环境调控应用系统建设，主要通过平台应用软件开发、技术标准研制、管理手册制定、技术培训和各级决策层管理制度制定等，建立全国馆藏文物保存环境监测管理体系；通过多种有效的调控措施应用不断改善博物馆微环境质量；形成馆藏文物保存环境质量评估、风险预警、决策调控机制；深入开展环境影响作用机制研究，制定馆藏文物保存环境质量标准；提高防范文物收藏保管风险，尽可能预防保护珍贵文物。

近年来，国内多家省市级博物馆在国家文物局的支持下，已经开始建设馆藏文物环境监测与控制系统。目前已经建成或正在建设的博物馆有中国国家博物馆、陕西历史博物馆、南京博物院、首都博物馆等。

第三节 古建筑遗址类文物科技保护现状

我国有着灿烂而悠久的历史，亦有丰厚的文化遗产。古建筑遗址类文物从各个方面反映了我国各个时期人类的意识形态、社会活动、社会关系等。这不仅是中华民族的珍贵的文化遗产，也是全人类的珍贵的文化遗产。这些古建筑具有的科学价值、历史价值、经济价值和艺术价值是不可估量的，更是不可代替的。

在《国家文物博物馆事业发展“十二五”规划》中着力实施一批重大

文物抢救性保护工程，有效保护一大批重要文物，初步建立中国特色文物维修保护理论体系和文物保护工程管理体系。报请国务院核定公布第七批全国重点文物保护单位。实施新疆、西藏、涉台、元代以前早期建筑、明清古建筑群、工业遗产等一批重大文物保护工程；开展四川和青海灾区、第六至七批全国重点文物保护单位的重点文物抢修工程，基本排除重大文物险情。加强全国重点文物保护单位中石窟寺石刻、古村落古民居的现状调查、规划编制、维修保护和环境整治工作。做好历史文化名城名镇名村保护工作，加强历史文化名城名镇名村中重要文物保护单位的维修保护工作。开展近现代重要史迹保护工程，加大革命文物保护力度。加强少数民族地区文物维修保护工作。规范文物保护工程勘察、设计、施工、监理、验收的业务流程管理。加强不可移动文物的日常巡查保养工作。积极探索文物保护单位维修后的展示和利用途径。加强文物保护工程前期研究，建立国家级和省级重点文物保护工程项目储备库。编写出版一批重点文物保护工程报告。

在考古方面，提升考古在文物保护利用中的基础地位，形成以基本建设考古项目为主的工作格局。积极做好基本建设工程和各类经济开发区建设区域的文物抢救保护工作。增强基本建设项目中考古工作的主动性、计划性、科学性和规范性。提高基本建设考古项目的审批效率，加大考古工地管理力度，提升基本建设考古工作质量。开展中华文明探源工程等重大学术课题研究，确立中国考古学文化系列和编年框架，构建中华文明表达体系，促进考古学科发展。加强大遗址考古、边疆考古、区域考古、石窟寺考古、科技考古、公众考古、中外合作考古工作。加强考古业务管理，研究编制考古规划，完善考古技术标准。推行地下文物埋藏区认定公布制度，研究建立基本建设项目文物影响评估制度和考古项目监理制度，修订基本建设项目考古调查勘探发掘费用标准。健全文物考古机构，建设文物标本库房，配置出土文物现场保护设备。加强现代空间技术、物探技术、数字化测绘技术在考古中的应用。加强考古资料整理和考古报告出版工作。

在大遗址保护方面基本形成以西安、洛阳、荆州、成都、曲阜、郑州6个大遗址片区，长城、大运河、丝绸之路、茶马古道4条文化线路，环国境线分布的重要大遗址为重点，150处大遗址为支撑的大遗址保护格局。加强大遗址考古，编制大遗址保护规划。实施一批大遗址保护展示工程，提高大遗址研究、保护、展示、管理和利用水平。推进国家考古遗址公园和遗址博物馆建设。创新管理体制，建立健全大遗址保护管理专门机构。推动中央地方共建国家级大遗址保护示范园区建设。探索建立以大遗址为核心的文化遗产保护片区。建设大遗址文物信息数据库、大遗址技术保护科技研究中心和大遗址保护监测预警平台。完善大遗址保护管理制度，制定大遗址保护技术规范，评估大遗址保护绩效，提高大遗址保护项目、专项资金的监管水平和使用效益。

随着改革开放政策的实施，我国城市经济迅猛发展，城市进入空前规模的开发建设阶段，新区的建设、旧城更新以及城市基础设施的改造等导致了历史文化及其环境、城市传统风貌的改变，使我国文化遗产保护进入到一个更为广泛也更为严峻的新时期，所面临的保护问题渐渐从文物建筑扩大到整个历史城市及历史街区。

近年来，国家建设部及遗产保护开展得比较好的省、市结合国际遗产保护发展趋势，逐步加大了对古建筑遗址类文物的关注。在观念上实现了一些突破：第一，加大了对“近现代历史建筑和名人故居”的保护，以上海市为例，至2005年年底，上海市政府已批准公布近代优秀建筑有398处，其中包括沙逊别墅、大光明大戏院等61处首批近代优秀建筑中，有四成以上已完成修缮。北京、杭州、苏州、天津等城市也加大了对城市近代建筑展开保护的步伐。第二，创新性地提出了“历史环境”保护观念，所谓“遗产建筑物、古迹和地区周边环境”指的是紧靠古迹遗址的和延伸的、影响古迹遗址重要性或是其重要性组成部分的周围环境。不同规模的建筑物、遗址和地区（包括城市、陆地和海上自然景观、遗址线路以及考古遗址）其“环境”的范围与解释应该有所区别。第三，引进“遗址公园保护和大遗址保护”模式。“遗址公园保护观念”指的是对历史遗址实行残状遗址和残状构件的“现状保存与原位保存”。目前，为了保存历史信息的真实性与完整性，在对待历史遗址、遗迹和砖石建筑残构的保护方法上，我国逐渐开始采用遗址公园保护模式。其中比较著名的实例有北京圆明园遗址公园和近期杭州雷峰塔遗址公园。“大遗址”不只是原有文物分类意义上的大型古遗址、古墓葬或大型古文化遗址的简称。大遗址既包括上述文物保护单位个体，更包括与地理环境相关联的遗址及包含有文物、建筑群的遗址的群体综合系统，可引申为区域文化遗产、文化与自然遗产。大遗址保护与利用属于自然与文化遗产保护研究领域的前沿性课题，主要解决如秦始皇陵、汉阳陵、赵邯郸故城、交河故城等大规模古遗址的保护、利用和旅游问题，研究工作结合了考古学、历史学、规划学、建筑学等多学科领域，侧重于古遗址保护利用（旅游）规划、遗址博物馆建筑设计的理论与方法研究，接续中国传统建筑体系是研究的主旨。

在保护方法上，加快了对“有中国特色的遗产保护修复原则与方法”的探索，考虑到保护修复与再利用功能之间的协调，比如，故宫午门城台上的几处建筑在延续其“展厅功能”的同时，为了保护内檐彩画及天棚彩画，除了对彩画进行必要的维护、清理，实现“原状保存”之外，在室内整体添加了密闭式轻质玻璃厅。它将参观人流彻底与建筑及文物展品分隔，既保证了文物展览所要求的恒温、恒湿展览环境，又避免了参观者对文物展品及文物建筑的二次破坏，也是一个对文物保护与再利用功能要求之间整体考虑的重要探索。

多年以来，我国对古建筑遗址类文物保护的发展，梳理和归纳其理论和方法的发展脉络，在肯定我国遗产的资源价值和社会价值的同时引进了西方国家关于古建筑遗产价值体系的主要成就。在21世纪，建立具有中国特色的古建筑遗址保护理论体系成为保护理论体系发展的迫切要求。

第四节　天津地区文物保护现状

天津市属暖温带半湿润季风性气候，临近渤海湾，海洋气候对天津的影响比较明显。主要气候特征是，四季分明，春季多风，干旱少雨；夏季炎热，雨水集中；秋季气爽，冷暖适中；冬季寒冷，干燥少雪。天津年平均气温在11.4～12.9 ℃，市区平均气温最高为12.9 ℃。1月最冷，平均气温在−3～−5 ℃；7月最热，平均气温在26～27 ℃。天津的气候特点对天津地区的文物保护提出了相应的要求，以天津博物馆、天津自然博物馆和北疆博物院为例说明天津地区文物保护的现状。

一、天津博物馆

天津博物馆新馆位于天津文化中心区域内，于2008年开工建设，2012年落成并对外开放。新馆地上五层，地下一层，层叠错落；内部空间设计更融合了博物馆穿越时空隧道、连接未来之窗的理念，新颖独特。新馆总投资8.3亿元人民币，总建筑面积64 003平方米，其中展厅面积14 000平方米，库房面积11 000平方米。新馆特设2800平方米的临时交流展厅，除了基本陈列和馆藏文物专题陈列外，可以不定期举办国内外大型临时性特展；可容纳近400人的国际报告厅，设施设备一流，能够举办大型国际学术交流活动。新馆的建成充分满足了博物馆陈列展览、藏品管理、学术研究、文物保护与修复、社会教育等功能需求，是天津地区最大的集收藏、保护、研究、陈列、教育为一体的大型公益性文化机构和对外文化交流的窗口。天津博物馆是一座历史艺术类综合性博物馆，其前身可追溯到1918年成立的天津博物院，是国内较早建立的博物馆之一。其收藏特色是中国历代艺术品和近现代历史文献、地方史料并重，现有古代青铜器、陶瓷器、书法、绘画、玉器、玺印、文房用具、甲骨、货币、邮票、敦煌遗书、竹木牙角器、地方民间工艺品及近现代历史文献等各类藏品20万件，包括759件（套）一级文物、4115件（套）二级文物和40 028件（套）三级文物共计近4.5万件珍贵文物，基本以传世文物为主；另外还收藏有图书资料20万册。2007年年底对外免费开放，2008年被评为国家一级博物馆。

目前，文物预防性保护理念已成为国际文化遗产保护的共识。就博物馆馆藏文物保护而言，对博物馆文物保存环境实施有效的监测和控制，提升博物馆珍贵文物的风险预控能力，最大限度地防止或减缓环境因素对文物材料的破坏作用，是预防性保护珍贵文物的关键。根据国家文物局文物保护技术成果推广应用工作的统一部署，天津博物馆于2013年6月委托上海博物馆馆藏文物保存环境国家文物局重点科研基地，编制了《天津博物馆珍贵文物预防性保护方案》，就天津博物馆珍贵文物保存环境质量监测、调控和囊匣配置等方面的提升工作提出了系统解决方案，经申报通过国家文物局和财政部评审，被批准列入2013年国家重点文物保护专项补助资金项目，资助经费869万元。

该项目的主要任务：①在该馆建立一整套环境监测系统，实现对全部文物库房、展厅和重点展柜等文物保存环境质量的及时感知和反馈。包括：布设无线传感实时监测系统；配备必要的手持式环境检测仪器，定期检测和评估无线监测系统运行状况；配备应用“无动力扩散采样器—仪器分析技术”定期对环境污染物进行检测。②结合环境监测结果，制定具体环境整治调控方案，优化文物展柜等微环境质量，配置600件珍贵文物环境友好型囊匣，配备应用被动调控或主动调控措施整治优化文物保存环境，努力达到“稳定、洁净”的文物保存环境状态。③制定藏品保护监察管理制度和手段，设立博物馆环境监控岗位职责，形成藏品保护管理、协调、监测、分析、处理、预案等一系列风险预控机制，全面提升该馆文物预防性保护水平。④根据国家文物局“十二五”建设“全国馆藏文物保存环境监测平台”及其国家文物保存环境监测中心、区域文物保存环境监测中心和文物保存环境监测站三级系统的发展规划，天津博物馆在本项目中除了建立本馆文物保存环境监测站之外，将在天津市文物局的统一部署下，为下一步在天津博物馆建立“天津市区域文物保存环境监测中心”、承担全市博物馆环境监测调控指导及服务职责而做积极的准备。

本项目的工作目标，主要是针对天津博物馆的展厅和文物库房中文物保存环境质量监测与调控，建立比较完善的天津博物馆文物保存环境监测系统，运用多种调控手段和配置环境友好型文物囊匣，对文物保存微环境实施有效的“稳定、洁净”调控，形成馆藏文物预防性风险管理机制，建立天津博物馆文物保存环境监测站；在该馆构建馆藏文物保存环境监测区域中心，提升该馆馆藏文物的预防性保护的综合能力，服务和指导天津市区域内各家文博单位的博物馆环境监测与质量改造工作。

二、天津自然博物馆

天津自然博物新馆是在原天津博物馆建筑的基础上改建而成的，地处天津市的文化中心，于2014年1月25日向公众试开放。天津自然博物馆新馆建筑面积为3.5万平方米，对外开放展区1.4万平方米，包括常设陈列区、临展区、体验娱乐区、科普教育区，新馆陈列以“家园”为主题，设一层“家园·探索”、二层“家园·生命”和三层“家园·生态”三个区域，是目前全国第一个主题单元化、全景式展示的自然探索、科学体验、科学教育的自然历史博物馆；对外综合服务区3996平方米，包括共享大厅、纪念品区、公共空间、餐饮服务等综合教育体验区；科研、藏品区4580平方米，包括科学研究、藏品收藏、资料收藏、藏品维护；综合管理区12 424平方米，包括行政办公区、管理保障区、会议区等。天津自然博物馆现已成为一座以收藏、展示和研究自然标本类藏品为主的综合性自然科学博物馆，也是目前国内首家全景式展示生命演化、自然探索、生态体验的自然史博物馆。

天津自然博物馆以收藏动物、植物、矿物、岩石标本，以及古人类、古生物化石为基础，现有各类藏品近40万件，其中动物标本28万件，植物标本9万件，古生物及古人类、岩石矿物标本1万余件；藏品中属一、二级藏品达1200多件，是中国为数不多的集古生物、古人类、动物、植物、地质等多学科的综合性自然史博物馆。其历史悠久、馆藏丰富、科研成果卓著居国内自然博物馆先进行列，2008年被认定为首批国家一级博物馆。天津自然博物馆作为中国北方最早的自然博物馆，同时也是中国目前最大的自然博物馆之一，以其历史悠久、馆藏丰富、科研成果卓著享誉中外，在国内外自然博物馆领域占有重要地位。

天津自然博物馆新馆库房位于办公区一层，总面积4580平方米，共有库房20间。藏品按照动物、植物、化石、矿物等分类存放，根据不同藏品种类及藏品大小分别存放在柜体（含木质柜及铁皮柜）、木箱体、瓶体（浸制专用）及昆虫标本盒中。天津自然博物馆新馆展厅及库房内恒温无恒湿空调系统，库房内设有中央空调，24小时开放，具有湿度调控功能的空调设备正在引进。因密闭的库房内检测到紫外辐射，部分库房中有兽类、鸟类等动物标本裸露放置，无紫外线的灯具正在安装使用，以减少由于较高的光照度及紫外辐射对标本产生的损害。由于天津自然博物馆新馆室内装修材料的释放和标本自身残留试剂的挥发，导致馆内甲醛和TVOC浓度均高，加之通风换气条件差，使有害气体难以及时稀释扩散，通风换气设备将增加，以改善馆内部空气质量。

在损害动物标本的诸多因素中，以温湿度影响最大。若室内温度过高、湿度偏低，会造成标本变形甚至干裂损坏；若温湿度均过高，动物标本易于生霉、腐败，因此应当在防潮、控制温湿度的同时进行防虫、防霉控制。此外，动物标本均属于对光照非常敏感的物质，若暴露在未加控制的光照下，会引起皮毛褪色、易脆易裂等损伤。空气中的灰尘等漂浮物对动物标本有污脏、磨损或黏结等作用，也是传播繁殖菌类和害虫的掩护体，因此库房和展厅应防尘、除尘，保持清洁。由此可见，摸清馆藏标本展陈和保存环境的现况，进而对不适宜的环境条件进行调控，对保护标本、延长其存在和使用寿命具有重要意义。

天津自然博物馆委托中国国家博物馆编制了《天津自然博物馆藏品保存环境质量监控方案》，其主要任务是：①建立全面覆盖天津自然博物馆的环境监测系统，实现对本馆文物库房、展厅、展柜文物保存环境的实时连续监测，检测精度和分辨率达到较高要求。包括：布设无线传感监测系统；配备便携式或小型环境检测分析仪器；建立分析检测实验室；制定监测系统维护方案。②根据环境监测结果，制定具体的展厅和库房室内环境整治调控方案，改造提升文物展柜和储藏柜质量，应用被动调控或主动调控措施优化文物保存的微环境。③制定藏品保护监察管理制度，设立博物馆环境监控岗位职责，形成藏品保护管理、协调、监测、分析、处理、预案等一系列风险预控机制，提升天津自然博物馆藏品预防性保护水平。④参照国家文物局的部署和要求，拟建立“自然博物馆藏品保存环境监测区域中心”，承担华北地区自然类博物馆预防性保护的服务咨询工作，在自然类博物馆的预防性保护工作中起到示范作用。

该方案的目标是针对天津自然博物馆的藏品保存环境质量现状，制定全面的藏品保存环境监测与初步控制方案，建立国内领先的自然标本库房、展厅、展柜中的环境监测系统，综合应用多种调控手段对库房储藏环境、展厅展陈环境及展柜微环境进行调控，形成藏品预防性风险管理机制，初步建成天津自然博物馆藏品预防性保护综合体系，环境监控达到国内自然博物馆领域领先水平。

三、北疆博物院

北疆博物院为天津自然博物馆前身，于1914年由法国传教士桑志华创办，位于天津市河西区马场道117号天津外国语大学院内。博物院旧址地上三层，建筑高度12米，高窗天然采光。北疆博物院（北楼）于1922年修建，建筑为混合结构三层楼房，清水砖墙，占地面积370平方米，建筑面积960平方米；1925年，在办公楼西端建成陈列馆，为三层建筑，建筑面积620平方米；1930年，在办公楼南增建新楼，南北二楼以通道相连接，形成一组“工”字形建筑，博物院遂形成完整的格局。总面积1491平方米。

藏品保存环境的监测与评估工作，是掌握藏品保存环境质量、了解环境变化规律、及时采取调控改善措施的必须手段。中国国家博物馆编制了《天津自然博物馆藏品保存环境质量监控方案》对北疆博物院的库房和展厅建立了监测点，图1-4是一层相应的监测点，监测点的具体位置在具体实施时根据现场情况决定。

北疆博物院旧址也正在按需要增加恒温恒湿空调系统，使博物院旧址室

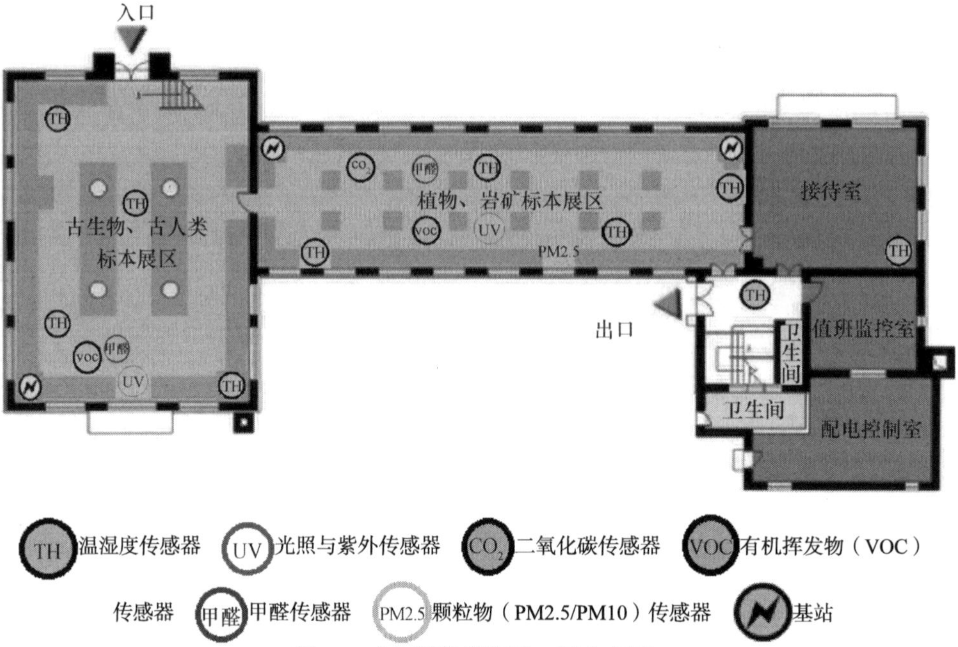

图1-4　北疆博物院旧址一层布点图

内环境尽量达到适宜于标本保存的温湿度条件，尽量减少因温湿度不适宜或剧烈波动对动植物标本造成变形、干裂、霉变等损坏。由于樟脑、甲醛溶液的使用，导致高浓度的TVOC普遍存在，正在增加通风换气设备，提高室内空气质量状况。

第二章　博物馆环境质量标准

博物馆室内的环境质量受到外部环境的影响，由于各个国家所处的地理位置、气候条件、空气质量等各不相同，因此，国际上至今没有统一的博物馆环境质量标准，各个国家也没有制定出国家级博物馆环境质量标准，只有少数博物馆和档案管根据自己所处的地理位置及当地的气候变化规律，以及所在城市的环境质量情况和运行空气净化设备的经济实力指定出自己的环境质量标准。

当今世界上大多数博物馆室内环境标准是参照汤姆森（Thomson）先生1986年出版的《博物馆环境》（第二版）[1]，他在书中建议了博物馆室内二氧化碳、二氧化硫、臭氧、甲醛等有害物的浓度要求。我国在参照《博物馆环境》要求的空气质量的同时，要考虑到我国的气候特点，也结合我国国家《室内空气质量标准》（GB/T 18883-2002）的要求。

第一节　博物馆环境国外相关标准

国际博物馆界对于博物馆展厅温湿度控制范围没有统一的标准，不同环境地理条件的博物馆根据展厅的情况、博物馆内的空调设备性能、文物的质地以及运行费用的充裕程度，确定博物馆所执行的控制范围。博物馆展厅温湿度控制范围以及水平主要取决于空调设备及空调系统所具备的升温、降温、加湿、减湿能力，这一能力主要来自博物馆展厅空调设计人员对展厅文物保存所需温湿度状况的了解。

1960年国际博物馆委员会（The International Council of Museums'ICOM）搜集了欧美各国博物馆温、湿度控制范围，并加以推荐（表2-1）；英国国家美术馆科学顾问汤姆森（J.Tom-son）1978年、1986年所著的《博物馆环境》，全面地论述了各种环境因素：温湿度、光线、污染气体，对文物损伤产生的影响，并提出了应控制的环境质量标准（表2-2）。1986年美国国家科学委员会编辑出版的《历史文献保存》一书又专门为适用于文件照相材料、卷书等藏品制定了美国国家档案局空气质量标准（表2-3）；1989年美国Purafil公司长期从事于博物馆、档案馆空气净化和环境对文物破坏潜能的检测、监控研究的基础上，从中导出公式，从铜银挂片的腐蚀程度进行空气质量分级，将文物保护环境分为五级（表2-4）。

表2-1　国外博物馆制定的陈列室、库房温、湿度标准

国家	城市	名称	保存对象	温度/℃	湿度/%
英国	伦敦	H.J.Plenderleith	羊皮纸	15.5 ~ 23.5	55 ~ 60
英国	伦敦	H.J.Plenderleith	纸		60
英国	伦敦	H.J.Plenderleith	图书馆	15.5	50 ~ 65
英国	伦敦	H.J.Plenderleith	博物馆	15.5 ~ 24	58
英国	伦敦	British Museum	博物馆	17	60
英国	伦敦	Vicoric and Albert Museum	库房	15.5	60
英国	伦敦	Nation Gallery	库房	15.5	58
英国	伦敦	F.I.G.Ravalins	博物馆	17.2	55 ± 3
葡萄牙	伯明翰	Museum of Art	博物馆	15.6	50
葡萄牙	里斯本	Museum Nacional de Arte Antiga	博物馆	13.5 ~ 14	60
葡萄牙	维塞乌	Museum Regional de Grao Vasco	博物馆	14 ~ 18	65
法国	巴黎	罗浮宫（Musee Louvre）	画库	18	65
法国	巴黎	罗浮宫	博物馆	18 ~ 20	55 ~ 70
法国	巴黎	Noblecourt	图书馆		45 ~ 63
法国	巴黎	Noblecourt	博物馆	16 ~ 24	58 ± 3
法国	里尔	Palais des beaux -arts	博物馆	18	65 ~ 70
比利时	安得瓦甫	Einografisch Museum	博物馆	16 ~ 17	45
比利时	安得瓦甫	Stadsarchief	图书馆	20	45 ~ 60
比利时	布鲁塞尔	Musees royaux dex beaux-arts	博物馆	15 ~ 20	50 ~ 70
荷兰	阿姆斯特旦	Rijks Museum	博物馆	12 ~ 18	55 ~ 70
瑞士	勒洛克勒	Musee des beaux -arts	博物馆	14 ~ 20	55 ~ 65
瑞士	伯尔尼	Kungstmnseu	博物馆	16	50 ~ 60

续表

国家	城市	名称	保存对象	温度/℃	湿度/%
德国	汉堡	Kunsthalle	博物馆	15 ~ 25	65 ~ 68
德国	纽伦堡	Germanisches Nationalmuseum	博物馆	12 ~ 18	60 ~ 70
德国	律伯克	Museum der Stadt	博物馆	13	55 ~ 65
德国	斯图特加	Staatsgalerie	博物馆		66
德国	斯图特加	Wurttembergisches Landesmuseum	博物馆	17	60 ~ 70
瑞典	斯德哥尔摩	National Museum	博物馆		50 ~ 60
美国	克里佛兰	Museum of Art	博物馆	18	50 ~ 55
美国	宾夕法尼亚州	Institute of Art	博物馆	20 ~ 22	50 ~ 55
美国	纽约	Metropolitan Museum of Art	油画板木	50	
			帆布织物	30	
美国	俄亥俄州	Memorial Art Museum	油画板木	7 ~ 18.5	55
			帆布织物	4.5 ~ 15.5	45
			博物馆实验室	16 ~ 21	45 ~ 60
美国	弗吉尼亚州	Virginia Museum of Fine Arts	博物馆	20	40 ~ 60
美国	圣地亚哥	The Fine Arts Gallery	博物馆	21	60 ~ 70
美国	华盛顿	Freer Gallery of Art	博物馆	18.5 ~ 25	40 ~ 55
美国	华盛顿	National Gallery of Art	博物馆		45 ~ 50
加拿大	多伦多	The Art Gallery	博物馆		50 ~ 60

表2-2　博物馆环境质量标准（汤姆森）

第一类	第二类
国家级及新建的重要博物馆	重要历史性建筑和教堂（无管道空调装置）
对光中度敏感的展品（例如油画）	对光中度敏感的展品
日光或人工光200lux ± 50lux	绝对无直射阳光照度保持在近几百lux
年照度不大于650 000lux	
对光敏感展品（例如织物）	对光敏感的展品
人工光源50lux	人工光源50lux
年照度不大于20 000lux	年照度不大于20 000lux

表2-3　博物馆、档案馆的二本环境专著制定的空气质量标准比较

环境因素	博物馆环境（Tomson 1986）	历史性案卷的保存（国家研究会）
温度	19 or（24 ± t）℃	20 ~ 22℃
相对湿度	50% ~ （55 ± 5）%	40% ~ 50%
SO_2	≤ 10μg/m³	≤ 1μg/m³（0.4×10^{-9}）
NO_2、HNO_3	≤ 10μg/m³	运用最有效的技术
O_3	≤ 2μg/m³	≤ 2μg/m³（1×10^{-9}）
颗粒物	80%效率	

表2-4　Purafil 公司洁净、污染空气的分级标准

级别	空气质量	铜腐蚀量	级别	空气质量	铜腐蚀量
C1	非常洁净	< 9	S1	非常洁净	< 4
C2	洁净	< 15	S2	洁净	< 10
C3	清洁	< 25	S3	清洁	< 20
C4	轻度污染	< 35	S4	轻度污染	< 30
C5	污染	> 35	S5	污染	> 35

Purafil公司20世纪90年代又从温湿度、污染气体及腐蚀速率等项指标，建议博物馆、档案馆应采取的环境质量标准（表2-5）。

表2-5　Purafil公司建议的博物馆、档案馆的环境质量指标

污染气体	SO_2：0.35×10^{-9}；O_3：0.94×10^{-9}；NO_2：2.65×10^{-9}；HCl，醋酸，甲醛和金属性烟雾：应用最好的治理技术
温度/℉	应控制在限定的范围内，变化不大于控制值。第1类：（65 ~ 75）± 2；第2类：（50 ~ 55）± 1；第3类：−20 ± 1
相对湿度/%	应控制在限定的范围内，变化不大于控制值。第1类：（40 ~ 55）± 5；第2类：（25 ~ 35）± 3；第3类：20 ~ 25（应当封闭在此相对湿度环境中）
颗粒物	75μg/m³
腐蚀速率/nm.90d^{-1}	氯化银（AgCl）< 15；硫化银（Ag_2S）< 10；氧化银（Ag_2O）< 15；银总腐蚀 < 30；铜总腐蚀 < 40

建议档案馆的空气质量应保持在洁净度1级，铜腐蚀速率：＜4nm/30d（其级别划分如下：1级：非常洁净，＜4nm/30d；2级：洁净，＜10nm//30d；3级：可允许范围，＜20nm/30d；4级：临界范围，＜30nm/30d；5级：有害指标，＜30nm/30d）[2]。从以上博物馆、图书馆、档案馆的环境质量标准可以看出以下几点[3]：①对博物馆环境质量标准要求在提高；②对以纸保存为主的档案馆环境质量标准要求更高；③在环境质量的监控测定除温湿度、污染气体等数值外，还发展了从金属腐蚀速率累积剂量划分空气质量的等级的评估方法。美国本土位于北温带，介于北纬25°～49°，大部分地区属温带和亚热带，气候和降水比较适宜，降水与地下水均十分丰富，有利于工农业生产的发展，可谓得天独厚。仅佛罗里达半岛南端属热带；阿拉斯加州位于北纬60°～70°，属北极圈内的寒冷气候区；夏威夷州位于北回归线以南，属热带。Mecklenburg先生1984年获得美国马里兰大学博士学位后开始研究博物馆文物保护环境问题，1989年提出了自己对于博物馆温湿度的看法，他做了多种木材、象牙、皮胶、明胶、壁画、蛋彩画、帆布油画、不同颜料油画等处于不同温度和不同相对湿度下的伸缩率变化试验，进行了动物皮胶和明胶在不同相对湿度下黏合的强度，用试验数据说明了美国史密森尼博物馆和美术馆的温湿度控制范围的合理性[4]。根据这些试验结果，1995年主持制定了《美国史密森尼博物馆和美术馆室内环境指南》，其指南制定的展厅和库房温度控制范围为66～74℉（19～23℃），相对湿度控制范围为37%～53%。也可以说温度控制范围为70℉±4℉，相对湿度控制范围为45%±8%。他认为，权衡所有无机文物和有机文物，展厅和文物库房保持45%相对湿度对各类文物最安全。

英国大英博物馆有100多个展厅，大多数展厅根据材质分类进行控制，其中很多展厅没有安装空调系统，对于珍贵文物和敏感文物应在有恒湿控制措施的展柜中展出，如放置硅胶和小型恒湿机控制。大英博物馆没有总的展厅温湿度控制要求，但是根据文物材质不同，大英博物馆保护部制定了文物文类温湿度控制范围要求[5]如表2-6所示。

表2-6　大英博物馆文物分类温湿度控制范围要求

文物分类	文物材质	相对湿度/%	温度/℃
低敏感文物	石质、陶瓷、石膏、玻璃、硬木文物等	<65	室温
中等湿度要求文物	有机文物：纺织品、木器漆、象牙、骨物、油画、水粉画、纸张类、印刷品、壁画、素描、羽毛、竹物、混合文物和多质地组成文物等	40～60	16～25
低湿度要求文物	腐蚀金属、铅、青铜、出土锈蚀铁器文物、糖文物等	<35	16～25
要求种地湿度稳定文物	砂石文物、板岩文物等	<50	16～25
中低湿度要求文物	玛瑙、古尸、动植物标本、出土文物、彩绘画玻璃、含盐陶瓷文物等	35～45	16～25
要求湿度稳定文物	古丝绸、绢、卷轴字画、皮革、羊皮纸、仿羊皮纸、皮面包装书籍文物等	50～60	16～25

澳大利亚的气候区域特征明显，东北部是热带雨林气候，东部为亚热带季风气候，东南部和西南部是地中海气候，最东南角是温带海洋性气候，中西部属热带沙漠气候，热带沙漠气候的南北两侧是热带草原气候。澳大利亚于2002年制定了《文物机构环境控制指南》，在指南中根据澳大利亚全国不同地区博物馆所处的气候条件不同，分三类制定了博物馆展厅温湿度控制范围[6]：在湿热区域，温度控制范围是22～28℃，相对湿度控制范围是55%～70%；在干热区域，温度控制范围是22～28℃，相对湿度控制范围是40%～60%；在气候温和地区，温度控制范围是18～24℃，相对湿度控制范围是45%～65%。同时，该指南指出：对于珍贵文物和敏感文物，应当展出20℃±2℃、50%±3%的恒温恒湿展柜环境中。他们认为，相对湿度上下波动10%，如40%～60%，绝大多数有机文物不会被损坏，相对湿度上下波动20%，一些有机文物会被劣化和损坏。

加拿大位于北美洲北半部，冬季气候寒冷干燥，夏季期短（7～8月），雨量集中在春季（4～6月），多数博物馆位于东南部的城市中。1981年，加拿大文物保护研究所出版了《加拿大博物馆、美术馆和档案管环境控制要求》的小册子[7]，在书中指出：博物馆内最佳温度控制范围是21℃±1.5℃；最低可接受温度变化范围是21～25℃，每月变化不超过1℃，每天的波动范围要求是设定值±1.5℃。最佳相对湿度控制范围是47%～53%，每天的相对湿度波动不超过±2%；最低可接受相对湿度变化范围是：冬季最低为38%，夏季最高位55%，每天的波动范围不超过±3%，偶然情况下相对湿度波动±5%是可以接受的；季节变换时，每月相对湿度变化应当控制在5%范围内。对于不同种类的文物，他们也给予了相关建议：金属文物展出和保存于30%以下的相对湿度条件中；毛皮类文物保存于相对湿度为35%～58%，温度为4℃±1℃的低温环境中。彩色照片底片保存于相对湿度为25%～35%，4℃低温环境中。

表2-7为国外几个典型博物馆和历史建筑的温湿度控制范围[8]。

表2-7　国外几个典型博物馆和历史建筑的温湿度控制范围

博物馆名称	温度控制范围/℃	相对湿度控制范围	场所
英国维多利亚和艾尔伯特博物馆	18～25	40%～65%（每小时波动不超过5%）	展厅
英国苏格兰博物馆	16～20	45%～60%（全年95%时间保持于此范围内）	展厅
法国罗浮宫《蒙娜丽莎》	18～21	50%±10%	展柜
美国弗瑞尔美术馆	18～25	37%～53%	展厅
美国希尔史帝博物馆	18～24	30%～60%	展厅
美国费济艺术博物馆	冬季18±2	冬季45%±5%	展厅
美国费济艺术博物馆	夏季21±2	夏季55%±5%	展厅
美国史密森尼博物馆	21±2	45%±8%	展厅
英国历史建筑协会	5～28	50%～65%	历史建筑
葡萄牙埃武拉16世纪历史建筑	夏季20～25	65%±5%	历史建筑
英国档案保存标准	（16～19）±1	45%～（60±5）%	库房

现在世界上大多数博物馆室内环境标准参照《博物馆环境》，书中建议博物馆室内二氧化硫气体浓度不超过10μg/m^3，二氧化氮气体浓度不超过10μg/m^3，臭氧气体浓度不超过2μg/m^{3}的要求。

美国国家档案管理局制定了一个非常严格的环境质量控制标准（表2-8）[9]。该标准适用于美国国家档案馆的档案库房、档案工作时间和档案展厅。

表2-8　有害气体空气过滤净化后最高允许值

有害气体	空气过滤净化后最高允许值/（$\mu g/m^3$）
二氧化硫	2.7
二氧化氮	5.0
臭氧	4.0
甲醛	5.0
乙酸	10.0

这一标准能否达到取决于现阶段空气检测技术和空气净化技术的水平。同时，该标准也不能表明低于这一“安全”空气质量限值可以保证档案不受损害。

加拿大博物馆文物保存环境空气污染物的指标是引用加拿大文物保护研究所的让·特雷奥特（J. Tétreault）先生提出并完善的文物保存环境的技术指南。它做了大量的有机颜料、无机颜料、铅、磁带、橡胶、照片材料在污染气体条件下的腐蚀和破坏试验，得出了一个与文物相关的博物馆环境质量的控制标准（表2-9）。

表2-9　文物保存环境空气污染物限值指南

主要污染气体	限定保存时间的最大允许浓度/（$\mu g/m^3$）			参照区域平均气体浓度/（$\mu g/m^3$）	
	1a	10a	100a	低空清洁区	城市地区
乙酸	1000	100	10	0.3 ~ 5	0.5 ~ 20
硫化氢	1	0.1	0.01	0.01 ~ 1	0.02 ~ 1
二氧化氮	10	1	0.1	0.2 ~ 20	3 ~ 200
臭氧	10	1	0.1	2 ~ 200	20 ~ 300
二氧化硫	10	1	0.1	0.1 ~ 30	6 ~ 100
可入肺颗粒物（PM2.5）	10	1	0.1	1 ~ 30	1 ~ 100

注：引自Tétreault，2003

通常，在0.1$\mu g/m^3$臭氧环境条件下，文物表面颜料不变色，可以保存完好100年；然而，在10$\mu g/m^3$臭氧环境条件下，文物仅仅能保存一年。他同时也列出了一般区域的参照空气质量。现实是，这一标准对于普通博物馆来说，肯定是太严格了，绝大多数博物馆难以达到。但是，参照这一保存环境指南是有益的。

对于可见光，国际博物馆界要求展厅和库房的照度值应与色温相匹配，照度较高时选用高色温光源，照度较低时宜选用低色温光源。一般博物馆照明建议使用色温低于3300K光源，目的是保持博物馆整体统一的环境色温。

博物馆界在制定光敏感程度材料的分级时，参照的标准是国际标准纺织品色牢度标准：蓝色羊毛标样（ISO Bule Wool Scale），此标准将光敏感度分为8级，是评价纺织品在光线照射后褪色的评价标准，也可以说是量度颜料或颜色在光线照射后的变淡程度的标准。也称为耐光度标准，1级为最不耐光，8级为最耐光。加拿大文物保护研究所（Conadian Conserration Institute, CCI）将光敏感材料分为四类：光不敏感材料、低度光敏感材料、中度光敏感材料、高度光敏感材料。低度光敏感材料相当于国际标准纺织品色牢度蓝色羊毛标样7～8级，中度光敏感材料相当于国际标准纺织品色牢度蓝色羊毛标样4～6级，高度光敏感材料相当于国际标准纺织品色牢度蓝色羊毛标样1～3级。1994年英国维多利亚和阿尔伯特博物馆文物保护部将光敏感材料分为三类，根据光耐久程度依次是：光耐久材料、中等光敏感材料、光敏感材料。由于执行此标准在博物馆受到了多方面限制，1999年建议将光敏感材料改变为两类，即光敏感材料和光耐久材料。对于光敏感文物，光照度为50lx，每天开灯8h，每年曝光为400lx·h，如果每天展出300d，全年展出曝光为120 000lx·h。

第二节　中国国家标准

我国气候的主要特征可以概括为两个主要方面：一是气候类型复杂多变；二是大陆性季风气候显著。我国地域辽阔，南北跨度大，具有热带、亚热带和温带等多种热量带，这是致使我国气候类型复杂多样的主要基础原因。我国位于世界最大的大陆——亚欧大陆的东部，同时又濒临世界最大的大洋——太平洋，海陆热力差异突出，对我国气候产生了深刻的影响。从东南沿海往西北内陆，气候的大陆性特征逐渐增加，依次出现湿润、半湿润、半干旱、干旱的气候区。同时，我国是世界上季风气候最发达的区域之一。冬季受亚洲高压的控制，盛行寒冷、干燥的偏北离陆风，夏季则受西北太平洋副热带高压的控制，盛行由海上来的潮湿、温暖的偏南气流，温湿多雨。

大陆性季风气候显著的特点使我国夏季普遍高温多雨，雨热同季。

我国的博物馆内安装有空调系统，一般博物馆的温湿度控制范围都是空调系统设计人员撰写的设计阶段的温湿度控制范围，设计值是理想状态的，但是实施方案是设计方案结合当地气候和运行费用之间妥协的结果，其实际运行结果往往是一年中可能有1～2个月相对湿度会超出其设计范围的5%～10%，其中可能有几天或者更长时间相对湿度会超出这一范围的20%或者更多。对于国内大的博物馆，空调系统一般都能正常运行。表2-10是国内几个博物馆的空调设计温湿度控制范围[8]。

表2-10 国内几个博物馆的空调设计温湿度控制范围

博物馆名称	温度/℃	相对湿度/%	场所	资料来源
首都博物馆	冬季20±2	50±5	展厅	空调设计论文[10]
	夏季24±2	60±5	展厅	
	全年22±2	50±5	珍品库	
上海博物馆	夏季24～25	55～65	展厅	空调设计论文[11]
	冬季20～21	50～60	展厅	
上海鲁迅纪念馆	夏季22～28	45～60	展厅	文物保护论文[12]
	冬季18～22	40～60	展厅	
中国闽台缘博物馆	无机文物23～27	40～50	库房和展厅	空调设计论文[13]
	纸质和丝绸22～26	50～60	库房和展厅	
	竹木器23～27	55～65	库房和展厅	
福建博物院	冬季18～20	50～60	库房	空调设计论文[14]
	夏季22～24	50～60	库房	
	夏季24～26	55～65	展厅	

我国博物馆环境至今没有统一的标准，一般参照《环境空气质量标准》（GB 3095-2012）和国家《室内空气质量标准》（GB/T 18883-2002），2012年2月29日对《环境空气质量标准》（GB 3095-2012）进行了第三次修改，2016年1月1日，全国实施该新标准。该标准中环境空气功能区分为两类：一类为自然保护区，风景名胜和其他需要特殊保护的区域；二类为居住区、商业交通居民混合区、文化区、工业区和农村地区。环境空气功能区质量要求一类区适用一级浓度限值，二类区适用二级浓度限值，一、二类环境空气功能区要求见表2-11、表2-12。

表2-11　环境空气污染物基本项目浓度限制

序号	污染物（$\mu g/m^3$）	平均时间	浓度限值	
			一级	二级
1	二氧化硫（SO_2）	1年	20	60
		1天	50	150
		1h	150	500
2	二氧化氮（NO_2）	1年	40	40
		1天	80	80
		1h	200	200
3	一氧化碳（CO）	1天	4	4
		1h	10	10
4	臭氧（O_3）	日最大8h	100	160
		1h	160	200
5	颗粒物（粒径≤10μm）	1年	40	70
		1天	50	150
6	颗粒物（粒径≤2.5μm）	1年	15	35
		1天	35	75

表2-12　环境空气污染物其他项目浓度限值（$\mu g/m^3$）

序号	污染物项目	平均时间	浓度限值	
			一级	二级
1	总悬浮颗粒物（TSP）	年平均	80	200
		24h平均	120	300
2	氮氧化物（NO_x）	年平均	50	50
		24h平均	100	100
		1h平均	250	250
3	铅（Pb）	年平均	0.5	0.5
		季平均	1	1
4	苯并［a］芘（BaP）	年平均	0.001	0.001
		24h平均	0.0025	0.0025

国家《室内空气质量标准》（GB/T 18883-2002）于2001年11月19日发布，2003年3月1日实施。表2-13是和博物馆环境有关的几个指标的限值。

表2-13 国家《室内空气质量标准》（GB/T 18883-2002）

参数	标准限值	备注
温度/℃	22～28	夏季空调
	16～24	冬季采暖
相对湿度/%	40～80	夏季空调
	30～60	冬季采暖
二氧化硫（SO_2）/（mg/m^3）	0.50	1h均值
二氧化氮（NO_2）/（mg/m^3）	0.24	1h均值
总挥发性有机物（TVOC）/（mg/m^3）	0.60	8h均值
臭氧（O_3）/（mg/m^3）	0.16	1h均值
甲醛（HCHO）/（mg/m^3）	0.10	1h均值
可吸入颗粒物（PM10）/（mg/m^3）	0.155	日平均值

我国博物馆制定的《博物馆照明设计规范》中对博物馆内照明数量指标、照明质量指标（包括照度均匀度、眩光限制、光源颜色、立体感、反射比）、展品或藏品的保护、陈列室天然采光设计、照明配电与安全进行了详细的规定与说明。

根据GB 9669-1996图书馆、博物馆、美术馆、展览馆卫生标准中温湿度、空气污染物、空气细菌等的标准，如表2-14所示。

表2-14 图书馆、博物馆、美术馆和展览馆卫生标准值

项目	图书馆、博物馆、美术馆	展览馆
有空调装置（温度/℃）	18～28	18～28
无空调装置的采暖地区冬季（温度/℃）	≥ 16	≥ 16
相对湿度（%）有中央空调	45～65	40～80
风速/（m/s）	≤ 0.5	≤ 0.5
二氧化碳/%	≤ 0.10	≤ 0.15
甲醛/（mg/m^3）	≤0.12	≤ 0.12
可吸入颗粒物/（mg/m^3）	≤0.15	≤ 0.25
空气细菌数		
a. 撞击法/（cfu/m^3）	≤ 2500	≤ 7000
b. 沉降法/（个/皿）	≤ 30	≤ 75
噪声/dB（A）	≤ 50	≤ 60
台面照度/lx	≥ 100	≥ 100

该标准中还提出了相应的卫生要求，使用面积超过300m^{2}的图书馆、博物馆、美术馆和展览馆均应有机械通风装置；馆内采用湿式清扫，及时清除垃圾、污物，保持馆内整洁；馆内禁止吸烟；阅览室内不得进行印刷和复印，保持室内空气清洁。厅内自然采光系数不小于1/6，人工照明应达到光线均匀、柔和、不眩目；馆内的卫生间应有单独通风排气设施，做到无异味；图书馆、博物馆、美术馆、展览馆作其他公共场所使用时，应执行相应的公共场所卫生标准。

在我国《博物馆藏品保存环境试行规范》中陈列室温度、相对湿度的标准，如表2-15所示。

表2-15　博物馆藏品保存环境温度、相对湿度标准

材质	藏品类性	温度/℃	相对湿度/%
金属	青铜器、铁器、金银器、金属币	20	0～40
	锡器、铅器	25	0～40
	珐琅器、搪瓷器	20	40～50
硅酸盐	陶器、陶俑、唐三彩、紫砂器、砖瓦	20	40～50
	瓷器	20	40～50
	玻璃器	20	0～40
岩石	石器、碑刻、石雕、石砚、画像石、岩画、玉器、宝石	20	40～50
	古生物化石、岩矿标本	20	40～50
	彩绘泥塑、壁画	20	40～50
动植物材料	纸张、文献、经卷、书法、国画、书籍、拓片、邮票	20	50～60
	丝毛棉麻纺织品、织绣、服装、帛书、唐卡、油画	20	50～60
	漆器、木器、木雕、竹器、藤器、家具、版画	20	50～60
	象牙制品、甲骨制品、角制器、贝壳制品	20	50～60
	皮革、皮毛	5	50～60
	动物标本、植物标本	20	50～60
其他	黑白照片及胶片	15	40～50
	彩色照片及胶片	0	40～50

注：环境相对湿度日波动值不得大于5%，环境温度日较差不得高于2～5℃

近几年我国文物保护快速发展，一系列相应的标准也相应出台，其中颁布的标准有《博物馆照明设计规范》（GB/T 23862-2009）、《馆藏文物保存环境质量检测技术规范》（WW/T 0016-2008）；报批的标准有《可移动文物保护修复室规范化建设与仪器装备基本要求》（国家标准）、《馆藏文物保存环境检测 气体扩散采样测定方法 · 第 1 部分：甲酸、乙酸的测定》、《馆藏文物保存环境检测 · 气体扩散采样测定方法 · 第 2 部分：氨的测定》等；在研标准有《文物展柜基本技术要求及检测》（国家标准）、《文物展柜密封技术要求及检测》（国家标准）、《馆藏文物保存环境控制 · 调湿材料》、《馆藏文物保存环境控制 · 甲醛吸附材料》、《馆藏文物包装材料 · 无酸纸》、《馆藏文物保存设施 · 文物包装盒（囊匣）》、《馆藏文物防震规范》、《博物馆藏展材料快速评估筛选方法》、《馆藏文物保存环境监测系统监测终端应用要求》、《馆藏文物保存环境监测系统数据库应用要求》、《馆藏文物保存环境监测系统网络通信应用要求》等。

参考文献

[1] Garry Thomson The Museum Environment [M], London: Butterworths, 1986.

[2] Purafil. Application guide for museum and archives. 1998.

[3] 陈元生，解玉林. 博物馆文物保存环境质量标准研究 [J]. 文物保护与考古科学，2002.

[4] Marion F. Mecklenburg, Determining the Acceptable Ranges of Relative Humidity And Temperature in Museums and Galleries, Smithsonian Museum Conservation Institute, 2008.

[5] Sarah Staniforth. Historic Properties Director, British Museum Environmental control: Case study, Life without air conditioning, University Museums Group, The Museum Environment: Think Globally Act Locally, 2010.

[6] Brown S, Cole I, Danie V, et al. Guidelines for Environmental Control in Culture Institutions, Heritage Collections Council, Australia, 2002.

[7] Raymond H.Lafontaine, Environmengtal Norms for Canadian Museums, Art Galleries and Archives, Technical Bulletin, Canadian Conservation Institut, National Museums of Canada, April, 1981.

[8] 张晋平. 博物馆环境检测控制技术 [M]. 北京：中国环境出版社. 2013.

[9] National Archives and Records Adminstration (US), NARA 1571, February15, 2002.

[10]　关文吉，张力，蔡玲等.首都博物馆空调设计[J].暖通空调，2007，37（6）.
[11]　李待言，寿炜炜，张伟程.上海博物馆暖通空调设计[R].全国空调新技术交流会论文集，1999.
[12]　陈有祥，张岚，童煜.上海鲁迅纪念馆舒适性中央空调湿度控制的改造[J].文物保护与考古科学.2006，18（1）：21-26.
[13]　肖剑仁.中国闽台缘博物馆空调通风设计[J].暖通空调，2008，38（3）.
[14]　郭筱莹.福建省博物院通风与空调设计[J].福建建筑，2004（5）.

第三章　温度和相对湿度

温度、湿度是文物（特别是馆藏文物）保存中的两项重要环境因素，它们既有其独立的影响又有相互关联所起的复合影响。文物材质在自然环境中起化学反应，这就意味着文物受到损害，它的速度与温度有关。湿度是博物馆环境质量中非常重要的一项质量指标，无论是金属（铜、铁除金以外），还是非金属（壁画、古代玻璃、出土陶器、纺染织品、纸张、木器等无机有机物质）都会受其影响，其造成的损害有三种模式：湿度参与的化学反应、湿度变化产生物理形变和高湿度促成的生物腐蚀。

第一节　温　　度

一、温度的基本概念

温度是一个重要的物理量。它是国际单位制（SI）中7个基本物理量之一，也是工业生产中主要的工艺参数。温度是表示物体冷热程度的物理量。从能量角度看，温度是描述系统不同自由度间能量分布状况的物理量；从热平衡的观点来看，温度是描述热平衡系统冷热程度的物理量，它标志着系统内部分子无规则运动的剧烈程度，温度高的物体，分子平均动能大；温度低的物体，分子平均动能小。

为了保证温度量值的统一和准确，应该建立一个用来衡量温度的标注尺度，简称为温标。温度的高低必须用数字来说明，温标就是温度的数值表示方法。任何温标都要规定基本定点和每度的数值。目前国际上用得较多的温标是华氏温标（℉）、摄氏温标（℃）、热力学温标（K）和国际使用温标。摄氏度和华氏度都是用来计量温度的单位，世界上大多数国家使用摄氏度，美国和其他少数几个国家使用华氏度。其中，国际单位制（SI）规定的热力学温标，符号用T，单位代号K（Kelvin），中文代号为开。热力学温标规定纯水三相点温度（即水的汽、液、固三相平衡共存时的温度）为基本定点，并制定为273.16K，每1K为水三相点温度的1/273.16。SI还规定摄氏（Celsius）温标为实用温标，符号用t，单位为摄氏度，代号为℃。摄氏温标的每1℃与热力学温标的每1K相同。它的定义式为

$$t=T-273.15 \tag{3-1}$$

式中数值273.15是按国际计量会议决定的。

二、温度对文物的影响

温度是博物馆文物保存中，对文物最基本、最经常起作用的环境因素，直接影响了馆藏文物保存过程中的物理、化学以及生物侵蚀作用。温度作为单一因素时，对馆藏文物的影响并不十分明显，但这一因素当与馆藏环境中的其他因素，如光照、气体、生物等因素结合时，其联合作用会使文物材料受到物理作用和化学作用，油漆对化学反应的加速作用，会对文物保存造成致命的影响。博物馆内文物材质在自然环境中起化学反应，这就意味着文物受到损害，它的速度与温度有关。温度每提高10℃，有机文物的老化速度会提高一倍[1]，因此，通常文物保存在低温条件下是较为有利的。实际上，对于有机文物的老化现象是一个非常复杂的综合问题，由于材料成分千差万别，环境因素多种多样，引起物质材料劣化、褪色、膨胀、收缩、霉变、虫害等的因素很多，高低温不同时其周围的环境条件会变得不同。例如，低温冰冻会造成塑料和橡胶类材料损害，潮湿时微生物可以在室温条件下生长，提高温度降低湿度反而会抑制微生物生长。对于锡质文物，对温度有特殊要求，其宜在低温环境保存，在温度低于13℃时，锡的部分结构会发生改变，从有金属光泽的白锡变成质地松脆的灰锡，这种变态现象成为锡疫。温度除加大化学反应速度外，还会对多种材质组成的文物造成一定的损坏。由于各材质的膨胀系数不同，温度的急剧变化对其造成破坏性的影响，珐琅器在温差变化过度时产生崩袭就是一例。对于纺织品、漆器、象牙、骨物、油画、水粉画、纸张类、羽毛、皮毛、竹物等会不同程度地受到温度变化引起的“热胀冷缩”，以及吸收或者挥发水分后引起的“湿胀干缩”，都会造成脆弱的有机文物不同程度的结构性疲劳破坏。另外，温度的急剧变化，引起文物的过分干燥或高湿度亦均会造成文物的损坏。一般要求温差波动平稳，日温差不要超过2～5℃。

第二节　温度传感技术

温度是一个需要测量和控制的基本物理量，在工农业生产、军工研制和科学领域，温度是表征对象和过程的重要参数。温度传感器的应用较广，技术也较为成熟。博物馆室内温度是指通过温度测量仪器间接测量所表示的空气冷热程度的物理量。目前应用最广泛的就是电子数显式的温度计，这种温度计是近年来人们应用先进的微电子技术，采用高性能微电脑芯片和高精度传感器制成的。传感器就是能感知外界信息并能按一定规律将这些信息转换成可用信号的装置。简单是说传感器是将外界信号转换为电信号的装置，它由敏感（感知）元器件和转换器件两部分组成，有的半导体敏感元件器可以直接输出电信号，本身就构成传感器。

一、温度传感器

数字温度计的核心元件是温度传感器，温度传感器可以分为接触式和非接触式两大类。接触式就是传感器直接与被测物体接触，这是测温的基本技术。非接触式就是测量被测物体的辐射热的一种方式，采用这种方式可以测量远距离物体的温度。市场上所用的温度传感器包括热电偶式温度传感器、热电阻式温度传感器、热敏电阻温度传感器、模拟集成温度传感器、基于带隙原理的数字温度传感器等。

（一）热电偶式温度传感器

将两根性质不同的金属丝或者合金丝A与B的两个端头焊接在一起，就构成了热电偶。导体A、B称为热电极。当将两种不同导体串联成闭合电路，若结合点之间存在温度差，则在此回路中就会有热电势产生，形成电流，这种由温差产生电流的现象则成为热电效应，又称塞贝克效应。这两种导体称为热电极，二者的组合称为热电偶。如图3-1所示为热电效应示意图。

热电偶通常分为标准化热电偶和非标准化热电偶两类。标准化热电偶是指制造工艺比较成熟，应用广泛，能成批生产，性能优良稳定，并列入工业标准化元件中的那些热电阻。热电偶式温度传感器结构简单，其敏感元件体

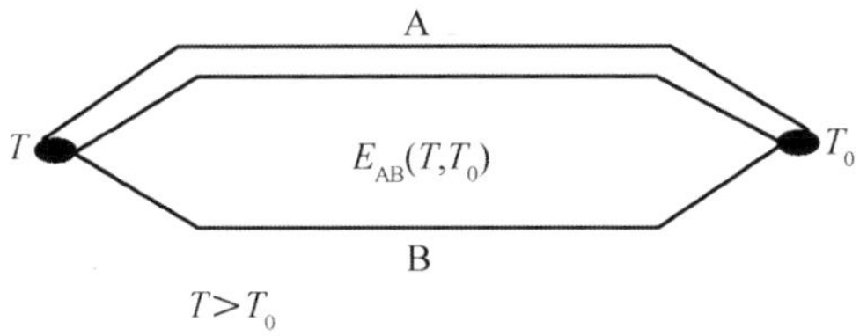

图3-1　热电效应示意图

积小，热容量也小，温度响应快。测量温度的敏感度较高，稳定性好，互换性也好，使用温度范围广，可从4K到3000K。

热电偶是目前温度测量应用较为广泛的热电式传感器，其结构简单，使用方便，准确度高，测量范围广，动态特性好，响应时间快。

（二）热电阻式温度传感器

利用纯金属、合金和半导体材料的电阻值随温度变化的物理性质来测量温度的方法称为电阻测温法。用这些材料制成的温度计，称为电阻温度计，或称为热电阻式温度传感器。根据感温元件的材质可分为金属导体半导体两大类。其中，金属导体有铂、铜、镍、铁及铁合金等，半导体有锗、硅、碳及其他金属氧化物等。铂热电阻和铜热电阻属于国际电工委员会（International Electrical Commission, IEC）推荐的，也是我国国标化了的热电阻。例如，以纯铂丝烧制的电阻作为敏感元件的热电阻式温度传感器，常作为标准传感器用。

热电阻温度计的测温原理就是利用热电阻的电阻值随温度变化而变化的特性来进行温度测量的。对于线性变化的热电阻来说，其电阻值与温度关系如下式

$$R_t = R_0[1 + \alpha(t - t_0)] \tag{3-2}$$

式中α是在$t \sim t_0$温度范围内的平均电阻温度系数，R_t是t（℃）时的电阻值。R_0是t_0（℃）时的电阻值。

热电阻式温度传感器一般由敏感元件、内外引线、绝缘材料和保护套管几部分组成。敏感元件用来感受温度变换成电信号输出，从而检测温度。热电阻的引线都应该从热电阻感温元件的根部引出，不能从热电阻的接线端上分出。热电阻的引线方式有两线制、三线制和四线制，如图3-2所示。

两线制是在热电阻感温体两端各连一根导线的引线方式，存在引出线电阻随温度变化产生的附加误差，两线制引线方式适用于引线不长、测温精度

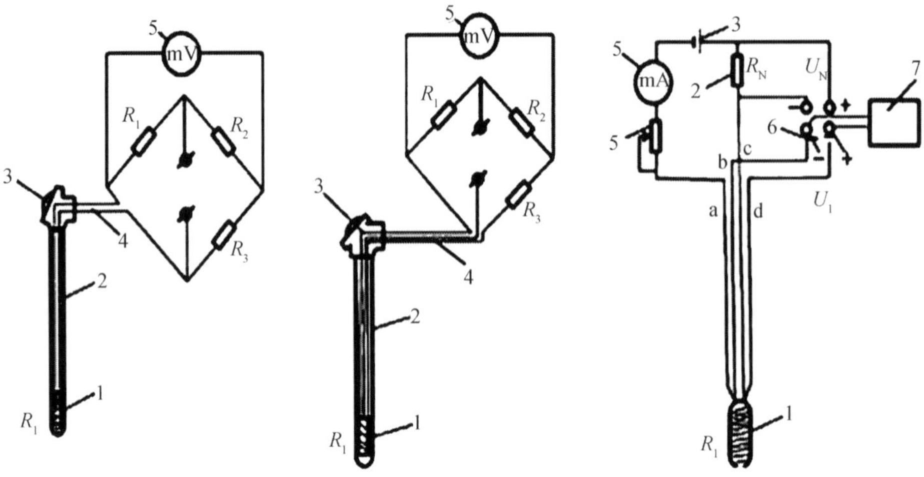

(a) 两线制　　(b) 三线制　　(c) 四线制

图3-2　热电阻引线方式

1. 热电阻感温元件　2. 标准电阻　3. 电池　4. 电流计　5. 划线电阻　6. 转换开关　7. 电位差计

要求较低的场合；三线制是在热电阻感温体一端连一根导线，另一端连两根导线的引线方式，这种引线方式可以消除引线电阻对测量的影响；四线制连线是热电阻体的两端各连接两根导线的引线方式，其中两根引线为热电阻提供恒流源 I，在热电阻上产生的压降通过另两根引线引至电位差计进行测量。这种接线方式不仅可消除引出线电阻的影响，还可消除连接导线间接触电阻及其阻值变化的影响，多用于标准铂热电阻的引出线上，这种引线方式主要用于高精度的温度检测。

热电阻式温度传感器的特点是适用于温度场的平均温度测量，互换性好、输出信号大、 测温精度高、电阻信号便于远传，与热电偶温度传感器相比，其优点为不需要冷端温度补偿，但制作工艺比热电偶式温度传感器复杂。由于上述特点，热电阻式温度传感器的使用量逐年上升。

（三）热敏电阻温度传感器

热敏电阻是利用半导体的电阻值随温度变化而改变的特性制成的温度传感器，大多数半导体热敏电阻是由各种氧化物按一定比例混合，经高温烧结而成。半导体热敏电阻可制成片状、柱状和珠状，如图3-3所示。

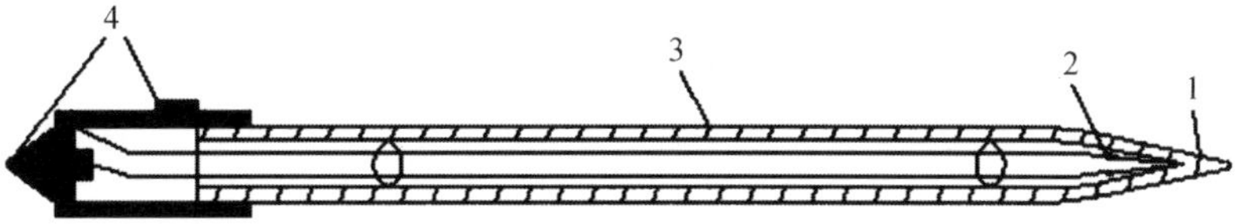

(a) 带玻璃保护管的

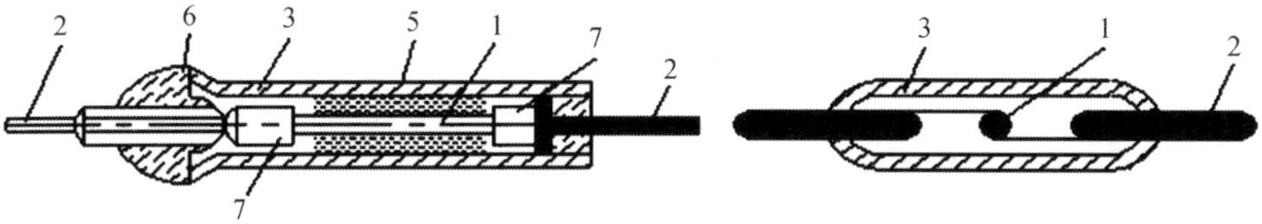

(b) 柱型的　　(c) 带密封玻璃柱的

图3-3　半导体热敏电阻结构

1. 电阻体　2. 引出线　3. 玻璃保护管　4. 引出极　5. 锡箔　6. 密封材料　7. 导体

热敏电阻的灵敏度高，半导体的电阻温度系数比金属大，一般是金属的10多倍，因此可大大降低对仪器、仪表的要求；热敏电阻体积小、热惯性小、结构简单，可根据不同要求，制成各种形状；化学稳定性好、机械性能强、寿命长，而且不需要诸如铂这样昂贵的金属，因此，它们与热电阻相比具有较高的价格优势。热敏电阻的缺点是复现性和互换性差、非线性严重，故热敏电阻所检测的温度范围比起热电阻或热电偶范围狭窄。

（四）模拟集成温度传感器

模拟集成温度传感器采用硅半导体集成工艺制成，把温敏晶体管、参考电压、放大电路、偏置电源和线性比电路制作在同一芯片上，从而构成集测量、放大、电源供电回路于一体的高性能的测温传感器。现在空调系统自动控制所使用的主要是以半导体模拟集成热敏电阻为探测元件的温度传感器，这是因为这种传感器具有体积小、精度高、使用方便、成本低、外围电路简单、不需要进行非线性校准的特点。

半导体模拟集成热敏电阻温度传感器所使用的热敏电阻按温度特性可分为两类，随温度上升电阻增加的为正温度系数热敏电阻传感器（简称PTC热敏电阻传感器，PTC是Positive Temperature Coefficient 的缩写），反之为负温度系数热敏电阻传感器（简称NTC热敏电阻传感器，NTC是Negative Temperature Coefficient 的缩写）。PTC热敏电阻是一种典型的具有温度敏感性的半导体电阻，超过一定的温度（居里温度）时，它的电阻值随着温度的升高呈阶跃性的增高。陶瓷材料通常用作高电阻的优良绝缘体，而陶瓷PTC热敏电阻是以钛酸钡为基本材料，再掺入适量的稀土元素，利用陶瓷工艺高温烧结而成。纯钛酸钡是一种绝缘材料，但掺入适量的稀土元素以后，变成了半导体材料，被称为导体化钛酸钡。它是一种多晶体材料，晶粒之间存在着晶粒界面，对于导电电子而言，晶粒间界面相当于一个位垒。当温度低时，由于半导体化钛酸钡内电场的作用，导电电子可以很容易越过位垒，所以电阻值较小；当温度升高到居里点温度（即临界温度，此元件的温度控制点）时，内电场受到破坏，不能帮助导电电子越过位垒，所以变现为电阻值的急剧增加，一般钛酸钡的居里点为120℃。负温度系数热敏电阻是利用锰、铜、硅、钴、铁、镍、锌等两种或两种以上的金属氧化物进行充分混合、成型、烧结等陶瓷工艺制造而成的。这些金属氧化物材料都具有半导体的性质，完全类似于锗、硅晶体材料，体内的载流子数目少，电阻值较高；温度升高，体内载流子数目增加，自然电阻值降低。有灵敏度高、稳定性好、响应快、寿命长、价格低等优点。现在广泛应用于需要定点测温的温度自动控制电路，如冰箱、空调、温室等的温度控制系统。

（五）基于带隙原理的数字温度传感器

基于带隙原理的数字温度传感器根据带隙基准检测自身的温度，输出电压和温度具有线性变化的关系。此类温度传感器的优点是低耗电、快速热响应（小于2s）、漂移小、可重复性好、高稳定性、高可靠性、高精度（所有误差均可精确到0.2℃）。而且，不需要附加信号处理电路或者额外元件，不需要用户校准。省去了模拟式温度传感器的控制额定误差的元件（包括温度漂移和噪声），以及省去了信号放大器、基准源、控温线路等元件。因此，比其他类型的温度传感器制造成本更低。瑞士Sensiron公司生产的SHT15型温度/相对湿度传感器中的温度敏感元件也是带隙基准数字温度传感器。中国国家博物馆应用的深圳华图测控公司生产的温湿度记录仪和无线温湿度自动记录仪S300型，其核心元件温度传感器应用的就是瑞士Sensiron公司生产的基于带隙原理的数字温度传感器。

《实用供热空调设计手册》[2]中总结了常用温度传感器的种类、测温范围及特点（表3-1）。

表3-1　常用温度传感器的种类、测温范围及特点

种类	基本原理	测温范围/℃	主要特点
双金属温度计	热膨胀效应	−100 ~ 600	机械强大、能记录、报警和自控，用于双位控制和简单的恒温控制
热电阻	热阻变换 金属电阻值随温度变化	铜：−50 ~ 150 铂：−200 ~ 850 镍：−100 ~ 300	精度高、热惰性较大。能用作远距离、多点测量和记录、报警、自控，适于暖通空调系统测量温度的平均值（非瞬态值），有利于提高自控系统的稳定性
热敏电阻	热阻变换 半导体电阻值随温度变化	−50 ~ 450	精度高、反应灵敏、体积小、热惯性小、耐腐蚀、结构简单、寿命长；线性度和互换性差
热电偶	热电变换 两个金属材料的热电势差随温度变化	铂铑10—铂：0 ~ 1300（1600） 铂铑30 铂铑6：300 ~ 1600（1800） 镍铬 镍硅：0 ~ 1300 铜—康铜：−200 ~ 400	精度高、热惰性小，能用作远距离、多点测量和记录、报警、自控，测量范围宽，造价低廉；需冷端补偿
红外温度计	物体的红外辐射强度与温度有一定关系	0 ~ 200 100 ~ 2000	非接触测量，误差较大
半导体二极管	PN结电压变化	−150 ~ 1500	线性度较好、灵敏度高、体积小
集成电路	将传感元件、放大电路、温度补偿电路等功能集成在一块极小芯片上	−55 ~ 150	线性度好、灵敏度高、体积小、稳定性好、输出信号大

二、常用温度计

博物馆室内温度是指通过温度测量仪器间接测量所表示的空气冷热程度的物理量。博物馆内应用于温度测量的仪器有水银温度计、酒精温度计、双金属片指针式温度计、电子数显温度计等。

水银温度计是膨胀式温度计的一种，使用方法是直观读数。水银的冰点是-38.87℃，沸点是356.7℃，所以水银温度计不能应用于北方极寒冷季节的室外应用。对于寒冷地区的博物馆室内温度测量不会有影响，因为室温高于-30℃。

酒精温度计是利用酒精热胀冷缩的性质制成的温度计。在标准大气压下，酒精沸点是78℃，所以酒精温度计所能测量的最高温度一般为78℃。酒精的安全性比水银好，其上限为78℃，下限为-114℃，完全能满足博物馆测量气温的要求。酒精温度计的不足之处是误差比水银温度计大。

双金属片指针式温度计是形如仪表盘的温度计，也称寒暑表，是根据金属的热胀冷缩原理制成的，它用双金属片作为感温元件，用来控制指针（图3-4）。双金属片是将膨胀系数差别比较大的两种金属焊接在一起的双层金属片，一端固定，一端自由。当温度升高时，膨胀系数大的金属片的伸长量大，致使整个双金属片向膨胀系数小的金属片的一面弯曲。温度越高，弯曲程度越大。也就是说，双金属片的弯曲程度与温度的高低有对应的关系，从而可用双金属片的弯曲程度来指示温度。通常，将双金属片中膨胀系数小的一层称为被动层，将膨胀系数大的一层称为主动层。

目前，最受博物馆欢迎的是能够同时测量温湿度的电子数显自动记录温湿度计（图3-5）。这种仪表外观简洁大方，温湿度显示直观清晰，摄氏和华

图3-4　双金属片温度计

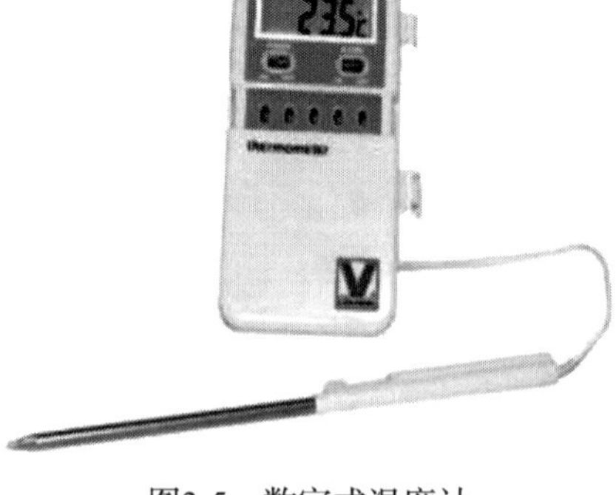

图3-5　数字式温度计

氏温度显示可以互相切换，有的仪器还带有时间显示功能，而且可以通过计算机设置和下载温湿度数据。此外，通过有线或者无线网络直接传输和记录多点温度和相对湿度数据的中央计算机集成采集系统也是目前预防性文物保护发展过程中最需要的。

第三节　相对湿度

一、相对湿度的基本概念

在空气中，水蒸气扮演着重要的角色，为了研究方便，将水蒸气以外的所有气体称为干空气，将它看作一个成分不变的整体，而将由干空气和水蒸气所组成的混合气体称为湿空气。

将每立方米湿空气中所含有的水蒸气质量称为湿空气的绝对湿度。在一定温度下饱和空气的绝对湿度达到最大值，称为饱和绝对湿度。绝对湿度只能说明湿空气中实际所含的水蒸气质量的多少，而不能说明湿空气干燥或潮湿的程度及吸湿能力的大小，因此引入相对湿度的概念。相对湿度（relative humidity，RH）是指湿空气的绝对湿度与同温度下饱和空气的饱和绝对湿度的比值。相对湿度反映了湿空气中水蒸气含量接近饱和的程度。在某温度下，相对湿度值小，表明空气干燥，具有较大的吸湿能力；相对湿度值越大，表示空气潮湿，吸湿能力小。当相对湿度值为0时为干空气，相对湿度值为1时则为饱和空气。未饱和空气的相对湿度在0到1之间。

二、相对湿度对文物的影响

湿度是博物馆环境质量中非常重要的一项质量指标，无论是金属（除铜、铁、金以外），还是非金属（壁画、古代玻璃、出土陶器、纺染织品、纸张、木器等无机有机物质）都会受其影响，其造成的损害有三种模式：湿度参与的化学反应、湿度变化产生物理形变和高湿度促成的生物腐蚀。

高湿度容易引起两种完全不同的化学反应：①金属的腐蚀；②颜料的褪色，纸张和织物的劣化。

湿度参与的化学反应最常见的是“青铜病”，青铜器潜伏的“粉状锈”

其保存的临界相对湿度为42%～46%，相对湿度超过55%，氯化亚铜迅速与空气中的水反应，反应方程式为

$$CuCl+H_2O \rightarrow Cu_2O+HCl$$

氧化亚铜遇到氧气、水、二氧化碳、盐酸分别形成碱式碳酸铜、碱式氯化铜：

$$2Cu_2O+O_2+2H_2O+2CO_2 \rightarrow 2Cu_2(OH)_2CO_3$$

$$2Cu_2O+O_2+2H_2O+2HCl \rightarrow 2Cu_2(OH)_3Cl$$

随着相对湿度的加大，其反应速度加快，不同相对湿度的实验结果是氯化亚铜在95%、78%、58% RH环境中分别经2h、4h、24h反应生成碱式氯化铜：随相对湿度加大，其生成“粉状锈”的反应速度大大加快。在35%RH中“粉状锈”是稳定的。相对湿度超过55%，氯化亚铜将非常快地起反应，即使湿度再次降低，反应也不能停止。对于铁和其他金属，铁器文物在干燥的环境中是稳定的，潮湿将使其锈蚀，铁器文物理想的相对湿度上限是50%，铁器文物在干燥的环境中是稳定的，潮湿将使其锈蚀。地质藏品中含硫的黄铁矿石、化石（FeS）在湿度高时，它能与空气中的水分反应，生成硫酸和硫酸亚铁，反应方程式为

$$FeS + H_2O \rightarrow FeSO_4 + H_2SO_4$$

多数黄铁矿石在相对湿度55%时是安全的，其理想的相对湿度上限是50%。银器相对湿度在70%以上会加速失去光泽。还有一种是湿度与“玻璃病”，古代有些玻璃器对湿度相当敏感，博物馆内有些玻璃器的组成中，钾、钠离子还保留着微量的可溶性，在水分作用下溶出，形成氢氧化钾、钠，然后很快与空气中的二氧化碳形成碳酸钾、钠，碳酸盐极易吸潮，吸潮后玻璃上出现小水滴，在此过程中首先形成细小裂纹，最终使玻璃变成不透明、乳白色或成鳞片状剥落。对此类玻璃器的推荐相对湿度是低于40%。对照相印刷品而言，湿度增大将使照相印刷品明显泛黄、褪色、明显的细部层次差别消失。

大多数棉制品、亚麻布、羊毛制品和丝绸在相对湿度较高时比在相对湿度较低时褪色更快。织物本身也受光照影响，并且所有含水分的天然织物在相对湿度较高时比在相对湿度较低时受光照影响劣化得更快。但30%和60%两种相对湿度条件下，褪色程度（或损坏程度）的比值小于2，所以这种影响还不足以证明在综合性博物馆里是否仅仅为了保护织物就值得改变博物馆的湿度条件。既然在文物储存场所可以排除光照的影响，褪色情况也可以消除。

湿度变化产生物理形变对文物的损害，湿度引发物理变化，造成材料扭曲变形、开裂错位、断裂分离等。这是吸湿材料在吸湿和放湿的反复机械

作用下产生的结果。不仅有机材料，无机材料中也有同样情况，如石刻、壁画、玻璃等质地的文物材料中，由于含吸湿性盐，在吸湿、潮解、结晶过程中产生压力，会导致这些材料开裂、剥落、崩裂。例如，对于出土陶瓷器，其多孔结构中可能含有可溶性盐，如果暴露于干燥空气中，盐会聚集到表面空隙中，就会造成损害，因为盐结晶膨胀会导致表面迸裂，或者造成釉面脱落，如果时而干燥，时而潮湿就会引起更严重的问题，对于这样的文物，应当及时进行脱盐处理，然后再进入文物库房或者展厅。最敏感的例子之一是木板画。画面上的颜料在一定程度上是阻挡湿气入侵的屏障。如果相对湿度降低，即会使木板画干燥，但是和正面相比，水汽更容易通过背面透出，结果导致背面比正面收缩得要厉害，画面于是形成了一个凸面弯曲。为了适应这种弯曲变形，颜料层就可能破裂。实际上，所有年久的木板画现在都有一种典型的破裂模式，即由于应力变化主要是垂直于木纹方向，所以沿木纹方向的裂隙会更长一些。如果相对湿度没有进一步变化，过一段时间后，木板画材质中的水分含量分布会再次达到均匀，弯曲也会随之消失。

湿度促成文物生物腐蚀，湿度是虫、微生物生长繁殖的必要条件，较高的湿度条件最适宜它们的繁衍。虫蛀、霉变对文物材质造成的朽蚀作用是文物保存中经常遇到和十分严重的问题。例如，有机文物当温度超过25℃，相对湿度超过65%时，有机文物会滋生微生物，造成真菌繁衍和蔓延，对文物造成损害。潮湿还会造成纸张粘连，纺织品褪色。因此，控制湿度是防止文物受生物侵蚀的有效途径。

多数文物保护专家认为，对于金属和含有金属成分的无机文物，潮气和水是造成文物腐蚀的原因之一，应当将金属文物保存于相对湿度低于45%的环境中。对于出土陶瓷文物、出土锈蚀铁器文物、严重腐蚀的金属文物、铅文物、青铜文物等，应当保存于相对湿度低于35%的环境中。对于自然博物馆中，一般动植物标本，要保存在35%～60%相对湿度环境中，对于古尸要特殊对待，应当尽可能保持展柜或者保藏柜内低温低湿，或者应当保存于氮气环境中。如果没有这些条件，要将古尸保存于低于35%的相对湿度环境中。

对于博物馆来说，目前多数采用数字式温湿度计及记录仪，该仪表采用高性能微电脑芯片及高精度传感器制成，可快速准确地测量温湿度，温湿度记录仪通过计算机设定测量时间间隔和记录时间间隔，需要时可将记录数据下载到计算机。数字式温湿度计所测量的精度高低不同，一般情况下，博物馆应采用的温度精度为±0.2℃，相对湿度精度为±2%的记录仪。

三、温湿度对古书画保存的影响[3]

天津博物馆馆藏文物中古代书画文物占一大部分，古代书画文物是由纸张、绞绢、颜料及各种辅助材料构成的一类特殊文物。由于构成古书画的纸张、绞绢及装潢材料均为有机材料，因而古书画的损坏与保护在很大程度上受其所处环境的影响与制约。环境的改变，会直接影响古书画的保存寿命。

温湿度的改变会影响古书画所在环境内的绝对湿度，即空气中的绝对含水量，构成古书画文物的纸张和绞绢丝织品等材料在这种情况下就可能因吸水或脱水而发生形变，并产生应力，从而给古书画的保存带来影响。古书画所用纸张、绞绢都是纤维状物质，有着很强的吸水能力，它们不但可以在同其他含水材料接触时吸收水分，而且还有从潮湿空气中直接吸收水分的能力，一根干燥的纤维在完全湿润的条件下，直径会增加原有的30%，而长度仅增加1%～2%。这表明干燥的纤维可吸收相当于其体积数倍的水分，而长度并不会有太大的变化。另外，它们还有直接向干燥的空气中排水的能力。纸张和绩绢吸水后膨胀，各个方向上的直线尺寸和面积都会增加，而当它们脱水时各个方向上的直线尺寸和面积又都会缩小，这些变化都是干湿度改变引起的塑性形变。古书画在装潢与修复的过程中，普遍要经历一个极湿条件至其干燥平整这一过程，这个过程是不允许出现形变的，因而这一湿一干所产生的应力，就需要通过调节环境内的温湿度加以改变和控制。如若不注意调节温湿度，就会发生书画崩裂的现象，给书画带来损害。

有研究资料指出，在一定相对湿度条件下，构成古书画基本材料的纸张其平衡含水量与环境温度成一定比例。大多数纸张在一定相对湿度条件下，温度每变化±5℃，纸张含水量相应变化–15%～15%，但是在一定温度条件下，纸张的平衡含水量与相对湿度并非成直线关系。在高温条件下，微小的湿度改变都能引起纸张很大的形变。那么由纸张和绞绢构成的古书画文物，在原来含水量较低的环境被移入一个相对湿度很高而温度很低的环境时，就会发生吸湿现象，这时古书画的边缘部位由于吸收空气中的水分而伸长，但书画的中心部位的尺寸变化很小或根本无变化，于是形成了我们通常所说的"荷叶边"。这种现象的出现无疑是对古书画的一种破坏。而当古书画从原先含水量较高的地方被移到一个温度很高而相对湿度较低的环境中时，古书画中的水分首先会沿其边缘部位蒸发，这样边缘部位会因脱水较快而紧绷，中间的部位由于脱水慢尺寸变化很小，甚至没有变化，此时古书画出现“紧边”现象。这种现象的出现与“荷叶边”相比，对古书画的破坏作用更大。紧绷的边缘会因外力作用撕裂而导致古书画的损坏。另外，当古书画长期处于低湿环境，古书画中含水量过少，这样古书画在纵向和横向发生紧缩，于是古书画在平行于丝缕的方向上就开始朝比较干燥的一面向上卷起，形成凹面。

另外，环境中温湿度过高或过低，对古书画的保存也带来很大的困难。大气温度很低时，古书画上可能出现露点效应，即古书画接触周围的不饱和水蒸气后就会使其变为饱和水蒸气并凝结成水珠附着于古书画表面，给其带来损害。而当古书画处于温暖的环境中时，如果温差已达到露点，古书画的边缘部位就会吸收大量凝结的水珠，产生“荷叶边”现象。而当温湿度过高时，古书画不但自身老化加剧，还极易受到来自外界的巨大影响。有资料表明，温度在20～30℃，相对湿度75%以上真菌繁殖较快，已有实验证明相对湿度75%是真菌可以大量繁殖的临界湿度。当相对湿度上升到80%～90%时，已适合多数真菌生长，在相对湿度时，真菌生长非常旺盛。当古书画所处环境湿度较大时，在其表面就会形成一层水膜，真菌在有水参与的条件下，通过分解古书画上的纤维素、蛋白质、淀粉等物质来补充养分，进行代谢。此时的古书画因其材料的降解自身强度减低，变得极易受损。另外，在高温高湿的条件下，各种菌类都会在古书画上生长，这些菌类通过代谢，分泌色素，对书画艺术品的表面特性带来很大影响。

在高温高湿的条件下，绘画颜料及其添加物会分解变性，影响古书画的保存，首先是颜料及墨中的动物胶，由于长期处于潮湿的环境中，其主要成分胶原蛋白会被分解成氨基酸。此时，用于书画颜料添料的胶质就会失去黏性，而在胶质失去黏性的条件下，绘画颜料就很容易从画面上脱落，画面上的色彩就会流失，影响书画艺术品的寿命和价值。因此控制环境中的温湿度便可控制古书画颜料及添料的分解与反应，从而使古书画文物得以保护。

第四节 湿度传感技术

湿度传感器是因水吸附在敏感材料上引起电化学性质的改变的原理制

成的，由湿敏元件和转换电路组成，它是把环境湿度转变为电信号的装置。湿度传感器种类很多，按元件输出的电学量可分为电阻式、电容式、频率式等；按其探测功能可分为相对湿度、绝对湿度、结露等；按其所用材料则可分为陶瓷材料、有机高分子材料、半导体、电解质。

一、湿度传感器的主要特性参数

1. 湿度量程

湿度传感器技术规范中所规定的感湿范围称为湿度量程。全湿度范围用相对湿度（0 ~ 100%RH）表示，它是湿度传感器工作性能的一项重要指标。

2. 感湿特征量——相对湿度特性曲线

每种湿度传感器都有其感湿特征量，如电阻、电容等，通常用电阻比较多。以电阻为例，在规定的工作湿度范围内，湿度传感器的电阻值随环境湿度变化的关系特性曲线，简称阻湿特性。有的湿度传感器的电阻值随湿度的增加而增大，这种为正特性湿敏电阻器，如Fe_3O_4湿敏电阻器。有的阻值随着湿度的增加而减小，这种为负特性湿敏电阻器，如TiO_2-SnO_2陶瓷湿敏电阻器。对于这种湿敏电阻器，低湿时阻值不能太高，否则不利于和测量系统或控制仪表相连接。

3. 感湿灵敏度

简称灵敏度，又叫湿度系数。其定义是在某一相对湿度范围内，相对湿度改变1%RH时，湿度传感器电参量的变化值或百分率。

各种不同的湿度传感器对灵敏度的要求各不相同，对于低湿型或高湿型的湿度传感器，它们的量程较窄，要求灵敏度要很高。但对于全湿型湿度传感器，并非灵敏度越大越好，因为电阻值的动态范围很宽，给配制二次仪表带来不利，所以灵敏度的大小要适当。

4. 特征量温度系数

反映湿度传感器在感湿特征量——相对湿度特性曲线随环境温度而变化的特性。感湿特征量随环境温度的变化越小，环境温度变化所引起的相对湿度的误差就越小。

在环境温度保持恒定时，湿度传感器特征量的相对变化量与对应的温度变化量之比，称为特征量温度系数。

$$\text{电阻温度系数}(\%/℃)=\frac{R_1-R_2}{R_\Delta T}\times 100$$

$$\text{电容温度系数}(\%/℃)=\frac{C_1-C_2}{C_\Delta T}\times 100$$

ΔT——温度25℃与另一规定环境温度之差；

R1（C1）——温度25℃时湿度传感器的电阻值（或电容值）；

R2（C2）——另一规定环境温度下湿度传感器的电阻值（或电容值）。

5. 响应时间

在一定温度下，当相对湿度发生跃变时，湿度传感器的电参量达到稳态变化量的规定比例所需要的时间。一般是以相应的起始和终止这一相对湿度变化区间的63%作为相对湿度变化所需要的时间，也称时间常数，它是反映湿度传感器相对湿度发生变化时，其反应速度的快慢，单位是s。也有规定从起始到终止90%的相对湿度变化作为响应时间的。响应时间又分为吸湿响应时间和脱湿响应时间。大多数湿度传感器都是脱湿响应时间大于吸湿响应时间，一般以脱湿响应时间作为湿度传感器的响应时间。

选择湿敏元件和传感器需要考虑以下因素：温度范围、湿度范围、测量精度、使用寿命、湿滞回差、温度系数等特性；并应考虑其转换电路简单，成本低；制作工艺简单，易于批量生产。根据特定应用环境，从有效湿度测定范围、精度要求、结构参数、成本费用、可靠性约束等诸方面综合权衡考虑。湿敏元件和湿度传感器依据的规范有国家标准GB/T15768–1995《电容式湿敏元件与湿度传感器总规范》、行业标准SJ20760-1999《高分子湿度传感器总规范》。

二、湿敏感元件

湿敏感元件是指对环境湿度具有响应或转换成响应可测信号（如电阻、电容和频率输出等）的元件。国内外市场上应用最广、比较成熟的湿敏元件主要有两种：高分子电阻式湿敏元件和高分子电容式湿敏元件。前者测湿范围为相对湿度30%～80%，其精度一般但工艺简单，比较廉价，适用于民用。

后者是一种高可靠的湿敏元件，其特点是测湿范围为相对湿度0～100%，线性输出湿滞回差小，温度系数优异，响应时间快，可靠性高，但制作比较复杂，成本比前者高。因此，高分子电容式湿敏元件主要用于精度要求比较高的领域，如国防科研、军用设施、气象研究和卫生部门。

（一）湿敏电阻器

湿敏电阻器（humidity-dependent resistor）由感湿层、电极、引线和基体构成。湿敏电阻是利用感湿层吸收空气中的水分而导致本身电阻值发生变化，直接将相对湿度转换成电阻值这一原理而制成的。湿敏电阻的特点是在基片上覆盖一层用感湿材料制成的膜，当空气中的水蒸气吸附在感湿膜上时，元件的电阻率和电阻值都发生变化，利用这一特性即可测量湿度。

湿敏电阻器要求电阻值对0～100%RH对应关系稳定，受温度变化影响小，在相对湿度很大的环境中能长期使用，不易老化失效。常用高分子和陶瓷两大类感湿材料。常用的高分子材料有亲水性有机胺化合物和吸湿性纤维素基树脂类聚合物。例如，用甲级纤维素树脂，加入导电粒子和特性添加物，在80%～100%RH吸湿后电阻突变，适合高湿检测。烧结型陶瓷湿敏电阻有感湿范围宽、耐热、耐腐蚀和抗环境污染能力强等优点。

（二）电容式湿敏元件

电容式湿敏元件是一个平板电容器结构，在一绝缘基片上依次形成下电极、感湿膜、上电极。湿敏电容一般使用高分子薄膜电容制成，常用的高分子材料有聚苯乙烯、聚酰亚胺等。当环境湿度发生变化时，湿敏电容的介电常数发生变化，使其电容量也发生变化，其电容变化量与相对湿度成正比，通过测试电容量大小即可求出环境的相对湿度。高分子电容式湿敏元件结构如图3-6所示：

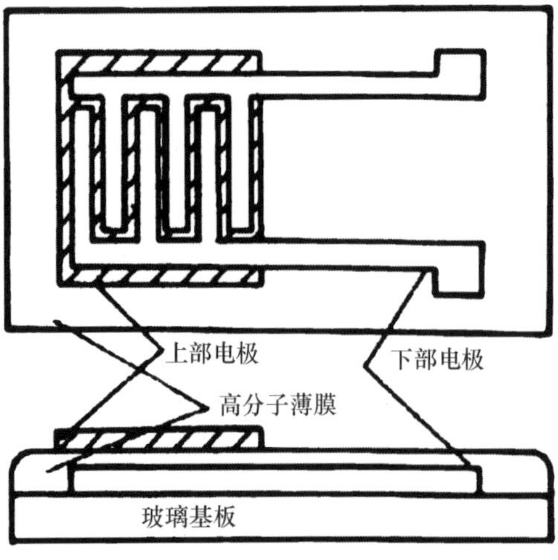

图3-6　高分子电容式湿敏元件结构图

湿敏电容的主要优点是灵敏度高、产品互换性好、响应速度快、湿度的滞后量小、便于制造、容易实现小型化和集成化，其精度一般比湿敏电阻要低一些。高分子电容式湿敏元件的失效模式主要由开路、短路（半边短路）、参数退化（损耗角正切值变大）、机械损伤等，可通过适当筛选予以剔除。

三、湿度传感器

（一）有机高分子湿度传感器

有机高分子湿度传感器是利用功能性有机高分子材料对气体的敏感特性制作而成的。先在玻璃等绝缘基板上蒸发梳状电极，通过浸渍或涂覆，使其在基板上附着一层有机高分子感湿膜。有机高分子的材料种类也很多，工作原理也各不相同，按其工作原理和使用的材料，可分为以下五类。

（1）利用有机半导体表面对气体的化学吸附，引起气体分子和半导体的电子交换，使电导率发生变化。

（2）利用有机膜对气体吸附，引起质量的微小变化，使适应振子的共振频率发生变化。

（3）利用有机材料吸附气体后，引起色素荧光的消光程度的变化。

（4）利用有机材料吸附气体后，引起栅金属的功函数变化。

（5）利用高分子膜的气体透过性和电化学电极综合检测。

（二）露点式湿度传感器

能感受露点并转换成可用输出信号的传感器称为露点传感器，常用的有氧化铝露点湿度传感器和冷镜式露点湿度传感器。

氧化铝露点湿度传感器由绝对湿度传感器和内置的温度传感器、大气压力传感器经过数据处理而得到露点。氧化铝露点湿度传感器可分为氧化铝薄膜露点湿度传感器和氧化铝厚膜露点湿度传感器。氧化铝薄膜露点湿度传感器的氧化层薄膜的厚度是该原理传感器性能的关键，在气体与液体中直接测量水的分压非常便利、有效。氧化铝厚膜露点湿度传感器的测试范围从-80～20℃（露点），响应迅速，使用方便，稳定性好，抗污染能力强，可以满足众多气体行业对露点的测试需求。

冷镜式露点湿度传感器或称冷镜湿度计，可认为是一种测量露点或霜点的绝对湿度传感器。由于直接测量露点或霜点的温度和环境温度，因此可以直接得到气体中的绝对湿度。这种传感器原理简单、准确度高、重复性和长期稳定性好，广泛应用于校准实验室、高精度工业控制过程、洁净室、环境试验箱、仓储等绝对湿度的测控领域。

（三）毛发湿度计

毛发湿度计以毛发为湿度感应元件，人的头发有一种特性，它吸收空气中水汽的多少是随相对湿度的增大而增加的，而毛发的长短又和它所含有的水分多少有关。利用这一变化即可制造毛发湿度计。用酒精等物将毛发洗净除油脂，以多根毛发为一束装置在容器中。其中一种是将头发的一端固定，而另一端挂一小砝码，为能够看清楚头发长短的变化起见，而将头发绕过一个滑轮，同时在滑轮上安一长指针。由于砝码本身的重量作用，而使头发紧紧地压在滑轮上。当头发伸长时，滑轮就作顺时针方向转动，并带动指针沿弧形向下偏转，而当头发缩短时，指针则向上转动。设空气完全干燥时，指针所指的位置为0。空气中水蒸气达到饱和状态时，指针所指的地方算作100，再用干湿球湿度计和它相核对，刻出度数，这样就可直接测出空气的相对湿度了。

毛发湿度计以毛发为湿度感应元件，利用其随空气相对湿度高低而改变其长度的特性，通过传动放大机构，带动记录笔尖在记录纸上做出相对湿度的记录曲线；仪器的传动放大机构系利用杠杆原理，其中有弧片形的传动系统可将原为非线性的位移量，转变为线性的位移量，使记录笔尖记录时能适应等分分格的记录纸，传动放大机构中有调节放大倍数的螺钉，在仪器的支架上有调节笔尖基点位置的螺套。毛发湿度计采用钟筒式走纸机构，钟筒用以发条为动力的钟机驱动，仪器底座上有笔档机构可拨动记录笔尖离开记录纸面，仪器底座的侧墙上还装有时间记号按钮，可使笔尖在记录纸上做出时间的记号。

毛发湿度计的测量范围是30%～100%RH，记录范围是0～100%，精度是±5%RH，分辨率1%RH，钟筒转一周时间为日记为26h，周记为176h，钟筒走时误差为日记型为±5min（24h），周记型为±30min（168h）。毛发湿度计的优点是构造简单，使用方便，唯一的缺点是不够准确。

在国际上，带有温度记录器并可以连续记录8天的毛发湿度计，已经在世界各地博物馆得到普及。但使用这样一台仪器进行测量实际上只完成了测量工作的一半。震动或构件缓慢的位移，会使仪器很容易偏离最初的校定，读数也就不会准确。所以博物馆内肯定保存着成百上千的无效湿度记录。理论上毛发湿度计每个月校准是一项简单的工作，但这必须借助另一种湿度计才能使其读数可靠。

《实用供热空调设计手册》中给出了测量空气相对湿度的常用仪表及主要特点（表3-2）。

近年来，数字式温湿度计及记录仪是人们应用最先进的微电子技术，采用高性能微电脑芯片及高精度传感器制成的温湿度测量和记录仪器，可准确的测量温湿度，温湿度记录仪可通过计算机设定测量时间间隔和记录时间间隔，需要时可将记录数据下载到计算机。另外，数字式温湿度计外观简洁大方，温度和相对湿度显示直观清晰，摄氏和华氏温度显示可切换，有的仪器还带有时间显示功能，还可以通过计算机设置和下载温湿度数据，因此受到博物馆的普遍欢迎。

表3-2　常用空气湿度检测仪表的分类及性能[2]

类型	原理结构	量程与精度	特点及应用
干湿球湿度计	两支温度计，一支为干球测空气温度，一支保持湿润测湿球温度，干湿球温差反映相对湿度	环境温度0～40℃ 相对湿度20%～100% 测量精度±2%～5%RH	可远传、自动记录和控制 需要有维持湿球温度的措施，如水、纱布和容器
电容式湿度计	极板电容量正比于极板间介质的介电常数，空气介质的介电常数与空气的相对湿度成正比	环境温度＜180℃ 相对湿度0～100% 测量精度±2%～5%RH	测量范围宽、精度高、体积小、惯性小、线性及重复性好、响应快、寿命长、抗污染稳定性强，舒适性空调系统中使用量大；但在高湿度时湿滞现象严重
氯化锂电阻式湿度计	氯化锂吸湿量与空气的相对湿度有关，吸湿后氯化锂电阻减小。用热敏电阻既作为温度补偿又用来测量温度，成为温湿度传感器	环境温度0～50℃ 相对湿度15%～95% 测量精度±1%RH	结构简单、体积小、响应快、灵敏度高，互换性差、易老化、受环境温度影响大，怕污染常用于高精度的湿度自控系统
磺酸锂电阻式湿度计	磺酸锂感湿基片两面涂上碳电极，基片两极间的电阻值随空气相对湿度而发生变化	相对湿度0～100%	测量范围宽、不怕污染，寿命长、稳定性好、响应快，但年变化率较大（2.5%RH/年）

续表

类型	原理结构	量程与精度	特点及应用
氯化锂露点式湿度计	氯化锂露点传感器测露点温度，热电阻测空气温度，据露点温度和空气温度得相对湿度	环境温度0～50℃ 相对湿度15%～90% 测量精度±2%～5%RH	结构简单、体积小、响应快、灵敏度高、互换性差、易老化、受环境影响大，需温度补偿
自动光电露点计	利用光敏元件反复接受电光源光束，感温元件测出的镜面温度而测得气体露点	露点范围-40～100℃ 测量精度±1%～2%RH	可用来连续测量非腐蚀性气体的露点

第五节 天津博物馆温湿度测试分析

为了进一步了解天津博物馆展柜微环境的情况，博物馆工作人员对博物馆4个展厅内部分展柜进行测试，四个展厅分别为精品厅、绘画厅、书法厅、文房厅，各厅的测试点分别为10个、10个、9个、7个。本次测试记录时间是2013年全年，用TESTO608-H1数字式温湿度露点表进行测量，其测量量程为10%～95%RH，0℃～50℃，−20～50℃td；测量精度是±3%，±0.5℃；分辨率为0.1%，0.1℃，该仪表可无间断检测湿度、温度和露点温度。将数字式温湿度露点表置于展柜内文物附近，每月随机记录抽取几天记录温湿度，每天记录一次，全年共记录129天。

该博物馆为满足文物对温湿度环境的要求，展厅与展柜分开控制，就是采用两套空调系统分别对展厅和展柜进行控制。展厅内空调系统设计参数，夏季温度为26℃，相对湿度为65%；冬季温度为18℃，相对湿度为40%。展厅内空调采用组合式空气处理机，冬夏季采用最小新风量运行模式，正压排风，过渡季节采用50%全新风的运行模式，机械排风。展厅舒适性组合式空气处理机设置值班循环送风模式，利用变频器控制值班采暖循环风量为送风量的60%，同时关闭新风支管的电动阀，可以在夜间和节假日保证供热供冷需求，避免展厅热环境的剧烈变化对展柜文物的影响。展柜集中控温控湿系统采用空调系统对空气集中进行温湿处理后使其达到文物保存的要求，然后通过风管分别送入到各个展柜来维持文物的保存环境。其中，靠墙设置的展柜用空调系统调控展柜温湿度，而独立的展柜在展柜底部设有独立的加湿机。展柜密闭性较好，展厅内的相对湿度对展柜内的相对湿度没有影响。

一、温度分析

展柜在博物馆内起着“展”和“藏”的双重作用，低温环境可降低化学反应速度，更有利于文物保存，但为避免出现“结露”现象，展柜内的温度一般是要服从于展厅内的温度。展厅内的温度控制存在一定的矛盾，它一方面要满足文物的保护需求，另一方面还要满足观众及工作人员的热舒适要求。博物馆展柜内温度服从于展厅内的温度，从所有测试温度数值看，在同一展厅同一时刻不同展柜检测点的温度围绕某一温度值的波动范围是±1℃，取同一展厅各测试点同一时刻温度的平均值作为展厅内该时刻的平均温度，四个展厅内全年温度分布如图3-7所示：

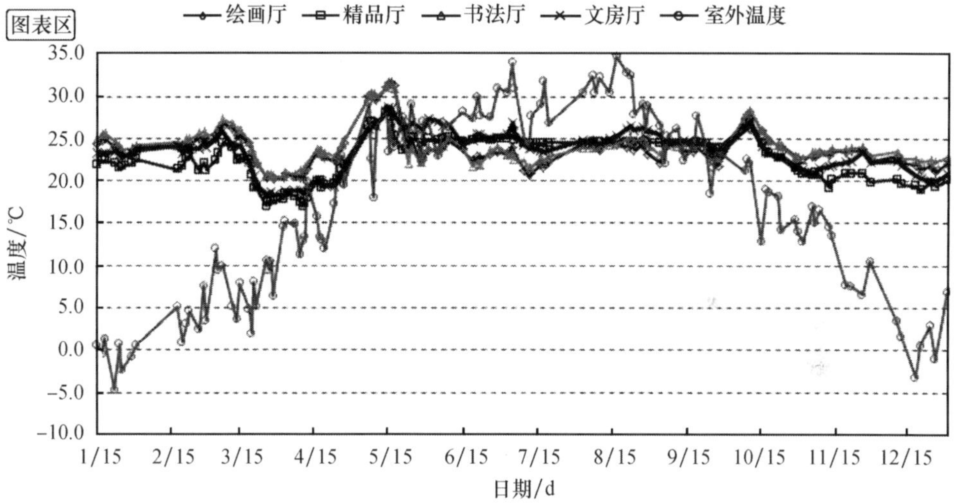

图3-7　四个展厅内全年温度分布

由图可知，展厅内的温度全年比较稳定，并在合理的文物保护范围之内。在冬夏季，监测点温度受展厅内中央空调与展柜内恒温恒湿空调的双重作用，温度较稳定。在过渡季节，3月中后旬供暖期结束后，展厅内温度出现下降趋势，而后随室外天气变暖，展厅内温度呈现升高趋势，10月份左右空调制冷设备关闭，展厅内温度升高，进入11月中旬展厅内进行冬季采暖，随后展厅内温度较稳定。因博物馆展厅内没有外窗，外墙为加气混凝土砌块外墙+65mm厚EPS外保温，保温效果较好，因此，在过渡季节展厅内的温度波动较小且大部分控制在合理的范围内。

二、相对湿度分析

当我们认识到展柜内温度服从于展厅温度后，展柜内相对湿度的控制就成为了关键技术，也就是说博物馆控制展柜微环境实质上就是控制展柜中的相对湿度。展柜湿度控制有两种方式，一种是靠墙连体展柜用空调集中控制，另一种是独立展柜用加湿机控制。现取精品厅内5个点，其中，A、B由展柜空调控制，C、D、E为独立展柜由加湿机控制，且D、E分别位于同一展柜的两侧。图3-8～图3-10分别为5个监测点在冬季、过渡季节及夏季的湿度变化情况。

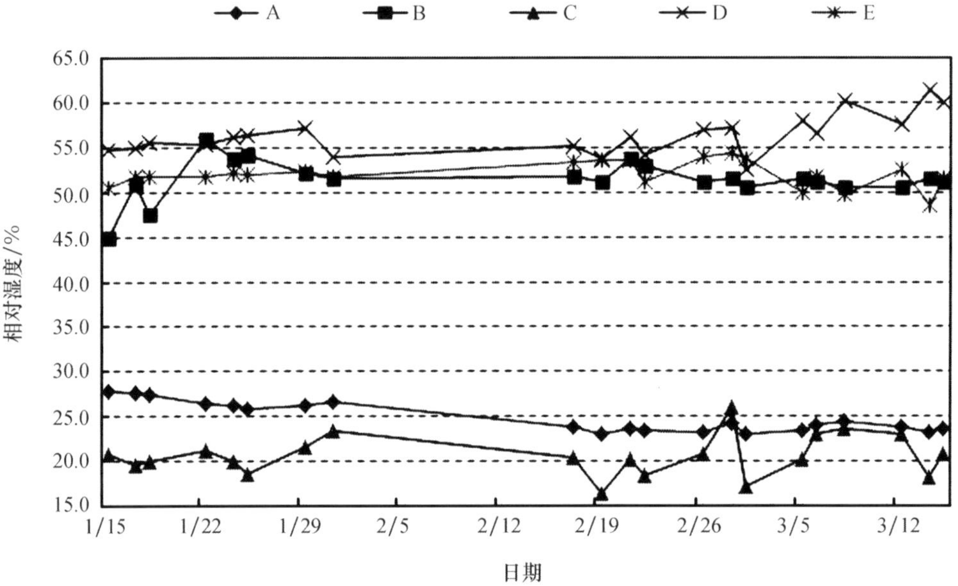

图3-8　测试点冬季相对湿度分布

结合图3-8～图3-10，A展柜的相对湿度在不同季节波动较大，在冬季与过渡节相对湿度介于15%～30%之间，均低于规定的相对湿度范围要求，在夏季相对湿度介于45%～55%之间；相比较而言，B展柜的相对湿度在各个季节较稳定。A、B展柜由同一套空调系统控制，却出现不同的调控结果，这说明控制展柜的空调控湿系统在湿空气传递过程中存在不平衡性。C、D展柜是由加湿机调控相对湿度，每台加湿机只调控一个独立的小空间，其相对湿度值在各个季节较稳定且均处于适宜的湿度范围内。由此可知，独立展柜的加湿机调控湿度要比空调调控效果更好。

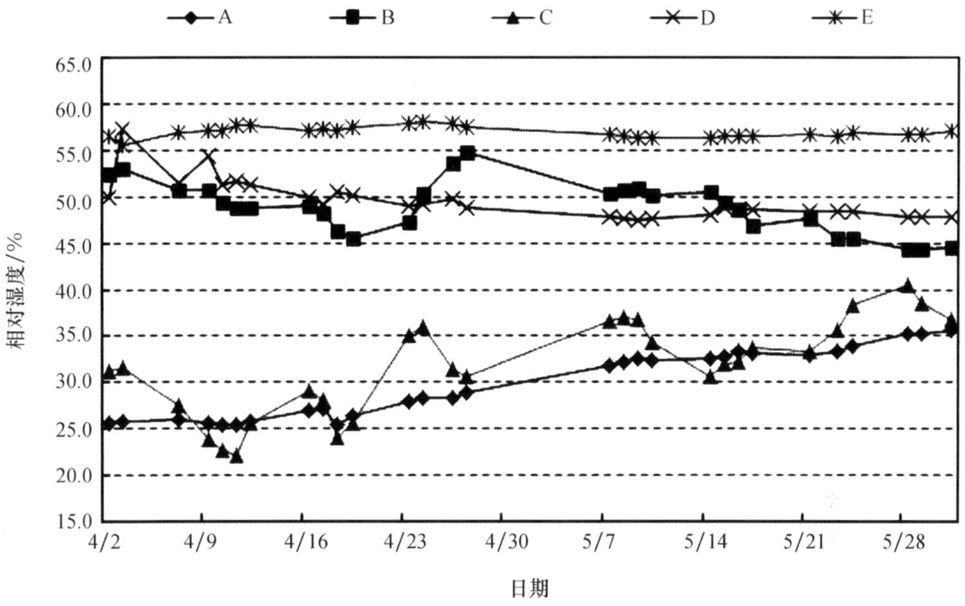

图3-9　测试点过渡季相对湿度分布

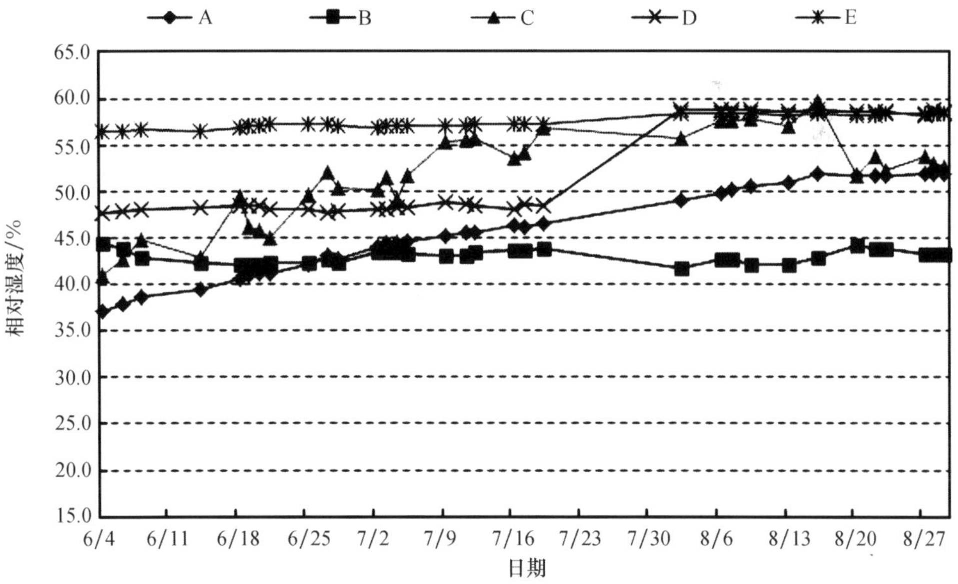

图3-10　测试点夏季相对湿度分布

D、E为同一个独立展柜内最右侧与最左侧的测试点，D与E间湿度存在不同程度的差异，相对湿度最大差值达到9.6%。可见，对于由加湿机调控空间较大的独立展柜存在较大的不稳定性。长期不稳定因素的存在，会对文物造成损害使同一件展品上出现色差。

三、整体评价

本次测试分析的展柜以展览纸质等有机文物为主，综合考虑我国博物馆卫生标准（GB9669-88）、国外博物馆环境质量标准、建筑能耗及纸质等有机文物保存较认可的温湿度等条件，设定温湿度全年调控的目标值为18～26℃，45%～60%。

徐方圆、吴来明等[4]提出了温湿度的“适宜”性指标的概念。所谓温湿度的“适宜”性指标是对温湿度的一种静态评估。某一时刻的温湿度是一个定值，为了评价这个指标是否“适宜”，可以将所测数据与相应的标准值或人为确定的温湿度边界范围进行比较，看是否达到“适宜”的指标。为此，本研究探讨引用“温湿度合格率”来进行评价。温湿度合格率，即同时满足温湿度“适宜”指标范围的监测值个数占所有监测值个数的比例。

温湿度合格率P=(同时满足温湿度指标的测试值个数/所有测试值个数)×100%

按照上述标准范围（18～26℃，45%～60%）计算四个展厅内各检测点的得到的温湿度合格率见图3-11～图3-14。

由图3-11～图3-14可知，同一展厅内不同测试点温湿度合格率各不相同，精品厅相对合格率较高，大部分展品都能达到50%以上；绘画厅、文房厅合格率都在50%左右；书法厅合格率分布最不规律。出现这种情况的原因，一是展柜控制方式不同，由空调系统控制的展柜合格率分布不均匀，由独立加湿机控制的展柜合格率较高；二是个别展柜内放置有调湿材料使合格率较高。四个展厅共36个测试点，在全年仅有14个点的合格率达到60%以上，馆藏文物是我国不可再生的重要的物质资源，文物保存环境有待提高。

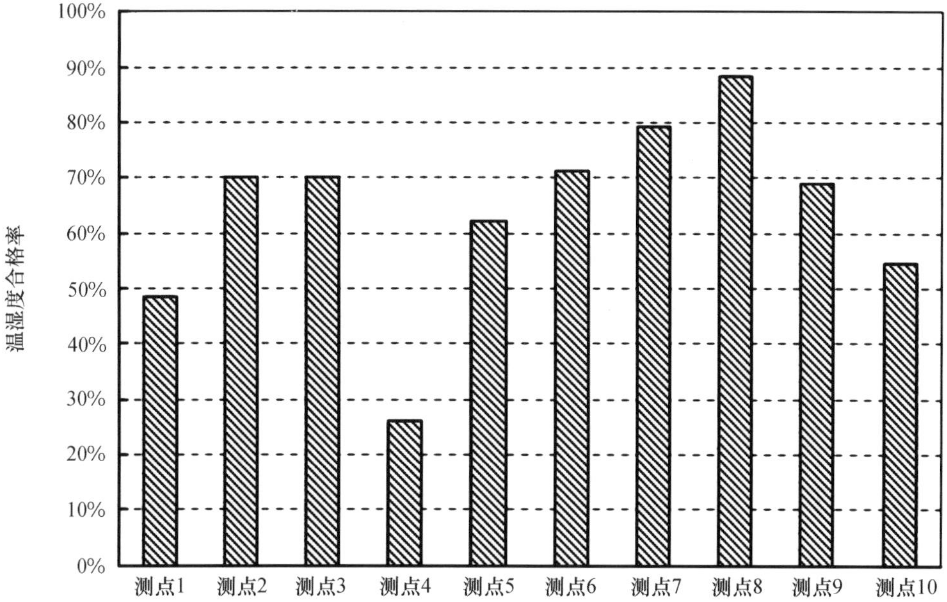

图3-11　精品厅合格率

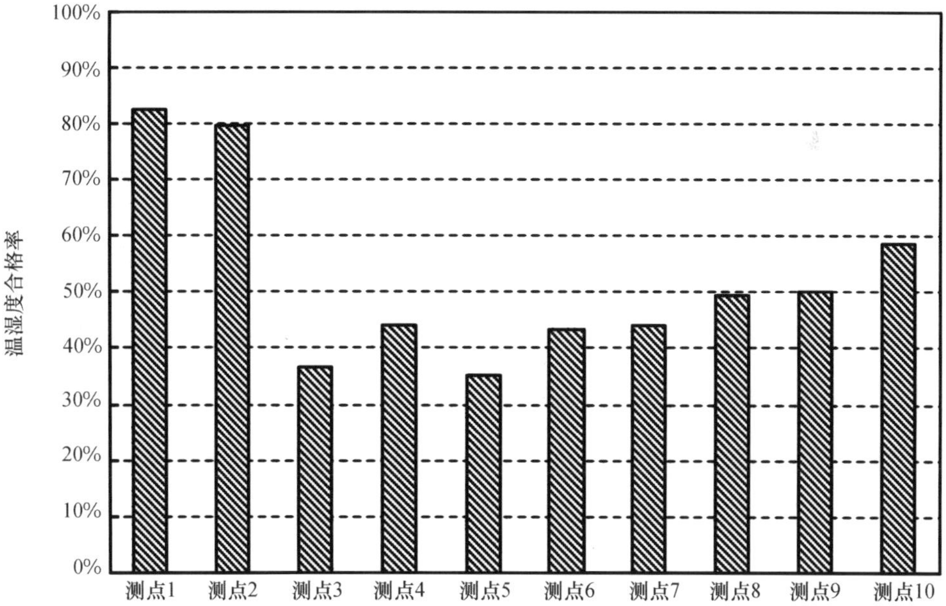

图3-12　绘画厅合格率

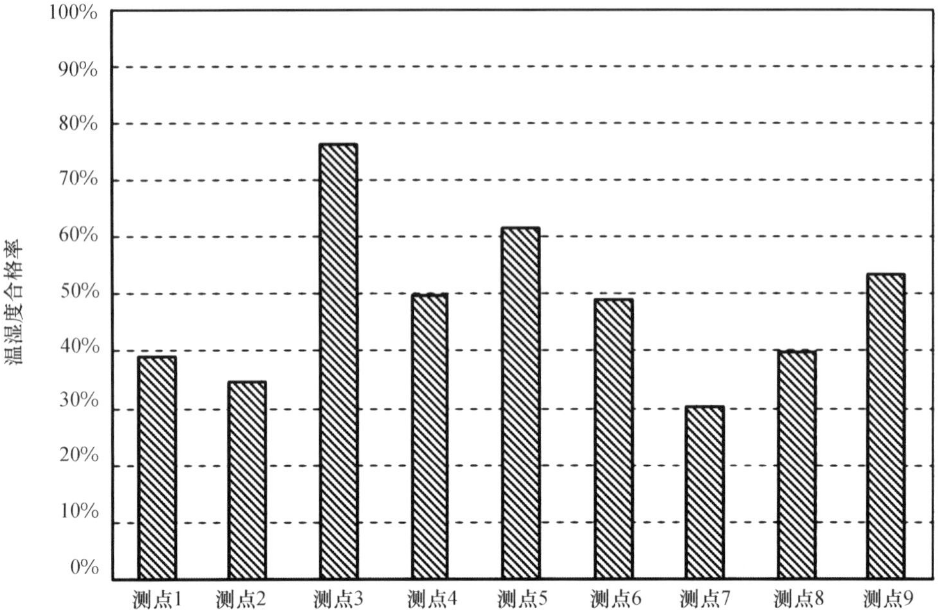

图3-13　书法厅合格率

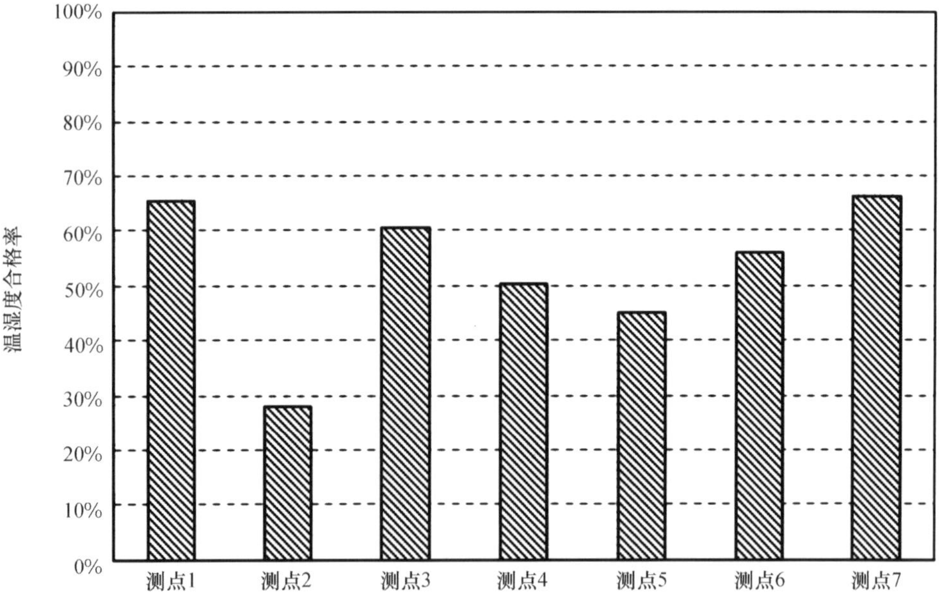

图3-14　文房厅合格率

参考文献

[1] Brown S, Cole I, Daniel V, et al. Guidelines for Environmental Control in Culture Institutions, Heritage Collections Council, Australia, 2002.

[2] 陆耀庆. 实用供热空调设计手册（第二版）[M]. 北京：中国建筑工业出版社，1993.

[3] 刘舜强. 古书画保存环境研究 [C]. 中国文物保护技术协会第二届学术年会. 2002.

[4] 徐方圆，吴来明. 文物保存环境中温湿度评估方法研究 [J]. 文物保护与考古科学. 2012，12（增刊）：6-12.

第四章 光 环 境

光是以电磁波形式传播的辐射能。电磁辐射的波长范围很广，只有波长在380～760nm的这部分辐射能引起光视觉，称为可见光（简称光）。波长短于380nm的有紫外线、X射线、γ射线、宇宙线，长于760nm的有红外线、无线电波等，这些光的性质不同，人眼看不见。光的物理性质是由它的波长和能量来决定的。波长决定了光的颜色，能量决定了光的强度。光映射到我们的眼睛时，波长不同决定了光的色相不同。波长相同能量不同，则决定了色彩明暗的不同。

光环境是环境中的一个非常重要的组成部分。人们对光环境的需求与所从事的活动有密切关系。在进行生产、工作和学习的场所，适宜的照明可以振奋人的精神、提高工作效率、保证产品质量等。对文物而言，过强的光会损害文物。因此，为了有利于馆藏文物的保存，就必须充分了解不同类型的采光、照明设备和方法的性能特点。

第一节 光的基本概念及相关标准

光环境的设计和评价离不开定量的分析与说明，这就需要借助于一系列的物理光亮度来描述光源与光环境的特征。常用的光度量有光通量、照度和（光）亮度等。

一、光 通 量

辐射体单位时间内以电磁辐射的形式向外辐射的能量称为辐射功率或辐射通量（W）。光源的辐射通量中可被人眼感觉的可见光能量（波长380～780nm）按照国际约定的人眼视觉特性评价换算为光通量，符号为Φ，其单位为流明（lumen，lm），计算公式为

$$\Phi = K_m \int_0^{\infty} \frac{d\Phi_e(\lambda)}{d(\lambda)} \cdot V(\lambda) \cdot d\lambda \tag{4-1}$$

$d\Phi_e$（λ）/$d\lambda$——辐射通量的光谱分布；

V（λ）——光谱光（视）效率；

K_m——辐射的光谱（视）效能的最大值，单位为流明每瓦特（lm/W）。在单色辐射时，明视觉条件下的K_m值为683lm/W（λ=555nm时）。

光通量是说明光源发光能力的基本量。例如，一只耗电40W的白炽灯发射的光通量为370lm，而一只耗电40W的荧光灯发射的光通量为2800lm，是白炽灯的7倍多，这是由它们的光谱分布特性决定的。

二、照　　度

照度是受照平面上接受的光通量的面密度，符号为E。计算公式为

$$E=\frac{d\Phi}{dA} \tag{4-2}$$

照度的单位是勒克斯（lux，lx）。1lx等于1lm的光通量均匀分布在1m^{2}表面上所产生的照度，即1lx=1lm/ m^2。勒克斯是一个较小的单位，如夏季中午日光下，地平面上的照度可达105lx；在装有40W白炽灯的书写台灯下看书，桌面照度平均为200 ~ 300lx；月光下的照度只有几个勒克斯。馆藏文物保护环境照度的测定方法见附录1。

根据《博物馆照明设计规范》（GB/T 23862–2009），博物馆内照明设计时应根据环境污染特征和灯具擦拭次数从表4-1中选定相应的维护系数。

表4-1　维护系数

房间或场所举例	灯具最少擦拭次数 次/年	维护系数值
陈列区、技术用房、藏品库区、办公室等	2	0.80
观众服务区、公用房（办公室除外）等	2	0.70

在一般情况下，设计照度值与照度标准值相比较，可有 ± 10%的偏差，根据《博物馆照明设计规范》（GB/T 23862–2009）陈列室展品照度标准值应符合表4-2的规定。

表4-2　陈列室展品照度标准值

类别	参考平面及其高度	照度标准值/lx
对光特别敏感的展品：织绣品、绘画、纸质物品、彩绘陶（石）器、染色皮革、动物标本等	展品面	≤50
对光敏感的展品：油画、蛋清画、不染色皮革、银制品、牙骨角器、象牙制品、宝石玉器、竹木制品和漆器等	展品面	≤150
对光不敏感的展品：其他金属制品、石质器物、陶瓷器、岩矿标本、玻璃制品、搪瓷制品、珐琅器等	展品面	≤300

注：陈列室一般照明按展品照度值的20%～30%选取；复合材料制品按照对光敏感等级高的材料选择照度

对于对光敏感的展品或藏品：应严格控制其年曝光量（照度×时间，即C年=Ck×365/tk）；闭馆时，展品应处于无光照射状态。根据《博物馆照明设计规范》（GB/T 23863-2009），展品照度标准值及年曝光量如表4-3所示。

表4-3　展品总曝光量限值

展品类别	参考平面及其高度	年曝光量/（lux·h/年）
对光特别敏感的展品：织绣品、绘画、纸质物品、彩绘陶（石）器、染色皮革、动物标本等	展品面	50 000
对光敏感的展品：油画、蛋清画、不染色皮革、银制品、牙骨角器、象牙制品、宝玉石器、竹木制品和漆器等	展品面	360 000
对光不敏感的展品：其他金属制品、石质器物、陶瓷器、岩矿标本、琉璃制品、搪瓷制品、珐琅器等	展品面	不限制

将文物永远置于黑暗中，是文物的一种保护措施。但是，我们展出文物、研究文物和整理文物时，必须要在一定的光线下进行，文物保护防止光辐射就是指尽量降低光照度，将光辐射对文物的损害降低到最低限度。对光敏感的文物要限制文物的展出时间。尽量采用新技术控制，仅在观众观看此文物时，自动控制开启光源。

根据《博物馆照明设计规范》（GB/T23863–2009）的标准，博物馆相关场所的照度标准值应符合表4-4的规定。

表4-4　博物馆相关场所照度标准值

场所		参考平面	照度标准值/lx
陈列区	门厅	地面	200
	序厅	地面	100
	美术制作室	0.75m水平面	300
	报告厅	0.75m水平面	300
	接待室	0.75m水平面	300
	警卫值班室	0.75m水平面	150
技术用房	编目室	0.75m水平面	300
	摄影室	0.75m水平面	100
	熏蒸室	实际工作面	150
	实验室	实际工作面	300
	保护修复室	实际工作面	750
	文物复制室	实际工作面	750
	标本制作室	实际工作面	750
	阅览室	0.75m水平面	300
	书画装裱室	实际工作面	300
藏品库区	周转库房	地面	50
	藏品库房	地面	75
	藏品提看室	0.75m水平面	150
观众服务设施	售票处	台面	300
	存物处	地面	150
	纪念品出售处	0.75m水平面	300
	食品小卖部	0.75m水平面	150
公用房	办公室	0.75m水平面	300
	休息处	地面	100
	装具储藏库	地面	75
	行政库房	地面	100
	厕所、盥洗室、浴室	地面	100

注：1. 保护修复室、文物复制室、标本制作室的照度标注值是混合照明的照度标准值。其一般照明的照度值按混合照明照度的20%～30%选取。如果对象是对光敏感或特别敏感的材料，则减少局部照明的时间，并有防紫外线的措施。

2. 书画装裱室设置在建筑北侧，工作时一般仅用自然光照明。

3. 表中照度值为参考平面上的维持平均照度值

三、光 亮 度

点光源在给定方向的发光强度，是光源在给定方向上单位立体角内发射的光通量，用符号I表示，单位为坎德拉（Candela，cd）。发光强度常用语说明光源和照明灯具发出的光通量在空间各方向或选定方向上的分布密度，如一只40W白炽灯泡发出370lm的光通量，它的平均发光强度为370/4π=31cd。如果在裸灯泡上面装一盏白色搪瓷平盘灯罩，灯的正下方发光强度能提高到80～100cd，如果配上一个合适的镜面反射罩，则灯下方的发光强度可以高达数百坎德拉。在这两种情况下，灯泡发出的光通量并没有变化，只是光通量在空间的分布更为集中了。

光亮度（亮度）表示光源或物体明亮程度的量。该量的符号为L，单位为cd/m^3，其计算公式为

$$L=\frac{d\Phi}{dA\cdot\cos\theta\cdot d\Omega} \tag{4-3}$$

$d\Phi$——由指定点的光束元在包含指定方向的立体角$d\Omega$内传播的光通量；

dA——包括给定点的光束截面积；

θ——发光面法线与光束方向间的夹角。

眩光是指由于视野中的亮度分布或亮度范围的不适宜，或存在极端的亮度对比，以致引起不舒适感觉或降低观察细部或目标能力的视觉现象。为了限制眩光，根据《博物馆照明设计规范》（GB/T23863-2009）直接型灯具的遮光角不应小于表4-5的规定。

表4-5 直接型灯具的遮光角

光源平均亮度/（kcd/m^2）	遮光角/（°）
1～20	10
20～50	15
50～500	20
≥500	30

在观众观看展品的现场应限制来自光源或窗户的直接眩光，或来自室内各种表面的反射眩光，对于油画或者表面有光泽的展品，在观众的观看方向不应出现光幕反射。同时，观众或者其他物品的光泽面（如展柜玻璃或者画框玻璃）上产生的映像不应妨碍观众观赏展品。

四、色　温

色温是指当光源的色品与某一温度下黑体的色品相同时，该黑体的绝对温度为此光源的色温度。该量用符号T_c表示，单位为K。相关色温（度）是指当光源的色品点不在黑体轨迹上，光源的色品与某一温度下的黑体的色品最接近时，该黑体的绝对温度为此光源的相关色温。该量用符号T_{cp}表示，单位为K。根据《博物馆照明设计规范》（GB/T 23863–2009），室内照明光源色表可按其相关色温分为三组，光源色表分组宜按表4-6确定。

表4-6　光源色表分组

色表分组	色表特征	相关色温/K	适用场所举例
Ⅰ	暖	＜3300	接待室、售票处、存物处、文物陈列室
Ⅱ	中间	3300～5300	办公室、报告厅、文物提看室、研究阅览室、一般陈列室
Ⅲ	冷	＞5300	高照度场所

国际博物馆文物保护界要求展厅和库房的照度值应与色温相匹配，照度较高时选用高色温光源，照度较低时宜选用低色温光源。一般博物馆照明建议使用色温低于3300K的光源，其目的是保持博物馆整体统一的环境色温。

五、显色指数

光源对国际照明委员会（International Commission on illumination, CIE）规定的八种标准颜色样品特殊显色指数的平均值，统称为显色指数，以0～100为单位，用符号Ra表示。显色指数越高的光源对颜色的再现越接近自然原色。各种不同场所对于人造光源的显色指数要求不同，如表4-7所示[1]。

表4-7　显色指数用途

显色指数	感觉	用途
85～98	很好	博物馆美术馆展陈照明、彩色印刷和印染品检验等
65～85	好	室内照明
50～65	中等	室外照明
＜50	较差	对色彩要求不高的场所，如停车场、货场等

在陈列绘画、彩色织物以及其他多色展品等对辨色要求高的场所，光源一般显色指数（Ra）不应低于90[2]，一般单色文物要求照明光源的显色指数（Ra）不低于85，在博物馆走廊或者门厅等辨色要求不高的场所，也应选择一般显色指数（Ra）为60左右的照明光源。

六、光对文物的影响

光是一种能量，对博物馆内所有的有机化合物（纸张着色剂等），均是相当危险的。光引起的化学反应，是削弱物质的强度，使染料、颜料色泽发生变化，最终物质整体遭到破坏。光能量与波长有关，波长越短，能量越高。光对物质的损害，在强度同等的条件下，其次序为紫外光>紫光>蓝光>黄光。对于那些对光非常敏感的染料、颜料，保护其免受紫外光辐照是重要的，同时还要防止其变色，更重要的是减少可见光辐射的影响。为了寻找不同文物材质最适宜的保存环境，文物保护者开展了一系列光环境对不同种类文物色差及老化的试验研究。

Harrison[3]以低等级纸进行实验，得出波长与相对危险度的关系见表4-8。虽然，该相对危险度适用于低等级纸，对其他材料可能不合适，但大体上在波长与材质的损伤关系上并无多大不同。

表4-8 波长与相对危险度关系

波长/nm	视感度	危险度	波长/nm	视感度	危险度
300	0.0000	7.75	560	0.9950	0.004
320	0.0000	4.5	580	0.8700	0.002
340	0.0000	2.63	600	0.6310	0.001
360	0.0000	1.45	620	0.3810	0.0005
380	0.0000	1.07	640	0.1750	0.0000
400	0.0004	0.66	660	0.0610	0.0000
420	0.0040	0.37	680	0.0170	0.0000
440	0.0230	0.20	700	0.0041	0.0000
460	0.6000	0.12	720	0.0010	0.0000
480	0.1390	0.065	740	0.0003	0.0000
500	0.3230	0.037	760	0.0001	0.0000
520	0.7100	0.021	780	0.0000	0.0000
540	0.9540	0.007			

Lodewijks[4]以光子能量公式$\varepsilon=hc/\lambda$、c-c键断裂所需的能量（58.6×1000/rd），计算出短于486波长的光，能断裂纤维素分子的c-c键。木浆纸在420nm波长光的照射下，随曝光量的增加，褪色程度加重。另外，纸张曝光后，即使在黑暗保藏，色纸仍然变暗。荒木等[5]通过实验(日光灯、滤去365nm的光波)，计算出在下列照度、时间内，试验漆器未发现变色（表4-9）。David等[6]对25种光敏感的颜料作曝光试验证明，多数颜料褪色是随光总剂量（Lux-h）而变化。

表4-9　光与漆器的变色

样品	照度/lux	累积时间	每天时间/h
黑漆	900	3年6个月	11
红漆（HgS）	900	8个月	11
红漆（CdS）	900	1年	11

博物馆内的光辐射主要来源于太阳光和人工光源。光辐射对于人类是必不可少的，人们欣赏文物时必须在在光线下进行。但是，光线对文物的保存是有害的，光辐射可以引起文物表面的光化学反应，随着光照时间累积，它的热效应也可以使化学反应速度加快。为了更好地保护文物，人们应采取各种措施来尽量减少光线照射在文物表面的时间和降低其照射强度。

第二节　紫外辐射

太阳光谱包括无线电波、红外线、可见光、紫外线、X射线、γ射线等几个波谱范围。其中到达地球表面的光线为紫外线、可视光线及红外线，但对人体最有影响、最有害的是紫外线，它的简称为UV。

一、紫外辐射的性质

紫外辐射指波长比可见辐射波长短的光学辐射。通常将波长在100～400nm的紫外辐射细分为：近紫外线UV-A：315～400nm；远紫外线UV-B：280～315 nm；超短紫外线UV-C：100～280 nm。在规范中对紫外辐射的检测规定仅需测量UV-A值，采光照明中的采光来自自然光（太阳+天空辐射），由于大气臭氧层的作用，自然光中已不包含C波段的辐射；而自然光经过普通玻璃窗后其B波段辐射也将被滤掉，而且光源中的B波段紫外辐射远小于A波段（日光灯中约占1%，钨丝灯中约占0.1%），因此对采光来说，通常只考虑A波段的紫外辐射的测量。

人工的紫外线光源有多种气体的电弧（如低压汞弧、高压汞弧），紫外线有化学作用能使照相底片感光，荧光作用强，日光灯、各种荧光灯和农业上用来诱杀害虫的黑光灯都是用紫外线激发荧光物质发光的。紫外线还可以防伪，紫外线还有生理作用，能杀菌、消毒、治疗皮肤病和软骨病等。紫外线的粒子性较强，能使各种金属产生光电效应。紫外线的优点是消毒杀菌、促进骨骼发育、对血色有益、偶尔可以治疗某些皮肤病、紫外线照射直接影响人体维生素D的合成，不照紫外线就没有足量的维生素D。缺点是使皮肤老化产生皱纹、产生斑点、造成皮肤粗糙、造成皮肤炎、造成皮肤癌。紫外线作用于中枢神经系统，可使人出现头痛、头晕、体温升高等症状。作用于眼部，可引起结膜炎、角膜炎，称为光照性眼炎，还有可能诱发白内障，在焊接过程中产生的紫外线会使焊工患上电光性眼炎（可以治愈）。

二、紫外辐射对文物的影响

博物馆一般将紫外光敏感材料分为四类：紫外光不敏感材料、低度紫外光敏感材料、中度紫外光敏感材料、高度紫外光敏感材料。其中，紫外光不敏感材料包括：金属、石头、陶瓷器、玻璃等；低度紫外光敏感材料包括：塑料、橡胶、油漆、木、藤、竹等；中度紫外光敏感材料包括：油画、象牙、骨质文物、深色文物、棉、麻、毛、丝绸、纸、纤维制品、黑白照片底片等；高度紫外光敏感材料包括：油画、水彩画、水粉画、浅色木文物、动物胶、植物胶、植物染色纺织品、彩色印刷品、新闻报纸、彩色照片底片、电影胶片等。

加拿大文物保护研究所Stefan Michalski先生制作的对于紫外光照射强度与文物寿命的预期表如表4-10所示。

表4-10　紫外光照射强度与文物寿命的预期表

紫外光照射强度	光照强度	低度紫外光敏感寿命预期	中度紫外光敏感寿命预期	高度紫外光敏感寿命预期
室外太阳光紫外光照射超过600 ~ 1000μW/lm	太阳光平均照度30 000lx	大于10年	大于1年	大于1个月
	50lx	大于5000年	大于500年	大于50年
通过玻璃的太阳紫外光照射超过400 ~ 500μW/lm	室外光照度30 000lx	大于30年	大于3年	大于2个月
	50lx	大于20 000年	大于2000年	大于100年
通过紫外线过滤膜的紫外光照射超过75μW/lm	室外光照度30 000lx	大于300年	大于30年	大于2年
	50lx	大于亿年	大于亿年	大于亿年

《博物馆照明设计规范》（GB/T 23863–2009）对于展品或藏品的保护而言，应减少灯光和天然光中的紫外辐射，使光源的紫外线相对含量小于20μW/lm。馆藏文物保存环境紫外照度的测定方法见附录2。

与可见光相比，紫外线波长更短、能量更高，对文物的破坏能力也更强。紫外光所引起的化学反应，是削弱物质的强度，使染料、颜料色泽发生变化，最终导致物质整体的破坏。紫外线可在潮湿环境中分解空气中的氧分子产生初生态的氧，这些初生态的氧，可与潮湿空气中的水分子结合生成过氧化氢，氧化金属类文物。比如，它能使化学性质不甚活泼、在空气中只能缓慢氧化的铜器发生化学反应而加速腐蚀。紫外线也可分解氧分子产生活化态的氧，和离子化的银作用，形成氧化银，同时也为硫的侵蚀提供了条件，加速了银器的腐蚀。

在古书画保存环境中，光线照射也是重要的影响因素[3]。有实验测定将天然麻制品、棉制品、亚麻制品等放置于阳光下照射，它们的机械强度降低50%所需要的时间为天然麻——220h，棉——940h，亚麻——999h。这说明光可以破坏纤维素分子链。资料表明，断裂纤维素分子中一个简单的键需要的能量为千焦摩，断裂一个线性饱和键需要的能量为千焦摩。波长小于486nm的光线就足以破坏C—C键，而波长小于358nm的紫外线可断裂有机物分子的线性饱和键。由此可见，就环境因素而言，对古书画起破坏作用的光线主要是紫外线，它对古书画文物中的有机成分有分解作用，可以使古书画中纸张、绞绢老化，发黄变脆。此外，紫外线还可以在潮湿的环境中分解空气中的氧分子，形成初生态氧。这些初生态氧一方面可氧化古书画文物中的有机成分；另一方面，在潮湿条件下，可以与古书画上的水分子结合成过氧化氢，使古书画上的颜料发生化学反应，使文物出现褪色、变色等现象。我们对故宫某殿内古书画进行调查时发现，凡阳光能直接照射到的地方，绘画破损严重，而阳光不能直射的地方，绘画作品保存较好，这说明古书画的寿命与光照有直接关系。因此对于古书画保存环境来说，需有防光措施，降低环境中紫外线的含量，这是极为重要的。这一点可以通过在库房、展室、修复复制工作室内安装无紫外线的人工光源和安置滤紫外线的玻璃解决。这样，当外界自然光照射到这些房间门窗上的UV玻璃时，其中波长较短的紫外线就会被阻挡过滤。另外考虑到可见光对古书画也有一定的破坏作用，所以可根据具体情况，尽可能少使珍贵古书画文物暴露于可见光下。

观众观看文物不需要紫外线，由于不同光源的紫外线密度不同，所以博物馆购置人工光源时应尽量选择无紫外线辐射或者低紫外线辐射的光源。如果选择了有紫外线的光源，尽量在光源表面涂刷过滤紫外线涂料，或者加装过滤紫外线的塑料薄膜。现在我国很多博物馆都采用部分自然光透过窗户玻璃散射照明，那么玻璃应当选择过滤紫外线的玻璃，或者加贴过滤紫外线的塑料薄膜。

三、紫外传感器

紫外传感器是一种专门用来检测紫外光的光电器件。紫外传感器是利用光敏元件将紫外线信号转换为电信号的传感器，它的工作模式通常分为两类：光伏模式和光导模式。紫外传感器的工作原理是在紫外线传感器的阴极和阳极间加上电压，当紫外线透过石英玻璃照射到光里面的阴极上时，由于阴极涂敷有电子放射物质，就会发射光电子。在强电场的作用下，光电子被吸向阳极，光电子高速运动时与管内气体分子相碰撞，最终使阴极和阳极间充斥着大量的光电子和电离电子，引起辉光放电现象，从而在电路中形成很大的电流。当没有紫外线照射时，阴极和阳极之间没有电子和离子的流动，呈现相当高的阻抗。

紫外传感器的一个典型应用是UA探头，它是一种新颖独特的火灾报警传感元件，该探头对紫外线异常敏感，它可以检测出5m以内打火机火焰的紫外线。UA探头不仅灵敏度高，而且抗干扰能力也很强，所以广泛用于宾馆、饭店、仓库、公寓和办公楼的防火报警系统。紫外传感器可以测量手机、数码相机、MP4、PDA、GPS等携式移动产品紫外指数，也可用于全部紫外线波段的检测器、单UV-A波段检测器、紫外线指数检测器、紫外线杀菌灯辐照检测器等检测器。

第三节 紫外辐射与可见辐射的控制

在所有光源中，紫外辐射都要比可见辐射少得多，即使是日光也是如此，紫外辐射虽然具有较大的破坏力，但是数量相对较少。多数物质只在特定波长的辐射下才褪色，在透过玻璃未经其他过滤的日光照射下，少量紫外辐射所引发的损害通常来说要大于全部可见辐射所造成的损害。

如果一件展品在白天由日光照明，在黑天后由钨丝灯泡照以相同的亮度，那么，它在日光下的一小时内接收到的紫外辐射能量，相当于一小时内受雾灯照射的6倍，钨丝灯泡发射的紫外辐射太少，一般不需要滤光片。几乎所有荧光灯释放的紫外辐射都比钨丝灯泡释放的多，但除了一种被称为“人造日光”的特高紫外辐射之外，所有的荧光灯所发射的紫外辐射都比日光低。因此对预防紫外辐射来说，我们首先要处理的是日光，之后才是荧光灯。在光线最终抵达展品之前，我们让它先通过一种可透过可见光而不透过紫外光的材料去除紫外辐射。

理想的紫外辐射滤光片能阻止波长低于400nm的所有紫外辐射，但不会阻止任何可见光的通过。《博物馆环境》中提到滤光片必须完全覆盖窗户、天窗或照明灯具。滤光片有以下三种形式：①3～6mm厚的可自承重聚丙烯酸或聚碳酸酯板，无论透明或半透明，都可以用来替代窗户和天窗（如果符合防火规范）中的玻璃，以及荧光灯的散射板。②醋酸纤维素薄片，可以用剪子或刀裁出一定的形状并放置或粘贴在玻璃上。③清漆。另外还有一种有用的形式，但是不容易得到，是在玻璃中使用夹层结构，塑料夹层包含紫外辐射吸收剂。这种玻璃依照安全等级制造，不容易因清洁而受损害，而且其密封的塑料夹层与空气隔绝，也能增加其耐久性。

聚丙烯酸酯是聚甲基丙烯酸酯的一种不甚精确地名称，它具有各种各样的商品名，如塑料玻璃、有机玻璃、山形玻璃等。普通的种类吸收紫外辐射的能力比玻璃弱，因而要特别注意为紫外辐射吸收制作的特别类型，即塑料玻璃（Perpex）VE、有机玻璃（Plexiglas）201。聚丙烯酸酯板和其他许多塑料板，如果受摩擦易产生静电，导致吸附空气中的灰尘。如果彩色蜡笔画或炭笔写生特别靠近此塑料板，它甚至会吸收蜡笔画或炭画上的颜料。为了避免这种现象发生，应该在聚丙烯酸酯板的两面涂上抗静电的清漆。清漆对侧窗是防止紫外线最好的选择，如果将清漆铺得非常平整将会形成看不见的薄膜。毛刷和喷雾器不是涂抹清漆最好的工具，因为它们会使清漆流过的痕迹显现出来。

如今博物馆也偶尔会使用紫外线辐射来提供荧光效果，如在地质博物馆中，展示矿物质的荧光性或使某些艺术品的颜色变得光亮。但是人们必须权衡这些特殊情况的优点和紫外线对文物造成的损坏程度。在其他所有情况下，紫外辐射无助于改变展示的效果，而且会导致不可挽回的损坏。因此，应采取措施去除紫外辐射。

紫外辐射和可见辐射都会造成文物色彩的变化和文物表面的损坏，因此，仅仅去除紫外辐射是不够的。

如果我们像去除紫外辐射一样去除可见辐射，我们将会处于黑暗中。为了更好地保存文物，我们应该更好地权衡观看展品所需的光量和其导致的损害程度。控制可见辐射要双管齐下，第一，将照度减少至不多于正常观看所必要的量，尽可能减少照明时间；第二，更多了解博物馆内各种展品的褪色速率以及褪色与光量的关系。

第四节　博物馆内常用灯具

一、白　炽　灯

白炽灯是将灯丝通电加热到白炽状态，利用热辐射发出可见光的电光源。白炽灯由玻壳、灯丝、填充气体、支架和灯头等部分构成（图4-1）。最早出现的电灯，用耐热玻璃制成泡壳，内装钨丝。泡壳内抽去空气，以免灯丝氧化，或再充入惰性气体（如氩气、氮气等），减少钨丝受热蒸发。自1879年，美国的T.A.爱迪生制成了碳化纤维（即碳丝）白炽灯以来，经人们对灯丝材料、灯丝结构、充填气体的不断改进，白炽灯的发光效率也相应提高。白炽灯的发展趋势主要是研制节能型灯泡。不同用途和要求的白炽灯，其结构和部件不尽相同。白炽灯工作温度为2700～3000K，发光效率为17lm/W，发光特性稳定、性能可靠、灯泡价格便宜，因此，白炽灯是产量最大、应用最广泛的电光源。

图4-1 白炽灯

白炽灯发出的是连续而且均匀的光谱，色光最接近于太阳光色，光线柔和、显色性好（显色指数为100）、对眼睛的刺激较小，能够反映展品真实的颜色。另外，白炽灯光源小、便宜，具有种类极多的灯罩形式，并配有轻便灯架、顶棚和墙上的安装用具和隐蔽装置，所以白炽灯在博物馆展览中受到普遍欢迎。在所有用电的照明灯具中，白炽灯的发光效率最低，它所消耗的电能只有12%～18%可转化为光能，而其余部分都以热能的形式散失了。至于照明时间，这种电灯的使用寿命通常不会超过1000小时。自2007年年初澳大利亚政府率先宣布以立法形式全面淘汰白炽灯开始，先后有十几个国家和地区陆续发布了白炽灯淘汰计划。为了节约能源，我国政府规定，从2011年12月1日起开始淘汰白炽灯的路线。但是，我国有的公司也尝试对传统的白炽灯技术改进，在白炽灯的玻壳内镀敷红外反辐射膜，使红外线反射回灯丝后提高灯丝温度，这种灯的节能效果可以达到60%。

二、荧　光　灯

荧光灯也称日光灯、水银灯、低压汞灯。主要组成有灯头、灯管、启辉器、镇流器，灯管内充有微量的惰性气体（如氩）和稀薄的汞蒸气，两个灯丝之间的气体导电时发出紫外线，使涂在管壁上的荧光粉发出可见光。如图4-2所示。

从荧光灯的发光机制可见，荧光粉对荧光灯的质量起关键作用。20世纪50年代以后的荧光灯大都采用卤磷酸钙，俗称卤粉。卤粉价格便宜，但发

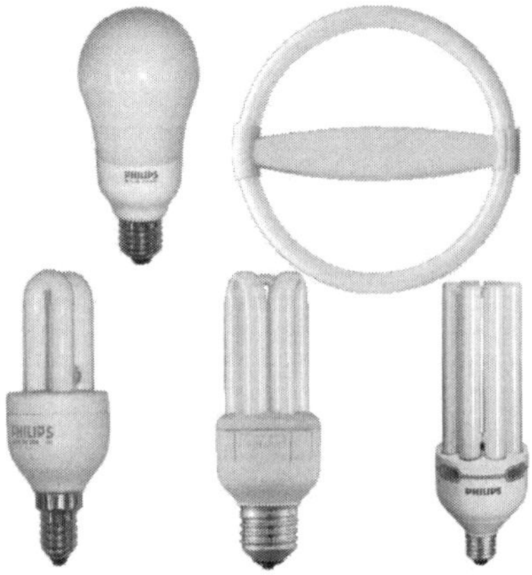

图4-2　荧光灯

光效率不够高，热稳定性差、光衰较大、光通维持率低，因此，它不适用于细管径紧凑型荧光灯中。1974年，荷兰飞利浦首先研制成功了将能够发出人眼敏感的红、绿、蓝三色光的荧光粉氧化钇（发红光，峰值波长为611nm）、多铝酸镁（发绿光，峰值波长为541nm）和多铝酸镁钡（发蓝光，峰值波长为450nm）按一定比例混合成三基色荧光粉（完整名称是稀土元素三基色荧光粉），它的发光效率高（平均光效在80lm/W以上，约为白炽灯的5倍），色温为2500～6500K，显色指数在85左右，用它作荧光灯的原料可大大节省能源，这就是高效节能荧光灯的来由。可以说，稀土元素三基色荧光粉的开发与应用是荧光灯发展史上的一个重要里程碑。没有三基色荧光粉，就不可能有新一代细管径紧凑型高效节能荧光灯的今天。

传统型荧光灯内装有两个灯丝，灯丝上涂有电子发射材料三元碳酸盐（碳酸钡、碳酸锶和碳酸钙），俗称电子粉。在交流电压作用下，灯丝交替地作为阴极和阳极，灯管内壁涂有荧光粉，管内充有400～500Pa压力的氩气和少量的汞。通电后，液态汞蒸发成压力为0.8 Pa的汞蒸气，在电场作用下，汞原子不断从原始状态被激发成激发态，继而自发跃迁到基态，并辐射出波长253.7nm和185nm的紫外线（主峰值波长是253.7nm，占全部辐射能的70%～80%；次峰值波长是185nm，约占全部辐射能的10%），以释放多余的能量。荧光粉吸收紫外线的辐射能后发出可见光。荧光粉不同，发出的光线也不同，这就是荧光灯可做成白色和各种彩色的缘由。由于荧光灯所消耗的电能大部分用于产生紫外线，因此，荧光灯的发光效率远比白炽灯和卤钨灯高，属于节能电光源。

无极荧光灯即无极灯，它由高频发生器、偶合器和灯泡三部分组成。它取消了对传统荧光灯的灯丝和电极，利用电磁偶合的原理，使汞原子从原始状态激发成激发态，其发光原理和传统荧光灯相似，有寿命长、光效高、显色性好等优点。它是通过高频发生器的电磁场以感应的方式偶合到灯内，使灯泡内的气体雪崩电离，形成等离子体。等离子受激原子返回基态时辐射出紫外线。灯泡内壁的荧光粉受到紫外线激发产生可见光。

荧光灯的缺点使它发出的是蓝光和白光，而缺少红色光波段，光谱不全，光谱能量分布是不连续的强光谱线，对人的生理机能影响很大。随着荧光灯使用时间的累积，亮度会逐渐下降，亮度下降后容易使眼睛疲劳，视力逐渐减退。荧光灯还存在环境问题，荧光灯内含有水银成分，水银不仅破坏环境对人体也是有害的，因此处理废弃的荧光管也是一个问题。

荧光灯按色温可以分为：暖色调系列、中间色调系列、冷色调系列；直管型荧光灯管按光色分为：三基色荧光灯管、冷白日光色荧光灯管、暖白日光色荧光灯管；荧光灯还有6500K、5500K、5000K、4000K、3000K等多种色温的种类。博物馆使用荧光灯的原则是荧光灯的显色指数介于85 ~ 98，对于一般的陈列室，色温选择3300 ~ 5300的荧光灯，荧光灯的紫外线相对含量小于20μW/lm。另外，荧光灯的寿命、光效和含汞量也是博物馆选择荧光灯的重要指标。

三、卤　钨　灯

卤钨灯也称为卤素灯，又由于采用石英玻璃做玻壳，所以也称为石英灯。卤钨灯是填充气体内含有部分卤族元素或卤化物的充气白炽灯。在普通白炽灯中，灯丝的高温造成钨的蒸发，蒸发的钨沉淀在玻壳上，产生灯泡玻壳发黑的现象。1959年时，发明了卤钨灯，利用卤钨循环的原理消除了这一发黑的现象。

卤钨循环的过程原理：在适当的温度条件下，从灯丝蒸发出来的钨在泡壁区域内与卤素物质反应，形成挥发性的卤钨化合物。由于泡壁温度足够高（250℃），卤钨化合物呈气态，当卤钨化合物扩散到较热的灯丝周围区域时又分化为卤素和钨。释放出来的钨部分回到灯丝上，而卤素继续参与循环过程。氟、氯、溴、碘各种卤素都能产生钨的再生循环，它们之间的主要区别是发生循环反应所需的温度以及与灯内其他物质发生作用的程度有所不同，某些灯中还部分采用氯作为循环剂。

卤素灯泡与白炽灯的最大差别在于一点，就是卤素灯的玻璃外壳中充有一些卤族元素气体（通常是碘或溴），其工作原理为：当灯丝发热时，钨原子被蒸发后向玻璃管壁方向移动，当接近玻璃管壁时，钨蒸气被冷却到大约800℃并和卤素原子结合在一起，形成卤化钨（碘化钨或溴化钨）。卤化钨向玻璃管中央继续移动，又重新回到被氧化的灯丝上，由于卤化钨是一种很不稳定的化合物，其遇热后又会重新分解成卤素蒸气和钨，这样钨又在灯丝上沉积下来，弥补被蒸发掉的部分。通过这种再生循环过程，灯丝的使用寿命不仅得到了大大延长（几乎是白炽灯的4倍），同时由于灯丝可以工作在更高温度下，从而得到了更高的亮度、更高的色温和更高的发光效率。

卤钨灯的显色指数也是100，在博物馆内得到广泛应用。博物馆内使用的卤钨灯包括高压双端灯、低压单端灯和多平面冷反射低压定向照明灯三种。在选择卤钨灯时，一定要选择具有过滤紫外线功能的石英玻璃管制造的卤钨灯，另外，色温、工作电压、使用寿命和安全性也是选择卤钨灯的重要指标。

四、LED　灯

LED 是英文 light emitting diode （发光二极管）的缩写，LED发光二极管，是一种能够将电能转化为可见光的固态的半导体器件，它可以直接把电转化为光。LED的心脏是一个半导体的晶片，晶片的一端附在一个支架上，一端是负极，另一端连接电源的正极，使整个晶片被环氧树脂封装起来。半导体晶片由两部分组成，一部分是P型半导体，在它里面空穴占主导地位，另一端是N型半导体，在这边主要是电子。但这两种半导体连接起来的时候，它们之间就形成一个P-N结。当电流通过导线作用于这个晶片的时候，电子就会被推向P区，在P区里电子跟空穴复合，然后就会以光子的形式发出能量，这就是LED灯发光的原理。而光的波长也就是光的颜色，是由形成P-N结的材料决定的。

最早应用半导体P-N结发光原理制成的LED光源问世于20世纪60年代末，当时所用的材料是GaAsP，发红光（λ_p=650nm），在驱动电流为20毫安时，光通量只有千分之几个流明，相应的发光效率约0.1lm/W。70 年代中期，引入元素In和N，使LED产生绿光（λ_p=555nm）、黄光（λ_p=590nm）和橙光（λ_p=610nm），光效也提高到1lm/W。到了80年代初，出现了GaAlAs的LED光源，使得红色LED的光效达到10lm/W。90年代初，发红光、黄光的GaAlInP和发绿、蓝光的GaInN两种新材料的开发成功，使LED的光效得到大幅度的提高。在2000年，前者做成的LED在红、橙区（λ_p=615nm）的光效达到100 lm/W，而后者制成的LED在绿色区域（λ_p=530nm）的光效可以达到50 lm/W。目前，各种光色的LED广泛用于建筑物外观照明、景观照明、标识与指示性照明、室内空间展示照明、娱乐场所及舞台照明、视频屏幕、车辆指示灯照明等，产生了很好的经济效益和社会效益。

LED运用冷光源，眩光小、无辐射，使用中不产生有害物质。LED的工作电压低，采用直流驱动方式，超低功耗（单管0.03～0.06W），电光功率转换接近100%，在相同照明效果下比传统光源节能80%以上。LED的环保效益更佳，光谱中没有紫外线和红外线，而且废弃物可回收，没有污染，不含汞元素，可以安全触摸，属于典型的绿色照明光源。LED灯的使用寿命可达6万～10万h，是传统光源使用寿命的10倍以上。LED光源可利用红、绿、蓝三基色原理，在计算机技术控制下使三种颜色具有256级灰度并任意混合，即可产生256X256X256（即16 777 216）种颜色，形成不同光色的组合。LED组合的光色变化多端，可实现丰富多彩的动态变化效果及各种图像。与传统光源的发光效果相比，LED光源是低压微电子产品，成功地融合了计算机技术、网络通信技术、图像处理技术和嵌入式控制技术等。传统LED灯中使用的芯片尺寸为0.25mm×0.25nm，而照明用LED的尺寸一般都要在1.0mm×1.0mm以上。LED裸片成型的工作台式结构、倒金字塔结构和倒装芯片设计能够改善其发光效率，从而发出更多的光。

就照明品质来说，由于LED光源没有热量、紫外与红外辐射，对博物馆内展品不会产生损害，与传统光源比较，灯具不需要附加滤光装置，照明系统简单、费用低廉、易于安装。其精确的布光，可作为博物馆光纤照明的替代品。

五、光纤照明

光纤照明是通过光纤导体的传输，将光源传导到任意的区域里，是近年兴起的高科技照明技术。光纤是光导纤维的简称，在光纤的应用步入成熟的阶段，在高速传输的通信领域里被广泛应用。而早期光纤应用最普及的，是光纤导管所制成的饰品。光纤的构造可以简略分为三个部分，分别是核心、外壳与保护层。光纤本身的导体主要是由玻璃材料（二氧化硅）所抽丝而制成，它的传输是利用光经由高折射率的介质，以高于临界角的角度进入低折射率介质会产生全反射的原理，让光在这个介质里能够维持光波形的特性来进行传输。其中高折射率的核心部分，就是光传输的主要通道；而低折射率的外壳，则包覆住整个核心，由于核心的折射率比外壳高出很多，所以会产生全反射，光也因此可以在核心里来传输。保护层的目的，主要是为了保护外壳与核心不易损坏，同时也可以增加光纤的强度。

光纤在照明里的应用方式，分成两种：一种是端点发光，另一种是体发光。端点发光的部分主要是由两种组件组成：光投射主机以及光纤。投射主机包含了光源、反射罩以及滤色片，其中，反射罩主要的目的在于增加光照的强度，而滤色片则可以进行色彩的演变，变换出不同的效果。体发光则是光纤本身就是发光体，会形成一个柔性的光条。照明领域里所使用的光纤，大多都是塑料光纤。在不同光纤的材质里，塑料光纤的制作成本最便宜，与石英光纤相比，往往只有1/10的制作成本。而因为塑料材质本身的特性，不论在后加工或是产品本身的可变化性来说，都是所有光纤材质里最佳的选择。也因此照明所使用的光纤，选择塑料光纤作为传导的介质。

对于博物馆及自然博物馆的展柜来讲，光纤照明具有很多优点：①单一的光源可以同时拥有多个发光特性相同的发光点，利于使用在一个较广区域的配置上。②光源易于更换，也易于维修。前面提到光纤照明使用了两个组件：投射主机与光纤。其中光纤的使用寿命长达20年，而投射主机可分离，因此易于更换与维修。③发光点的光是经由光纤传导而来，光源发出的波长是经过过滤的，只包含某段光谱，因此发射出来的光无紫外线与红外线光，这种特性可以减少对文物的损害。④发光点小型化、重量轻、易于更换与安装，它可以制作成很小的尺寸，放置在不同的容器或其设计空间里，可以营造出与众不同的装饰照明效果。⑤光线可以柔性的传播。一般的照明设备都具有光的直线特性，因此要改变光的方向，就得利用不同屏蔽的设计。而光纤照明因为是使用光纤来进行光的传导，所以它具有轻易改变照射方向的特性，也利于满足特殊设计的需求。⑥它可以自动变换光色，通过滤色片的设计，投射主机可以轻易地改变不同颜色的光源，让光的颜色可以多样化，这也是光纤照明的特色之一。

上面介绍的各种照明灯具的情况，如表4-11所示。

表4-11　常见光源的光效、显色指数、色温和平均寿命比较

光源种类	光效/（lm/W）	显色指数/Ra	色温/K	平均寿命/h
普通白炽灯	15	100	2800	1000
卤钨灯	25	100	3000	2000 ~ 5000
普通荧光灯	70	70	全系列	10 000
三基色荧光灯	93	80 ~ 98	全系列	12 000
LED灯	15 ~ 60	60 ~ 98	2700 ~ 6000	50 000 ~ 100 000

参考文献

[1] 张晋平. 博物馆环境质量检测控制技术 [M] . 北京：中国环境出版社. 2013.

[2] Druzik J, Eshoj B. Museum lighting: it past and future development, Museum Microclimates, 2007.

[3] Harrison L S. Report on the deterioration effects of modern light sources [J] . Liium Eng, 1954, 48: 253. John B G, Havermans A, Dufour J. Photo oxidation of paper documents [J] . Restaurator, 1997, 18: 103-114. John B G, Havermans A, Dufour J. Photo oxidation of paper documents. Restaurator [J] , 1997, 18: 103-114.

[4] Lodewiks. The influence of light on museum objects [J] . Recents advances in conservation. 1963: 7-8.

[5] 荒木唯志等. 展示照明と漆器の変色 [J] . 古文化財の科学，1980，23：4-24.

[6] David S, Jo K. Light-induced damage: investtigating the reciprocity principle [J] . Art Archaeol Tech Abstr; 1997, 34-113.

第五章　博物馆内空气品质

地球上的大气是多种气体的混合体，主要包括氮气、氧气、氩气、二氧化碳、氖气、氦气、甲烷、氢气等，同时含有部分水汽和固体颗粒物等。大气可以为两类：一类是常定成分，主要包括氮、氧、氩，以及微量的惰性气体（如氖、氦、氪、氙等），它们在大气成分中保持固定的比例；第二类为可变成分，其比例随时间、地点而变，其中水气的变化幅度最大，二氧化碳和臭氧所占比例最小，但对气候影响较大，硫、碳和氮的各种化合物还影响到人类生存的环境。

人类活动、火山喷发、森林燃烧等改变了大气组分、大气结构和大气的运动状态，造成了大气污染现象。人类活动造成了粉尘和各种气体的排放，如工业生产过程中排放的气体和粉尘，汽车尾气的排放，取暖发电燃烧排放的气体和粉尘等。大气中本来没有或存在很少的气体，如一氧化碳、氮氧化物、二氧化硫、硫化氢、烷类、醛类、有机酸、苯类等，由于人类活动的影响以及工业区的增加导致这些气体成分增加，这些气体已经危害到人类活动和动植物的生存。

室内环境中，馆藏文物不仅对空气的温度和湿度敏感，对空气的成分和各成分的浓度也非常敏感。空气是人类赖以生存的基本要素之一，室内空气污染与人类的健康息息相关，同时，对我国博物馆内文物的保存也造成了一定程度的影响。大气污染物和悬浮颗粒物会以扩散的方式进入博物馆内直接腐蚀和破坏室内的文物。室内装修装饰、大量电器产品、空调的普及以及多种化学品的使用，使室内产生大量的物理、化学、生物以及放射性污染因素，造成室内空气质量的严重下降。本章将从污染物的种类、来源以及污染物对馆藏文物所造成的影响等方面来阐述，并对一些主要污染物的污染相关研究进行介绍。

第一节 挥发性有机物（VOCs）及其检测技术

一、挥发性有机物（VOCs）简介

挥发性有机化合物（volatile organic compounds，VOCs）一般是指沸点在50～250℃的化合物。不同组织对于VOCs所涵盖的物质的定义并不相同。美国环境保护署（U. S. Environmental Prodection Agency，EPA）对VOCs的定义是：除了二氧化碳、碳酸、金属碳化物、碳酸盐以及碳酸铵等一些参与大气中光化学反应之外的含碳化合物，主要包括甲烷、乙烷、丙酮、甲基乙酸和甲基硅酸等。而目前的VOCs常指的是室内的各种有机污染物。各种被测量的VOCs被总称为TVOC（Total VOC）。通常有一些没有在室外环境VOCs定义中的有机物质在室内污染研究中也被当成一种VOC，如甲醛。表5-1是世界卫生组织（World Health Organization，WHO）对室内有机污染物的分类。

表5-1 世界卫生组织（WHO）的室内有机污染物分类

有机物的分类	沸点（℃）	典型采样方法
极易挥发的有机化合物（VVOC）	<0到50～100	分批采样：用活性炭吸附
有机挥发性化合物（VOC）	50～100到240～260	用炭黑或者木炭吸附
半挥发性有机化合物（SVOC）	240～260到380～400	用聚亚氨酯泡沫吸附或者XAD-2吸附
附着在微粒上的有机物（POM）	>380	过滤器

VOCs的毒性主要表现在可能引起机体免疫水平失调，影响中枢神经系统功能，出现头晕、头疼、嗜睡、无力、胸闷等症状，此外，还会影响消化系统，出现食欲缺乏、恶心等症状；严重时可损伤肝脏和造血系统，出现变态反应。VOCs是造成“不良建筑综合征”（sick building syndrome，SBS）的主要原因之一。SBS的主要症状表现为：眼、鼻、咽、喉部有刺激感，头疼、易疲劳、呼吸困难、皮肤刺激、嗜睡、哮喘等非特异症状。VOCs还可能具有胚胎毒性，据调查在怀孕期间接触VOCs的职业妇女，其胎儿畸形的发生率是非暴露人群的8～13倍，胎儿流产率增加25%，低出生体重儿的发生率是控制人群的5倍多，还有可能发生缺陷病，如呼吸道狭窄、腭裂、先天性心脏病、中枢神经系统缺陷、神经管畸形等。更严重的是目前经过专家研究论证确认

室内VOCs中有20多种为致癌物或致突变物质。

建筑材料和装修材料是室内VOCs的主要来源，按它们随时间衰减的范围可分区为一次源和二次源。VOCs的一次源是指非结合的VOCs，它们的摩尔质量较小，比如溶剂残留物、添加剂、抗氧化剂、增塑剂、催化剂和单分子低活性物质等。二次源是VOCs在不同的物理、化学条件下产生的物理、化学结合物。例如，混凝土基层可以使PVC地板材料中的钛酸盐发生水解反应，产生醇类；温度的升高能够导致聚合物结构的热分解，起到催化剂的作用；室内环境中的VOCs与不同的氧化剂作用会导致吸收过程和氧化过程。二次源的形成过程可能产生突然、剧烈的室内空气质量问题。博物馆室内的装修装饰材料如化纤地毯、地毯胶垫、装饰或储物盒用人造板、细木工板、胶合板、复合地板、软木、展柜涂层树脂油漆、涂料器、天然油漆、防锈涂料、隔热层、热管道等都会散发VOCs。

VOCs的另一个重要来源是与人类活动有关的，比如，在博物馆内日常维护用品方面的来源包括：清洁剂、光亮剂、喷雾剂、杀虫剂等的应用；办公用具方面的来源包括：打印机、复写纸、胶带、胶水、橡皮膏等应用；与设备应用有关的来源包括：空调设备中制冷剂的泄露，排风口设计的不合理，密封剂、清洁剂等的不当使用；还有一些意外事件的来源：由于管道渗透或溢流而滋生的微生物会产生VOCs等。

二、挥发性有机物的检测

由于目前尚未制定出国际统一或国家级博物馆环境质量标准，因此对TVOCs浓度水平的判定主要依照现行其他标准。我国《室内空气质量标准》中规定的室内空气中TVOCs的限值是0.60mg/m^3。根据《民用建筑工程室内环境污染控制规范》（GB50325–2010），甲醛和TVOC的浓度限量如表5-2所示。

表5-2 甲醛和TVOCs浓度限值

污染物	一类民用建筑	二类民用建筑
甲醛（mg/m^3）	≤ 0.08	≤ 0.10
TVOCs（μg/m^3）	≤ 500	≤ 600

注：一类建筑：住宅、医院、学校教室等；二类建筑：办公楼、文化娱乐场所、图书馆、体育馆、公共交通场所等

《室内空气质量标准》中规定的总挥发性有机物的检测方法为热解吸毛细管气相色谱法。热解吸气相色谱法的原理是用吸附剂Tenax GC或Tenax TA的吸附管采集一定体积的空气样品。采样后，用加热解吸的方法，使待测样品随惰性载气进入毛细管气相色谱仪。以保留时间定性，以峰高或峰面积定量。该检测方法所用的仪器和设备包括：气相色谱仪、色谱柱、热解吸仪、采样泵（流量范围0.02 ~ 0.5L/min，流量稳定）、吸附管、注射器（可精确读出0.1μL的10μL液体注射器；可精确读出0.01μL的1mL气体注射器）、液体外标法制备标准系列的注射装置。其中，热解吸仪能对吸附管进行二次热解吸，并将解吸气用惰性气体带入气相色谱仪。冷阱可将解吸样品进行浓缩。解吸温度、时间和载气流速可调。所用的试剂与材料包括VOCs、稀释溶剂、吸附剂、99.999%的纯氮。为了校正流量，需用VOCs作为基准试剂，配成所需含量的标准溶液或标准气体，然后采用液体外标法或气体外标法将其定量注入吸附管。液体外标法所用的稀释溶剂应为色谱纯，在色谱流出线中应与待测化合物分离。吸附剂的粒径为0.18 ~ 0.25mm（60 ~ 80目），装管前在其最高使用温度下，用惰性气流加热活化处理20h，为了防止二次污染，吸附剂应在清洁空气中冷却至室温，储存和装管。

光离子化法（GB/T 14669–1993.空气质量氨的测定离子选择电极）的原理是用能量为10.6eV的UV光照射空气，其中的大多数有机物电离，但N_2、O_2、CO_2和H_2O等基本成分不变。让含有机物的空气样品进入离子化室（传感器），经UV灯照射后电离，离子和电子在电场作用下形成电流信号，根据电流的大小确定TVOC的含量。气体离开检测室后，其中的离子又重新合成原气体，如图5-1所示。

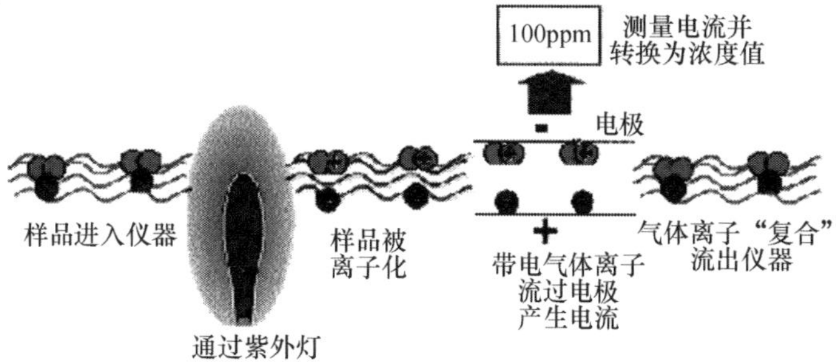

图5-1　光离子化检测原理

光离子化法所用仪器和设备室光离子化挥发性有机气体测定仪。测定方法是先按仪器说明书完成仪器启动、调零和校正；再进行样品测定，将仪器带到现场，直读测定值。记录现场测定时气温和大气压力，可连续进行测定。

第二节　甲醛及其检测技术

一、甲醛的性质

甲醛（HCHO）是一种无色有强烈刺激性气味的气体，易溶于水，其在30%～40%的水溶液称为福尔马林（Formalin）或多聚甲醛，此溶液的沸点为-19.5℃，在室温下极易挥发，可经呼吸道吸收，因此被世界卫生组织确定为可疑致癌物。甲醛容易聚合为多聚甲醛，其受热后则发生解聚作用，在室温下缓慢分解出甲醛。甲醛对人体的危害较大，长期接触低浓度的甲醛可能引起慢性呼吸道疾病、染色体异常，甚至引起鼻咽癌。据统计，2006年全世界甲醛产量为3200万吨，其中中国、美国和德国的产量分别占总产量的34%、14%和8%。总产量65%以上的甲醛用于合成胶黏剂。

室外空气中，甲醛主要来源于石油、煤、天然气等燃料的燃烧，润滑油的氧化分解、汽车排放、大气光化学反应。室内甲醛污染主要来自装修材料特别是建材在黏合过程中用的脲醛树脂，建材中甲醛的释放速率受温度、相对湿度等影响较大，温度越高，甲醛释放越快；湿度越高，则甲醛的容易滞留于室内，甲醛对皮肤和黏膜具有强烈刺激作用，能引起视网膜损害和视力衰退，人的嗅觉的最低下限位1mg/m^3，长期接触甲醛可出现记忆力减退，嗜睡等症状，导致呼吸道的严重刺激、水肿和头疼。皮肤直接接触甲醛可能引起过敏性皮炎、色斑甚至坏死，长期接触低浓度的甲醛可能引起慢性呼吸道疾病、女性月经紊乱、妊娠综合征，可能引起新生小儿体质降低、染色体异常，甚至引起癌症。人们对甲醛与癌症之间的关系的认识仍然存在不一致之处，2004年国际癌症研究署就将甲醛列为致癌物，而直到2011年，美国国立卫生研究院NIH才将甲醛列入明确致癌物之列，甲醛暴露与健康效应的剂量反应关系如表5-3所示。

表5-3 甲醛暴露与健康效应的剂量反应关系

甲醛浓度/（mg/m^3）	机体反应	甲醛浓度/（mg/m^3）	机体反应
0.00 ~ 0.05	无刺激和不适	0.10 ~ 25	上呼吸道刺激反应
0.05 ~ 1.00	嗅阈值	5.00 ~ 30	呼吸系统和肺部刺激反应
0.05 ~ 1.50	神经生理学影响	50 ~ 100	肺部水肿及肺炎
0.01 ~ 2.00	眼睛刺激反应	＞100	死亡

我国《室内空气质量标准》中规定的室内空气中甲醛的限值是$0.1mg/m^3$。甲醛是一种目前室内环境中普遍存在的污染气体，当然在博物馆中也不例外。据有关测定资料显示，某些巴西、美国、法国的博物馆内其浓度范围在（2 ~ 150）$\times 10^{-9}$之内。甲醛的主要来源是人造板中的脲醛树脂。该气体不仅对人体有害，而且经初步研究对无机材料中的玻璃、陶瓷釉彩、蚌壳、金属等亦有潜在的危险作用。

20世纪90年代末，苏格兰在新建的博物馆用了标明为无甲醛的中密度防火板和最好的液体密封剂，但是建成后检测发现陈列橱的甲醛浓度高达700ppb左右，而室内只是橱内的1/9，从而又提出了材料中污染物含量、释放量浓度与材料使用量的关系问题。多年前，英国大英博物馆、美国佛里尔美术馆在陈列改建过程中，已经对装饰材料进行了筛选研究，检测过上千种相关材料，形成了适用材料清单，保障了陈列小环境中文物的安全。

对于甲醛来说，温度的提高和湿度的提高都会使材料释放甲醛的速率加快，1989年，Thad Godish博士写的《室内空气污染控制》（*Indoor air Pollution Control*）一书中引用了不同温度和不同相对湿度条件下，材料释放甲醛的程度[1]结果见表5-4。

表5-4 甲醛释放与温湿度的相关性

温度/℃	相对湿度/%	甲醛释放浓度/ppm
30	70	0.36
30	50	0.28
30	30	0.23
25	70	0.29
25	50	0.17

续表

温度/℃	相对湿度/%	甲醛释放浓度/ppm
25	30	0.14
20	70	0.12
20	50	0.09
20	30	0.07

二、甲醛的检测方法

甲醛的检测方法很多，主要有气相色谱法、AHMT分光光度法、酚试剂分光光度比色法和乙酰丙酮分光光度比色法。电化学分析法是利用电化学甲醛测定仪检测甲醛，其原理是由泵抽入电化学传感器的甲醛，透过聚四氟乙烯膜（涂上贵金属催化剂烧成的），在工作电极上与水发生化学反应（电解）。产生的扩散电极电流与空气中甲醛的含量成正比。根据电极电流确定甲醛含量。反应式如下：

工作电极：$HCHO + H_2O \rightarrow CO_2 + 4H^+ + 4e^-$

参比电极：$O_2 + 4H^+ + 4e^- \rightarrow 2H_2O$

总反应：$HCHO + O_2 \rightarrow CO_2 + H_2O$

最后将仪器读数换算为标准状态下的含量值。

气相色谱法测量甲醛的原理是空气中的甲醛在酸性条件下吸附在涂有2，4-二硝基苯肼（2，4-DNPH）6201担体上，生成稳定的甲醛腙。用二硫化碳洗脱后，经OV-1色谱柱分离，用氢火焰离子化检测器测定，以保留时间定性，以峰高定量。所用仪器和设备包括气相色谱仪（配氢火焰离子化检测器）、色谱柱、空气采样器、采样管、具塞比色管（5mL）、微量注射器（10μL）。采样方法是取一支采样管，取下两端的胶帽，拿掉一端的玻璃棉，加一滴（约50μL）2mol/L盐酸溶液后，再用玻璃棉堵好。将加入盐酸溶液的一端垂直朝下，另一端与采样进气口相连，以0.5L/min的速度，抽气50L。采样后，将管的两端用胶帽套好，装在具塞试管中密封，送回实验室分析，并记录采样点的温度和大气压力。分析方法是先根据气象色谱仪的型号和性能，制定能分析甲醛的最佳测试条件。将采样管内吸附剂全部移入5mL具塞比色管中，加入1mL二氧化硫，稍加振摇，浸泡30min。取5μL洗脱液，按绘制标准曲线或测定校正因子的测试步骤进行测定。每个样品重复做三次，用保留时间确认甲醛的色谱峰值，测量其峰高，计算峰高的平均值（mm）。在每批样品测定的同时，取未采样的采样管，按相同操作步骤作试剂空白测定。气相色谱法的结果计算有标准曲线法和单点校正法。其中，用标准曲线法按下式计算空气中甲醛的含量：

$$c=\frac{(h-h_0)B_s}{V_0E_s}V_1 \tag{5-1}$$

c——空气中甲醛含量，mg/m^3；

h——样品溶液峰高的平均值，mm；

h_0——试剂空白溶液峰高的平均值，mm；

B_s——用标准溶液制备标准曲线得到的计算因子，μg/（mL · mm）；

V_1——样品洗脱液总体积，mL；

E_s——由实验确定的平均洗脱效率；

V_0——换算成标准状态下的采样体积，L。

用单点校正法：

$$c=\frac{(h-h_0)f}{V_0E_s}V_1 \tag{5-2}$$

式中，f为用单点校正法得到的校正因子，μg/（mL · mm）；其他符号意义同前。

由于甲醛与许多物质反应均能生成带有颜色的产物，因此比色分析成为分析空气中甲醛含量的常用方法，AHMT分光法就是其中之一。AHMT分光度法甲醛测定原理是空气中甲醛被吸收液吸收，在碱性条件下与4-氨基-3-联氨-5-巯基-1，2，4-三氮杂茂（AHMT）发生缩合反应，经高碘酸钾氧化形成紫红色化合物，溶液颜色的深浅与甲醛含量成正比，通过比色定量测定甲醛含量。

在分析化学中，光谱分析仍然占有重要地位，很多国家的国家标准方法中就保留了甲醛测定的光度法。美、欧洲和日本3个地区的15个实验室一致推荐用酚试剂法来检测疫苗中甲醛的含量。在许多实际应用的现场分析中，光度法仍然是一种稳定可靠而又简便经济的方法。分光光度法或其改进方法仍然在甲醛监测方法中占有重要地位。而发展灵敏度高、选择性好、能够实现现场连续实时监测的新方法则是其努力的方向 。色谱技术在甲醛监测中的应用将随着其本身的发展而不断加强，在很长时间内，色谱方法仍然是解决复杂组分同时分离分析的最有效手段。在仪器方面，现场分析仪器无疑将占主导地位。是甲醛监测仪器研制开发中最具代表性的方向。但是，这并不说明实验室的甲醛测定仪器设备将退出历史舞台。总之，发展灵敏度高、选择性好和能够实现现场分析或长期稳定地实时在线监测的新方法和新仪器将是空气中甲醛监测研究的一个重要方向。

市面上常见的测试仪大致分为如下类别：①利用探头进行测试，代表仪器有XP-308，4160，PPM400等。优点是数据直读，携带方便，缺点是受温度湿度的影响较大，需要用标准气体校正，日常维护费用低，探头一般1年更换，且价格需几千元。②利用分光光度法进行分析读数，有日本理研FP-30、国产吉大-小天鹅，前者采用成品药片，仪器体积小巧，采样15到30min后直接读数，精度可到0.005ppm，维护的费用就是药片价格约17元/片，而机器根本不用维护。小天鹅的相对操作起来比较复杂，采样15min后需要的步骤烦琐，精度可做到0.01，这类仪器的特点也比较突出精度高准确，干扰气体影响小，温度湿度都有补偿。③手持式甲醛检测仪是一种可以连续可测甲醛的手持仪表。本产品适用于环境监测、工业生产、化工等有甲醛的场所。④便携式甲醛检测仪能在被测现场调零，无须借助室外空气。应用于公共场所室内甲醛气体检测、民用建筑室内甲醛气体检测、建筑材料中甲醛含量检测。

三、甲醛吸附材料

近几年对国内博物馆藏展厅环境的监测结果反映，馆藏文物保存环境中的甲醛污染物水平普遍严重偏高，已经成为馆藏文物劣化的主要因素。室内空气污染物特别是甲醛的来源、存在形式以及对文物的潜在危害长期以来受到博物馆、档案馆等文物保护机构的重视。博物馆文物储藏和陈列小环境所用人造板材等装饰材料，虽然可采用低甲醛挥发环保型材料，但由于小环境长期密闭，仍将引起内部甲醛污染物连续积累。国内外博物馆为文物安全保存纷纷提出对馆藏环境污染物控制的推荐指标，如甲醛限值推荐指标为低于4ppb或5μg/m^3，低于室内空气质量标准近20倍。目前市场上室内空气净化材料种类繁多，但相关产品的标准制定速度却远远落后，特别在博物馆选用各类污染物吸附净化材料时，尚无完整的规范化评价与测试标准可依。

室内空气吸附净化材料种类、形式多样。按净化原理可分为吸附型、化学反应型、生物降解型和复合型。净化材料通过自身多孔结构和化学性质，在一定外界条件（紫外光、自然光）下与污染物发生氧化、还原、酶解等反应去除污染物，使空气净化。净化方式分为被动型和主动型。被动净化是指将净化材料置于相对密闭环境中，与扩散至表面的污染物发生吸附或化学、生物反应，使空间内污染物浓度逐渐降低，起到对特定环境的净化作用。主动净化是指利用动力驱使污染空气通过净化材料，起到对污染物快速净化的目的。动力型的空气净化器占据了绝大部分市场。

《馆藏文物保存环境控制 · 甲醛吸附材料》在对国内外物理吸附型和化学吸收型净化材料检测基础上，以传统物理吸附型（活性炭）甲醛吸附材料、目前研究活跃的复合二氧化锰或高锰酸钾的物理化学吸附型（Shm系列和PAN）甲醛吸附材料为试验样品，这些样品包含有不同产品剂型（颗粒型和薄片型）。制定了净化率评价指标并进行了评价方法验证。以常规活性炭物理型吸附材料脱附量检测结果和文物保存环境空气质量要求，制定了脱附量评价指标。由于常用物理吸附材料存在吸附和脱附双重特性。根据博物馆文物藏品环境对甲醛污染物的高净化要求，保证甲醛吸附材料在文物环境使用中不产生二次污染，本标准中对纯物理吸附材料增加甲醛脱附量检测，以评价物理型吸附材料的吸附稳定性。

第三节　二氧化碳及其检测技术

二氧化碳存在于自然空气中，溶有CO_2的水，具一定的酸性，常温下与CO_2达到平衡的水的pH为5.6。室外空气中CO_2含量增加的来源主要是大气，受植物的光合作用、动物的呼吸作用、海水对CO_2的吸收、人类燃烧含碳物质的影响。近百年来，随着能源消费、工业和交通发展造成的化石燃烧（如煤、石油、天然气）燃烧量急剧增加，森林覆盖面积的减少，大气中的CO_2含量日益增加。据统计，近一百年来，大气中的CO_2增加了约25%。

二氧化碳是一种温室气体，是导致全球变暖的重要元凶之一；与此同时，CO_2对人体健康影响及行车安全也不容忽视。生活当中CO_2是人类无时无刻在制造却经常被忽略的气体，21世纪大众生活形态的改变，尤其现代人害怕噪声再加上户外空气质量不佳，人们为求隔绝噪声并享受居住空间或办公室空间空调系统带来的舒适便利，长时间将室内窗户密闭以至于室内CO_2浓度含量远高于室外平均值。据报道，人在冷气房内睡觉连续8h，由于空气对流不足、有助于尘螨滋生，早上会出现鼻塞、皮肤红痒等不良建筑综合征的症状。

在博物馆中，空气中CO_2与空气中水蒸气和氧作用，使金属铜表面的氧化物生成铜锈$Cu_2(OH)_2CO_3$（孔雀石）和$Cu_3(OH)_2(CO_3)_2$（蓝铜矿）。空气中CO_2的来源，除了自然界、工业燃烧之外，在博物馆还会来之于参观者等人体排放。我国《室内空气质量标准》中规定的室内空气中CO_2的限值是0.1%。

《室内空气质量标准》中规定的CO_2测量方法有不分光红外气体分析法、气相色谱法和容量滴定法等。不分光红外气体分析法的原理是利用CO_2能够选择性地吸收红外线，在一定的含量范围内，CO_2对红外线的吸收值与CO_2的含量呈线性关系。根据吸收值确定样品中CO_2的含量。所用仪器设备包括CO_2不分光红外线气体分析仪和记录仪。所用试剂和材料包括变色硅胶、无水氯化钙、高纯氮气、烧碱石棉、塑料铝箔复合薄膜采气袋、CO_2标准气体等。样品分析先启动和零点校准仪接通电源后，稳定30min～1h，将高纯氮气或空气经干燥管和烧碱石棉过滤管后，进行零点校准，重复2或3次；用CO_2标准气（如0.5%）连接在仪器进样口，进行终点刻度校准，重复2或3次；将内装空气样品的塑料铝箔复合薄膜采气袋接在装有变色硅胶或无水氯化钙过滤器的仪器进气口，样品被自动抽到气室中，表头指示CO_2的含量（%）。如果将仪器带到现场，接上记录仪，可长期监测空气中CO_2含量。结果计算为仪器的刻度指示即为样品中CO_2的含量，由表头直接读出或由记录仪记录。

气相色谱法的原理是送入色谱柱的CO_2与空气的其他成分完全分离后，进入热导检测器的工作臂，使该臂电阻值与参考电阻值不相等。以保留时间定性，峰值高度定量。所用仪器设备包括气相色谱仪，注射器2mL、5mL、10mL、20mL、50mL、100mL，体积误差小于±1%，塑料铝箔复合膜采样袋、色谱柱。所用试剂与材料包括CO_2标准气、高分子多孔聚合物、纯氮气（纯度99.99%）采样方法是用橡胶二联球将现场空气打入塑料铝箔复合膜采气袋，使之胀满后放掉。如此反复4次，最后一次打满后，密封进样口，并写下标签，注明采样地点和时间等。样品分析是通过色谱仪六通进样阀进样品空气3mL，保留时间定性，测量CO_2的峰高，每个样品做3次分析，求峰高的平均值。记录分析时的气温及大气压力。高含量样品需用纯氮气稀释至小于0.3%后再分析。

结果计算：

（1）按计算因子确定CO_2含量

$$c=hB_g \tag{5-3}$$

c——样品空气中CO_2的含量，%；

h——样品峰高的平均值，mm；

B_g——计算因子，%/mm；

（2）按校正因子确定CO_2含量

$$c=hf \tag{5-4}$$

f——校正因子，%/mm；

（3）计算因子确定。在于样品分析相同的条件下，绘制标准曲线。配置标准气：在5支100mL注射器内，分别注入1%CO_2标准气体2mL、4mL、6mL、8mL、16mL、32mL，另取纯氮气作为另含量气体。绘制标准曲线：取每个含量的标准气体3mL，分别通过色谱仪的六通进样阀，得到各个含量的色谱峰和保留时间。每个含量做3次，测量色谱峰高的平均值。以CO_2的含量（%）对平均峰高（mm）绘制标准曲线，并计算回归线，以斜率的倒数做样品测定的计算因子 Bg（%/m）。

（4）校正因子确定。用单点校正法求校正因子。取与样品空气中含CO_2含量相接近的标准气体。测量其色谱峰的平均峰高（mm）和保留时间。按下式计算校正因子

$$f=\frac{c_0}{h_0} \tag{5-5}$$

f——校正因子，%/mm；

c_0——标准气体含量，%；

h_0——平均峰高，mm。

容量滴定法的测量原理是用过量的氢氧化钡溶液与空气中CO_2作用生成碳酸钡沉淀，剩余的氢氧化钡用标准乙二酸溶液滴至酚酞试剂红色刚褪。由容量滴定法结果除以所采集的空气样品体积，即可测得空气中CO_2的含量。

第四节　二氧化硫和硫化氢检测技术

一、二氧化硫（SO_2）的性质

SO_2是大气中主要的污染物，它是一种无色、有刺激性气味、易溶于水的气体。SO_2的主要来源是煤、石油等燃料的燃烧、生产硫酸等工厂排放的废气、化石燃料的不完全燃烧。近几年，北京、天津等地区的取暖锅炉由燃

煤改为燃气，大大降低了SO_2的排放量。空气污染的浓度单位一般用毫克/米^3（mg/m^3）、微克/米^3（$\mu g/m^3$）表示，也有人用ppm（$ppm=10^{-6}$）、ppb（$ppb=10^{-9}$）表示。

大气中SO_2浓度在0.5ppm以上对人体已有潜在影响；在1～3ppm时多数人开始感到刺激；在400～500ppm时人会出现溃疡和肺水肿直至窒息死亡。SO_2与大气SO_2中的烟尘有协同作用。当大气中SO_2浓度为0.21ppm，烟尘浓度大于0.3mg/lL，可使呼吸道疾病发病率增高，慢性病患者的病情迅速恶化，如伦敦烟雾事件、马斯河谷事件和多诺拉等烟雾事件，都是这种协同作用造成的危害。

SO_2本身仅是一种弱酸，但其十分容易进一步与氧反应生成SO_3，并能立即与水结合形成硫酸。硫酸是一种非常强的酸，具有腐蚀作用。硫酸一旦出现在一件物品上，就无法用清洁空气的方法去除，因为它没有挥发性。SO_2对金属的腐蚀最具明显的是铁。电化学反应会使铁腐蚀生锈，电解腐蚀的产生条件是铁器表面有水分和电解质。所有的水溶性盐、酸、碱形成电解质。能吸收水分，形成可溶性腐蚀物，并且不挥发的电解质具有最强的腐蚀性。SO_2在大气中与氨生成$CaSO_4$，$CaSO_4$满足这些条件，因而使城市中的铁器在60%RH时就将开始受到锈蚀。低碳钢在0.12×10^{-6}浓度中，经12个月，其重量损失大约为16%。在博物馆室内，甚至没有遮蔽的青铜器也不会被SO_2腐蚀，除非相对湿度升高到60%到70%以上。

所有的植物都是纤维素构成的，纤维素是一种糖的聚合物。纸张可由各种植物纤维素制成，而大部分新闻纸和其他便宜纸张是由松柏科植物制成。SO_2对纸张老化有重大影响，在展品上的硫酸大部分都是以SO_2形式附着，并在附着处发生转变，在很多情况下已经存在的微量铁和其他催化剂对其有催化作用，这样纸张酸度增高，引起纤维素酸性水解。书籍在保存中，经常发现其边缘的酸度值最高，最易发黄变脆。纸张吸附SO_2与其质量和整理剂有关，机械木浆纸难是以长久保存的。SO_2对被吸附在皮革表面，渗入后，被骨胶原吸收，转化成硫酸，造成对皮革的腐蚀，严重时轻轻地摩擦，皮革即会成粉。用植物靴制成的皮革，特别易受SO_2侵入而产生“红腐病”。大理石、石灰石和含碳酸钙的砂石等遇硫酸产生气泡放出SO_2，同时形成$CaSO_4$，因而SO_2是石刻、壁画等受损伤的主要敌人。从历史资料中可证实石刻风化由于受硫酸腐蚀影响已是相当严重。硫酸对石刻的侵蚀，以大理石为例，其速率是0.93～3.25mm/125年。

二、硫化氢（H_2S）的性质

H_2S标准状况下是一种无色、易燃的酸性气体，低浓度时有臭鸡蛋气味，有剧毒。空气污染并不是来自工业生产，而更多是来自动物蛋白质的腐烂分解，在一些有蛋白质腐烂的封闭空间里，H_2S气体浓度会非常高，所以，一般情况下餐厅和公共食堂的H_2S气体浓度要远远高于室外。

H_2S是强烈的神经毒素，对黏膜有强烈的刺激作用。人短期内吸入高浓度的H_2S后出现流泪、眼痛、眼内异物感、畏光、视觉模糊、流涕、咽喉部灼烧感、咳嗽、胸闷、头痛、头晕、乏力、意识模糊等症状。重者可出现脑水肿、肺水肿，极高浓度（1000mg/m^{3}以上）时可在数秒内突然昏迷，发生闪电型死亡。高浓度接触眼结膜发生水肿和角膜溃疡。长期低浓度接触，可引起神经衰弱综合征和中枢自主神经功能紊乱。

H_2S在空气中浓度通常在5～30μg /m^{3}范围内。该浓度已足够慢慢使银失去光泽，生成Ag_2S，使银的表面迅速失去银白色的光泽而变成灰黑色。博物馆内银器迅速失去光泽则应该归咎于一些周围的物品，有可能是展柜的材料。相对湿度大于70%时会使其极快地变暗，一般环境中的H_2S浓度不会对银器造成腐蚀。对于照片、底片和电影胶片，其内部含有卤化银，并构成了影像，当空气中含有H_2S时，卤化银会和H_2S反应，对影像资料造成损害。另外，空气中的H_2S与金属铜、铁、银、铅均可起反应，生成各种暗色或黑色的硫化物，如CuS（黑色）、FeS（黑色）Ag_2S（黑棕色）、PbS（黑色）。空气中H_2S的来源，除了工业燃烧之外，在博物馆还会来自参观者等人体排放。因此，为保护文物博物馆必须考虑控制参观人数。

工业上对SO_2的净化方法有碱性硫酸铝石膏法、亚硫酸钠法、亚胺法等。其中最成熟的方法为碱性硫酸铝石膏法，对氮氧化物的治理多采用吸收法、氯氨法和还原法。由于氧化物多数是重油在高温中氧化大气中氮而得到，主要为NO，NO几乎不溶于水，须先去除。去除博物馆内污染气体主要有以下方法[2]：①水喷淋法。利用空调系统使吸入的空气通过水喷淋器。这是一种有效地吸收污染气体如SO_2、NO_2和HCl的方法。早在20世纪60年代，THE NATIONAL GAT-TERY就利用该方法使SO_2浓度降至原来的1/10。曾有人建议采用碱性水代替普通水，使去除污染气体的效率更高，但存在喷射管的腐蚀和阻塞问题。②活性炭过滤法。利用空调系统使吸入的空气通过装有活性炭的容器。最易冷凝的污染气体首先被吸附。SO_2和NO_2的冷凝温度分别为-10℃和21℃，所以两种气体都能被很好地吸收，但实验证明，活性炭对SO_2的吸附更为有效。这两种方法后者更灵活，活性炭既可以安装在空调管路中又可置于单个陈列柜内。通常用于净化作用的活性炭表面积非常大，达700～1100m^3/g，气体一次通过表面积为700m^3/g的活性炭达到的净化效率对SO_2为95%，对NO_2为90%。此外活性炭对O_2和H_2S气体都有令人满意的吸附效率。

Stephen Hackney对5个具不同结构特点的博物馆内的污染气体的测定表明：通风效率和建筑物结构、门窗的密封效果均与污染气体的渗入密切相关，在有风的天气，一个敞开式的画廊内污染气体浓度几分钟内就能与室外一样。并认为博物馆入口处采用旋转门能减少污染气体的流入。由此可见对污染气体的控制应综合考虑建筑物结构特点、气候条件、文物性质、安放位置等因素。对室外文物如雕塑、石刻、古建筑等目前主要采用表面罩上一层无机或有机高分子材料保护层的方法，防止其继续腐蚀风化，常用保护材料有环氧树脂、有机硅树脂、甲基丙烯酸酯等。

三、SO_2和H_2S的检测

目前常用的SO_2检测仪器有便携式SO_2检测仪、泵吸式SO_2检测仪、在线式SO_2检测报警器。同样，常用的H_2S的检测仪器有便携式H_2S检测仪、泵吸式H_2S检测仪、在线式H_2S检测报警器。SO_2与H_2S对应的检测仪的原理基本相同，下面以SO_2的检测仪为例进行说明。

HFPCY-SO_2便携式SO_2检测仪，是一种可连续检测作业环境中SO_2浓度的仪器。SO_2检测仪为自然扩散方式检测气体浓度，采用进口电化学传感器，具有极好的灵敏度和出色的重复性；SO_2检测仪采用嵌入式微控制技术，操作简单、功能齐全、可靠性高，整机性能居国内领先水平。检测仪外壳采用高强度工程材料、复合弹性橡胶材料精制而成，强度高、手感好。

CY-SO_2泵吸式SO_2检测仪采用内置吸气泵，可快速检测工作环境中SO_2浓度。泵吸式SO_2检测仪采用进口电化学传感器，具有非常清晰的大液晶显示屏，声光报警提示，保证在非常不利的工作环境下也可以检测危险气体并及时提示操作人员预防。

HFTCY-SO_2在线式SO_2检测报警器由气体检测报警控制器和固定式SO_2检

测器组成，气体检测报警控制器可放置于值班室内，对各监测点进行监测控制，SO_2检测器安装于气体最易泄露的地点，其核心部件为气体传感器。SO_2检测器将传感器检测到的SO_2浓度转换成电信号，通过线缆传输到气体检测报警控制器，气体浓度越高，电信号越强，当气体浓度达到或超过报警控制器设置的报警点时，气体检测报警控制器发出报警信号，并可启动电磁阀、排气扇等外联设备，自动排除隐患。在线式SO_2检测报警器广泛应用于石油、化工、冶金、电力、煤矿、水厂等环境，有效防止爆炸事故的发生。

第五节　氮氧化合物及其检测技术

一、氮氧化合物的性质

氮氧化物包括多种化合物，如一氧化二氮（N_2O）、氧化亚氮（NO）、二氧化氮（NO_2）、三氧化二氮（N_2O_3）、四氧化二氮（N_2O_4）和五氧化二氮（N_2O_5）等。除NO_2以外，其他氮氧化物均极不稳定，遇光、湿或热变成NO_2及NO，NO又变为NO_2。因此，职业环境中接触的是几种气体混合物常称为硝烟（气），主要为NO和NO_2，并以NO_2为主。氮氧化物都具有不同程度的毒性。

氮氧化合物是大气中的主要污染气体。其中，NO是无色、无味的气体，化学性质非常活泼，它与氧气反应生成腐蚀性NO_2气体。方程式为

$$2NO+O_2=2NO_2$$

NO_2是一种易溶于水且具有刺激性气味的气体，主要来源于燃料的燃烧和汽车尾气的排放。由于人类行为所产生的NO和NO_2是构成大气污染物的主要氮氧化物，由于NO能够和空气中的氧结合成NO_2，因此NO_2的浓度通常作为氮氧化物污染的指标。

氮氧化物主要会损害人的呼吸道，吸入气体初期仅有轻微的眼及上呼吸道刺激症状，如咽部不适、干咳等。常经数小时至十几小时或更长时间潜伏期后发生迟发性肺水肿、成人呼吸窘迫综合征，出现胸闷、呼吸窘迫、咳嗽、咳泡沫痰、发绀等。可并发气胸及纵隔气肿，肺水肿消退后两周左右可出现迟发性阻塞性细支气管炎。慢性作用主要表现为神经衰弱综合征及慢性呼吸道炎症，个别病例出现肺纤维化也可引起牙齿酸蚀症。

二、氮氧化合物对文物的损害[3]

氮氧化合物能使许多材料如锡、镍、织物、皮革、照片、颜料、石质物品等发生降解。美国Image Permanence Institute研究人员在通常的室温和相对湿度下将8 种显微照片和4 种现代照相材料暴露于一定剂量的臭氧（O_2）、H_2S、NO_2和SO_2中，结果表明：5×10^{-6}的O_2和NO_2就能使传统的彩色胶片褪色，而且不同的照相材料对空气污染物的反应差异很大，其中含银的黑白胶片对氧化性气体和硫化物气体特别敏感。氮氧化物对颜料和染料的伤害也特别令人注目，由于NO_2是一种氧化剂，能使许多含不饱和双键（C=C）的有机化合物发生氧化，引起聚合物如纤维素的降解和染料、颜料的褪色。当NO_2浓度在（0.1～1.0）$\times10^{-6}$（0.1～1ppm）时即可使颜料褪色[4]。NO_2与有机分子作用还可降解产生含$-NO_2$和$-ONO_2$基团的物质而使表面泛黄。又有实验证明[5]：0.5×10^{-6}（0.5ppm）NO_2能使天然颜料如姜黄素、藤黄、虫胶染料、龙血等和无机颜料如雌黄和雄黄发生明显变色，使橘黄、懈皮粉、胭脂、波斯浆果染料和靛蓝发生视觉上的褪色反应。NO_2使颜料褪色程度不仅与颜料本身化学结构有关，还与载有颜料的基质材料的性质密切相关，早在20世纪初期，德国染料公司在褪色问题研究中发现，NO_2使一些含氨基的染料易褪色，生成重氮化物或硝酸酯酸类物质。20世纪20年代，醋酸纤维素上含氨基取代基的颜料易褪色问题开始引起人们的关注。理论上讲在任何纤维素上含氨基取代基的染料都会褪色，但在实际中，醋酸纤维素和聚酯上的这类染料较羊毛上更易褪色。以后又有许多类似的发现。原因是NO_2在染料和纤维之间存在竞争反应。NO_2优先与尼龙或羊毛中的$-NH_2$或$-NH$反应从而减小了染料的褪色程度。NO_2还可在气相或在物体表面进一步氧化生成硝酸、亚硝酸和硝酸盐。氮氧化物除了使颜料褪色外，对酸敏感物质如纸张、织物等产生化学腐蚀。由氮氧化物带来的二次污染物——光化学烟雾中的氧化剂（O_3和PAN）对纺织品、纸张、皮革制品具腐蚀和破碎作用，使涂料变质，橡胶龟裂等。PAN对文物的伤害作用与O_2非常相似。

NO_2在强阳光照射下与挥发性有机物之间的光化学反应产生臭氧、过氧乙酰硝酸酯等更强的氧化剂，NO_2气体会被进一步氧化为硝酸（HNO_3），NO_2是一种腐蚀剂，会被进一步氧化为HNO_3，大气中与水结合生成硝酸和亚硝酸。反应方程式如下

$$2NO_2 + H_2O \rightarrow HNO_2 + HNO_3$$

硝酸和硫酸的酸性一样强，还是最强的氧化剂之一，因此它带来的损害比SO_2还多，硝酸会腐蚀金属、水解纤维素和腐蚀石灰石及壁画。NO_2吸收光子，产生光解反应生成臭氧，NO_2会使各种纺织品颜色退色或者变黄。NO_2与棉织物损伤。棉纤维的强度在含NO_2的环境中，其强度有较大的下降，其原理可能是纤维素结构遭受氧化和水解反应的结果。

大气中的氮氧化物最终全部被转化为硝酸和硝酸盐颗粒，并通过湿沉降和干沉降过程由大气中的气体转变成酸雨。硝酸是强酸，是酸雨的主要成分，沉降后散布于碳酸岩石表面会侵蚀碳酸岩文物。这些酸雨已经造成了北京地区所有室外石质文物的损坏，以故宫为例，室外的汉白玉文物近10年的侵蚀程度超过了以前的几百年，几百年栩栩如生的石质雕刻，现在已经严重受损。

氮氧化物对各种材料的损害不仅取决于自身或二次污染物的存在形态，更与共存的其他污染气体如SO_2、O_3和有机酸等密切相关，氮氧化物能促进向NO_3和H_2SO_4转化，加速对碳钢质材料和石器的腐蚀，臭氧的存在又能加速易转化为硝酸的NO_3自由基、N_2O_5的生成。

三、NO_2的检测方法

NO_2的检测方法有改进的Saltzman法、化学发光法和库伦原电池法等。《室内空气质量标准》规定的室内空气中NO_2的检测方法为改进的Saltzman法。下面将简单介绍改进的Saltzman法和化学发光法。

改进的Saltzman法的原理是用吸收液采样，让空气中的NO_2于吸收液中生成亚硝酸，亚硝酸与对氨基苯磺酸进行重氮化反应，再与N-（1-萘基）乙二胺盐酸盐作用，生成紫红色的偶氮染料。根据其颜色深浅，比色定量。所用仪器与设备包括吸收管、空气采样器、分光光度计、渗透管配气装置。吸收管的选择要根据采样周期选取，用于60min之内样品采集的用多孔玻板吸收管，用于1～24h样品采集的用大型多孔玻板吸收管；空气采样器流量范围为0.2～0.5L/min，流量稳定；分光光度计用10mm比色皿，在波长540～550nm处吸光度。所有试剂为分析纯，但亚硝酸钠为优级纯（一级）。所用水为无NO_2的二次蒸馏水。即一次蒸馏水中加入少量氢氧化钡和高锰酸钾，重蒸馏水的水的质量以不使吸收液呈淡红色为合格。采样分短时间采样和长时间采样，短时间采样用多孔玻板吸收液，内装10mL吸收液，标记吸收液的液面位置，以0.4L/mm流量，采样4～26L；长时间采样用大型多孔玻板，内装50mL吸收液，标记吸收液的液面位置，为0.2L/min流量，采样288L。采样器件吸收管应避免阳光照射，样品溶液呈粉红色，表明已吸收NO_2。采样器件根据吸收液颜色程度，确定是否终止采样。分析方法是采样后，用水补充到采样前的吸收液体积，放置15min，测定样品溶液的吸光度A，并用未采过样的吸收液测定试剂空白的吸光度A_0。样品溶液吸光度超过测定范围，应用吸收液稀释后再测定。计算时，要考虑到样品溶液的稀释倍数。空气中NO_2浓度计算时要将采样体积按式换算成标准状态下的体积，用亚硝酸钠标准液制备标准曲线时，空气中NO_2含量用式（5-6）计算

$$C=\frac{(A-A_0)B_sV_1D}{V_0K} \tag{5-6}$$

C——空气中NO_2含量，mg/m^3；

K——NO_2→NO^-_2的经验转换系数，K=0.89；

B_s——计算因子，μg/（mL·吸光度）；

A——样品溶液的吸光度；

A_0——试剂空白吸光度；

V_1——采样用的吸收液的体积（如短时间采样为10mL，24h采样为50mL）；

D——分析时样品溶液的稀释倍数。

用NO_2标准气制备标准曲线时，空气中的NO_2含量用式5-7计算

$$C=(A-A0)B_gV_1 \tag{5-7}$$

式中，B_g为计算因子，μg/（mL·吸光度）；其他符号意义同上。

空气中NO_2含量的检测方法还可以应用化学发光法，其原理是将空气样品送入反应室前、先将其通入一个转换器使其中的NO_2还原称为NO。将含NO的气样以恒定的流速通过过滤器（防止化学发光分析仪误动作）送入分析仪的反应室，在此与过量的臭氧混合，发生式如下式的反应，并发出化学光，光强与氮氧化物的总量成正比。

$$NO+O_3 \rightarrow NO^*_2+O_2$$

$$NO^*_2 \rightarrow NO_2+h\nu$$

激发态NO_2发射的光中心波长在近红外区（1200nm）。所用的仪器与设备为化学发光NO_2分析仪。用选择性滤光片过滤与空气样品中NO含量成正比的发

射光，并用光电倍增管将过滤后的发射光转换成为电信号，得到的电信号与氮氧化物总能量成正比。测定方法是仪器启动后按说明书进行零点和终点校准，仪器带到现场可以直接读出含量的测定值，记录现场测定时气温和大气压力。可以连续进行测定。

第六节　颗粒物及其检测技术

一、颗粒物简介

颗粒物是指空气污染物中的固相物质——多孔、多形，因此具有较强的吸附性。颗粒物的成分较多，除了一般的尘埃外，还有黑炭、石棉、二氧化硅、铁、铝、镉、砷等130多种有害物质，室内经常可检测出来的有50多种。颗粒物可分为一次颗粒物和二次颗粒物。一次颗粒物是由天然污染源和人为污染源释放到大气中直接造成污染的颗粒物，如土壤粒子、海盐粒子、燃烧烟尘等。二次颗粒物是由大气中某些污染气体组分（如二氧化硫、氮氧化物、碳氢化合物等）之间，或这些组分与大气中的正常组分（如氧气）之间通过光化学氧化反应、催化氧化反应或其他化学反应转化生成的颗粒物，如二氧化硫转化生成硫酸盐。

颗粒物一般为物理污染，有时颗粒物参与化学反应，或吸附了有害化学物质，也会造成化学污染。颗粒物按照粒径的大小分为以下几种类型[6]，如表5-5所示。

表5-5　按照粒径划分的颗粒物类型

名称	粒径d/μm	单位	特点
降尘	＞100	t/（月·km^2）	靠自身重量沉降
总悬浮颗粒物（Total Suspended Particulate，TSP）	10＜d＜100	mg/m^3	
飘尘 可吸入颗粒物PM10	＜10	mg/m^3 μg/m^3	长期漂浮于大气中，主要由有机物、硫酸盐、硝酸盐及地壳元素组成

续表

名称	粒径d/μm	单位	特点
细微粒，PM2.5	＜2.5	mg /m^3 μg /m^3	室内主要污染物，对人体危害较大
超细颗粒	＜0.1	个/m^3	室内重要污染物之一，对人体危害很大，系近年来的研究热点

颗粒物中1μm以下的微粒沉降速度慢，在大气中存留时间久，在大气动力作用下能够吹送到很远的地方。所以颗粒物的污染往往波及很大区域，甚至成为全球性的问题。粒径在0.1～1μm的颗粒物，与可见光的波长相近，对可见光有很强的散射作用。这是造成大气能见度降低的主要原因。由二氧化硫和氮氧化物化学转化生成的硫酸和硝酸微粒是造成酸雨的主要原因。大量的颗粒物落在植物叶子上影响植物生长，落在建筑物和衣服上能起沾污和腐蚀作用。粒径在3.5μm以下的颗粒物，能被吸入人的支气管和肺泡中并沉积下来，引起或加重呼吸系统的疾病。大气中大量的颗粒物，干扰太阳和地面的辐射，从而对地区性甚至全球性的气候发生影响。来自欧洲的一项研究称，长期接触空气中的污染颗粒会增加患肺癌的风险，即使颗粒浓度低于法律上限也是如此。另一项报告称，这些颗粒或其他空气污染物短期内还会浓度上升，还会增加患心脏病的风险。欧洲流行病学家发现，肺癌与局部地区的空气污染颗粒有明显的关联。研究人员还发现，即使污染水平短暂升高——类似城市发出雾霾警告的同时，也会使心力衰竭住院或死亡的风险上升2%～3%。这项研究将这些数据应用于美国，发现如果每立方米空气中的PM2.5减少3.9μg，每年就可以避免近8000 例心力衰竭导致的住院治疗。

颗粒物浓度一般有两种表示方式：计质浓度和计数浓度。计质浓度表示单位体积悬浮颗粒物的质量，单位为mg/m^3或μg/m^3；计数浓度表示单位体积悬浮颗粒物的数量，单位有粒/升、粒/ft^3。研究表明，按计数浓度计，室内可吸入颗粒物以细微粒为主，大于10μm的粒子所占比例小，粒径小于7.0μm的粒子占95%以上，粒径小于3.3μm的粒子占80%甚至90%以上，而粒径小于1.1μm的粒子占50%～70%，而且吸烟状态下细颗粒浓度最高，所占比例更大，主要是因为烟草烟雾中的颗粒物粒径多小于1μm。室内颗粒物污染一般会危害人的呼吸系统、心血管系统、免疫系统，并可能引发癌变。

根据《环境空气质量标准》（GB 3095–2012），环境空气中颗粒物浓度限值如表5-6所示。

表5-6 颗粒物浓度限值

污染物	平均时间	浓度限值/（μg/m³）	
		一级	二级
PM10	年平均	40	70
	24h平均	50	150
PM2.5	年平均	15	35
	24h平均	35	75

注：环境空气功能区分为两类：一类区为自然保护区、风景名胜区和其他需要特殊保护的区域；二类区为居住区、商业交通居民混合区、文化区、工业区和农村地区。一类区适用一级浓度限值，二类区适用二级浓度限值

博物馆环境不同于普通住宅或办公室环境，室内不存在吸烟或烹饪等极易产生颗粒物的活动，因此其大气颗粒物污染特征主要受游客扰动和建筑材料的影响。游客活动是博物馆内颗粒物的重要来源之一，人类的一些生理活动如咳嗽、皮肤代谢等均有可能产生颗粒物，说明游客自身能够产生颗粒物；人类的毛发、皮屑以及衣服纤维可以作为颗粒物的携带者使馆内颗粒物浓度水平发生改变；另外，游客的鞋以及衣物是室内降尘的主要来源之一，因此展厅内总悬浮颗粒物质量浓度与游客数量具有一定相关性。国内，Hu等[7]冬季对秦始皇兵马俑博物馆内进行了颗粒物采样，通过单颗粒分析发现封闭式展厅内悬浮颗粒物的昼夜浓度比达到了1.3～3.1，明显高于半封闭式展厅及室外，说明封闭式展厅内游客数量对颗粒物质量浓度最大。博物馆内除游客外，室内诸如混凝土、水泥、钢架、石膏、玻璃、金属等建筑及装饰材料，包括装修时使用的添加剂等都有可能成为室内颗粒物的来源。此外，值得注意的是，馆藏文物由于其成分以及修复材料材质等因素，其自身也有可能是颗粒物的发生源。博物馆建筑外的大气颗粒物可以通过门、窗轻易进入自然通风的建筑内部，对于拥有机械通风条件的博物馆建筑，颗粒物主要通过缝隙渗透，或随空调系统引入的新风以及人类走动进入室内。大气颗粒物中含有的酸、碱盐物质落在金属文物上，遇到潮湿空气，就会对铜、铁、银等金属文物产生强烈腐蚀，加速锈蚀的扩大、滋长、蔓延。

二、颗粒物的检测

在标准状态下（即压力760mm汞柱，温度为273K）气体每单位体积含尘重量（μg或mg）数称为含尘浓度。颗粒物浓度的测定方法主要有撞击式重量法、光散射法等，其中撞击式重量法是目前国标GB/T18883–2002中推荐的方法。

撞击式重量法测量颗粒物浓度普遍采用大流量采样器，原理为采样泵抽取一定体积的空气进入切割器，将空气动力学直径小于等于10μm的颗粒物切割分离，PM10颗粒随着气流经切割器的出口被阻留在已称重的滤膜上。根据采样前后滤膜质量差及采样体积，计算出PM10的浓度。过滤器可用滤纸、聚苯乙烯的微滤膜等。利用这种方法测量的有多种测定仪器，如静电降尘重量分析仪可测出低达每标准立方米含尘10μg的浓度。撞击式重量法原理简单、方法可靠，是我国测定PM10的标准方法，作为其他PM10测量方法的校正，但这种方法的仪器笨重、噪声大、采样时间较长。

光散射法的原理为当光照射在空气中的PM10上时，产生散射光，散射光的强度与PM10的质量浓度成正比，通过测量散射光强度，按照光散射理论，计算出被测颗粒物的平均粒径和浓度，并应用质量浓度转换系数即可获得PM10的质量浓度。按照光源可分为可见光散射法和激光散射法；按照测量原理，又可分为单粒子法和颗粒群法。激光粉尘仪具有新世纪国际先进水平的新型内置滤膜在线采样器，仪器在连续监测粉尘浓度的同时，可收集到颗粒物，以便对其成分进行分析，并求出质量浓度转换系数K值。可直读粉尘质量浓度（mg/m^3），具有PM10、PM5、PM2.5、PM1.0及TSP切割器供选择。仪器采用了强力抽气泵，使其更适合需配备较长采样管的中央空调排气口PM10可吸入颗粒物浓度的检测，和对可吸入尘PM2.5进行监测。

第七节　其他有害气体及其检测技术

一、臭　　氧

臭氧是一种无色、有特殊臭味的气体，还是一种强氧化剂，有很高的能量，所以不稳定，在常温常压下结构易变，很快自行分解为氧气和单个氧原子，后者具有极强的氧化作用，正常大气中的臭氧含量极少。地面附近臭氧就是光化学烟雾产生的主要成分，它不是直接被排放的，而是转化而成的，比如汽车排放的氮氧化物，只要在阳光辐射适合的气象条件下就可以生成臭氧：

$$NO_2 \rightarrow NO + O$$

$$O + O_2 \rightarrow O_3$$

室内的臭氧主要来源于电视机、复印机、激光印刷机、紫外灯、电子消毒柜等的使用，除此以外，强电场和短于300nm波长的紫外光亦会产生臭氧。

臭氧的毒性主要表现它强烈刺激人的呼吸道，造成咽喉肿痛、胸闷咳嗽、引发支气管炎和肺气肿；臭氧会造成人的神经中毒，头晕头痛、视力下降、记忆力衰退、呼吸短促、疲倦、鼻子出血；臭氧还会破坏人体的免疫机能，诱发淋巴细胞染色体病变，加速衰老， 致使孕妇生畸形儿等。我国《室内空气质量标准》中规定的室内空气中臭氧的限值是0.10mg/m^3。

臭氧对于博物馆内文物的保存是有害的，无论是有机文物还是无机文物。臭氧是一种强氧化剂，几乎能毁坏所有的有机化合物，如纺织品、染料、档案材料、皮革、羽毛等。臭氧对染料颜料的影响，受到特别关注。大量天然、合成的染料、颜料的实验结果证实，臭氧对几乎大部分的着色剂都表现有不同程度的褪色。臭氧与有机物的反应机理是：臭氧的作用大部分发生在有机物的C=C双键结构上，而这部分往往是染料的发色团。发色团的破坏亦即通常产生染料的褪色。臭氧对纤维素的作用机理，则可能是其与水反应发生成过氧化氢，促使纤维素氧化。臭氧还能增加银、铁的氧化速度和银、铜的硫化作用。在常温下可将银氧化成氧化银，将硫化铅氧化成硫酸铅，可侵蚀橡胶，造成橡胶交联、老化、断裂，可氧化有机不饱和化合物最终成为醛和酸，也可使许多有机色素脱色，如靛蓝遇臭氧会脱色。也会造成金属制品腐蚀，使艺术珍品失去光泽。臭氧对铜有极强的腐蚀性，它与铜反应生成氧化铜。当臭氧与二氧化硫协同作用时，铜腐蚀产物迅速增多。

臭氧浓度检测仪的检测原理来自德国安思罗斯公司基本原理。我们知道地球大气层上有一层臭氧层，科学家们已经发现臭氧层能吸收紫外线，研究表明臭氧仅对波长253.7nm的紫外线具有最大吸收系数，在此波长下紫外线通过臭氧会产生衰减，符合兰波特—比尔定律。该方法已被美国等国家作为臭氧标准分析方法。该臭氧检测仪就是采用紫外线吸收法的原理，用稳定的紫外灯光源产生紫外线，用光波过滤器过滤掉其他波长紫外光，只允许波长253.7nm通过。经过样品光电传感器，再经过臭氧吸收池后，到达采样光电传感器。通过样品光电传感器和采样光电传感器电信号比较，再经过数学模型的计算，就能得出臭氧浓度大小。该检测仪主要由低压紫外灯、光波过滤器、入射紫外光反射器、臭氧吸收池、样品光电传感器、采样光电传感器、输出显示、电路部件构成。

二、有 机 酸

甲酸（化学式HCOOH，分子式CH_2O_2，分子量46.03），俗名蚁酸，是最简单的羧酸。无色而有刺激性气味的液体。弱电解质，熔点8.6℃，沸点100.8℃。酸性很强，有腐蚀性，能刺激皮肤起泡。存在于蜂类、某些蚁类和毛虫的分泌物中。是有机化工原料，也用作消毒剂和防腐剂。乙酸，也叫醋酸（36%～38%）、冰醋酸（98%），化学式CH_3COOH，是一种有机一元酸，为食醋内酸味及刺激性气味的来源。纯的无水乙酸（冰醋酸）是无色的吸湿性固体，凝固点为16.6℃，凝固后为无色晶体。尽管根据乙酸在水溶液中的解离能力它是一种弱酸，但是乙酸是具有腐蚀性的，其蒸气对眼和鼻有刺激性作用。

木材特别是冷杉、橡木中含挥发性有机酸，如甲酸、乙酸、单宁酸等。因此，博物馆所用木质橱柜存放铅器等可能产生腐蚀症状，铅在有机酸气体中被转化为碳酸铅。某些聚乙酸乙烯酯乳液，酸性硅酮密封胶也能使铅产生同样结果。在密封的空间，乙酸很容易达到500mg/m^3，其蒸气溶于铅表面的水层中，形成铅水合物$Pb(CH_3COO)_{22}PbO \cdot H_2O$。该化合物与碳酸盐反应生成碳酸铅，而乙酸根离子继续循环，产生腐蚀。在低于14mg/m^{3}的试验环境中浓度越高，反应诱导期越短；湿度越高腐蚀量增加越快。铅的腐蚀速率与污染物的性质、浓度、pH、铅及铅表面形态有关。防止铅腐蚀羰基化合物的总浓度应控制在0.1mg/m^3 以下，同时保持干燥。甲酸、乙酸等对铜器有严重的腐蚀作用，且随湿度增加腐蚀速率增大。

甲酸、乙酸的测定方法按照《馆藏文物保存环境检测 气体扩散采样测定方法》第1部分：甲酸、乙酸的测定中规定的方法进行测定，见附录3。

三、氨

氨，或称“氨气”，氮和氢的化合物，分子式为NH_4，是一种无色气体，有强烈的刺激气味。极易溶于水，常温常压下1体积水可溶解700倍体积氨，水溶液又称氨水。降温减压可变成液体，液氨是一种制冷剂。氨也是制造硝酸、化肥、炸药的重要原料。氨对地球上的生物相当重要，它是许多食物和肥料的重要成分。氨也是所有药物直接或间接的组成。氨有很广泛的用途，同时它还具有腐蚀性等危险性质。

氨对人体的眼、鼻、喉等有刺激作用，吸入大量氨气能造成短时间鼻塞，并造成窒息感，眼部接触易造成流泪，接触时应小心。如果不慎接触过多的氨而出现病症，要及时吸入新鲜空气和水，并用大量水冲洗眼睛。

氨的测定方法按照《馆藏文物保存环境检测·气体扩散采样测定方法》第2部分：氨的测定中规定的方法进行测定，见附录4。

四、氯　化　氢

氯化氢，一个氯化氢分子是由一个氯原子和一个氢原子构成的。分子式为HCl。水溶液俗称盐酸，学名氢氯酸。氯化氢是无色，熔点-114.2℃，沸点-85℃。有窒息性的气味，对上呼吸道有强刺激，对眼、皮肤、黏膜有腐蚀。密度大于空气，遇潮湿的空气产生白雾，极易溶于水。

空气中氯化氢遇到潮气形成腐蚀性很强的盐酸，腐蚀破坏文物。HCl可将青铜表面缓慢氧化生成较稳定的Cu_2O层进行腐蚀，生成结构疏松的粉状锈。

$$Cu_2O+HCl+O_2+H_2O \rightarrow Cu_2(OH)_3Cl$$

氯化氢和铁反应生成氯化亚铁，氯化亚铁是强酸弱碱盐，很容易水解，生成β—FeO（OH）：

$$Fe+2HCl \rightarrow FeCl_2+2H+ \rightarrow \beta-FeO(OH)$$

银在空气中缓慢氧化，形成一层灰色均匀的氧化银膜，可减缓银的进一步腐蚀。此膜一旦遇到空气中的氯化氢，很快受到腐蚀，生成灰色粉末状的氯化银。

$$Ag+O_2 \rightarrow Ag_2O$$

$$Ag_2O+2HCl \rightarrow 2AgCl+H_2O$$

五、苯　系　物

苯是一种无色透明油状的液体，具有强烈的芳香气味，是室内挥发性有机物之一，易挥发、易燃、不溶于水，但溶于乙醇、乙醚等许多有机溶剂。各种建筑装饰材料的有机溶剂中存在大量的苯，比如各种油漆的添加剂和稀释剂，一些防水材料的添加剂中均含有苯。在日常生活中，苯也用作装饰材料、人造板家具、黏合剂、空气消毒剂和杀虫剂的溶剂。室外大气中80%的苯来源于汽车尾气，对于博物馆，苯的主要来源是建筑材料应用的有机溶剂、油漆、染色剂、黏合剂、墙纸、地毯、合成纤维、打印机、塑料布、塑料管等。室内空气质量标准规定的室内空气中苯的限值为0.11mg/m^3。

甲苯和二甲苯均为无色、有芳香气味、具有挥发性、易燃、燃点低的液体。甲苯、二甲苯都是苯的衍生物。由于甲苯和二甲苯常被用作建筑材料、装饰材料及人造板家具的溶剂和黏合剂，新装修的房间中能测出高含量的甲苯和二甲苯。这些衍生物对人体的危害比苯对人体的危害要大得多。天津博物馆及自然博物馆均为新建的博物馆，应控制室内的甲苯和二甲苯的含量。《室内空气质量标准》（GB/T18883-2002）中规定的室内空气中甲苯和二甲苯的限值均为0.20mg/m^3。

空气中的有害气体直接作用到文物上，以古书画为例来说明[7]。由于古书画自身的特点，使得它们较易吸收所在环境中的各种酸性气体，如人体代谢呼出的CO_2、橡胶与地板摩擦产生的SO_2、汽车尾气中的NO_2等，都极易被古书画上潮湿的纸张纤维素所吸收，并生成腐蚀性更强的H_2CO_3、H_2SO_4、HNO_3等无机酸。在这些无机酸作用下，纸张中的纤维素开始水解和氧化，生成水解纤维素和氧化纤维素，使纤维素分子整体的聚合度降低，最终加速纸张的损坏，从而缩短古书画的寿命。而来自大气中的氧化性气体NO_2、Cl_2、O_3等会氧化纸张纤维素和丝蛋白，使其结构遭受破坏，机械强度减弱。另外，在光的作用下被分解成和活泼氧，活泼氧又可与空气中的氧气发生反应，生成氧化性很强的O_3，这样古书画就会在暴露的环境下反复被氧化。同时在潮湿的条件下，空气中气体会和古书画表面形成的水膜发生化学反应，生成盐酸和不稳定的次氯酸，又生成和活泼氧，使古书画字迹和颜料发生变色与褪色。而这些有害气体一旦进入古书画内部就会很快被纤维导管吸收，从而增加了古书画的酸度。文物保护技术人员曾测试了几十幅古书画的清洗残留液的酸度，残留液呈棕黄色，pH值在4～6。测试结果表明[8]，古书画清洗残留液无一例外呈现酸性，而这些酸性物质的主要来源和大气环境中有害气体的存在有关。因此在古书画保存的环境中，要注意控制有害气体在大气中的含量来对古书画类文物进行保护。有条件的文物库房、展室、修复复制工作间应安装空气净化装置，净化环境中的有害气体使用去酸纸板制作文物储存囊匣，在文物囊匣内放入活性炭吸附有害气体，并在必要时在碱性条件下对古书画文物进行熏蒸。同时对博物馆的周边环境进行绿化和改善。

第八节　博物馆内的生物因素

在馆藏环境中，生物因素包括微生物、昆虫、鼠类等都会对文物造成损害。微生物主要包括细菌、防线菌、真菌几种，这类微生物极容易在文物保存环境下滋生并以文物材料作为营养基地分泌酶对文物造成损害，尤其是纤维质文物和蛋白质文物。微生物是肉眼看不见、必须通过显微镜才能看见的微小生物的统称。微生物普遍具有以下特点：①个体小；②繁殖快；③分布广、种类繁多；④较易变异，对温度适应性强。自然界中大部分微生物是有益的，少数微生物是有害的。后者会引发生物污染，能引起人类传染病的病原微生物一般有以下几种：病毒、细菌和真菌。

室内生物污染的来源具有多样性，室外大气中的微生物是一个重要的来源，大气中存在很多微生物，它们附着在尘埃上。直径在10μm以下的尘埃可能较长时间悬浮于空气中，当人们开门窗通风的时候，这些微生物就随着空气的流通而进入室内。室内微生物的来源有室内被污染的地毯，空调冷凝水持续潮湿且通风效果不佳的环境如空调机组的凝水盘也会滋生微生物。有的建筑材料会形成向室内释放生物污染的污染源。在室内潮湿的地方，环境的相对湿度比较高，室内的建筑材料和设备容易滋生细菌和真菌等微生物。室内的采暖、通风、空调系统会滋生并释放一些微生物。空调在制冷时，内部揭露，相对湿度很高，适宜细菌和真菌滋生繁殖，它们可以随着送风气流进入空调室内。

脆弱有机质地文物指受自然降解和环境侵蚀老化状况最为严重的一类文物。“纸寿千年、绢八百年。”2005年“全国馆藏文物腐蚀损失调查”结果显示：竹木漆器重度及濒危腐蚀率高达48.68%、中度腐蚀率达21.11%；纺织品文物重度以上腐蚀率达20.83%、中度腐蚀率达30.25%；纸质文物重度以上腐蚀率达19.16%、中度腐蚀率达35.02%。纺织类文物的主要病害类型：虫害、腐烂、糟朽、老化、污迹、炭化、脆化、粉化、粘连、折痕、变色等。竹木漆器类文物的主要病害类型：虫害、霉变、收缩变形、失水干裂、饱水糟朽、漆层开裂、起翘等。纸质文物的主要病害类型：虫害、霉变、污迹、炭化、脆化、粉化、腐烂、粘连、折痕、变色等。

对博物馆内文物有害的微生物主要有细菌、放线菌、真菌等。真菌形体小、繁殖快、分布广，在自然界中可谓无处不在。空气中微生物会引起文物表面真菌滋生，加速文物的劣化、变质。微生物适应性强，可生活在各种附着物上，因此，无论文物或人员的进出以及空气的流动均可将真菌带入。有机质的文物、文物展柜、囊匣木料及丝质或棉质内衬、展柜角落中的灰尘和恒温恒湿的温床效应、漏水、不清洁，为微生物滋生提供了丰富的营养物质，因此要保持博物馆环境清洁。这些微生物对金属文物则可能使其表面粗糙促进金属腐蚀。昆虫类除了蛀食文物材料外，其排泄物还会滋生微生物，油漆使昆虫的幼虫多寄生于文物材料内部对文物造成无法挽回的损失。在高温、高湿度以及通风不良的条件下生长良好，毛霉菌丝体每天可延伸3厘米左右，许多毛霉能产生草酸、乳酸和琥珀酸造成腐蚀分解纤维素的能力最强，对书画、档案破坏严重。通常菌落扩展很快，特别在高温高湿条件下几天内木霉菌落可遍布整个料面，木霉具有较强分解纤维素的能力，菌丝成熟期很短且不易察觉，直到出现霉层时才能引起注意 。曲霉能分解淀粉和蛋白质，也可产生有机酸（柠檬酸、葡萄糖酸等），有些产生致癌的毒素。青霉其营养来源极为广泛，是一类杂食性真菌，可生长在任何含有机物的基质上，青霉的孢子耐热性较强，菌体繁殖温度较低。

文物中常见的虫害涉及鞘翅目、等翅目、缨翅目等9个目，29个科，数十种之多。档案窃蠹又名书窃蠹，它能消化纤维素，破坏档案、图书、胶合板、纤维板、纸箱，尤其以毛边纸为甚，受害物表面布满芝麻大小的虫孔，内部虫道密布，充满粪便、木屑、纸屑。烟草甲其主要危害粮食及其制品以及烟草、药材、档案、图书，成虫体长2.5～3 mm，体色为红黄至褐红色，被白色细毛所覆盖。德国小蠊食性复杂，主要危害面粉、米、淀粉、油料、纸盒、皮革、档案、图书，常食书刊的装裱材料和散页等。书虱又名书蠹、嗜卷书虱。主要分布在河南、上海、浙江、江西、湖南等地，危害粮食、动植物标本、档案图书等。白蚁以纤维素为食，常见于竹木文物及纸张中，常把木材或书本蛀空，仅保留外部轮廓，能分泌高浓度的蚁酸（甲酸），对金属产生腐蚀。衣蛾多见于丝、毛、皮类文物，幼虫以皮毛、丝织品为食，以附着物纤维混合形成网袋，从而对衣物、丝、毛等文物造成损害。衣鱼是衣鱼科昆虫的统称，常见于纸质文物中，主要以书本中胶质、糨糊为食，也可以以植物纤维为食。

虫害的来源主要有两种方式：①随媒介一起迁入，如文物（包括其包装）出入库、书画画廊布展工作人员和参观人员的进出；②昆虫自身的迁移。导致虫霉病害爆发因素有：①充足的营养物质，有机质的文物、文物展柜、囊匣木料及丝质或棉质内衬等，甚至包括角落中的灰尘；②合适的温度、湿度，在15～35℃，较高的湿度下都有可能发生虫霉病害。因此在保证不同类型文物处于适宜环境中的前提下，应尽量控制较低的温湿度。③恒温恒湿的温床效应、漏水、不清洁。虫霉病害的防治要坚持预防为主，防治结合为方针；保持环境的清洁卫生，控制温湿度和通风，防止渗漏是防治虫霉病害的基础。

虫霉病害的预防与监测，文物及其包装的出入应有检疫机制，人员的进出也应当注意避免虫霉病害的带入；建筑及环境的清洁和维护，包括建筑周边环境、库房、展厅、橱柜、装潢以及文物本身的清洁，避免建筑的渗水、积水；控制文物保存环境的温湿度；建立合适的监测手段和长期监测机制（人员的定期巡视、虫霉病害定点监测等）；文物生物病害常用的鉴别技术为无损分析手段。昆虫自身产生释放出的，作为传递信息调控物质。利用昆虫信息素可以诱捕害虫，达到监测虫害的目的，目前对于很多害虫都有商品化的昆虫信息素诱捕器。

虫霉病害的治理方法分为物理防治法和化学防治法。物理防治法有高温、低温、高频微波、干燥失水、充气除氧、辐射。化学防治法有天然化合物、合成消毒剂、熏蒸剂等。高/低温杀虫法的温湿度变动幅度过大会造成文物本体的损害；充气除氧方法杀虫，杀灭时间过长，对气体纯度要求较高，部分气体如二氧化碳会造成文物损害；消毒熏蒸杀虫防霉熏蒸剂毒性、易燃易爆以及对环境的污染，对设备要求高。使用二氧化碳杀虫，二氧化碳浓度的增加会加大害虫的呼吸频率，因此其浓度在30%（氧气浓度15%）即可有杀虫作用，相比惰性气体要求氧浓度在2%以下具有优势，二氧化碳与水结合，成弱酸性，可造成一定的腐蚀；使某些颜料产生变化，特别是高湿度下对氧化铅影响较大。熏蒸剂消毒：环氧乙烷杀菌能力很强，属于易爆物质，具有诱变性，在熏蒸含水量高的物质时需增大用量；溴甲烷扩散强，吸附小，无爆炸性，但溴甲烷的杀菌能力较差，破坏大气层；硫酰氟毒力高，扩散能力强，残留低，不燃不爆，但杀虫卵能力差，且氟化物的沉积使人体骨骼有中毒的危险。也可用天然化合物的驱虫防霉，如山苍子、肉桂、香茅、蒜素。由于植物自身的防御机制，很多植物中都含有有效的驱虫防霉化合物，有些植物可以食用或药用，因此具有低毒无害的特点，有望应用于文物中的虫霉病害的治理。柠檬醛、肉桂醛、香茅醛这些用于香料的化合物不仅可以驱虫和防止真菌生长，在一定条件下还可以将虫霉完全杀死。蒜素类化合物是从大蒜中的蒜素衍生而成的，中科院上海有机所目前正在进行化学合成研究，目的是替代溴甲烷、环氧乙烷等有毒害的熏蒸剂。结合氮气、真空技术，增强驱虫防霉效能。

如果欲对空气中微生物质量做出准确测定和评价，宜采用撞击法，求出单位体积空气中细菌菌落总数，室内空气质量国家标准GB18883即采用撞击法。撞击法是采用撞击式空气微生物采样器采样，通过抽气动力作用，使空气通过狭缝或小孔而产生高速气流，使悬浮在空气中的带菌粒子撞击到影响琼脂平板上，经恒温一段时间培养后，计算出每立方米空气中所含的细菌菌落数的采样测定法。文物生物病害的鉴别技术一般采用无损分析手段。检测原理是撞击法狭缝式，其捕获率>99.7%，检测范围为0.1～50μm的细菌粒子，工作方式为连续可编程检测，检测时间小于或等于3分钟/次，工作过程中噪声小于或等于59分贝（A声），环境温度为0～35℃，环境相对湿度＜90%，供电参数220%±10% VAC；12%±10% VDC，检测时间0～12分30秒，检测流量为20L/min。

文物生物病害的防治重在预防，治理为辅，病害发生时应根据文物材质、病害类型、发生的地点、范围等具体情况采取相应的治理方法和步骤。虫霉病害的防治并非一劳永逸，而是一个长期预防、监测、治理的过程。需要博物馆生物微环境快速、实时监测技术支持。为防止微生物对文物造成损坏，文物及其包装的出入应有检疫机制，人员的进出也应当注意避免虫霉病害的带入；建筑及环境的清洁和维护，包括建筑周边环境、库房、展厅、橱柜、装潢以及文物本身的清洁，避免建筑的渗水、积水；控制文物环境的温湿度；建立合适的监测手段和长期监测机制（人员的定期巡视、虫霉病害定点监测等）。

第九节　天津北疆博物院及自然博物馆环境监测分析

一、北疆博物院环境监测分析

2014年1月28日上午，中国国家博物馆环境监测人员对北疆博物院旧址一至三层陈列室及库房环境现状进行了监测，其瞬时检测结果如表5-7所示，其中光照度一般为距地面1.5m高度处的照度值。

表5-7　北疆博物院旧址环境监测数据记录表

编号	监测位置	温度/℃	湿度/%	照度/lux	紫外强度/(mw/m²)	紫外相对含量/(μw/lm)	甲醛/(mg/m³)	TVOC/(μg/m³)	PM2.5/(μg/m³)	PM10/(μg/m³)
1	一层库房	13.3	32.7	19	0	0	0.004	160	46	96
2	古生物标本室一层	14.1	30.9	30.6	61	2.2	0.005	218	57	119
3	标本室白炽灯下	/	/	30.6	35	2.9	/	/	/	/
4	标本室窗户下	/	/	160	87.1	520	/	/	/	/
5	古生物标本室二层朝南窗户下	11.2	32.9	1712	283	221	/	738	70	147
6	朝北窗户下	10.7	33	95	60	577	0.004	870	/	/
7	二层库房	8.6	37.5	435	45.7	103	0.004	435	63	130
8	二层库房木柜内	/	/	/		/	0.025	/	/	/
9	三层库房1（原库房）朝南窗户下	8.5	36.1	613	125	219	0.011	940	125	262
10	朝北窗户下	/	/	190	56	256	0.009	/	/	/

续表

编号	监测位置	温度/℃	湿度/%	照度/lux	紫外强度/(mw/m²)	紫外相对含量/(μw/lm)	甲醛/(mg/m³)	TVOC/(μg/m³)	PM2.5/(μg/m³)	PM10/(μg/m³)
11	獾、飞鼠标本木箱内	/	/	/	/	/	0.023	64000	/	/
12	库房中部	/	/	/	/	/	/	1200	/	/
13	昆虫标本实木柜内	/	/	/	/	/	0.011	1600	/	/
14	三合板新木柜内	/	/	/	/	/	0.023	2300	/	/
15	三层库房2日光灯下	7.7	31.5	243	50.4	181	0.013	1430	63	132
16	避开日光灯处	/	/	10.9	0.7	62	/	/	/	/
17	新木柜内	/	/	/	/	/	0.011	/	/	/
18	室外	6.7	36.2	/	/	/	0.003	240	24	50

结果分析：

（1）温湿度。监测时期处于冬季，气候干燥。北疆博物院旧址室内无空调及其他温湿度控制措施，陈列室及库房内各监测点温度介于7～15℃，相对湿度在30%～38%，温湿度昼夜、季节波动主要受室外大环境影响。因此，需要增加温湿度调控措施，使博物院旧址室内环境达到适宜于标本保存的恒温恒湿条件，尽量减少因温湿度不适宜或剧烈波动对动植物标本造成的变形、干裂、霉变等损坏。

（2）光照水平。由于博物院旧址内采用高窗天然采光，因此陈列室朝南向窗户附近照度值均偏高，检测发现陈列柜处的照度值低于50lux的标准值，说明自然光对陈列柜内标本的影响不大。库房中标本避光保存于木柜、木箱及密集柜内，受自然光及室内照明光源的影响较小。标本室与库房中光源为白炽灯和普通日光灯，均检测到不同程度的紫外辐射，建议使用无紫外线灯具。

（3）甲醛及TVOC。北疆博物院旧址陈列室及库房内甲醛含量低，检测点处甲醛含量均在0.03 mg/m³以下，低于0.08 mg/m³的标准值，由于温度低于

13℃时，甲醛基本不挥发，所以此检测值参考性不强。在二层标本室及三层库房内均检测到较高的TVOC浓度值，其中库房獾、飞鼠标本木箱内TVOC浓度高达64 000μg/m^3，远高于500μg/m^{3}的标准值，推测是由于箱内标本在保存、养护等过程中使用的有机溶剂残留在标本体表或体内后挥发，导致木箱内TVOC含量高。另外，库房内其他检测点也检测到高于1000μg/m^{3}的浓度值，二层标本室检测到高于700μg/m^{3}的浓度值，因此高浓度的TVOC普遍存在于标本室及库房中，部分库房内装有电扇，部分库房内无通风换气设备，将不利于工作人员的身体健康。部分库房内装有电扇，部分库房内无通风换气设备，应当进行相应处理。

（4）颗粒物。一般而言，室内颗粒物浓度水平与室外大气颗粒物污染状况直接相关。检测当天天气状况良好，测得室外PM2.5和PM10瞬时浓度值分别为24μg/m^{3}和50μg/m^3。陈列室与库房内6个检测点中有5个检测点处的PM2.5瞬时浓度值均低于75μg/m^3，PM10瞬时浓度值低于150μg/m^3，仅三层库房中测得值稍高，可能是由室内扰动所致。

北疆博物院旧址自建立以来已有一百年的历史，现用作库房，不对外开放。博物院旧址共三层，内有维持早期原貌的古生物标本室、原库房，以及后设立的库房。旧址内设施简陋陈旧，存在较为显著的环境问题，不论对标本的长期保存还是工作人员的身体健康都会产生不良影响。此外，天津自然博物馆决定以2014年建馆百年为契机将北疆博物院旧址从封存状态中挖掘出来与公众见面，因此，目前存在的环境问题亟待解决。

北疆博物院旧址室内无空调及其他温湿度控制措施，受室外大环境影响，室内温湿度昼夜、季节波动大。因此，需要增加恒温恒湿空调系统等温湿度调控措施，使博物院旧址室内环境尽量达到适宜于标本保存的温湿度条件，尽量减少因温湿度不适宜或剧烈波动对动植物标本造成变形、干裂、霉变等损坏。标本室与库房中光源为白炽灯和普通日光灯，均检测到不同程度的紫外辐射，因此建议更换照明灯具，使用无紫外线灯。

由于樟脑、甲醛溶液的使用，检测到高浓度的TVOC普遍存在于北疆博物院旧址标本室及库房中，同时由于窗户密闭、通风设备少（仅在部分库房墙壁上安装有风扇，且风扇已较为陈旧），导致高浓度TVOC无法排出。夏天随着室内温度的升高，TVOC挥发量将增加，长期在库房中工作，将会严重影响身体健康，建议增加通风换气设备，提高室内空气质量状况。

二、天津自然博物馆环境监测分析

天津自然博物馆新馆位于天津市河西区友谊路31号，在原天津博物馆建筑的基础上改建而成，于2014年1月25日向公众试开放。新馆占地面积50 000m^2，建筑总面积35 000m^2，其中对外开放展区14 000m^2，包括常设陈列区、临展区、体验娱乐区、科普教育区；新馆陈列以“家园”为主题，设一层“家园·探索”、二层“家园·生命”和三层“家园·生态”三个区域，是目前全国第一个主题单元化、全景式展示的自然探索、科学体验、科学教育的自然史博物馆。

2014年1月28日下午，中国国家博物馆环境监测人员对天津自然博物馆新馆展区及库房环境现状进行了监测，其瞬时检测结果如表5-8所示，其中光照度一般为距地面1.5m高度处的照度值。

表5-8　天津自然博物馆环境监测数据记录表

编号	监测位置	温度/℃	湿度/%	照度/lux	紫外强度/(mw/m^2)	紫外相对含量/(μw/lm)	甲醛/(mg/m^3)	TVOC/(μg/m^3)	PM2.5/(μg/m^3)	PM10/(μg/m^3)
1	馆门外	/	/	/	/	/	0.009	190	31	65
2	一层公共区域	20.4	25.1	1710	78.7	46	0.043	610	26	54
3	三层展厅入口外	20.9	26.1	/	/	/	0.047	673	25	52
4	A北极处	21.3	27.6	15	0	0	0.047	823	26	54
5	A非洲处	21.5	28.7	32.5	0	0	0.053	1124	26	54
6	E欧亚大象处	22.1	29.3	10	0	0	0.08	1244	27	56
7	E欧亚大象对面二层	/	/	/	/	/	0.087	1290	/	/
8	肯尼斯·贝林图片展处	22.5	33.5	/	/	/	0.062	1170	/	/
9	三层展厅出口处	22.3	25.9	/	/	/	0.061	850	24	50
10	三层到二层夹层电梯口	22.5	26	/	/	/	0.04	690	24	50
11	二层展厅入口外	22.6	26.7	/	/	/	0.026	708	23	48
12	展厅内入口处	22.6	25.3	72	0	0	0.032	805	26	54

续表

编号	监测位置	温度/℃	湿度/%	照度/lux	紫外强度/(mw/m²)	紫外相对含量/(μw/lm)	甲醛/(mg/m³)	TVOC/(μg/m³)	PM2.5/(μg/m³)	PM10/(μg/m³)
13	古生代海洋复原场景处	22.7	28.6	24	0	0	0.055	940	29	60
14	海贝拾趣处	23.1	27.8	73	0	0	0.078	1255	33	69
15	恐龙盛世处	23.7	26.8	67	0	0	0.054	1534	40	84
16	非洲蝴蝶处	23.3	27.3	71.8	0	0	0.077	1458	39	81
17	亚洲蝴蝶处	22.7	29.2	188	0	0	0.07	1432	38	79
18	从水到陆开拓崭新家园放映处	22.5	29.2	71	0	0	0.094	1446	40	84
19	一层活体蝴蝶园	23.2	48.1	/	/	/	0.047	640	23	48
20	一层库房C区走廊	19.2	19.2	/	/	/	0.041	570	26	54
21	E区走廊25室外	19.4	21.5	/	/	/	0.447	1874	26	54
22	库房25内	20.3	20.8	/	/	/	0.58	2380	19	39
23	库房27内	22.3	18.2	251	31.7	137	0.148	1053	20	42
24	D区库房走廊	22.4	16.9	/	/	/	0.155	980	34	71
25	库房23内	22.4	20.5	154	21.7	147	0.186	1040	47	98

结果分析：

（1）温湿度。在博物馆一到三层展区选择16个点位对温湿度状况进行检测发现，温度介于20～24℃，相对湿度以一层活体蝴蝶园为最高，达48.1%，其余15个点位的相对湿度在25%～34%。选择一层3个库房进行检测，温度介于20～23℃，相对湿度在18%～21%。

（2）光照水平。二到三层展厅内无自然光，除亚洲蝴蝶展柜处光照度较高，达到188lux之外，其余各检测点距地面1.5m高度处的照度值均在80lux以下。另外，展厅内各检测点处均未检测到紫外辐射。对两个库房内的光照水平检测发现，照度值在150lux以上，并且检测到紫外辐射，说明库房内光照水平需要一定的控制。

（3）甲醛与TVOC。展厅与库房内检测到甲醛和TVOC浓度均较高。选择二到三层展厅内13个点位检测发现，甲醛浓度介于0.032～0.094mg/m³，其中有6个点处的浓度值均高于0.07mg/m^3，接近或超出了0.08mg/m^{3}的浓度限值，处于一个较高的浓度水平；三个库房内的甲醛浓度最低为0.148mg/m^3，最高达到0.58mg/m^3，远高于展厅内浓度水平，可能是由于库房内浸泡标本的溶剂挥发所致。

对展区及库房内24个检测点的TVOC浓度检测发现，所有点位的TVOC浓度均超出了500μg/m^{3}的浓度限值，其中13个检测点的浓度值超出1000μg/m^3，展厅内最高值达到1534μg/m^3，库房内最高值达到2380μg/m^3。其中库房23内无标本存放，为空库房，但其甲醛和TVOC均高达0.186mg/m^{3}和1040μg/m^3，推测其高浓度值为库房内铺设的木地板释放所致。由此推测展厅和库房内甲醛和TVOC的高浓度一方面来自新馆室内装修材料的释放，另一方面来自展出标本自身残留试剂的挥发。另外，库房内高浓度还包括浸泡标本溶剂的挥发。

由以上数值可以看出，展馆内的甲醛和TVOC浓度均处于较高水平，是亟待控制的两项污染指标。

（4）颗粒物。检测当天，展馆内PM2.5瞬时浓度值低于40μg/m^3，PM10瞬时浓度值低于90μg/m^3，均处在较低的浓度水平。

天津自然博物馆新馆展厅及库房内无恒温恒湿空调系统，库房内设有中央空调，24h开放，建议使用具有湿度调控功能的空调设备。于密闭的库房内检测到紫外辐射，部分库房中有鸟类等动物标本裸露放置，建议使用无紫外灯具，减少由于较高的光照度及紫外辐射对标本产生的损害。

由于天津自然博物馆新馆室内装修材料的释放和标本自身残留试剂的挥发，导致馆内甲醛和TVOC浓度均高，加之通风换气条件差，使有害气体难以及时稀释扩散，长此以往，可能对观众及工作人员的身体健康产生不良影响。建议在展厅内使用密闭性好的展柜，同时增加通风换气设备，改善博物馆内空气质量。

天津自然博物馆目前没有设立藏品保护及环境控制方面的部门及科室，也没有相关的分析检测仪器和设备。建议配备手持式温湿度、光照度、甲醛、TVOC及颗粒物检测仪，开展对这些环境指标的手动监测工作。同时，为了全面、实时、连续感知馆藏标本保存环境中这些污染物的变化状况，有必要在馆内建立温湿度、光照度、甲醛、TVOC及颗粒的自动连续监测系统，以实现对全部库房、展厅和重点展柜等藏品保存污染物环境质量的及时感知和风险预控。

参考文献

［1］ Godish T. Indoor Air Pollution Control［M］. Chelsea: Lewis Publishers, 1989. Indoor air Pollution：An Evaluation of Three Agent, Formaldehyde. (http: //enhs.umn.edu/current/5103/air/intro.html.)

［2］ 罗曦芸. 大气中SO_2和NO_x的检测及其对文物的危害与预防［J］. 实验室研究与探索，1999，18（6）：52-56.

［3］ 罗曦芸. 大气中SO_2和NO_x的检测及其对文物的危害与预防［J］. 实验室研究与探索，1999，18（6）：52-56.

［4］ Baer N S. Indoor air pollution：effect on cultural and historical material［J］. Int Museum Manag Curatorship, 1985, 40: 9-20.

［5］ Whitmore PM, et al. The fading of artists'colorants by exposure to atmospheric nitrogen dioxide［J］. Stud Conserv, 1989, 34 (2): 85-96.

［6］ 周中平，赵寿堂，朱立等. 室内污染物检测与控制［M］. 北京：化学工业出版社，2002.

［7］ Hu T F, Lee S C, Cao J J, et al. Characterization of winter airborne particles at Emperor Qin's Terra-cotta Museum, China［J］. Science of the Total Environment, 2009, 407: 5319 -5327.

［8］ 刘舜强. 古书画保存环境研究［C］. 中国文物保护技术协会第二届学术年会论文集，2002.

第六章　基于物联网技术的文物监测系统

中国是一个具有五千年悠久历史的文明古国，文物分布遍及全国，文物保护任务复杂而艰巨。当前，因技术、资金和管理等方面的原因，导致很多文物被损坏或丢失，如何科学而有效地对文物进行保护和管理是文物管理领域面临的巨大挑战。传统的博物馆环境监测手段，基本上以人工巡检为主，并通常要在监测区域内部部署大量的线路，体积庞大、造价高，特别是在电源供给困难、工作人员不能到达的区域或是无通信网络的区域，监测的难度大大增加。此外，一旦线路部署完毕，就很难根据监测的需求改变监测任务，以致系统可重用性差。

近年来，物联网技术的飞速发展及其在各领域的成功应用，为文物保护与管理提供新的途径。所谓物联网（internet of things）泛指“物物相联之网”，是利用二维码标签、射频识别标签（RFID）、各类传感器/敏感器件等技术和设备，按约定的协议，通过互联网与电信网实现物与物、物与人之间的信息交互，支持智能的信息化应用，实现对物体的智能化识别、定位、跟踪、监控和管理的一种网络。物联网的本质概括起来主要体现在三个方面：一是全面感知，即利用RFID、传感器等随时随地获取物体的信息；二是可靠传递，通过各种电信网络与互联网的融合，将物体的信息实时准确地传递出去；三是智能处理，利用云计算、模糊识别等各种智能计算技术，对海量数据和信息进行分析和处理，对物体实施智能化控制。进入21世纪后，物联网更朝着体积更小、能耗更低、能量利用率更高的趋势快速发展。物联网在军事、国防、工农业、环境监测、城市交通、医疗卫生、智能家居等许多领域都有重要的研究价值和巨大的实用价值。

采用物联网技术对博物馆环境监测的优势主要体现在三方面：①传感器节点的体积小且整个网络只需要部署一次，传感器网络部署对所监测环境的影响很小。②传感器节点数量大、分布密度高，具有数据采集量大、精度高的特点。③传感器节点本身具有一定的计算能力、存储与通信能力，可以根据物理环境的变化进行较为复杂的监控，并且在节点间进行协同监控。此外，应用于环境监测的传感器网络，一般具有部署简单、便宜、长期不需更换电池、无须派人现场维护的优点。通过密集的节点布置，可以观察到微观的环境因素。因此，将物联网应用于博物馆环境监测中，通过传感器网络监测得到环境数据为文物保护专业人员探索适合文物生存的环境特点提供数据支持，并且在监测文物环境过程中可以智能发布预警警告，既能提高文物的保护水平，又能节省人力资源，降低劳动强度。

第一节 Zigbee无线网络技术

一、物联网中的无线通信技术

常见的短距离无线通信技术有蓝牙（bluetooth）、红外技术（Infra-red Pate Association, IrDA）、ZigBee技术、无线局域网（WLAN）WiFi和超宽带通信（UWB）等。

蓝牙技术由爱立信、诺基亚、东芝、Intel以及IBM等公司在1997年率先推出，主要使用于特定移动电话、笔记本电脑等通信设备的主机之间的无线通信连接技术。蓝牙的工作频段是2.4GHz，该频段下的设备在某些国家需要申请才能上市，通信距离只有10m，功耗较高，从睡眠状态转换到数据传输状态的响应速度较慢，制约了蓝牙技术在大型无线传感网络方面的应用。对于小型的博物馆或博物馆内的一个小展厅，需要临时设置温湿度无线监控和控制系统时，如果7台设备可以满足需要，那么应用蓝牙无线技术是一个理想的选择。

红外技术是目前用得比较多的一种通信技术，它是通过红外线在两点之间进行通信的技术。它可以用在学校、家庭防盗等领域。目前具有红外技术的传输设备，其传输率有了很大的提高，传输速率可达 16Mbit/s。红外技术具有移动通信所需的成本低、能量消耗低、连接便捷、传播方向、范围及距离容易控制的特点，但是在应用上有一定的制约性，不能得到广泛的推广。

WiFi（无线高保真）技术是专为WLAN接入设计的，已经成为IEEE 802.11标准，目前使用的通信标准主要有IEEE 802.11a、IEEE 802.11b和IEEE 802.11g。与蓝牙技术相比，它可以覆盖几十米的范围。WiFi技术的工作频段是2.4GHz，能够提供的数据传输传输率高达11Mb/s，可以满足不同用户的应用需求，但在数据安全性方面比蓝牙技术要差一些。

UWB（超宽带）技术是一种全新的无线通信技术，它的应用在众多领域，比如雷达、成像及定位等。起初主要研究脉冲的产生和检测技术，这为超宽带技术的发展起到很大的推动作用。超宽带中心频率高于2.5GHz，传输速率高达 480Mb/s，空间容量大，具有较强的多径分辨能力，非常适于建立一个高速无线个域网。UWB以其拥有的特点给通信系统带来了巨大影响，同时也得到了广泛的深入研究与应用。

ZigBee技术是比较经典的低速率和低功耗的无线通信技术，它是建立在IEEE 802.15.4定义的物理层与MAC层之上的标准，定义了具有数据安全特性和可以操作界面的网络层和提供给用户自行开发设计的应用层。

从以上分析可知，蓝牙、红外技术、ZigBee技术、无线局域网WiFi和超宽带通信技术各自有其特点，根据不同需求，适用于不同的范围与场合。但是综合考虑来看，ZigBee技术更有一定的主导性，在未来无线通信中的地位不可忽视，它必将成为物联网发展过程中不可缺少的中间力量。

二、ZigBee技术简介

ZigBee是基于IEEE802.15.4标准的低功耗局域网协议。根据国际标准规定，ZigBee技术是一种短距离、低功耗的无线通信技术。这一名称（又称紫蜂协议）来源于蜜蜂的八字舞，由于蜜蜂（bee）是靠飞翔和“嗡嗡”（zig）地抖动翅膀的“舞蹈”来与同伴传递花粉所在方位信息，也就是说蜜蜂依靠这样的方式构成了群体中的通信网络。其特点是近距离、低复杂度、自组织、低功耗、低数据速率。主要适合用于自动控制和远程控制领域，可以嵌入各种设备。简而言之，ZigBee就是一种便宜的、低功耗的近距离无线组网通信技术。ZigBee是一种低速短距离传输的无线网络协议。ZigBee协议从下到上分别为物理层（PHY）、媒体访问控制层（MAC）、传输层（TL）、网络层（NWK）、应用层（APL）等。其中物理层和媒体访问控制层遵循IEEE 802.15.4标准的规定。IEEE802.15.4规范是一种经济、高效、低数据速率（<250kbps）、工作在2.4GHz和868/915MHz的无线技术，用于个人区域网和对等网络。它是ZigBee应用层和网络层协议的基础。ZigBee是一种介于无线标记技术和蓝牙之间的技术提案。

ZigBee的特性：①低功耗。在低耗电待机模式下，2节5号干电池可支持1

个节点工作6～24个月，甚至更长。这是ZigBee的突出优势。相比较，蓝牙能工作数周、WiFi可工作数小时。TI公司和德国的Micropelt公司共同推出新能源的ZigBee节点。该节点采用Micropelt公司的热电发电机给TI公司的ZigBee提供电源。②低成本。通过大幅简化协议（不到蓝牙的1/10），降低了对通信控制器的要求，按预测分析，以8051的8位微控制器测算，全功能的主节点需要32KB代码，子功能节点少至4KB代码，而且ZigBee免协议专利费。每块芯片的价格大约为2美元。③低速率。ZigBee工作在20～250kbps的速率，分别提供250kbps（2.4GHz）、40kbps（915MHz）和20kbps（868MHz）的原始数据吞吐率，满足低速率传输数据的应用需求。④近距离。传输范围一般介于10～100m，在增加发射功率后，亦可增加到1～3km。这指的是相邻节点间的距离。如果通过路由和节点间通信的接力，传输距离将可以更远。⑤短时延。ZigBee的响应速度较快，一般从睡眠转入工作状态只需15ms，节点连接进入网络只需30ms，进一步节省了电能。相比较，蓝牙需要3～10s、WiFi需要3s。⑥高容量。ZigBee可采用星状、片状和网状网络结构，由一个主节点管理若干子节点，最多一个主节点可管理254个子节点；同时主节点还可由上一层网络节点管理，最多可组成65 000个节点的大网。⑦高安全。ZigBee提供了三级安全模式，包括无安全设定、使用访问控制清单（access control list，ACL）防止非法获取数据以及采用高级加密标准（AES 128）的对称密码，以灵活确定其安全属性。⑧免执照频段。使用工业科学医疗（ISM）频段，915MHz（美国），868MHz（欧洲），2.4GHz（全球）。

ZigBee无线网络的实现，是建立在ZigBee协议栈的基础上的，协议栈采用分层的结构协议，分层的目的是为了使各层相对独立，每一层都提供一些服务，服务由协议定义，程序员只需关心与他的工作直接相关的那些层的协议，它们向高层提供服务，并由低层提供服务。在ZigBee协议栈中，PHY、MAC层位于最低层，且与硬件相关；NWK、APS、APL层以及安全层建立在PHY和MAC层之上，并且完全与硬件无关。分层的结构脉络清晰、一目了然，给设计和调试带来极大的方便。ZigBee自组织网络通信方式，指的就是动态路由。ZigBee网络层主要支持两种路由算法：树路由和网状网路由。树路由把整个网络看作是以协调器为根的一棵树，而协调器的子节点可以是路由器和末端节点。

传感网络通信发展所经历的几个阶段和对应的模式：①自动控制：计算机+智能器件。②传感网：网络+传感器。③ZigBee：网络+传感器+通信协议，是一种无线个域网。多信道的无线通信装置+微控制器，集成在芯片上封装。具体就是8位微处理器与射频收发模块封装，接上电阻、电容、晶振，加上A/D、D/A、I/O接口和控制电路（也有把这些器件都封装在一起的），再加上相应的无线通信（协议栈）和开发的应用软件。这实际上是一种智能控制节点，也就是无线传感器的网络节点。WPAN技术有3种主要公开的标准，即蓝牙、WiMedia与ZigBee。此3种WPAN标准分别相当于IEEE［电气和电子工程师协会（Instituce of Electrical and Electronics Engincers, IEEE）］802.15.1、IEEE 802.15.3a与IEEE 802.15.4。目前蓝牙标准主要应用于短距离无线语音传输；WiMedia主要应用方向为短距离无线多媒体传输；而ZigBee较适用于低耗电与低数据量的短距离无线传输。

三、ZigBee技术在文物保护中的应用

ZigBee软件系统分为四个部分：设备管理软件、数据管理软件、网络用户界面软件和总控—网络服务器软件。设备管理软件包括管理和识别网络协调器和温湿度采集记录节点的软件。首先要对网络协调器和温湿度采集记录节点进行设置，网络协调器设置主要内容包括：IP地址、子掩网码、网关、目标服务器、服务器端口等，网络协调器作为整个网络的簇头，负责网络的建立，信息的接收、汇总、处理，以及控制指令的发送和执行。温湿度采集记录节点设置主要内容包括：设备名称、识别编号、数据采样间隔（屏幕显示刷新间隔）、本机记录间隔、发送无线信号时间间隔、时间同步、定时启动记录、数据存储方式、超值报警范围等，温湿度采集记录节点负责温湿度数据采集、数据发送以及控制指令的接收执行。数据管理软件是将所接收的每个节点温湿度信息分类（分展厅、分库房、分展区）、分时、分编号、瞬时保存到总控—网络服务器的数据存储（硬盘）中，数据自动生成和管理由计算机完成，无人值守，所采集形成的数据不可认为更改。数据自动汇总、自动计算平均值、自动生成文本报表、自动生成变化曲线，并根据用户操作要求自动生成多点数据比较曲线图。网络用户界面软件，博物馆各部门根据权限可登录网络服务器，随时查看实时显示变化的各展厅和文物库房的温湿度情况，随时查看更新的文本报表和随时变化的温湿度曲线，以及各节点的温度、相对湿度等。总控—网络服务器软件包括总控计算机软件、数据库管理软件和网页管理软件。总控计算机软件包括无线温湿度实时监测系统软

件，用于管理全系统和各节点设备运行状态，其中包括系统设置、通信设置、用户管理、分区管理、设备管理、实时数据、分区监测、监测列表、实时曲线、报警记录、运行记录等。

ZigBee协议支持3种自组织无线网络类型，即星形拓扑结构、网状拓扑结构和树状拓扑结构。为了保证系统的可靠运行，必须选择合适的网络拓扑结构，该系统采用星型网络拓扑结构，该网络只存在一个网络协调器，此设备属于全功能设备（full function device，FFD）的一种，每个网络协调器能容纳多达255个精简功能设备（reduced function device，RFD）无线接入点，已经能够满足该系统的应用需要。网络协调器主要调用ZigBee协议栈应用层数据服务接口，负责网络的建立和维护，并与上位机进行通信，包括向上位机发送数据、接收上位机的命令并以无线的形式发给后代各个子节点、显示当前网络的状况并把收到的博物馆中环境数据发送到计算机中。RDF负责采集温湿度和光照强度的值，把采集到的数据发送给网络协调器。将网络协调器通过1个串转网接口连接到数据监控中心的主机，监控人员在监控中心通过登录配套的系统软件就可以对博物馆内温度、湿度和光照等参数进行监视和控制，不需要到文物现场。

用于文物监测保护的系统主要有协调器中心控制节点、环境参数采集模块、数据监控中心、环境调节模块、视频监控模块。协调器中心控制节点指组建协调整个ZigBee网络，协调各节点的通信工作。数据监控中心可用于显示博物馆内环境信息等功能，如可以通过修改程序来实现。ZigBee节点上的LED灯的亮灭与蜂鸣器的响与停，管理网络中的节点信息等。环境参数采集节点指实现对博物馆内环境信息进行采集，通过ZigBee网络将采集到的数据发送给协调器中心控制节点。该节点也可以通过用户对其设置的周期大小自动采集环境数据。环境参数采集模块主要负责采集温度、湿度、光照强度等参数，将采集的数据打包经过ZigBee无线网络传输到网络协调器，网络协调器对这些数据进行分析和判断，通过串转网口将数据包传到数据监控中心，实时显示温湿度、光照强度并将其存储，并对数据进行比较分析，处理后直接通过环境调节模块去控制风机、加热器、除湿器等设备，使文物处于一个更佳利于保存的环境。与此同时，我们在数据监控中心通过视频监控模块利用USB接口连接云台和摄像头实时监控文物系统内部的现场信息。在整个系统中，如果环境参数采集模块采集的温湿度和光照强度等信息超过预先自身设定值时，这些终端将会发出报警信号，同时将信号发送到数据监控中心，这时在监控中心的工作人员就可以根据这些报警采取相应操作去控制电路进行相应的操作。该系统具有很好的扩展性，根据文物系统的需求还可以添加其他的模块，比如压力采集、加速度采集、红外信号采集等[1]。图6-1为系统总体结构图。

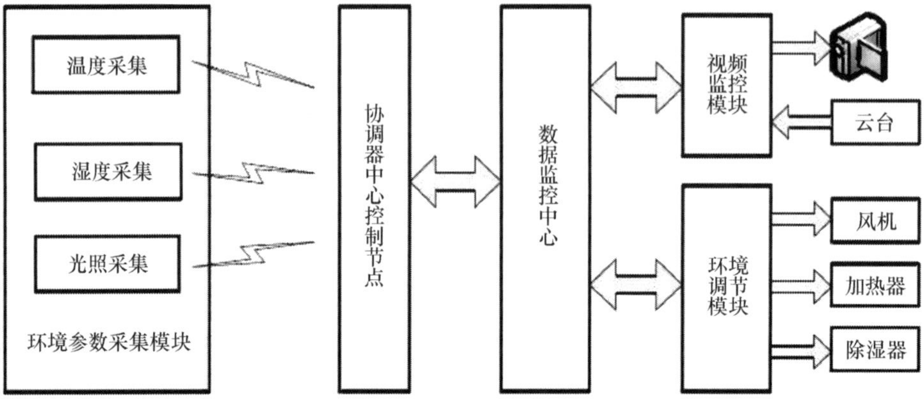

图6-1　系统总体结构图

根据博物馆环境检测保护系统的特点，要求各个信息采集点都能够独立的工作，在有个别节点离开或者加入的时候，不能影响到整个网络的正常运行。同时，为了保证节点的长时间工作必须降低节点能耗，可以让环境信息采集节点间断性地处于工作和睡眠状态来节省能量。博物馆环境监测系统硬件设计应满足以下条件：①节点小型化。②可扩展性：系统在硬件上要具有可扩展性，以后可以在上面加一些红外传感器、振动传感器、压力传感器等。③低功耗：该系统中的ZigBee节点消耗的能量要尽量的低，可以在无人监测下长期使用。软件设计应满足一下条件：①为以后的扩展提供很好的接口，保证以后有传感器加入或撤掉不会影响到其他节点设备。②统一数据格式：可以使任何两个节点设备在进行数据传输时，方便快捷。

在硬件方面，ZigBee环境参数采集模块属于无线传感网节点的一种，它包括扩展接口、配置调试接口、传感器单元、微控制器、ZigBee无线收发模块、电源单元。扩展接口有利于配置其他不同传感器单元以满足文物保护的需求，配置调试接口用于调试和编写程序，传感器单元在微控制器的控制下负责采集文物系统的温湿度、光照等数据并对这些数据进行分析处理，通过无线收发模块发送至网络协调器。电源模块支持外部电源、锂电池及普通干电池三种供电方式，充分保证了环境参数采集模块的正常运行。

ZigBee无线温湿度检测系统的网络节点按功能可划分为三类：网络协调器、无线中继和温湿度记录采集节点。网络协调器通过网络接口与总控服务器相连，负责汇集所有节点采集到的温湿度信息，并对各个节点发送相应的控制指令；无线中继接收总控计算机的指令，并负担着对所辖分支网络内所有节点信息的汇集、发送任务；温湿度记录采集节点接收总控计算机的指令，负责温湿度信息的按时采集记录和数据发送。

系统运行时，温湿度检测采集点遵从ZigBee通信方式将信息发送到网络协调器，网络协调器负责将数据进行汇集处理，并且与PC进行通信，当检测到的温湿度数据超出设定值时，设备具有声音光报警功能。整个网络具备自动组网和自动修复能力。

按照ZigBee技术节点设备可分为配置较高的全功能设备（FFD）和配置较低的简装设备（RFD）。全功能设备具有三种功能：①可作为网络协调节点，控制整个网络，主要负责发起建立新网络、设定网络参数、管理网络中的节点等，在网络形成后也可以执行路由节点的功能。②可作为路由节点，主要参与路由发现、消息转发、允许其他节点通过它关联网络等。③也可以作为终端节点使用。简装设备则只能作为终端节点，通过ZigBee协调器或者ZigBee路由节点关联到网络，但不允许其他任何节点通过它加入网络。按照博物馆温湿度检测数据采集节点的技术要求，采用简装设备是正确的，因为全功能设备功能多、耗电量多、电池持续时间短。温湿度采集节点不建议用稳压直流电源供电，因为电源发热会影响温度监测的准确性，建议采用两节3.6V锂电池供电。从理论上说，每10min采集并发射一组温湿度数据，每半个小时记录一组温湿度数据于温湿度采集记录仪器自备硬盘中，应用两节3.6V锂电池供电的温湿度采集记录仪器可连续工作2～5年。对于温湿度监测系统的网络协调器和无线中继要求采用全功能设备，但是这两种设备将不承担采集节点功能，因为这两种设备耗电高，必须应用稳压直流电源供电，电源发热会影响温度检测的准确性。ZigBee无线传输距离大约为100m。总控计算机可以控制和管理64 000个温湿度采集节点正常运行。

网络协调器连接于AJ45通信端口，博物馆局域网要为网络协调器分配网络标识符，即唯一的IP地址。系统工作时，网络协调器持续广播信标帧，无线中继会转发信标帧，从睡眠状态转入工作状态的温湿度记录采集节点仪器受到信标后，会发出信号报告设备编号，并申请发送该点所检测到的温湿度信息，经网络协调器确认后，温湿度记录采集节点发送数据，发送数据结尾有结束信号。随后温湿度记录采集节点仪器进入睡眠状态。由此往复，根据用户设定数据采集时间间隔睡眠或者工作。进入睡眠状态时，节点仪器耗电量不超过4μA。网络协调器将接收到的信息经过编号整理后，将数据传输到总控计算机。总控计算机对数据进行汇总，分时分号对信息保存，同时形成事实文本、报表和分析曲线，博物馆各部门可随时浏览适时变化的温湿度的文本数据和变化曲线图。

第二节　POE网络供电技术

随着网络技术的发展，几乎所有的设备都同时需要数据连接和供电电源。由于许多设备安装在距离机房比较远的地方，为每个设备提供一套外置电源会大大增加网络组建的成本。早在1999年已经有人提出通过以太网提供电源的概念，包括3Com、Intel、National Semiconductor等知名企业都意识到通过以太网供电的必要性，但是标准的缺乏阻碍了市场的发展。国际电子工程师协会也在这时开始了有关以太网供电的标准指定工作并最终在2003年6月23日批准了用于在标准以太网电缆上提供电力供应的802.3af标准。该标准定义了一种允许通过以太网在传输数据的同时传送DC电源的方法，它能很安全可靠地将以太网供电（POE）技术引入现有的网络基础设施中并和原有的网络设备相兼容，目前最大能提供大约13W的功率，这样，一些小型网络设备如IP电话、网络摄像机、无线接入点和数据终端等就可以通过以太网连接供电而无需使用AC电源插座，从而大大简化了布线，降低了网络基础设施的建设成本并将进一步拓展以太网技术的应用。

POE供电是指现有的以太网CAT-5布线基础架构，在不用做任何改动的情况下，借助一根常规以太网线缆在传输数据的同时供应电力，从而保证该线缆在为以太网终端设备如IP电话机、无线局域网接入点AP、安全网络摄像机以及其他一些基于IP的终端传输数据信号的同时，还能为此类设备提供直流供电。

一、POE构成和工作原理

一个完整的POE系统由供电设备（power sourcing equipment，PSE）和受电设备（powered device，PD）两个部分组成。PSE负责将电源注入以太网线缆，并实施功率的规划和管理。PD就是接收电源的设备，会消耗PSE的电能。

PSE负责将电源注入以太网并负责设备检测、电流能力分级和电源控制以符合网络中802.3af受电设备的电源要求。而一个有效的受电设备必须具有一个25kΩ共模电阻的检测特征，以使PSE能将PD从不需要供电的其他以太网设备中区分出来。考虑到和现有网络设备的兼容，PSE有两种实现形式：一种称为“END-POINT”（终端）PSE，也就是能直接支持POE的以太网设备如交换机、路由器等；另一种称为“MID-SPAN”（中跨）PSE，是用来将以太网供电功能添加到现有网络的一种设备。根据以太网供电的主要设备是PSE，它负责检测、分级和控制电源以符合网络中802.3af受电设备对电源的要求。PSE的主要功能可以按顺序概括为：首先检测网络上的用电设备；进而按照需求对该设备进行分级；之后对其开始正常供电，同时监控供电情况，测量各种参数，并对用电设备的状态做出判断和处理。其工作流程如图6-2所示[2]。

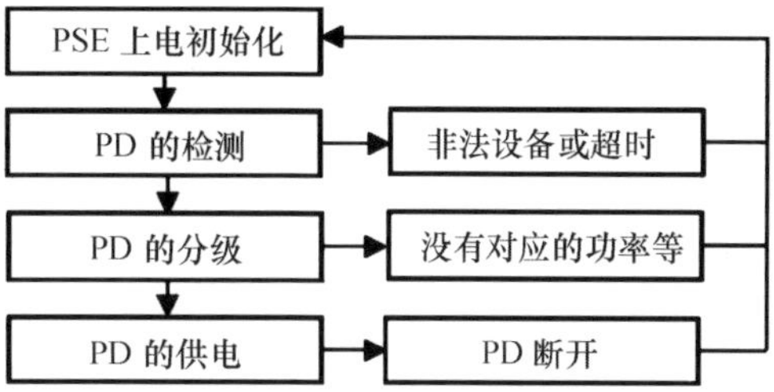

图6-2　PSE工作流程

对于以太网供电来说，检测很关键，因为它能保证48V直流电压仅加在有效的PD上并永远不会损坏那些不需要接受802.3af电源的设备。PD的检测必须在500ms内完成，否则如果PSE 等待时间太长将会损坏插在原本是PD位置上不需要供电的以太网设备。在成功完成检测后，PSE对端口提供15.5 ~ 20.5V的电压并将PD置于分级模式。由于PSE设备的供电资源有限，不能向用电设备提供任意大小的电能。所以在成功检测到合法的用电设备之后，接下来PSE设备就需要根据该设备的分级信号（classification signature）对这个用电设备进行电能分级，从而可以确定出是否可以提供该设备所需要的能量。PSE之后根据每个设备级别的不同按照相应的功率大小供给电能。在对PC加电时，必须将电流限制在400～450mA，输出电压限制在44～57V的范围内。同时PSE为准备给下一个以太网设备提供48V电压还需进行连续的监测，一方面保证PD仍保持连接状态；另一方面确定电缆不处于等待状态。802.3af标准规定了PSE用DC断接（DC disconnect）和AC断接（AC disconnect）两种方法来判断是否与一个PD保持连接。

以太网受电设备PD的典型结构如图6-3所示，由四个基本模块构成：第一个模块是极性保护模块，在IEEE规范中允许功率以不同的方式注入CAT5电缆中，供电设备（PSE）可以将电源正端设定在发送侧变压器或接收侧变压器的中心抽头位置。因此受电设备（PD）就必须要能应对未知极性的电压并正常工作。一个简单的桥式整流电路就能实现该功能。因此在IEEE规范中要求在PD的输入端都必须有类似的电路。

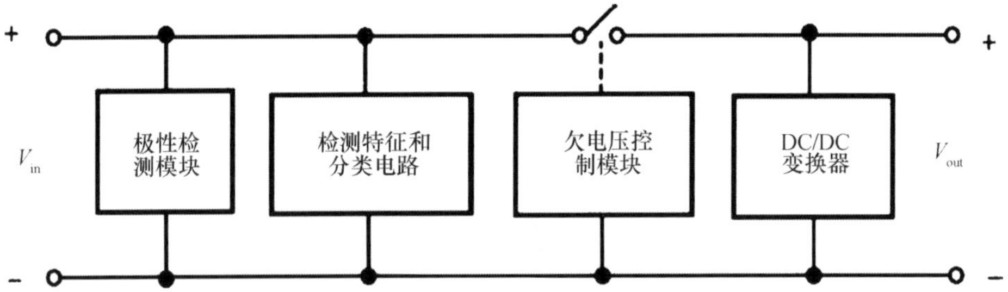

图6-3　受电设备（PD）典型结构图

第二个模块是检测特征和分类电路，为了保证PSE不会将48V电压输送给非POE受电设备，PSE开始会给受电加一个2.7～10.1V的低电压并观测25kΩ电阻的特征阻抗。而电流分类或说分类电路用来告诉PSE该PD最大消耗的功率，这点对大的交换机的电源管理是非常有用的。在PD通过鉴别后PSE将增加输出电压到14.5～20.5V并测量电流。第三个模块是欠电压控制模块，受电设备的DC/DC变换器不是在PSE完成鉴别后立即开始工作，而是在PD输入电压达到35V后开始启动。第四个模块是DC/DC变换器，通常的48V电压并不是用得最多的电压，大多数场合需要低一些的电压如3.3V、5V或12V电压。获得这些电压的一个有效的办法就是使用DC/

DC变换器。变换器在最小到最大负载条件能在36～57V输入电压下正常工作。

以太网供电过程根据IEEE802.3af标准，POE供电需经过一系列的检测和分级才能对设备供电。当建立供电后，需监控PD的供电情况，必要时要断开供电。具体过程分为检测、分级、供电和断电。①检测。当PD接到POE交换机或者POE集线器上时，POE交换机或者POE集线器会首先确定PD是否为POE的PD，以防止其不是PD而使供电受到损坏。PSE会对PD施加2h的小电压，检查PD是否有25kΩ的特征阻抗。如果PD无25kΩ的特征阻抗，PSE不会对PD供电；否则，PSE会对PD进行分级检测。②分级。当PD确定是以太网PSE后，PSE会对PD进行分级检测，以便知道每个设备需要的功率，从而有效、合理地分配电源功率。PSE在该阶段会将电压升到14.5～20.5V，然后根据PD产生的电流值确定PD的功率等级。③供电。当PD完成对PSE的检测分级后，PSE将提供一个44～57V的电压，电流会被限制在350mA以下。如果出现了过压或者过流的情况，需要有相应的手段关断或移除PD；同时，PSE对PD进行不间断的检测，以确定PD仍保持连接状态。IEEE 802.3af标准规定：PD可以采用DC断接和AC断接两种方法来判断是否与PD相连。④断电。当检测到PD断开后，PSE会逐步降低电压至DC0V；当过了一段时间后，PSE将会重新开起PD检测过程。

与传统的供电方式相比，以太网供电的优势更加突出，它拥有较低的成本，可以灵活的接入，而且稳定性高安全性强，可以实现远程控制管理等。这些也都是吸引人们开发和推广成熟以太网供电技术的动力，具体总结如下：①供电设备简单、成本低。整个的供电仅仅通过一个电缆进行，有效地节省了空间；另外，与其他带点设备不同的是，它与电源的安装位置没有冲突，免去了AP插座和适配器，不需要高昂的电源费用以及有效缩短安装耗时。②安全、兼容性好。供电设备会根据工况的需求向受点设备供电，当整个链接有效，才有使电缆上有电压存在，这使线路漏电的风险降低到零；在新标准下可以很好地实现以太网设备、以太网电缆、旧式网络设备的互相适应兼容，这样的话，用户对网络的使用更加具有安全保障。③供电方式简洁。依赖于单独的UPS，就能够实现在断电时对相关设备供电。也正是因为简洁的供电方式使得其在降低成本方面作用显著，助力于电话和无线接入的推广。④设备移动方便，可以移到任何有局域网线的地方——移动对工作场所影响最小；可对连接到以太网的设备进行远程监控。

二、POE技术在电视监控系统中的应用[3]

随着电视监控模拟信号向数字信号发展，以及网络的发展和普及，传统模拟信号摄像机逐渐被数字高清网络摄像机取代，这已经成为电视监控系统的发展趋势。同样，电视监控系统的发展趋势也由最初的模拟信息传输与控制飞速发展到数字化、网络化信息传输与控制。电视监控系统实现数字智能化之前，模拟图像电视监控被广泛应用于安保、生产管理等场合。视频监控一般采用模拟方式传输，传输距离不能太远，采用视频电缆，主要应用于小范围内的监控，监控图像一般只能在控制中心查看，纯模拟的视频电视监控不适合智能化和集约化管理的需要。基于PC的多媒体监控系统功能较强，但稳定性不够好、功耗高、费用高、结构复杂，信息传输稳定性差、整合难度较大等特点，这就使得更为稳定和先进的智能化数字设备替代传统的监控设备成为可能。于是，基于网络的远程视频监控系统应运而生。网络上用户可以通过网络直接观看录像主机上的摄像机图像，授权用户还可以通过网络控制摄像机云台镜头的动作或对系统配置进行远程操作。由于监控设备可以直接连入以太网，达到即插即看，省掉各种复杂的电缆，安装方便（仅需设置一个IP地址）。随着宽带网的普及，网络视频监控已经成为监控领域新的发展方向，而且也会使得昂贵的数字监控设备逐步走向大众化。

POE供电技术在解决电视监控系统网络化布线中的主要优点：①降低成本：无需再进行烦琐的电源布线，不仅能省去设备供电建设和维护费用，如电源线、插座、管道等，还能省去昂贵的电工费用，同时也节省了布置安装供电系统所需的时间；②部署灵活：设备部署的位置不受限制，不受供电电源的限制，AP等终端设备可以灵活地安装在远端的任一位置，如天花板、隔断上部等位置；支持IEEE802.3AT标准，极大地提升了网络的业务接入能力；③资源利用：可以利用现有网络布线和框架，设备拓展更加灵活方便；④安全可靠：可进行电源集中供电，也可将供电设备接入UPS，一旦主要电源输入中断，也能保证系统正常运行；⑤增强管理：可对系统中的AP和IP摄像头等PD设备进行远程监控管理。

随着网络技术及监控系统向网络化的发展，以太网在电视监控系统中成为图像数据传输及设备控制管理的重要载体和部分，而在线供电是一种革命性技术，它通过目前承载以太网数据的同一条五类/超五类双绞线电缆提供可靠的直流电源，解决了监控系统中受电设备的供电问题及可靠性，扩展了以太网本已非常强大的功能。POE将改变网络设备供电的方式，管理人员可以最大限度地利用现有的网络设施，并部署全新的一系列应用。

随着IEEE-802.3af标准的确立和网络应用的不断发展，以太网供电技术将会使数据网络的范围更加扩大。它不但方便了现有的IP电话和无线局域网接入设备的推广，同时大量新的应用也将快速涌现出来，包括蓝牙接入点、网络打印机、Web摄像机、无线网桥、门禁读卡机与监测系统等。POE技术支持点到多点的电力分配设备，用户只需在网络核心部位配备一套UPS设备就可以为本地网内多种分散设备提供电力备份，并且POE技术还提供基于Web控制的SNMP远程访问和管理。这样的供电方式除了在实施上方便外，也增加了数据网络的健壮性。

第三节　RFID无线射频识别技术

一、RFID技术简介

RFID（radio frequency identification）技术，又称无线射频识别，是一种通信技术，可通过无线电讯号识别特定目标并读写相关数据，而无需识别系统与特定目标之间建立机械或光学接触。无线电的信号是通过调成无线电频率的电磁场，把数据从附着在物品上的标签上传送出去，以自动辨识与追踪该物品。某些标签在识别时从识别器发出的电磁场中就可以得到能量，并不需要电池；也有标签本身拥有电源，并可以主动发出无线电波（调成无线电频率的电磁场）。标签包含了电子存储的信息，数米之内都可以识别。与条形码不同的是，射频标签不需要处在识别器视线之内，也可以嵌入被追踪物体之内。

从概念上来讲，RFID类似于条码扫描，对于条码技术而言，它是将已编码的条形码附着于目标物并使用专用的扫描读写器利用光信号将信息由条形磁传送到扫描读写器；而RFID则使用专用的RFID读写器及专门的可附着于目标物的RFID标签，利用频率信号将信息由RFID标签传送至RFID读写器。从结构上讲RFID是一种简单的无线系统，只有两个基本器件，该系统用于控制、检测和跟踪物体。系统由一个询问器和很多应答器组成。

RFID系统主要由标签、阅读器、天线组成。①标签（tag）：由偶合元件及芯片组成，每个标签具有唯一的电子编码，附着在物体上用于标识目标对象。②阅读器（reader）：又称为读出装置、扫描器、读头、通信器、读写器，是读取或写入标签信息的设备，一般分手持和固定两种。③天线（antenna）：是在标签和阅读器间传递射频信号的重要构件。

不同工作频率的射频标签有不同的特性和用途。①LF低频（从125～134kHz）。穿透力强，但是传输速率慢，信号强度随着距离下降很快，适合近距离的传输，主要用于各种门禁卡和收费卡。②HF高频（工作频率为13.56MHz）。各种特性介于LF和UHF之间，可以对标签写入信息。主要用于图书、货运、物流管理。③UHF甚高频（工作频率为860～960MHz）。工作距离较远，传输速率高，有防冲突机制，可以短时间内读取大量的标签，但是穿透力较弱。主要用于航空包裹的管理，生产线的控制等。

RFID技术的基本工作原理并不复杂：标签进入磁场后，接收解读器发出的射频信号，凭借感应电流所获得的能量发送出存储在芯片中的产品信息（无源标签或被动标签），或者由标签主动发送某一频率的信号（active tag，有源标签或主动标签），阅读器读取信息并解码后，送至中央信息系统进行有关数据处理。阅读器根据使用的结构和技术不同可以是读或读/写装置，是RFID系统信息控制和处理中心。阅读器通常由偶合模块、收发模块、控制模块和接口单元组成。阅读器和应答器之间一般采用半双工通信方式进行信息交换，同时阅读器通过偶合给无源应答器提供能量和时序。在实际应用中，可进一步通过Ethernet或WLAN等实现对物体识别信息的采集、处理及远程传送等管理功能。应答器是RFID系统的信息载体，应答器大多是由偶合原件（线圈、微带天线等）和微芯片组成无源单元。

二、RFID技术的应用

RFID技术已经在全球100多个国家和地区投入应用。根据美国IDTechEx统计数据，自2005年以来，RFID标签的使用数量高速增长，2008年，全球RFID标签使用量达到19.7亿个，2009年有19%的增长。统计数据表明，RFID系统中的各个产业链的产值占比呈现着变化。尽管RFID标签的数量继续呈现持续增长，但是其在整个RFID系统链中的份额占比却逐年下降，而其网络、软件及服务的占比逐年提高。由此说明，随着RFID技术日趋成熟，其应用模式正在发生着重大的变化，RFID信息服务的重要性逐步凸显。

RFID在我国经过十多年的发展，已进入应用的快车道，成为全球最大的RFID应用市场之一。2008年全国的标签使用量上升到了12.2亿个。RFID技术已经广泛地应用在制造过程控制管理、交通运输，工业产品、农业产品追溯管理，车辆管理服务，零售业物流配送，电子口岸及检验检疫管理，大型活动，军事，应急物资，图书档案管理以及博物馆领域并已逐步形成规模化应用。

1. RFID 在世博会中的应用

在上海举行的会展数量以每年20%的速度递增。上海市政府一直在积极探索如何应用新技术提升组会能力，更好地展示上海城市形象。RFID在大型会展中应用已经得到验证，2005年爱知世博会的门票系统就采用了RFID技术，做到了大批参观者的快速入场。2006年世界杯主办方也采用了嵌入RFID芯片的门票，起到了防伪的作用。这引起了大型会展主办方的关注。在2008年的北京奥运会上，RFID技术已得到了广泛应用。

2010年世博会在上海举办，对主办者、参展者、参观者、志愿者等各类人群有大量的信息服务需求，包括人流疏导、交通管理、信息查询等，RFID系统正是满足这些需求的有效手段之一。世博会的主办者关心门票的防伪。参展者比较关心究竟有哪些参观者参观过自己的展台，关心内容和产品是什么以及参观者的个人信息。参观者想迅速获得自己所要的信息，找到所关心的展示内容。

2. RFID 在图书馆中的应用[4]

由于“无源”电子标签没有电池，因而它的体积小、寿命长，很适合在图书馆中应用。在图书馆中可有效防止图书的失窃，该标签体积小（砂粒大小），可轻易地放入图书之中（如在书脊上打上小孔，将电子标签刷上胶，放入小孔中），是很难被偷书人发现后清除的。而RFID系统对标签的探测准确率达到100%（不是准确读取所有数据）。因此，应用RFID技术被认为是最理想和最可靠的监控方式。彻底淘汰体积大、易发现、易清除，而且需“充/消”磁的磁条，和淘汰易脱落、易污损的条形码。如建成RFID检测门，还能准确识别出被夹带出门的图书书名及册数，如图6-4所示。

RFID在图书馆内还可以用于读者身份的认证、用于自动传输系统的分拣

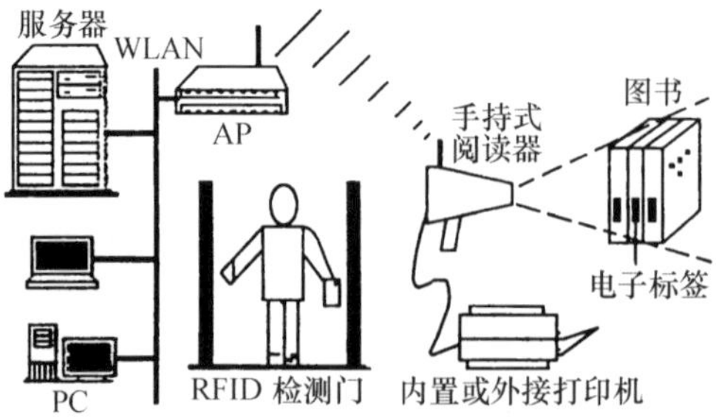

图6-4　图书馆RFID系统操作原理示意图

提示、用于图书的快速清点、用于自助完成借还手续、可存储著录信息、可用于标识图书馆的网络线、消防器材及办公设备等。适合网络维护员的线路查障，特别是网络布线复杂、作业空间狭窄，不便查看的地方，如机房；适合物资管理员的快速核查，即通过馆内的无线局域网络，将读取的数据快速传输到计算机中。让LAN/WAN的网络布线实现“一线一卡（电子标签）”；物资做到一物一证（电子标签），网络维护员和物资管理员只需手持阅读器，便可远距离读取电子标签上存储的信息（如编号、网络线连接的目标、物资名称、保管人等信息）。彻底改变传统的靠人工翻看网线和物资上的易污损、脱落的纸质标签的状况，提高了工作效率。

3. RFID 在博物馆内的应用

博物馆内文物的RFID管理应先进行注册登记，对每件文物与对应的RFID标签进行绑定，采用固定式或手持设备识别文物身份，RFID标签载有文物的准确基本信息和可变更数据，注册的文物则纳入RFID管理体系，受管理体系约束。文物、人员出入仓库、展厅需要到数据管理中心申请备案，管理部门批准予以授权，不符合条件者自动报警。

参观者或工作人员身上应佩戴RFID电子标签（电子门票），系统在展位区域安装有RFID读写器，读到标签并输出后，该系统能够及时、准确地将各展区人员的动态情况反映到监控中心，实时显示于平面图上，使管理人员能够随时掌握布控人员位置、人员分布密度、相应的状态信息及每个受控对象的运动轨迹。当参观者携带RFID电子导游设备靠近展品观摩时，就可以立刻听到相应的讲解。

大英博物馆采用的RFID无线射频识别技术，涵盖了为博物馆典藏装置监察系统的任务，后期这项工作的范围已扩大到主要展厅陈列的艺术作品和分配管理卡给监察人员，以加强他们个人的安全保障。该技术的使用加强了艺术作品和监察人员的安全，更完整地与保安系统结合，获取最即时、准确的位置信息和所有的报警电子记录，同时削减了昂贵人工保安的费用。RFID无线射频设别技术结合功能强大的管理软件，为大英博物馆提供了一个重要的保安层。另外，同一件艺术品不会永久摆放在同一个画廊的同一地点，因此，有必要采取可移动、高灵活性和非介入性的物件报警措施。

（美国）加州技术创新博物馆正使用RFID技术来拓展和增强参观者的参观体验。他们给前来参观的访问者每人一个RFID标签，使其能够在今后其个人网页上浏览此项展会的相关信息；这种标签还可用来确定博物馆的参观者所访问的目录列表中的语言类别。或许在未来的某天，美国的技术创新博物馆将会开发出一种展示品，用来探测RFID技术对于整个世界的影响。但是，位于加州的该博物馆正使用RFID技术来拓展和增强参观者的参观体验。该博物馆成立于1990年。自成立以来，就成为硅谷既有名又受欢迎的参观地，并吸引了很多家庭和科技爱好者前来参观访问。每年大约能接待40万参观者。从参观者所做出的积极良好的反应看来，使用RFID标签是成功的。

博物馆对于那些对人类科学、生命科学及交流等做出贡献的科学技术将会进行永久性的展列，并将对硅谷的革新者等所做出的业绩进行详细的展示。一个名为"Genetics：Technology with a Twist"的生命科学展会于2004年3月举行，在此会上，该博物馆展示了使用RFID标签的方案，即给前来参观的访问者每人一个RFID标签，使其能够在今后其个人网页上浏览采集此项展会的相关信息。由于其他参观者的影响以及时间限制等问题，参观者并不能够像其所期望的能够很好地了解和学习较多的与展示相关的知识。通过使用RFID标签来自动的创造出个人化的信息网页，参观者便可以选择在其方便的时候在网页上查询某个展示议题的相关资料，或者找寻博物馆中的相关资料文献。

在参观结束之后，参观者还可以在学校或家中通过网络访问网站并键入其标签上一个16位长的ID号码并登录。这样他们就可以访问其独有的个人网页了。很多家美国及其他国家的博物馆都打算在卡片或徽章的同一端上使用RFID技术。丹麦的一家自然历史博物馆以PDA的形式将识读器交到前来参观者手中，并将标签与展示内容结合起来。据技术创新博物馆的副馆长Greg Brown所知，该博物馆是第一家使用RFID技术腕圈的博物馆。

三、RFID技术的发展前景

物联网已被确定为中国战略性新兴产业之一，《物联网“十二五”发展规划》的出台，无疑给正在发展的中国物联网又吹来一股强劲的东风，而RFID技术作为物联网发展的最关键技术，其应用市场必将随着物联网的发展而扩大。

RFID应用首先以政府引导为主，相关政府部门要从政策、资金、人才等多个方面，大力扶持RFID应用项目。以两化融合为基础，与工业企业生产、管理、流通环节相结合，提高企业信息化管理水平；建立基于价值链和产业链的物联网平台；在产业振兴计划和区域振兴计划指引下，建设基于产业、基于区域的物联网平台，整合区域、产业内的物品流通信息，打造产业链、价值链的核心竞争力；以物联网为基础，互联网为纽带，建立跨区域、跨部门、跨行业的物联网的整合，发挥RFID 资源价值；通过与现有互联网的融合，实现现有互联网的升级，提供更多的附加服务，使RFID 真正融入生活当中，打造我国RFID资源服务产业，提升综合国力。

据调查数据显示，截止到2010年，全球RFID标签的生产数量已经达到330亿，是2005年13亿产量的25倍以上，RFID在未来几年的应用会随着产业不同而有很大差异。从1991年至今，已经有超过15 000万台汽车在使用RFID标签。而根据分析师的预测，未来RFID将主要应用在供应链管理等物流领域，而这个市场将成为RFID市场的重头戏。但如果在应用上能够采取有效措施，实现RFID标签的量产化，RFID标签的价格将会迅速下跌，应用普及也将指日可待。

相较目前广泛采用的条形码技术，RFID技术具有读取距离远（几米至几十米）、穿透能力强（可透过包装箱直接读取信息）、抗污染、效率高（可同时处理多个标签）、信息量大的特点。随着关键技术的不断进步，RFID产品的种类将越来越丰富，应用和衍生的增值服务也将越来越广泛。RFID芯片设计与制造技术的发展趋势使芯片功耗更低，作用距离更远，读写速度与可靠性更高，成本不断降低。芯片技术将与应用系统整体解决方案紧密结合。随着RFID标签成本的下降和RFID技术的日益成熟，RFID正在向日常生活和工作的各个方面快速渗透。RFID技术的迅速发展给人们的生活带来了极大的便利。

第四节　博物馆环境自动监测系统

为了应对自然气候变化对文物寿命的影响，博物馆必须采取技术手段干涉和调控博物馆展厅和文物库房的内部温湿度环境。为做到这一点，必须应用可靠准确的温湿度实时在线监测技术。博物馆温湿度监测系统可以有几种组网方式：有线组网方式、无线组网方式、有线和无线混合组网方式，各博物馆可以根据自己的建筑布局、结构特点选择适合自己实际情况的组网方式。

一、有线组网方式

有线组网方式包括RS-485工业总线方式和以太网组网方式，以及这两者组网方式的混合方式。

RS-485工业总线组网方式具有硬件设计简单、控制方便、成本低廉等优点，在消防、水文、水利自动报测，温湿度检测和控制，楼宇自动控制等工程中被广泛应用。RS485有两线制和四线制两种接线，四线制只能实现点对点的通信方式，现很少采用，现在多采用的是两线制接线方式，这种接线方式为总线式拓扑结构在同一总线上最多可以挂接32个结点。在RS485通信网络中一般采用的是主从通信方式，即一个主机带多个从机。RS-485工业总线指的是按照串行数据接口标准（TIA/EIA-485-A）的组网方式，它是利用差模进行信号传输的，即由485+与485–的电压差作为温湿度检测仪器信号传输，通过计算机控制采集温湿度检测仪器节点信号，并且分机次汇总整理数据。针对博物馆环境温湿度、空气质量设计的检测平台是基于于RS-485 总线的数据采集传输技术，要求利用传感器实现定点监测数据的功能，从而能够实现气体浓度及温度数据的采集和远距离传输，在主控计算机上实现有害气体浓度的轮流显示、键盘控制显示以及时钟显示的功能。该平台由主控机和下位机组成。下位机实现有害气体采集、温度采集、串行通信等功能；主控机完成数据通信、数据处理、气体浓度显示、温度显示、时钟显示、浓度超限报警和键盘管理等功能。从机采集到的有效数据，利用单片机的串行口，通过RS-485总线及通信协议将采集的数据传送到主控机，主控机再进行数据处理，对所得结果进行处理、显示。主控机与从机之间能够相互联系、相互协调，从而达到系统整体统一、和谐的效果。上位机从硬件的角度可以区分成几个模块：键盘显示模块、串行通信模块、报警模块。下位机由有害气体检测模块、温度检测模块、A/D转换模块、串行通信模块、稳压电源模块组成。有害气体检测电路设计该平台利用传感器MQ-2，利用其对有害气体输出电压值的变化采集气体浓度变化数据。该检测系统可广泛应用于生产和居住环境，可以及时准确地对一定范围内的有害气体浓度和温度进行检测和报警，再加上RS-485的远距离传输，将会得到广泛的应用。

1980年产生的以太网最初是由Xerox公司开发的一种基带局域技术，使用同轴电缆作为网络传输介质，数据传输速率为10Mbit/s。最初以太网被设计用来满足非持续性网络数据传输的需要，它所采用的技术是载波多路访问和冲突检测（CSMA/CD）机制。1994年后，传输介质使用4对铜质双绞线和光纤，数据传输速率达到1000Mibt/s，被称为千兆以太网。2002年以后，数据传输速率达10 000Mbit/s的万兆以太网技术逐渐成熟。以太网现代标准化与模块网络布线系统实现了系统配置灵活、易于管理、易于维护、易于扩充的目的。这也为用户利用以太网直接传输温湿度检测数据提供了现成连接口。博物馆应用虚拟局域网（VLAN）技术将博物馆内所有连接于RJ45网络接口温湿度记录采集仪器组成一个虚拟局域网，通过手工设置每个温湿度记录采集节点仪器的网关和固定的IP地址，网络计算机就可以容易地一点对多点，采集到每个连接在网络接口上的温湿度记录采集仪器的实时温湿度数据。

基于RS-485工业总线和以太网混合组网的温湿度检测系统，以太网的每个RJ45网络接口可以设置一个固定IP地址，每个地址可以传输255台温湿度采集仪器的信息数据；应用RS-485总线连接多台温湿度采集节点，通过485协议信号转TCP/IP以太网协议的转换器，就可以构建RS-485工业总线和以太网混合组网的温湿度检测系统。

二、无线组网方式

无线组网方式可以分为远程无线通信虚拟组网和近距离无线通信组网。远距离无线通信虚拟组网可以将省际范围，甚至全国范围分散分布的监测点组成一个循检测局域网。近距离无线组网一般指在几十米至几千米范围内的无线通信组网。

1. 远程无线通讯虚拟组网

方式包括WiMAX、GPRS、CDMA和3G。

WiMAX（Worldwide Interoperability for Microwave Access），即全球微波互联接入。WiMAX也叫802.16无线城域网或802.16。整体来说，802.16工作的频段采用的是无需授权频段，范围在2～66GHz，而802.16a则是一种采用2～11GHz无需授权频段的宽带无线接入系统，其频道带宽可根据需求在1.5～20MHz范围进行调整。因此，802.16所使用的频谱可能比其他任何无线技术更丰富，具有以下优点：对于已知的干扰、窄的信道带宽有利于避开干扰；当信息带宽需求不大时，窄的信道带宽有利于节省频谱资源；灵活的带宽调整能力，有利于运营商或用户协调频谱资源。WiMAX是一项新兴的宽带无线接入技术，能提供面向互联网的高速连接，数据传输距离最远可达50km。WiMAX还具有QoS保障、传输速率高、业务丰富多样等优点。WiMAX的技术起点较高，采用了代表未来通信技术发展方向的OFDM/OFDMA、AAS、MIMO等先进技术，随着技术标准的发展，WiMAX逐步实现宽带业务的移动化，而3G则实现移动业务的宽带化，两种网络的融合程度会越来越高。

WiMAX是一项新兴技术，能够在比WiFi更广阔的地域范围内提供“最后一千米”宽带连接性，由此支持企业客户享受T1类服务以及居民用户拥有相当于线缆/DSL的访问能力。凭借其在任意地点的1～6英里覆盖范围（取决于多种因素），WiMAX可以为高速数据应用提供更出色的移动性。WiMAX构建于高级无线技术，抵消效果的干扰提供更多数据以扩大覆盖范围。两个关键高级无线突破结合入移动WiMAX标准是正交频分多址（OFDMA）和多个输入/多个输出（MIMO）智能天线技术。这两种技术有效地放置到更多的数据的可用电波以提高吞吐量和/或覆盖范围。尤其有利MIMO高干扰环境中，如中心城市。

WiMAX之所以能掀起大风大浪，显然是有自身的许多优势：①实现更远的传输距离。WiMAX所能实现的50千米的无线信号传输距离是无线局域网所不能比拟的，网络覆盖面积是3G发射塔的10倍，只要少数基站建设就能实现全城覆盖，这样就使得无线网络应用的范围大大扩展。②提供更高速的宽带接入。据悉，WiMAX所能提供的最高接入速度是70M，这个速度是3G所能提供的宽带速度的30倍。对无线网络来说，这的确是一个惊人的进步。

③提供优良的最后一千米网络接入服务。作为一种无线城域网技术，它可以将WiFi热点连接到互联网，也可作为DSL等有线接入方式的无线扩展，实现最后一千米的宽带接入。WiMAX可为50千米线性区域内提供服务，用户无需线缆即可与基站建立宽带连接。④提供多媒体通信服务。由于WiMAX较之WiFi具有更好的可扩展性和安全性，从而能够实现电信级的多媒体通信服务。⑤从产业链来讲，WiMAX有商用数据上网卡有商用手机（HTC Max 4G），并且还存在终端一致性测试的问题。所以，WiMAX的产业链还需要经过像TD-SCDMA产业链的规模试验过程。

GPRS无线传输设备DTP-S09主要针对工业级应用，是一款内嵌GSM/GPRS核心单元的无线Modem，采用GSM/GPRS网络为传输媒介，是一款基于移动GSM短消息平台和GPRS数据业务的工业级通信终端。它利用GSM移动通信网络的短信息和GPRS业务为用户搭建了一个超远距离的数据传输平台。标准工业规格设计，提供RS232标准接口，直接与用户设备连接，实现中英文短信功能、彩信功能、GPRS数据传输功能。具有完备的电源管理系统，标准的串行数据接口。外观小巧，软件接口简单易用。可广泛应用于工业短信收发、GPRS实时数据传输等诸多工业与民用领域。GPRS无线通信是一种被广泛使用的通信方式，它基于移动运营商现有的通信网络。主要功能有：①通信功能：支持GPRS和短消息双通道传输数据，支持与多中心进行数据通信。②采集功能：采集串口设备数据，如串口仪表、采集器、PLC等。③远程管理功能：支持远程参数设置、程序升级。④工业使用：短信收发、彩信收发图片文件。⑤GPRS实时数据传输。这种方式可以让分布在全国各地无论远近的温湿度监测设备非常方便地实现远程、无线、网络化的实时监测、管理和控制。

CDMA通信系统采用先进的扩频技术，实现了码分多址的应用系统。当前商用CDMA系统空中接口标准为IS-95，提供1.23MHz的无线载频间隔；为防止干扰，不同的用户分配不同的无线信道（频率）或同一信道内的不同码；相同的无线信道能在相邻小区或扇面使用；每扇面的话务容量为软容量，不受频率或收发信机数量的严格限制。CDMA系统中通过在给定时间内传送不同的码来区分不同的基站，即基站传送不同时间偏移的同一伪随机码。为了确保时间偏移的正确性，CDMA基站必须对公共时间参考点保持同步。CDMA通信方式具有高容量、低发射功率、抗干扰能力强等特点。

3G是第三代移动通信技术，是指支持高速数据传输的蜂窝移动通信技术。3G服务能够同时传送声音及数据信息，速率一般在几百kbps以上。3G是指将无线通信与国际互联网等多媒体通信结合的新一代移动通信系统，目前3G存在三种标准：CDMA2000、WCDMA、TD-SCDMA。3G下行速度峰值理论可达3.6Mbit/s，上行速度峰值也可达384kbit/s。3G技术使得博物馆能够远程监视省际范围，甚至全国范围各监视点的图像信息。

2. 近距离无线通信组网

常见的近距离无线通信组网有ZigBee无线组网、WiFi无线组网技术、433MHz无线组网数据传输、蓝牙无线组网等。ZigBee无线组网技术第一节已详细说明，下面介绍以下几种。

WiFi全称Wireless Fidelity，意思是无线保真技术，又称802.11b标准，该技术使用的是2.4GHz附近的频段。它的最大优点就是传输速度较高，可以达到11Mbps，在信号较弱或有干扰的情况下，带宽可调整为5.5Mbps、2Mbps和1Mbps，带宽的自动调整，有效地保证了网络的稳定性和可靠性。其主要特性为速度快、可靠性高，在开放性区域通信距离可达305米，在封闭性区域通信距离为76～122米，方便与有线以太网络整合，组网的成本更低。同时它还能与已有的各种802.11 DSSS设备良好的兼容。WiFi技术在距离上同蓝牙技长是一致的少都是短程无线数据传输。网络组成由两部分组成：一个是无线网卡，一个是接入点AP。只需要用户安装调试好无线接入点，并且需要在电脑上配备好无线网卡，构建成一个简单的无限局域网络，就可以实现在办公室或家中的每个角落随心所欲的上网了。传统的工业现场仪表、传感器、变送器等嵌入式设备基本都采用线缆进行连接，再经由网关设备和网络交换设备与电信网络相连。这种方式受限于布线方式，建设成本高，且系统构建周期长。与固定的布线联网控制方式相比，无线WiFi监控系统具有很大的灵活性，不受布线条件的限制，易于扩展，大大节省了硬件成本和管理维护成本。无线WiFi监控网络体系结构如图6-5所示[5]，其中，终端为内嵌WiFi模块的智能仪表或传感器等。作为无线局域网，WiFi与传统局域网的不同之处在于整个局域网络是无线连接的。使用内嵌WiFi的无线终端仪表或传感器省去了布线的烦琐，只需添加一台AP设备，无线终端即可与广域网建立连接。后端接入方式也能提供很好的灵活性（PSTN、ADSL、DDN、光纤等），只需以一个路由器作为网关，多台WiFi终端即可通过AP以共享的方式接入广域网，与本地监控服务器或远程监控中心进行通信。

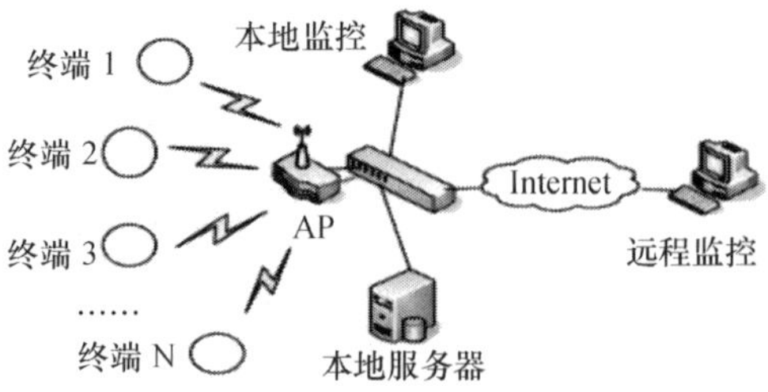

图6-5　无线WiFi监控网络体系结构

WiFi是一种可以通过无线路由器和内置无线网卡的台式电脑、手持电脑、游戏机、手机、MP3/MP4播放器、智能电话、打印机、自动售货机、无人值守工业设备等以无线方式连接互联网的技术。对于博物馆来说，只要在温湿度采集节点仪器内加装WiFi无线射频网卡，就可以采集无线路由器电波所覆盖范围的温湿度数据，甚至遥控局部空调系统或者加湿机、去湿机启动和停止。

如今WiFi技术已经被众多厂商所青睐和认可，也给所处的电信领域带来了更多的商机和机遇。对于移动运营商而言，可以在这些方面来拓展业务，使业务变得更加完善。虽然现在使用WiFi上网和手机上网都属于无线上网范围，但是两者之间的关系却是相互补充而不可能相互替代的。在传输速度方面，WiFi技术及传输速度是要领先手机上网的，可以达到11MpbS的速度，这已经是宽带上网的水准，但是在覆盖范围方面，却是逊色于手机上网。此外，手机上网的用户多是一些高端用户，尚未能普及开来，而使用WiFi技术可以和有线宽带争夺用户，增加移动运营商的业务量。对于固网运营商来说，想与移动运营商争夺无线市场的话，也要引入WiFi技术，用WiFi技术的高容量、高速率、可移动的特性以及价格便宜的特点，占领市场、扩大用户群、节省运营成本。

433MHz无线组网数据传输已有10年以上的历史，广泛应用在工业设备数据采集、无线点菜机、水电气无线抄表、门禁考勤、楼宇控制、智能仪器仪表、自动控制、家居智能化、条码阅读器等领域。433MHz无线通信的广泛应用有几个原因：①433MHz是我国免申请发射接受频率段，可以直接使用。②433MHz无线发射-接收芯片价格非常便宜。③大功率433MHz设备传输距离800～3000m，小功率的设备传输距离30～100m，可以适用不同距离数据通信等。

433MHz技术采用同频异步搬双工方式，即无线信号发送和接收分时进行，发送时，不接收；接收时，不发送。433MHz无线传输数据技术研发的不足之处是没有具有影响力的知名企业组成的技术联盟制定标准，433MHz设备生产厂商自行设计、制造和组装，零件互换性差、可移植性差，各个厂商生产的产品质量参差不齐，至今世界上没有制定出433MHz无线数据传输的国际标准，也没有国家标准。从数据安全性上，433MHz无线通信系统安全保密性差，很容易被攻击、被破译、被干扰。对于博物馆无线温湿度采集系统来说，如果博物馆处于市中心，那么最好不要选择433MHz无线数据采集系统。从接收和发射功率来说，应用433MHz技术制造的无线温湿度记录采集节点仪器发射功率为100～140MA，3.6V以下电池不支持这么高的发射率，要用4.2V以上电池。这一现实也限制了433MHz无线技术应用于博物馆温湿度无线采集记录系统。有的433MHz产品的无线发射功率高达500MW或者1W，只能用有线电源供电，或者太阳能电池供电。

蓝牙技术是由爱立信、诺基亚、Intel、IBM和东芝5家公司于1998年5月共同提出开发的。蓝牙技术的本质是设备间的无线连接，主要用于通信与信息设备。近年来，在电声行业中也开始使用。依据发射输出电平可以有3种距离等级，Class1为100m左右、Class2约为10m、Class3为2～3m。一般情况下，其正常的工作范围是10m半径之内。在此范围内，可进行多台设备间的互联。但对于某些产品，设备间的连接距离甚至远隔100m也照样能建立蓝牙通信与信息传递。

目前，蓝牙技术已被普遍应用在笔记本电脑上，以帮助两台（或多台）笔记本电脑之间实现无线通信。较红外线传输“必须保证传输信息的两个设备正对，且中间不能有障碍物”“几乎无法控制信息传输的进度”“没有成为被广泛接受的工业标准、设备种类不多”等致命的缺陷，蓝牙的优势显示出了勃勃生机。全世界已有2161 家公司参加了SIG（Special Interest Group）组织，并正在共同制定蓝牙技术标准。SIG的核心公司除上述最初提出开发蓝牙技术的5家公司外，还有3com、Lucent技术、微软和摩托罗拉4家。SIG成员公司包括：PC个人电脑、移动电话、网络相关设备、外围辅助设备和A/ V设备、通信设备和汽车电子、自动售货机、医药器械、计时装置等诸多领域的设备制造公司。

蓝牙技术是一种短距离无线通信的技术规范，它最初的目标是取代现有的掌上电脑、移动电话等各种数字设备上的有线电缆连接。蓝牙技术的特点可归纳为以下几点：①全球范围适用：蓝牙技术工作在2.4GHz的ISM（Industrial，Scientific and Medical）频段。②采用时分双工通信（TDD），蓝牙规范1.0B支持的数据传输速率为1Mbit/s。③同时可传输语音和数据，当采用非对称信道传输数据时，单向最大传输速率为721Kbp/s，反向为57.6Kbp/s；当采用对称信道传输数据时，速率最高为342.6Kbp/s。④具有很好的抗干扰能力，蓝牙采取了跳频技术来扩展频谱（FHSS），将2.402～2.48GHz频段分成79个频点，相邻频点间隔1MHz。蓝牙设备在某个频点发送数据之后，再跳到另一个频点发送，而频点的排列顺序则是伪随机的，每秒钟频率改变1600次，每个频率持续625μs。建立连接时频率改变则是3200次/s；⑤蓝牙模块体积很小，低功耗，可以方便的集成到各种设备中。

蓝牙涉及一系列软硬件技术、方法和理论，包括无线通信和网络技术，软件工程、软件可靠性理论，协议的正确性验证技术，软硬件接口技术（如RS232、USB等）以及高集成、低功耗芯片技术。

（1）射频技术。蓝牙的载频选用全球通用的2.4GHz频段，采用跳频扩谱技术。

（2）基带。当两个蓝牙设备成功建立链路后，一个Piconet便形成了。两者之间的通信通过无线电波在79个信道中随机跳转而完成。蓝牙给每个Piconet提供特定的跳转模式，因此它允许大量的Piconet同时存在。

（3）TDMA结构。在1.0版本的标准中，蓝牙的基带比特速率为1Mbps，采用TDD方案来实现全双工传输，因此蓝牙的一个基带帧包括两个分组，首先是发送分组，然后是接受分组。

（4）全球性地址。任一蓝牙设备，都可以根据IEEE802标准得到一个唯一的48bit的BD-ADDR。他是一个公开的地址码，可以通过人工或自动进行查询。

（5）跳频技术。蓝牙工作的频段是全球通用的2.4GHz ISM频段。该频段对所有无线电系统都开放，因此，蓝牙在使用过程中经常会遇到不可预测的干扰源，如手机、无绳电话、微波炉等。这使得蓝牙系统的传送错误率远远高于实际应用水平，为此，采用跳频技术是避免干扰的一项有效措施。所谓跳频技术，就是将整个频带分成若干跳频信道（hop channel）。在一次连接中，蓝牙芯片所控制的收发器按照一定的码序列，不断地从一个信道跳转到另一个信道；而接收方也是按照相同的跳转规律进行通信。这实际上属于一种硬件加密手段，除非第三方掌握了接收双方的切换信道干什么，否则，从理论上讲是无法完整获得信息的，而干扰源也是不可能按同样的规律进行干扰的。跳频的瞬时带宽很窄，但通过扩展频谱技术，可以使这个窄带宽被成倍地扩展成宽频带，使被干扰的可能性变得很小，由此就可以保证传送的完整性和系统的稳定性。

（6）纠错技术。在蓝牙技术中使用了三种纠错方案：1/3比例前向纠错码（1/3FEC）、2/3比例前向纠错码（2/3FEC）和用于数据的自动请求重发（ARQ）方式。1/3比例前向纠错码是一种较简单的纠错码方式，属于重复码，实现时对每位信息重复三次。2/3比例前向纠错码是一种（15，10）精简的汉明码表示方法，用于部分分组。使用ARQ方式，在一个时隙中传送的数据必须在下一个时隙得到确认（或超时）信息。只有数据在接收端通过了报头错误检测和循环冗余检测，被认为无错后，才向发送端返回确认信息；否则，返回一个错误信息。

（7）微微网。蓝牙支持点对点和点对多点的通信，其最基本的网络组成是微微网。微微网是通过蓝牙技术连接起来的一种微型网络，由一个主设备（master）和若干个从设备（slave）组成，且从设备最多为7台。主设备负责通信协议的动作，而从设备则受控于主设备。一个微微网可以是2台相连的设备，也可以是8台连在一起的设备，所有设备单元均采用同一跳频序列。蓝牙给每个微微网都提供了特定的跳转模式，因此，它允许大量的微微网同时存在。同一区域内，多个微微网互联形成了分散网。不同的微微网信道有不同的主单元，因而存在不同的跳转模式。

（8）安全性。蓝牙技术的无线传输特性使它非常容易受到攻击，因此安全机制在蓝牙技术中显得尤为重要。虽然蓝牙系统所采用的跳频技术已经提供了一定的安全保障，但是仍然需要链路层和应用层的安全管理。在链路层中，蓝牙系统使用认证、加密和密钥管理等功能进行安全控制。在应用层中，用户可以使用个人标识码（PIN）来进行单双向认证。

每种数据传输技术都有各自的特点，远程无线通信虚拟组网可利用现成商业无线网络，仅仅需要在记录采集仪内部安装中国移动或中国联通的SIM卡，就可以采集传输温湿度信号，其缺点就是终端节点设备电池可持续时间短，需要定时通电，且需要付信息费。ZigBee技术的优点是信号传输稳定，网络扩张性好，终端节点设备电池可持续时间长；433MHz技术的优点是传输距离远，设备价格便宜；WiFi技术的优点是不需要专门安装基站，传输速度快。

今天的物联网和传感网技术已经全面融入国际互联网，多种成熟的有线和无线网络通信及传输技术共同组成了一个强大的应用平台，目前技术已经支持拟建成了全国可移动文物保护环境监测系统监管平台。

第五节　全国可移动文物保护环境监测系统平台

全国可移动文物保护环境监测系统平台是一张基于互联网、覆盖全国多家博物馆的监测网络平台，通过运用先进的信息传感技术、互联网和通信网技术，建立全国可移动文物保存环境监测平台系统，大幅度提高我国主要和重要博物馆珍藏文物保存环境质量及其风险预测的真实性感知能力、智能化决策能力与预防性保护控制能力。

《馆藏文物保存环境监测系统数据库应用要求》中规定在馆藏文物保存环境监测系统数据库建设过程中应遵循以下基本原则：①安全性原则。数据库系统一方面自身应具有可靠的安全与保密性，另一方面能监控预警馆藏文物保存环境的安全性。应根据有关法规和标准的要求进行数据库的安全与保密设计，并建立严格的安全运行与保密管理制度。②实用性原则。数据库建设应在技术指标、标准体系、产品模式、数据库模式等方面面向馆藏文物保存环境监测应用。③兼容开放性原则。数据库系统中的数据、硬件、软件应具有兼容开放性。数据库系统应采用《馆藏文物保存环境监测系统网络通信应用要求》中规定的数据交换格式和系统通信协议，支持馆藏文物保护环境监测数据在博物馆之间、博物馆与文物局公共监测平台之间的集成、交换和共享。④先进性原则。应充分利用当前先进、实用的技术手段，采用成熟的设计方案、技术标准、硬件平台和软件环境，实现对多尺度、多数据源、多时相监测数据的管理，符合未来馆藏文物保存环境监测平台的发展需求，保障系统稳定、可靠地运行。

该平台的设计中，考虑文物单位环境监测的实施过程，采用了以文博单位监测站建设为基本单元，以新型传感器技术、计算机网络与通信技术、数据库技术以及智能信息处理为手段，综合考虑文物保存环境监测与控制过程的复杂性特征设计业务流程；以数据服务与管理服务为主要目标，建设区域监测中心及国家监测中心，组建以可移动文物保存环境国家文物局监测中心（简称国家监测中心）为一级管理层、以区域监测中心为二级管理层、以文博单位监测站为三级节点的"基层建设、两级融合、三级管理"的信息网络管理平台，实现数据传输、记录、储存、分析、管理、查询、交流以及扩展应用于环境质量评估、调控决策、研究环境因素劣化作用机理等需求。

国家监测中心主要负责"全国馆藏文物保存环境监测平台"运行管理和技术支撑工作，承担全国监测技术中心和全国数据中心职能，拟设立于馆藏文物保存环境国家文物局重点科研基地。区域监测中心主要负责相关区域内各文博单位监测站的运行管理和技术指导工作，承担区域监测技术中心和区域数据中心职能，拟由各省级文物管理部门规划提出辖区内1家具有一定基础的文物保护科研机构承担，包括中央财政直属的文物保护科研机构承担。文博单位监测站主要负责各单位文物保存环境监测实施管理工作，承担单位监测中心和监测站数据中心职能。2010～2015年博物馆环境监控体系建设计划中说明全国馆藏珍贵文物保存环境监测平台设博物馆环境国家监测中心1个，区域监测中心7或8家，博物馆监测站约250家。其运行结构如图6-6所示。

"馆藏文物保存环境监测系统平台"通过根据馆藏文物需要而部署的大量传感器节点，对文物所存放的环境参数，包括温湿度、光照紫外、二氧化碳、二氧化硫、有机挥发物、微风、粉尘、室外气象等关键环境参数进行监

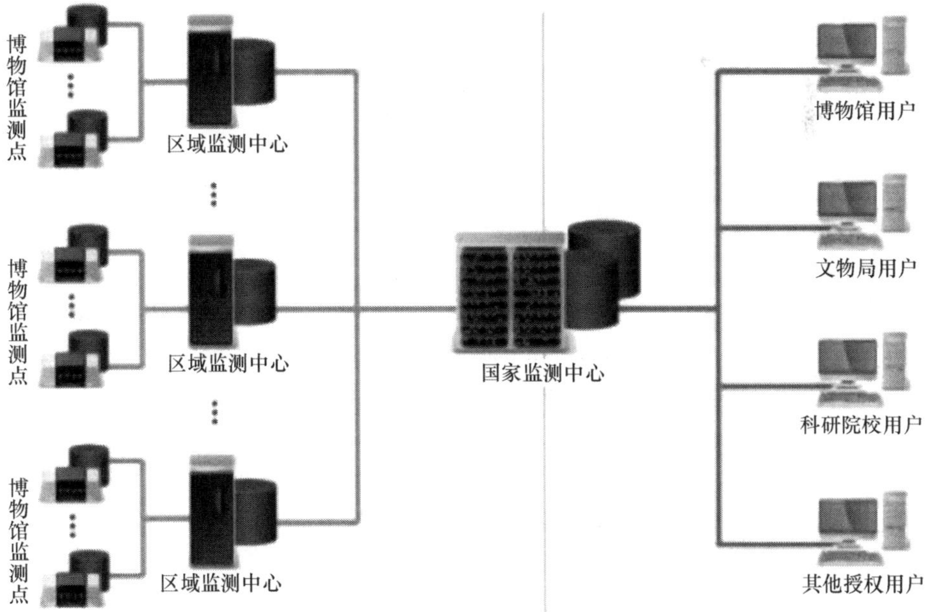

图6-6　全国馆藏珍贵文物保存环境监测平台

测，使文物保存环境透明，并且通过调节手段，使其始终处于一个科学适宜的状态，同时能够对出现异常的环境状态自动报警。大幅度提高我国主要和重要博物馆珍藏文物保存环境质量及其风险预测的真实性感知能力、智能化决策能力与预防性保护控制能力。

博物馆环境监测技术系统包括无线传感监测技术、采样分析技术、便携检测方法。无线传感监测系统，是根据可移动文物保存环境的特殊需求，利用现有的无线传感网络技术和环境监测参数传感器所构成的整套环境多因素监测系统，如图6-7所示。无线传感器网络（wireless sensor network，WSN）又称无线感知网络，是由一定数量的传感器以自组织和多跳的方式构成的无线网络，采集处理和传输网络覆盖区域内待监测的信息，并最终把这些信息发送给网络所有者。发展至今，传感器节点的组网方式已不再不依赖于固定的网络设施，而是通过一定的传输协议形成自组织网络，其信息通过多跳路由进行接力传输。目前无线传感器网络在环境保护、工业、农业和医疗卫生等诸多领域开始被广泛应用。

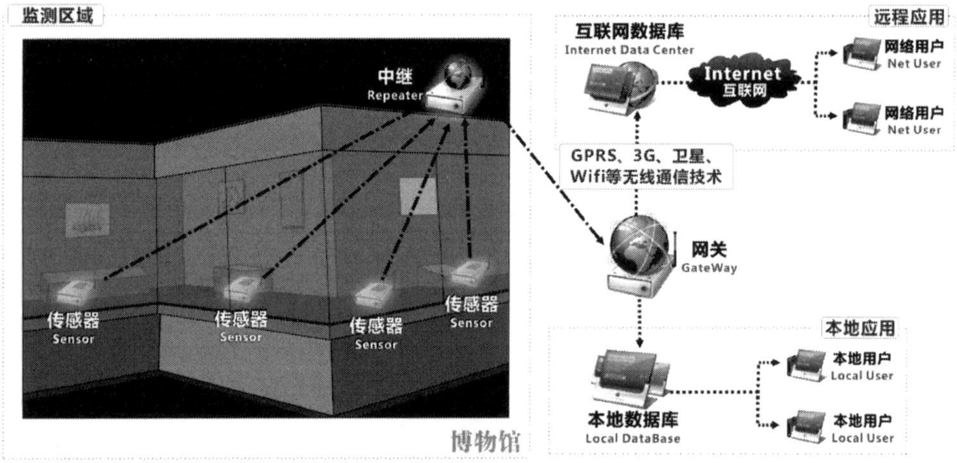

图6-7　博物馆环境无线传感监测系统

应用于博物馆环境监测的无线传感器网络系统包括环境参数传感器，网络协调器（也称为基站）、中继器和中央监控服务器。环境参数传感器主要负责将监测获得的环境数据信号转化为电信号发送至网络协调器。目前的无线传感器能够实现温度、湿度、光辐射、二氧化碳、VOC（挥发性有机化合物）、颗粒物等多种环境参数数据的实时监测和连续采集。中继器（也称无线转发器）通过放大无线信号，传送传感器与网络协调器之间的数据；网络协调器最终将数据汇总至中央监控服务器，使工作人员能实时查看到各个监测点位的数据，并通过系统的报警机制及时发现并处理环境异常。

一、无线传感环境监测终端

环境监测系统安装在博物馆所处环境内。监测终端包括传感器节点、中继节点和网关节点等三类设备。室内传感器包含环境温度传感器、湿度传感器、二氧化碳传感器、粉尘传感器、光照传感器、紫外线传感器和有机挥发物总量传感器（VOC）等。根据馆藏文物保存环境监测的实际需要，监测终端需要实现（但不仅限于）以下基本功能：①环境监测功能，能对大气温度、大气相对湿度、光照度、紫外线强度、二氧化碳含量、粉尘、有机挥发物总量进行测量。②通信功能，能够及时将监测数据通过无线通信网络传输给监控主站。③诊断及报警功能，能够自动检测系统软、硬件是否正常，如发现异常可以自动报警。具有限值设定和过限值主动上报功能，如温度过限、电压过低等。

监测终端能够及时将监测数据通过无线通信网络传输给监控主站进行数据处理。监测终端软硬件设计应满足以下要求：①具有自诊断功能，能够自动检测系统硬件是否正常。如果发现异常，可以自动报警。②具有上电及软件自恢复功能。③具有限值设定和过限值主动上报功能，如温度过限、电压过低等。④通过软件实现的数字化采集、压缩。

博物馆环境无线传感监测系统将解决目前人工手动监测中不便利、不实时、不连续的缺陷，全面实现实时连续监测文物保护环境的变化，并通过无线通信技术将监测参数传输到监测中心，做到对异常保护环境的及时预警，以便文物保护工作者采取必要的调控措施，有效提高文物保护的效率和质量。同时，无线传感监测系统的建成，可以得到完整的“文物保存环境数据库”，将为研究博物馆环境规律和特点提供数据支持，为文物预防性保护措施的制定提供科学依据。

监测终端性能要求，在结构和外观方面：①监测终端及传感器的结构在规定条件下使用时，应不影响或降低被监测对象的安全性。②外壳表面没有明显的凹痕、划伤、裂缝、变形和污染，表面涂镀层应均匀、不起泡、龟裂、脱落和磨损，金属零部件没有锈蚀及其他机械损伤。③各零部件紧固无松动。④标志、铭牌、文字及符号，应简明清晰，铭牌上要标出产品的名称、产地、型号、制造单位以及装置编号。

无线传感器环境监测终端的总体指标应已获得国家无线电发射设备型号核准证；使用无线传感网络信号覆盖所要监测的区域后，打开设备电源开关即可；产品通过国内外检验认证；鼓励采用多参数组合式无线传感环境监测终端。其组网方式应具有自组织网络的能力，能自行搜索网络，加入网络；具有记录和上报路由信息的能力，发出的心跳包到达网关的路径能够被上位机解析，供其描绘网络拓扑关系图；具有链路质量侦测能力。在信号微弱或不稳定情况下，能够自行判别，并搜索和优选更优质的网络传输路径。其数据传输方面应具有掉电非易失存储功能；具有数据校验的能力，数据包中携带CRC校验信息，在数据被网关收到后能验证数据的正确性；数据包具有可扩展性，数据包为可变字长，能适应不同的传感器要求，携带不定字长的数据；具有数据重发机制，当数据发送失败后，具有回避及重发机制。如果数据发送多次不成功，能够优选父节点，并重新发送；数据包携带时间戳；发射功率≤10dBm，支持双向无线通信网络协议标准。

二、无线传感网中继和网关

无线传感网络系统中的中继，主要功能是转发传感节点采样的监测数据，并通过无线自组织网络传送至网关，也可通过一系列中继以实现更远距离的传输。中继应由与环境监测终端功能相同的数据处理模块、无线传输模块，以及存储模块和市电及应急电源所组成。中继节点的主要功能包括：支持对网络环境的动态监测；具备根据网络的通信环境动态选择下一跳路由；支持监测系统网关节点对中继节点的参数配置和软件配置。

无线传感网络的中继，应根据现场无线信号测试结果，以区域全覆盖原则进行布设。无线传感网络的中继应满足如下技术要求：①组网方式，具有自组织网络的能力，能够自行搜索及加入网络；具有周期性心跳包，周期性向网关发送心跳包以表征工作状态；具有记录和上报路由信息的能力，发出的心跳包到达网关的路径能够被上位机解析，供其描绘网络拓扑关系图；具有链路质量侦测能力。在信号微弱或不稳定情况下，能够自行判别，并搜索和优选更优质的网络传输路径。②数据传输，具有数据校验的能力。在收到数据包时，能够根据数据包的CRC信息验证数据的正确性；转发的数据包中携带CRC校验信息，在数据包被父节点收到后，上位机能验证数据的正确性；具有反馈能力，成功接收到数据包后，予以回复，表明成功接收状态；具有数据重发机制，当数据发送失败后，具有回避及重发机制。如果数据发送多次不成功，能够优选父节点，并重新发送；具有下行转发能力，自父节点接收下行包，并根据路由机制，转发至目标子节点；发送功率≤22dBm；通信距离大于200米（视距传输）。③供电方式，具有灵活的供电方式，以便灵活安装；能接入220V市电，并且内置应急可充电源。应急可充电源在无市电条件下可支撑设备正常运行2d；具备接入太阳能蓄电池直流电的能力，太阳能蓄电池续航能力大于2d。

无线传感网络系统中的网关，主要功能为接收中继或数据采集点发送的监测数据，并转发至计算功能更强的应用服务器进行处理。网关应由国家无线电管理规定和技术标准的无线传输模块和数据处理模块以及与异构网络相连的嵌入式系统组成。配置外部输入/输出通信单元，用于和应用服务器通信（可采用以太网、串行通信协议、USB接口、GPRS无线通信、CDMA无线通信和卫星通信等方式）。对网关节点组件的主要需求包括支持监测系统网络内部数据汇聚、存储和协同处理；支持以远距离通信方式和本地连接方式中的一种或多种；支持管理平台或应用服务中间件对网关节点的性能和状态监测；支持管理平台或应用服务中间件等对网关节点的设备认证、授权、安全管理、参数配置等服务；支持对中继节点和传感器节点的可配置服务、网络管理和设备管理；应支持基于QoS策略的服务管理。

无线传感网络的中继应满足如下技术要求：①组网方式，具有自组织网络的能力。能在指定的信道自行建立网络。②数据传输，具有数据存储及数据上传、回补到数据库的功能；具有数据校验的能力。在收到数据包时，能够根据数据包的CRC信息验证数据的正确性；转发的数据包中携带CRC校验信息，在数据包被父节点收到后，上位机能验证数据的正确性；具有反馈能力，成功接收到数据包后，予以回复，表明成功接收状态；具有数据重发机制，当数据发送失败后，具有回避及重发机制。如果数据发送多次不成功，能够优选父节点，并重新发送；具有下行转发能力，自父节点接收下行包，并根据路由机制，转发至目标子节点；无线网络网关与上位机通过远程方式连接。无线网络网关可以通过多种方式如网线、3G、4G、WiFi等连入Internet；无线网络网关的发送功率要求小于等于30dBm。无线网络网关与中继设备间的通信距离大于200米（视距传输）。③供电方式，采用交流220V市电供电；产品具有应急电源装置。④外壳材料，采用ABS工程塑料。⑤电路板保护，应能防潮、防霉、防盐雾。

三、环境监测系统平台软件

博物馆文物保存环境监测站的博物馆环境监测系统，需要根据博物馆的实际情况定制博物馆环境监测系统平台软件。该系统将针对博物馆陈列室、库房、博物馆等实际需要而开发。用户可通过系统监测平台对文物保护环境的监测指标进行实时信息监测、登录、储存、分析、评估、预警、查询、交流和管理决策。使用人员可以通过平台软件的人机界面，随时查看各文物保保存环境监测点的状况，以图标或文字形式进行环境质量分析，在出现异常情况时自动向有关人员报警。在植入应急预案后，可以支持高效风险预控的科学管理。

该监测系统平台，应具有监测点位和参数设置、专业数据分析、列表或图示化显示、实时报警、历史数据查询、校正公式设置、离线检测数据登录等功能，支持“全国馆藏文物保存环境监测评估系统平台”，并具备扩展接口，能按规范扩展兼容更多成熟监测终端和调控装置无线数据等的接入。

“文物保存环境监测站”环境监测平台软件的技术要求，其总体指标支持分布式部署；提供API方式的第三方应用集成方案；服务器端程序支持WINDOWS SERVER 2000、Linux系统环境；至少支持MySQL、Oracle等数据库中的一种，并对数据库的访问效率提供优化；为保障稳定性，系统应具备负载均衡解决方案；系统应支持服务器、数据库、应用程序等基本参数的远程监控能力；支持自动化的数据备份方案，确保数据安全；系统接入至少支持3000个节点20分钟采样周期的工作压力；监测数据能够通过TCP安全链路自动同步到区域中心或国家中心；能扩展兼容支持微环境调控装备控制。

其可用性支持故障恢复和故障迁移的功能，保证应用系统7×24h不间断运行。支持对异构数据库之间两阶段提交交易处理；在Web服务器、程序发生故障的情况下，应用中间件必须保证业务的持续运行，保证数据的完整性；支持REST风格的API接口；能自动汇总和计算采集到的环境信息；至少支持UDP、TCP/IP、GPRS等多种网络采集数据方式中的一种。支持移动客户端访问；支持站点主题用户自定义功能；支持图表组件排版自定义功能；离线数据记录功能；其用户权限，系统管理员可针对不同的用户类别分别设置权限。可控制用户是否具有观察权限、用户管理权限、数据导出权限、节点管理等权限。

其数据分析计算，通过对监测数据的分析、整理，计算得出累计曝光量、累计紫外线辐射量、露点、风向风速玫瑰图、各项数据平均值等。监测点实时数据查看及图形化显示，提供实时数据列表显示和图形化显示功能，用户可实时查看监测点的数据信息。部署图形显示，可在监测区域平面图上直观显示监测点部署位置及运行状态。网络拓扑结构的图形化显示，能以拓扑图形式显示无线网络节点、无线网络中继、无线网络网关的数据传输路径信息。网络负载分析、设备信号质量评估；网络设备丢包率。实时报警，当监测点的数据达到或超过用户设定的报警值时，系统通过手机短信息、电子邮件等方式向用户提示监测数据已达到或超过报警值。历史数据查询及图形化显示，用户可查询已选监测点的历史数据及对多个监测参数进行图形化叠加对比分析，且图形化显示可按监测点编号、监测量类型、指定时间段等获取历史数据并以图形呈现。提供日、月、年以及制定时间段图形报表。能导出制定时间段历史数据到EXCEL。

其监测点参数设置可设置监测点的数据接收检查周期、监测点自定义名称。数据接收检查周期用于避免监测网络受到干扰时产生无效数据，保证监测数据的连续性和有效性。监测点自定义名称用于以曲线图方式显示监测点数据时辨识监测点位置属性。监测点参数范围设置可设置监测区域内的监测指标数据最高报警值和最低报警值两部分的设置。监测点公式设置，该功能设置软件在处理监测点监测数据时，进行运算所采用的各项系数。通过调整这些运算系数达到对每个监测点监测数据的单独运算，实现对监测点传感器的数值校正。

其管理维护性提供应用管理机制，支持对应用程序的调度与管理，可以在进程/线程总数、每类应用程序总数和调度策略上进行控制，在触发条件满足时，才唤醒应用程序的执行，即应用程序不必总是在运行中的，防止应用对主机资源的过度使用导致主机处理性能下降。提供统一监控管理工具。支持对本地和其他远程节点消息中间件、消息及应用状态进行监控管理。提供完善的日志机制。支持多级别日志配置管理机制；支持产生系统日志、数据包日志等多种日志；支持通过日志审计、跟踪系统的运行状态，对系统和应用的运行状态进行跟踪、调试和排错处理；支持online监控中心的统一监管。

四、“区域文物保存环境监测中心”环境监测平台软件

根据“区域文物保存环境监测中心”的区域监测中心、数据中心和支撑服务中心职能，“区域文物保存环境监测中心”监测平台软件，上可接入“全国馆藏文物保存环境监测平台”，下可连接相关文博单位博物馆环境监测站平台。

“区域文物保存环境监测中心”环境监测平台软件技术要求与“文物保存环境监测站”环境监测平台软件的技术要求基本相同。另外，“区域文物保存环境监测中心”在数据分析上支持站点健康指数检查，能够快速分析异常设备；支持用户登录习惯查询；支持用户登录时长的查询；支持用户操作习惯分析；支持按区域环境统计数据查询；支持按不同监测指标的数据波动情况分析；支持区域数据稳定性分析。

为承担区域内文物保存环境监测站污染气体被动采样分析和定期校正温湿度检测仪、传感器等服务任务，区域文物保存环境监测中须配备合适的离子色谱仪及纯水机及温湿度仪校正设备。

五、监测数据

数据库数据由基本数据和扩展数据组成。基本数据以馆藏文物保存环境监测数据为主，其分类依据《馆藏文物保存环境监测系统监测终端应用要求》执行。扩展数据可根据数据库建设需求选取，其数据的分类及代码应参照相应专业标准。

基本数据包括监测点数据、传感器节点数据、监控终端数据。监测点包括各馆藏文物类型、各控制等级的环境监测点。监测点的选取方法及其精度标准应符合相应规范的规定。监测点的空间形态用点来表示，属性数据包括点名、点号、类型、等级、监测数据类型、监测数据值、三维空间坐标系、监测点的标志或标识信息等。传感器节点数据指安放在监测点的各类型传感器节点数据，包括环境采集数据、时间戳、节点属性和节点状态。节点属性包括工作电压、信号强度、链路质量等设备信息，节点状态包括丢包率、连接状态、异常等。监控终端包括中继节点和网关节点，数据包括：终端名称、终端类型、创建时间、三维空间坐标系、厂商编码、工作状态、下次校准时间等。

扩展数据包括统计数据、环境质量指标数据、数据质量评价信息、离线数据、网关设备连接状态数据、其他数据。统计数据是按照用户需求处理过的馆藏文物保存环境监测数据，统计周期应包括日、月、年，统计类型应包括最大值、最小值、平均值、波动量等。环境质量指标数据是监测点上的文物保存环境指标要求，作为实际监测值的参考。指标类型和指标值应与国家馆藏文物保存环境相关规定一致。环境质量评价信息是实际监测值在参考环境质量指标基础上形成的评价数据。离线数据是在传感网络连接中断情况下的监测系统数据。应包括手动录入数据、手动检测数据、检测时间、录入时间、录入人信息。网关设备连接状态数据包括远程地址、本地端口、网络名、波特率、通信模式、通信状态等。其他数据根据应用需求，可增加馆藏文物保护、修复、管理方面的相关数据，如博物馆三维模型数据、馆藏文物保存环境数字栅格地图数据等。

元数据应是环境监测系统数据库的有机组成部分。元数据主要内容应包括：①采集数据信息，有关采集数据集的基本信息。②实体信息，描述传感器节点、监测终端和监测点的属性和状态信息。③分发信息，有关数据分发服务方面的相关信息，包括与文物局馆藏文物保存环境监控平台集成、博物馆间数据互通、向文物研究实验室数据分发等服务。要素数据字典是对要素信息的总体描述，应包括省份代码、中国地区详细编码、传感器故障标识、监控终端厂家信息、接入点编号等。对未列入其中的内容可参照标识要求做相应补充规定。

第六节　天津博物馆无线传感监测系统的应用

一、天津博物馆监测系统简介

天津博物馆馆藏文物预防性保护方案（一期），从方案编制到实施第一阶段已基本完成，建立了区域中心环境监测实验室和文物保存环境无线传感监测系统。实验室配备了环境数据终端大屏幕显示系统（图6-8）、离子色谱仪、超纯水机、恒温恒湿箱、露点仪、烘干箱和8种手持式环境检测仪器等设备，可实现对环境污染物的定性定量分析。在文物库房和展厅布设了170个环境参数收集传感器，实现对文物保存环境中温度、湿度、光照度、紫外辐照

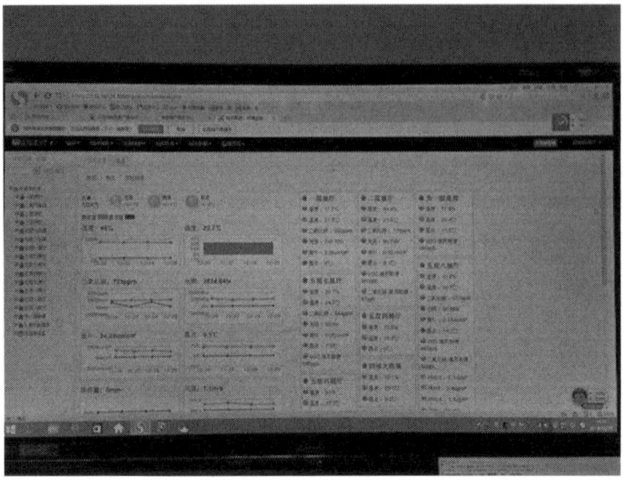

图6-8　环境数据终端大屏幕显示系统

强度、总挥发性有机物含量、二氧化硫、粉尘、室外风速和风向、大气压强等参数变化的常态监测；安装了53台自组网设备，达到了重点区域无线传输信号全覆盖，监测节点如图6-9所示；借助数据终端系统——馆藏文物保存环境监测平台，实现对文物环境监测数据进行整理、分析、评估和预警，从而保证项目第二阶段实施被动调控或主动调控措施整治优化文物保存环境，为天津博物馆文物的管理提供科学依据和指导，提升馆藏文物的预防性保护的综合能力，初步形成了对我馆藏品的保护管理、协调、监测、分析、处理、预案等一系列风险预控机制，全面提升了天津博物馆馆藏文物预防性保护水平，为后期指导天津地区各博物馆的预防性保护工作奠定了坚实的基础。

图6-9　天津博物馆监测节点

二、天津博物馆监测数据分析

为进一步了解天津博物馆收藏文物的保护现状，按照《馆藏文物保护环境质量监测技术规范》（WW/T 0016–2008）等标准规范的要求，利用无线传感监测系统监测到的数据对天津博物馆的馆藏文物保存环境质量进行分析。此次分析主要针对天津博物馆内温度、湿度、二氧化碳、有机挥发物总量、光照度、紫外线6大环境监测数据。

天津博物馆目前采用的是元智/MW301GA–HN室内大气温度、相对湿度合一传感器。温度测量范围：–20 ~ 80℃，分辨率：0.01℃，测量精度：± 0.3℃；相对湿度测量范围：0 ~ 100%RH，分辨率：0.05%RH，测量精度：± 2%；传感器技术采用电容性聚合体湿度敏感元件和能隙材料温度敏感元件。检测二氧化碳浓度应用的是室内二氧化碳、温度、湿度合一传感器，二氧化碳的浓度检测采用非分光红外气体分析技术（NDIR），测量单位为ppm（mg/m^3）；需要定期标定，正常使用传感器寿命大于5年。二氧化碳浓度测量为范围：0 ~ 2000ppm。挥发性有机物（VOC）检测仪使用的是大气有机挥发物总量、温度、湿度合一传感器，VOC检测采用光离子化气体传感技术（PID）；需要定期标定，正常使用传感器寿命应大于5年。室内型紫外线、温湿度合一传感器的测量范围为0 ~ 230μW/cm^2，分辨率为0.01μW/cm^2，测量精度：± 10%；紫外线检测采用光电法。在能耗方面具有能源控制能力，环保无污染电池使用寿命要求5年以上，电池一次充电后连续采样（频率30分钟）工作时长1年以上。

从天津博物馆无线传感器监测系统中选取2014年1月1日 ~ 18日的数据，分析如下。

1. 温湿度

天津博物馆一楼温度在18 ~ 22℃，二楼和五楼的温度相差不大，在20 ~ 25℃，变化幅度不是很大。湿度有明显差异，为10% ~ 70%。一楼湿度在10% ~ 25%，二楼和五楼重点展厅湿度在50% ~ 70%。一层湿度受室外环境因素影响较大，二楼和五楼展厅无外窗，受空调调控影响较大，天津博物馆展区因楼层和展品重要程度的不同湿度差异很大（图6-10 ~ 图6-12）。

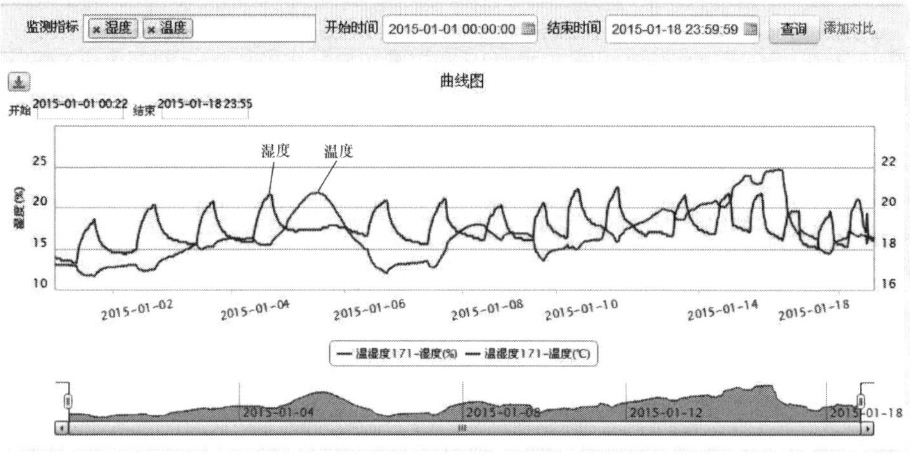

图6-10　一层温湿度数据分布图

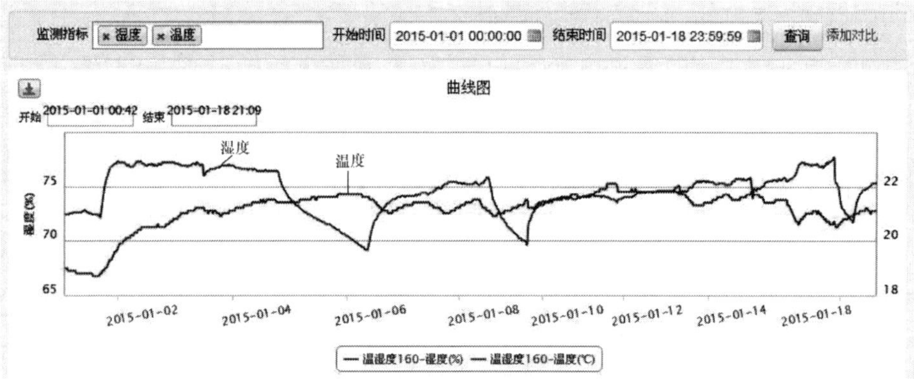

图6-11　二层温湿度数据分布图

2. 空气污染物

（1）二氧化碳浓度。

三楼二氧化碳含量在500～700ppm，五层含量基本维持在600～900ppm，这与三层只有一个展厅有关，参观人数较少；五层展厅较多，参观人数相对较多，因此二氧化碳的含量会随参观人数的增多而升高（图6-13、图6-14）。

（2）有机挥发物浓度。

我国室内空气质量标准（GB/T 18883-2002）要求VOC浓度应低于0.6mg/m^3（8h均值），相当于300ppb。监测结果表明：天津博物馆库房内

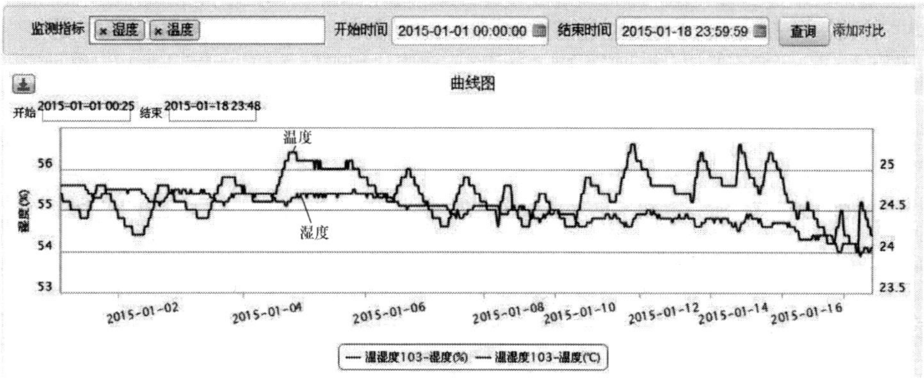

图6-12　五层温湿度数据分布图

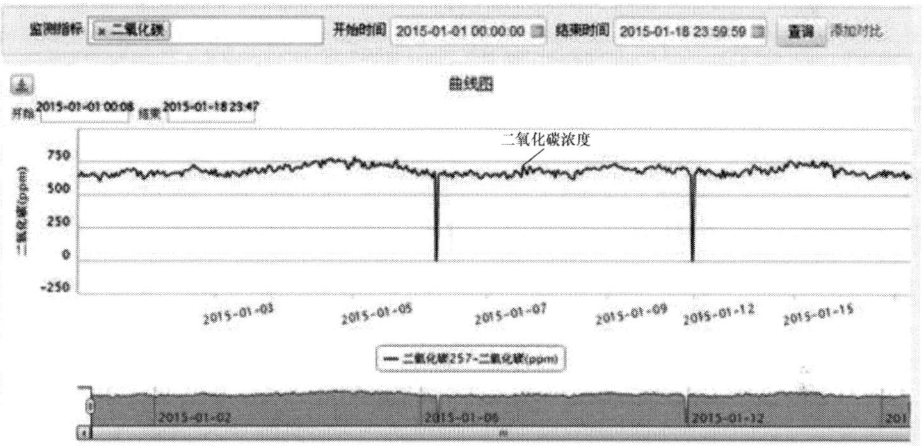

图6-13　三层二氧化碳监测数据分布图

的VOC浓度均较高，平均超过800ppb，一般可高达1100ppb。展厅一般在750～1100ppb，五楼含量较高，这可能是由于建筑施工过程中残留的部分有机污染物未完全散发，在关闭空调系统和封闭库房不断富集在库房内所致，因此，博物馆库房内应增加通风，稀释有机污染物的浓度（图6-15～图6-17）。

3. 光照水平

光照作为一种能量对馆藏文物的保存是不利的，它能加速文物的老化，因此需要对其进行必要的控制。根据国际博物馆学会的博物馆照明推荐亮度要求及国家标准《博物馆照明设计规范》：对光非常敏感的藏品（如丝织

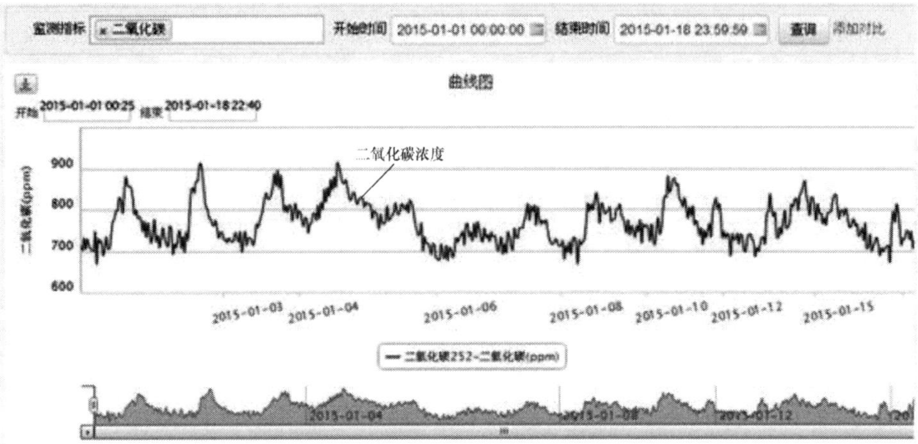

图6-14　五层二氧化碳监测数据分布图

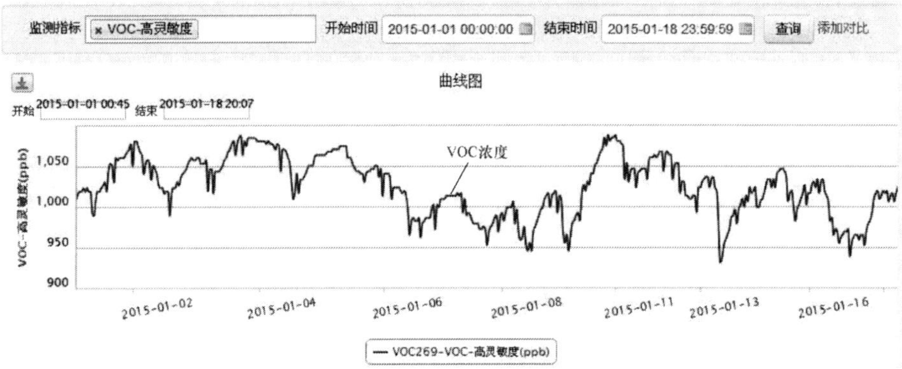

图6-15　库房内VOC浓度分布

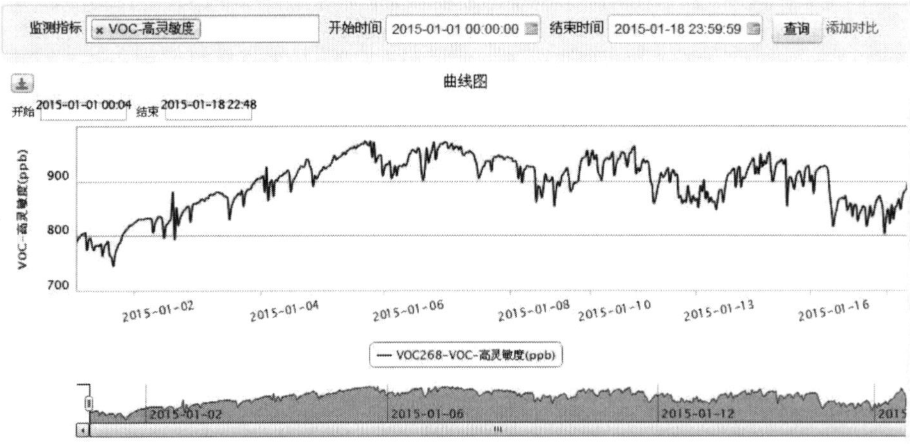

图6-16　二层内VOC浓度分布

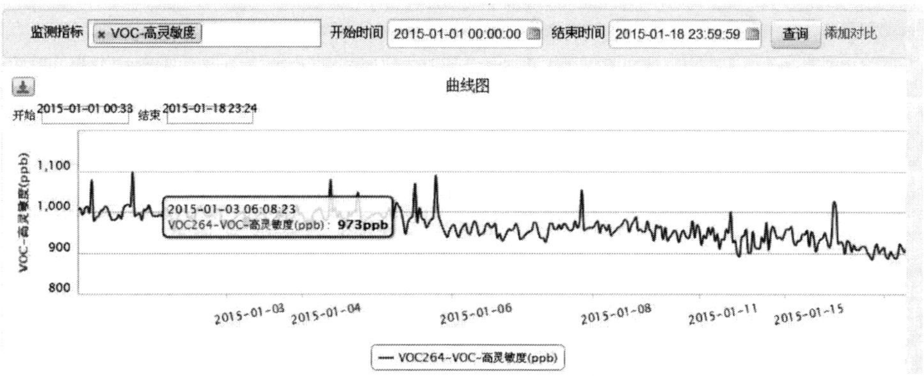

图6-17　五层库房内VOC浓度分布

品、书画等）照度＜50lx，年累计照度＜120 000lx·h；对光敏感的展品（如竹木制品、象牙制品等）照度＜150lx，对光不敏感的藏品（如青铜、陶瓷等）照度＜300lx。紫外光作为光学辐射中能量较大的部分，《博物馆照明设计规范》要求紫外线含量小于20μw/lm。

监测结果显示在天津博物馆五层展厅内的光照在开灯时为50～80lx，紫外为0～0.04μw/lm，基本都能够达到标准，因此，天津博物馆五层展厅的光照、紫外水平基本符合文物保护要求（图6-18、图6-19）。

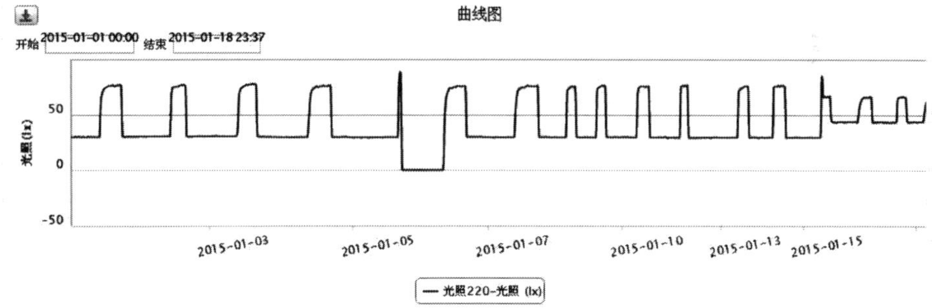

图6-18　五层光照强度分布图

三、天津博物馆无线监测系统的特点

目前，天津博物馆已经建立起一个覆盖陈列馆、库房、馆外区域环境的无线实时动态监测系统。该项目具有以下特点。

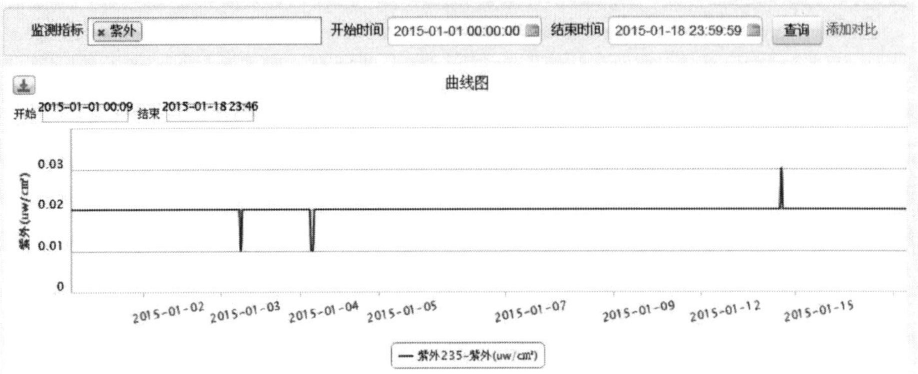

图6-19　五层紫外强度分布图

1. 引入了智能化、网络化的实时监测理论

该项目采用最前沿的无线传感网络技术，实现了各个监测点传感器的互相关联，形成自组织网络，极大地提高了系统的可用性。这一网络化特性对于用户部署、使用该系统提供了极大的便利。所有传感器节点都具备高度的智能化特性，在上电后能够做到自动搜寻网络并加入到网络中，大大减轻了施工安装的工作量，做到了快速部署。同时也极大地方便了用户在今后的使用中快速调整监测点位置。

2. 部署简单快速，建设施工迅捷，使用方便灵活

该项目以无线传感网络技术为基础，完全有别于传统有线监测系统的设计、施工、部署、使用。从设计角度来看，更强调对监测区域的无线信号覆盖模式，而非传统有线方式的线性连接模式；从施工角度来看，避免了传统有线方式的大量布线工作量和后期维护工作量，节约了人力成本；从部署角度来看，具有快速部署的特点，同时保持了高度的部署灵活性，馆方可根据不同时期的不同需要快速调整监测点数量、位置；从使用角度来看，提供了最大灵活性给馆方，实现了对监测点的快速管理，使管理工作更加便捷。

3. 运用领先的数据挖掘技术对监测数据进行挖掘整理，提供强大的数据分析功能

该项目以现代信息技术为支撑，充分利用了现代计算机数据库技术的最新成果，在系统结构上采用了目前最先进的跨平台分布式计算技术，合理划分软件层次，通过多层分布式计算，实时对监测数据进行挖掘整理，在此基础上通过计算机图形技术，直观形象地将各项处理结果呈现给用户，方便用户对数据进行分析和引用，对展开文物保存环境科学研究提供数据基础。

4. 通过实时监测数据，结合强大数据处理功能，实现环境变化及时预警

该项目通过对复杂多变的文物保存环境进行实时监测，结合强大的数据处理功能，向用户提供一系列的环境变化预警功能。通过各个监测点传感器上下限值的设定，用户可及时获取相关的报警信息，及时察觉最细微的文物保存环境变化，进而采取有效措施及时应对，从根本上避免了传统监测方式数据呈现滞后带来的弊端。

5. 采用高冗余设计，避免单点故障影响整体运行

该项目在设计之初采取了以无线信号覆盖为基础的设计思路，对馆方要实施监测的区域实现多中继设备的无线信号覆盖，同时通过无线传感网络技术的自组织网络特性，实现了项目的高可用性。即使在博物馆实施监测区域内某一中继设备出现故障而失效，通过其他中继的无线信号，可以继续使监测点数据得以传输而不致中断，从而实现了方案的高冗余特性，避免了单点故障导致系统监测点大面积失效的情况。

在天津博物馆设立的大屏幕显示系统，可实时查看天津博物馆的环境监测数据，并可查看未来天津博物馆各站点展厅和库房的实时数据，能够及时掌握馆藏藏品所处的环境信息，指导各站点的珍贵文物预防性保护工作。监测系统的设立，使文保工作人员对文物保护环境有了进一步的了解，相应的调控措施也在不断的引入。目前，先进的实验设备也在不断的引进，将对博物馆藏品的保护起到辅助指导作用。由此也体现了天津博物馆作为天津地区区域中心的重要性。

参 考 文 献

[1]　岳新伟. 基于ZigBee技术的博物馆环境检测系统的设计与研究［D］. 河南师范大学，2013.

[2]　胡志华，郭其一. 基于IEEE802. 3af的以太网供电技术（POE）［J］. 仪表技术，2007，（4）：54-56.

［3］ 张晓东. POE供电技术在电视监控系统中的应用［J］. 信息系统工程，2012，（8）：38-39.

［4］ 李华. 电子标签（RFID）技术在图书馆中的应用. 现代情报. 2006年2月，第2期.

［5］ 黄皎，吴明春. WiFi与嵌入式设备的融合技术研究［J］. 计算机工程，2011，（08）：244-245，248.

第七章　博物馆环境模拟技术及应用

第一节　CFD软件模拟技术

一、CFD　简　介

计算流体动力学（computational fluid dynamic，CFD），是近代流体力学、数值数学和计算机科学结合的产物，是一门具有强大生命力的边缘科学。它以电子计算机为工具，应用各种离散化的数学方法，对流体力学的各类问题进行数值实验、计算机模拟和分析研究，以解决各种实际问题。CFD是目前国际上一个强有力的研究领域，是进行传热、传质、动量传递，以及燃烧、多相流和化学反应研究的核心和重要技术，广泛应用于航天设计、汽车设计、生物医学工业、化工处理工业、涡轮机设计、半导体设计、HAVC&R等诸多工程领域。空气流动属于流体动力学研究的内容，应用这种软件对博物馆内的空气环境进行模拟可以减少测试分析的工作量，从基本物理定理出发，在很大程度上替代了耗资巨大的流体动力学实验设备，极大地方便了文物保存环境的研究和分析。

CFD在最近20年中得到飞速的发展，除了计算机硬件工业的发展给它提供了坚实的物质基础外，还主要因为无论分析的方法或实验的方法都有较大的限制，如由于问题的复杂性，既无法作分析解，也因费用昂贵而无力进行实验确定，而CFD的方法正具有成本低、能模拟较复杂或较理想的过程等优点。经过一定考核的CFD软件可以拓宽实验研究的范围，减少成本昂贵的实验工作量。在给定的参数下用计算机对现象进行一次数值模拟相当于进行一次数值实验，历史上也曾有过首先由CFD数值模拟发现新现象而后由实验予以证实的例子。CFD软件一般都能推出多种优化的物理模型，如定常和非定常流动、层流、紊流、不可压缩和可压缩流动、传热、化学反应等。对每一种物理问题的流动特点，都有适合它的数值解法，用户可对显式或隐式差分格式进行选择，以期在计算速度、稳定性和精度等方面达到最佳。CFD软件之间可以方便地进行数值交换，并采用统一的前、后处理工具，这就省却了科研工作者在计算机方法、编程、前后处理等方面投入的重复、低效的劳动，而可以将主要精力和智慧用于物理问题本身的探索上。

CFD软件的一般结构由前处理、求解器、后处理三部分组成。前处理、求解器及后处理三大模块，各有其独特的作用，分别表示如表7-1所示。

表7-1　三大模块的作用

三大模块	作用
前处理	a. 几何模型　b. 划分网格
求解器	a. 确定CFD 方法的控制方程　b. 选择离散方法进行离散　c. 选用数值计算方法　d. 输入相关参数
后处理	速度场、温度场、压力场及其他参数的计算机可视化及动画处理

目前比较好的CFD软件有CFX、Fluent、Phoenics、Star-CD、CFdesign、6SigmaDC，除了Fluent、CFdesign是美国公司的软件外，其他三个都是英国公司的产品。

二、同步CFD模拟软件——FloEFD

FloEFD是CFD的新分支——同步CFD的应用产品。FloEFD是一款功能齐全的通用CFD工具，与Inventor，Solid Edge，SolidWorks以及其他主流MCAD系统集成。

FloEFD处理仿真过程中的每一步——直接使用三维CAD数据准备分析模型，生成网格，求解和结果可视化——所有步骤包含在一个程序包内。

FloEFD与传统CFD软件都基于同样的数学原理，但是FloEFD拥有的七大关键技术将之与传统CFD软件区别开来，使它使用起来更简单、功能更强大、结果更精确。结合您的MCAD软件，FloEFD带来无限强大的仿真能力：①提高产品性能、功能和可靠性；②减少物理原形和制作成本；③将设计误差风险最小化。

同步计算流体力学（CFD）是一项突破性技术，使设计工程师能在整个产品生命周期，在他们熟悉的MCAD界面下，执行前端和同步CFD分析，从而缩短设计时间，与传统方法和产品相比，缩短时间以数量级计。与传统CFD工具相比，同步CFD能缩短高达65%~75%的时间，方便用户优化产品性能和可靠性，同时减少实验样品和研发成本，消除由交货期或产品质量问题引起的损失。

第二节　Fluent模拟技术

一、Fluent　简　介

Fluent是目前国际上比较流行的商用CFD软件包，在美国的市场占有率为60%，凡是和流体、热传递和化学反应等有关的工业均可使用。它具有丰富的物理模型、先进的数值方法和强大的前后处理功能，在航空航天、汽车设计、石油天然气、涡轮机设计和流体流动分析等方面都有着广泛的应用。

CFD商业软件FLUENT，是通用CFD软件包，用来模拟从不可压缩到高度可压缩范围内的复杂流动。由于采用了多种求解方法和多重网格加速收敛技术，因而FLUENT能达到最佳的收敛速度和求解精度。灵活的非结构化网格和基于解的自适应网格技术及成熟的物理模型，使FLUENT在转换与湍流、传热与相变、化学反应与燃烧、多相流、旋转机械、动/变形网格、噪声、材料加工、燃料电池等方面有广泛应用。目前与FLUENT配合最好的标准网格软件是ICEM，而不是早已过时的GAMBIT。

FLUENT系列软件包括通用的CFD软件FLUENT、POLY&shy：FLOW、FIDAP，工程设计软件FloWizard、FLUENT for CATIAV5，TGrid、G/Turbo、CFD教学软件FlowLab，面向特定专业应用的ICEPAK、AIRPAK、MIXSIM软件等。

FLUENT软件包含基于压力的分离求解器、基于压力的偶合求解器、基于密度的隐式求解器、基于密度的显式求解器，多求解器技术使FLUENT软件可以用来模拟从不可压缩到高超音速范围内的各种复杂流场。FLUENT软件包含非常丰富、经过工程确认的物理模型，可以模拟高超音速流场、转捩、传热与相变、化学反应与燃烧、多相流、旋转机械、动/变形网格、噪声、材料加工等复杂机理的流动问题。

FLUENT软件的动网格技术处于绝对领先地位，并且包含了专门针对多体分离问题的六自由度模型，以及针对发动机的两维半动网格模型。

POLYFLOW是基于有限元法的CFD软件，专用于黏弹性材料的层流流动模拟。它适用于塑料、树脂等高分子材料的挤出成型、吹塑成型、拉丝、层流混合、涂层过程中的流动及传热和化学反应问题。

FloWizard是高度自动化的流动模拟工具，它允许用户进行设计及在产品开发的早期阶段迅速而准确地验证设计。它引导用户从头至尾地完成模拟过程，使模拟过程变得非常容易。

FLUENT for CATIAV5是专门为CATIA用户定制的CFD软件，将FLUENT完全集成在CATIAV5内部，用户就像使用CATIA其他分析环境一样使用FLUENT软件。

G/Turbo是专业的叶轮机械网格生成软件。

AIRPAK是面向HVAC工程师的CFD软件，并依照ISO7730标准提供舒适度、PMV、PPD等衡量室内外空气质量（IAQ）的技术指标。

MIXSIM是专业的搅拌槽CFD模拟软件。

除FLUENT外，常用的CFD软件及相关仿真软件还有专业三维流场分析软件——CFX、三维CFD快速求解器——CART3D、流体系统仿真、设计与优化平台——Flowmaster、专业的离散元仿真分析软件——EDEM等。

二、模块组成

1. 所需前处理软件

Fluent从6.3版本后一律不再使用GAMBIT作为前处理网格划分软件，转而标配ICEM CFD进行网格划分，其功能十分强大，远超GAMBIT。值得说明的是：ICEM与Fluent同属ANSYS公司，ANSYS公司早在5年前就停止了对GAMBIT的开发，并将其从官方安装包中删除，目前只开发和更新ICEM。

2. 求解器

Fluent——基于非结构化网格的通用CFD求解器，针对非结构性网格模型设计，是用有限元法求解不可压缩流及中度可压缩流流场问题的CFD软件。可应用的范围有紊流、热传、化学反应、混合、旋转流（rotating flow）及震波（shocks）等。在涡轮机及推进系统分析都有相当优秀的结果，并且对模型的快速建立及shocks处的格点调适都有相当好的效果。

Fidap——基于有限元方法的通用CFD求解器，为一专门解决科学及工程上有关流体力学传质及传热等问题的分析软件，是全球第一套使用有限元法于CFD领域的软件，其应用的范围有一般流体的流场、自由表面的问题、紊流、非牛顿流流场、热传、化学反应等。FIDAP本身含有完整的前后处理系统及流场数值分析系统。对问题整个研究的程序，数据输入与输出的协调及应用均极有效率。

Polyflow——针对黏弹性流动的专用CFD求解器，用有限元法仿真聚合物加工的CFD软件，主要应用于塑料射出成形机、挤型机和吹瓶机的模具设计。

Mixsim——针对搅拌混合问题的专用CFD软件，是一个专业化的前处理器，可建立搅拌槽及混合槽的几何模型，不需要一般计算流力软件的冗长学习过程。它的图形人机接口和组件数据库，让工程师直接设定或挑选搅拌槽大小、底部形状、折流板之配置，叶轮的形式等。MixSim随即自动产生三维网络，并启动FLUENT做后续的模拟分析。

Icepak——专用的热控分析CFD软件，专门仿真电子电机系统内部气流，温度分布的CFD分析软件，特别是针对系统的散热问题做仿真分析，借由模块化的设计快速建立模型。

3. 后处理器

Fluent求解器本身就附带有比较强大的后处理功能。另外，Tecplot也是一款比较专业的后处理器，可以把一些数据可视化，这对于数据处理要求比较高的用户来说是一个理想的选择。

三、优　　点

1. 适用面广

包括各种优化物理模型，如计算流体流动和热传导（包括自然对流、定常和非定常流动、层流、湍流、紊流、不可压缩和可压缩流动、周期流、旋转流及时间相关流等）辐射模型，相变模型，离散相变模型，多相流模型及化学组分输运和反应流模型等。对每一种物理问题的流动特点，有适合它的数值解法，用户可对显式或隐式差分格式进行选择，以期在计算速度、稳定性和精度等方面达到最佳。

2. 高效省时

Fluent将不同领域的计算软件组合起来，成为CFD计算机软件群，软件之间可以方便地进行数值交换，并采用统一的前、后处理工具，这就省却了科研工作者在计算方法、编程、前后处理等方面投入的重复、低效的劳动，而可以将主要精力和智慧用于物理问题本身的探索上。

3. 污染物生成

包括NOX和ROX（烟尘）生成模型。其中NOX模型能够模拟热力型、快速型、燃料型及由于燃烧系统里回燃导致的NOX的消耗。而ROX的生成是通过使用两个经验模型进行近似模拟，且只使用于紊流。

FLUENT同传统的CFD计算方法相比，具有以下的优点：①稳定性好，FLUENT经过大量算例考核，同实验符合较好。②适用范围广，FLUENT含有多种传热燃烧模型及多相流模型，可应用于从可压到不可压、从低速到高超音速、从单相流到多相流、化学反应、燃烧、气固混合等几乎所有与流体相关的领域。③精度提高，可达二阶精度。

第三节　Airpak环境模拟技术

Fluent airpak是面向工程师、建筑师和室内设计师的专业领域工程师的专业人工环境系统分析软件，特别是HVAC领域。它可以精确地模拟所研究对象内的空气流动、传热和污染等物理现象，它可以准确地模拟通风系统的空气流动、空气品质、传热、污染和舒适度等问题，并依照ISO 7730标准提供舒适度、PMV、PPD等衡量室内空气质量（IAQ）的技术指标。从而减少设计成本、降低设计风险、缩短设计周期。Fluent airpak 3.0是目前国际上比较流行的商用CFD软件。

一、Airpak的应用领域

Airpak软件的应用领域包括建筑、汽车、楼房、化学、环境、HVAC、加工、采矿、造纸、石油、制药、电站、打印、半导体、通信、运输等行业。Airpak已在以下方面的设计中得到了应用：住宅通风、排烟罩设计、电讯室设计、净化间设计、污染控制、工业空调、工业通风、工业卫生、职业健康和保险、建筑外部绕流、运输通风、矿井通风、烟火管理、教育设施、医疗设施、动植物生存环境、厨房通风、餐厅和酒吧、电站通风、封闭车辆设施、体育场、竞技场、总装厂房等。

应用Airpak软件可以对博物馆展厅、展柜、库房内的环境进行模拟，可准确地反映出不同空间内的温度、湿度和空气品质。

二、Airpak的特点

1. 建模快速

Airpak是基于“object”的建模方式，这些“object”包括房间、人体、块、风扇、通风孔、墙壁、隔板、热负荷源、阻尼板（块）、排烟罩等模型。另外，Airpak还提供了各式各样的diffuser模型，以及用于计算大气边界层的模型。Airpak同时还提供了与CAD软件的接口，可以通过IGES和DXF格式导入CAD软件的几何。

2. 自动的网格划分功能

Airpak具有自动化的非结构化、结构化网格生成能力。支持四面体、六面体及混合网格，因而可以在模型上生成高质量的网格。Airpak还提供了强大的网格检查功能，可以检查出质量较差（长细比、扭曲率、体积）的网格。另外，网格疏密可以由用户自行控制，如果需要对某个特征实体加密网格，局部加密不会影响到其他对象。

非结构化的网格技术——可以逼近各种形状复杂的几何，大大减少网格数目，提高模型精度。

四面体网格——用来模拟形状极其复杂的形状，从而保证求解精度。

3. 广泛的模型能力

可建立下列不同的模型。

（1）强迫对流、自然对流和混合对流模型。

（2）热传导模型、流体与固体偶合传热模型、热辐射模型。

（3）层流、湍流，稳态及瞬态问题。

4. 强大的解算功能

（1）求解器和——FLUENT，全球最强大的CFD求解器。

（2）有限体积方法（finite volume method），结构化与非结构化网格的求解器。

（3）并行算法，能够实现UNIX或NT的网络并行。

5. 强大的可视化后置处理

（1）面向对象的、完全集成的后置处理环境。

（2）可视化速度矢量图、温度（湿度、压力、浓度）等值面云图、粒子轨迹图、切面云图、点示踪图等。

（3）图片可以通过以下格式输出到文件：Postscripts、PPM、TIFF、GIF、JPEG和RGB格式。

（4）动画可以存成AVI、MPEG、GIF等格式的多媒体文件。

6. 强大的报告和可视化工具

Airpak提供了强大的数值报告，可以模拟不同空调系统送风气流组织形式下室内的温度场、湿度场、速度场、空气龄场、污染物浓度场、PMV场、PPD场等，以对房间的气流组织、热舒适性和室内空气品质进行全面综合评价。我们可以看到速度矢量、云图和粒子流线动画等，它还可以实时描绘出气流运动情况，从而使我们可以更方便地理解和比较分析结果，并对设计性能评估。Airpak后处理还包括产品设计性能的评估，气流、温度、湿度分布、舒适度、压力等参数。

第四节　Airpak环境模拟在博物馆内的应用

一、几何模型

本节采用Airpak软件进行CFD模拟，模拟对象为天津博物馆某展厅。根据供暖过程的特点，在数值计算时对实际情况进行了适当简化，建立了接近于真实情况的模型。该展厅高3.9 m，长宽分别为30m和28.7m。房间有两面外墙，外墙的内侧温度13℃，其余面均为内墙，其中两面内墙、地面和屋顶的隔壁为空调房间，温度设为22℃。门所在的内墙侧为大厅，温度为15℃，门始终开启，为自由边界条件。由于房间密闭性都较好，所以模拟计算时不考虑冷风渗透。房间内放置若干有壁式展柜和独立展柜，该展厅几何模型如图7-1所示。

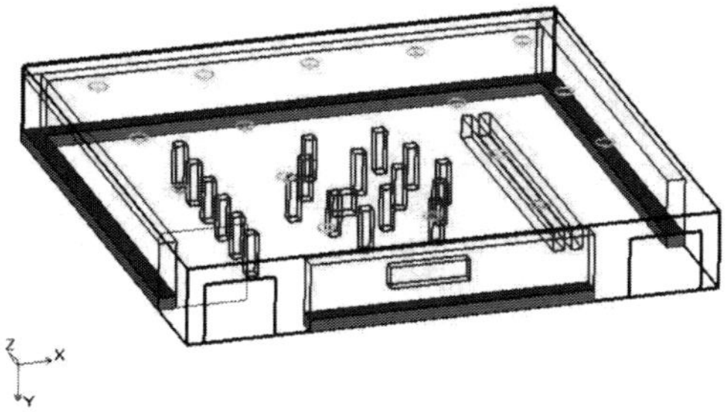

图7-1　博物馆展厅的几何模型

二、数学物理模型

为了对该问题进行简化，我们做如下假设。

（1）展厅内空气不可压缩且符合 Bossinesq假设；

（2）展厅内空气流动为稳态湍流；

（3）忽略固体壁面间的热辐射；

（4）室内空气为辐射透明介质；

（5）不考虑漏风影响，认为室内气密性良好。

在CFD流体计算动力学领域中，流体流动和换热问题的核心问题是求解流体控制方程，室内空气热湿交换满足质量守恒定律、动量守恒定律、能量守恒定律和组分守恒定律方程。控制方程的通用形式：

$$\frac{\partial(\rho\varphi)}{\partial t}+div(\rho U\varphi)=div(\Gamma_{\varphi}\mathrm{grad}\varphi)+S_{\varphi}$$

在稳态流动下：$div(\rho U\varphi)=div(\Gamma\varphi\,\mathrm{grad}\varphi)+S_{\varphi}d$

式中，ρ为空气密度；U为速度矢量；φ为因变量，可表示速度矢量分量、温度等流体参数；Γ_{φ}为对应Φ的扩散系数；S_{φ}为源项。

数值模拟计算边界条件如表7-2所示：

表7-2　数值模拟计算边界条件

名称	数量	尺寸	模型类型	边界条件	取值
房间	1间	30m × 3.9m × 28.7m	room	定温	
门	2个	4m × 3m	opening	自由出口	
隔板	1块	5m × 3.9m	partition	绝热	
展柜	27个		block	定温	24℃
送风口	12个	r=0.25m	openings		风速1.5m/s 温度26.5℃

三、数值模拟结果与分析

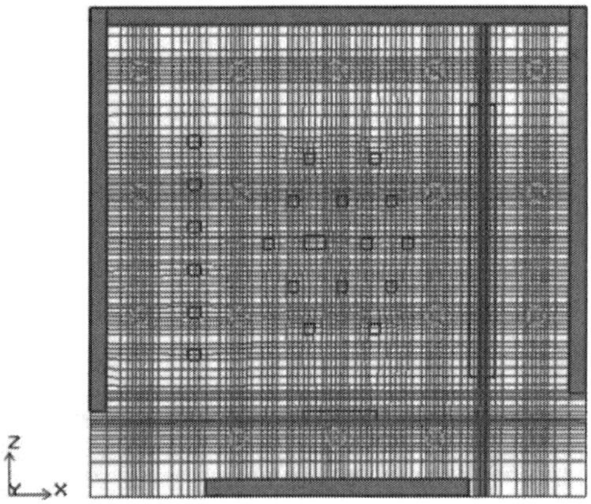

图7-2　计算界面截图

网格的质量直接决定了计算的精度和结果，因此网格的合理划分对计算相当重要。本文对该展厅模型采用六面体网格进行划分，对送风口温度、速度梯度大的地方，网格进行局部加密。该展厅模型一共划分网格150 707个，网格质量如图7-2所示。

该博物馆展厅内独立展柜的高度为2.14m，在该高度处模拟计算的温度、风速分布如图7-3 ~ 图7-5所示。

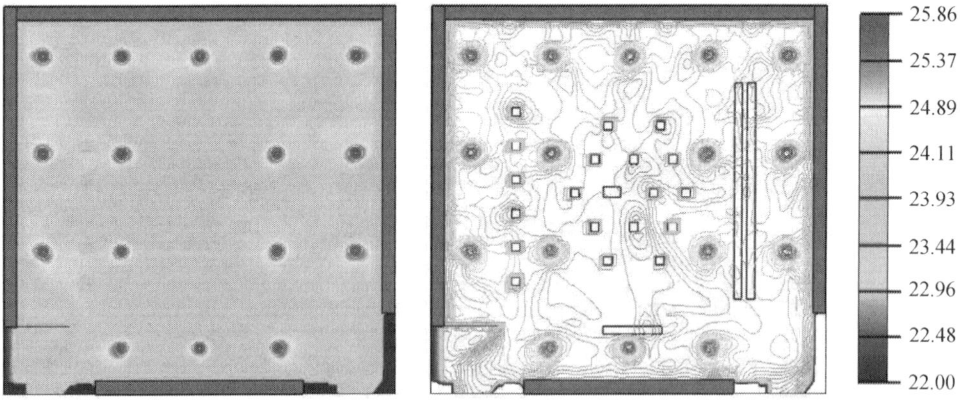

图7-3　H=2.14m平面的温度云图

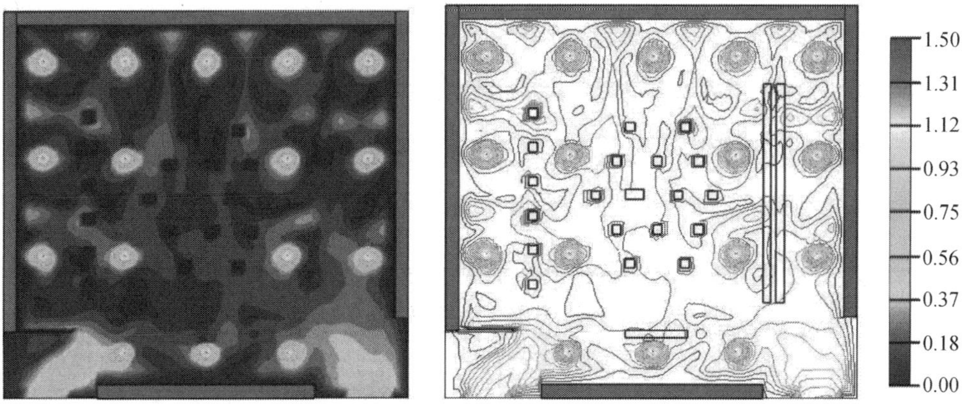

图7-4　H=2.14平面的速度云图

图7-5　H=2.14的速度流线图

博物馆展厅在该高度处设有无线传感器监测温度，连续记录三天的数据（每天8：00～19：00），记录结果如图7-6所示。

该监测点的温度在24～25℃内波动，与模拟结果相符。通过对该展厅空调房间内热环境的数值模拟，分析室内气流组织下的流场、温度场分布，并在监测条件下证明了数值模拟的准确性，数值模拟结果为房间空调器送风温度、速度参数的合理设定提供参考依据。

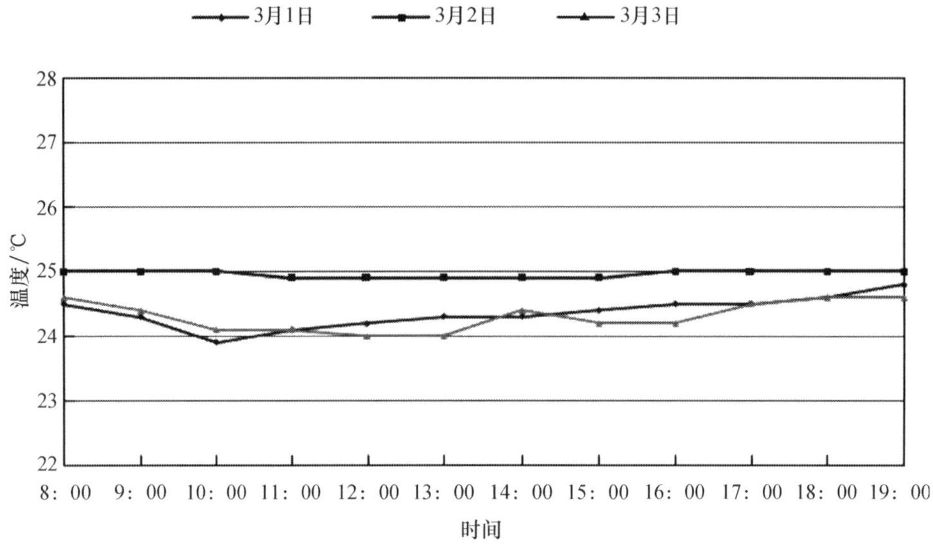

图7-6　无线传感器检测数据分布图

本节针对展厅的环境进行模拟，该模拟同样也适用于展厅和库房环境。基于Airpak软件，选用室内零方程模型进行热环境数值模拟，能准确预测室内空气流动特性，以分析室内气流组织分布规律，对室内温湿度进行数值预测与评价，为文物保护环境的设定提供了科学依据。文物保护环境监测系统的设定需要较长的实验周期和较昂贵的实验费用，而模拟技术的引用以其成本低、速度快、资料完备且可以模拟各种不同工况的优点，受到人们的普遍青睐。

第八章　空气调节系统

空气调节（air conditioning），简称空调的意义在于“使空气达到所要求的状态”或“使空气处于正常状态”。据此，一个内部受控的空气环境，一般是指在特定空间（或房间）内，对空气温度、湿度、流动速度及清洁程度进行人工调节，以满足人们工作、生活和工艺生产过程的要求。

空气调节主要涉及以下内容：内部空间内、外扰量的计算；空气调节的方式和方法；空气的各种处理方法（加热、加湿、冷却、干燥及净化等）；空气的输送与分配及在干扰量变化时的运行调节等。

第一节　空气调节系统的分类

空气调节系统一般均由空气处理设备、空气输送管道和空气分配装置组成，根据需要，它能分成许多不同形式的系统。空气调节应用于工业及科学实验过程一般称为“工艺性空调”，而应用于以人为主的空气环境调节则称为“舒适性空调”。工艺性空调可分为一般降温性空调、恒温恒湿空调和净化空调等。博物馆内的空气换进不仅要满足人舒适性的要求，还要满足不同文物保存环境的需求，文物的保存对温度、湿度、洁净度都有一定的要求，因此博物馆内的空调系统属于“工艺性的空调”。在工程上应考虑建筑物的用途和性质、热湿负荷特点、温湿度调节和控制要求、空调机房的面积和位置、初投资和运行费用等许多方面的因素，选定合理的空调系统。

（一）按空气处理设备的设置情况分类

1. 集中系统

集中系统的所有空气处理设备（包括风机、冷却器、加湿器、过滤器等）都设在一个集中的空调机房内。

2. 半集中系统

与集中式系统不同的是，除了集中空调机房以外，半集中系统还设有分散在被调房间内的二次设备（又称末端装置），其中多半设有冷热交换装置（亦称二次盘管），如风机盘管。这种系统的主要功能是在空气进入被调房间之前，对来自集中处理设备的空气做进一步补充处理。

3. 全分散系统

此系统是把冷、热源和空气处理、输送设备（风机）集中设置在一个箱体内，形成一个紧凑的空调系统。可以按照需求灵活的设置在需要被调节的房间内。不需要机房，但是维修管理不便、效率低。

（二）按承担室内负荷所用的介质分类

1. 全空气系统

指空调房间内的负荷全部由经机组处理后的空气来承担，适用于面积较大人员较多的场所，新风调节方便，过渡季节可实现全新风运行，节约能源，但是由于空气的比热小，因此需要较多的空气才可以达到除热除湿的目的，造成风道管面较大影响室内设计等。

2. 全水系统

空调房间的热湿负荷全部靠水来承担。由于水的比热比空气大得多，所以在相同条件下只需较小的水量，从而使管道所占的空间减小许多。但是仅靠水来消除余热余湿，并不能解决房间的通风换气问题，因此一般不单独使用这种方法。

3. 空气水系统

房间内的热湿负荷由经过处理的空气和水来共同承担。大型建筑物设置空调的场合越来越多，全靠空气来负担热湿负荷，将占用较多的建筑空间，因此可以同时使用空气和水来负担空调的室内负荷。诱导空调系统和带新风的风机盘管系统就属于这种形式。

4. 冷剂系统

是将制冷系统的蒸发器直接放在室内来吸收余热余湿。这种方式通常用于分散安装的局部空调机组，但由于冷剂管道不便于长距离输送，因此这种系统在规模上有一定限制。冷剂系统也可以与空气系统相结合，形成空气——冷剂系统。

（三）根据集中式空调系统处理的空气来源分类

1. 封闭式系统

它所处理的空气几乎全部来自空调房间本身，没有室外空气补充，全部为再循环空气。因此房间和空气处理设备之间形成了一个封闭环路。封闭式系统用于密闭房间且无法（或不需）采用室外空气的场合。这种系统冷、热消耗量最省，但卫生效果差。当室内有人长期停留时，必须考虑空气的再生。

2. 直流式系统

它所处理的空气全部来自室外，室外空气经处理后送入室内，然后全部排出室外，因此与封闭系统相比，具有完全不同的特点。这种系统适用于不允许采用回风的场合，如放射性实验室及散发大量有害物的车间等。为了回收排出空气的热量或冷量用来加热或冷却新风，可以在这种系统中设置热回收设备。

3. 混合式系统

从上述两种系统可见，封闭式系统不能满足卫生要求，直流式系统经济上不合理，所以两者都只在特定情况下使用，对于绝大多数场合，往往需要综合这两者的利弊，采用混合一部分回风的系统。这种情况既能满足卫生要求，又经济合理，故应用最广。

对于博物馆来说，空调系统不仅仅要满足观众和工作人员的舒适性，更要满足文物保护的需求，博物馆展厅和文物库房必须能够控制温度、相对湿度和洁净度的“工艺性”中央空调系统，也就是说，除了具有温度调节的功能，还必须具有湿度调节的功能，同时还必须将博物馆室内的气流速度和洁净度等参数控制在一定的合理范围内。也就是说，博物馆中央空调系统必须同时具有升温、降温、加湿、减湿、空气净化过滤、新风补充置换和风速风量调节等的功能。

北疆博物院改造后应用的空调系统是冷剂系统，即变制冷剂流量多联分体式空调系统（VRV）。为了便于调控不同功能环境内的温湿度，北疆博物院将空调系统分为几个小系统，将文物保存区域与办公区域分开。

由多联机发展而成的冷剂式空调系统，20世纪80年代始于日本，现在我国也有多家厂家生产，其特点是系统可根据负荷变化通过变制冷剂流量而改变压缩机制冷量。图8-1为多联机系统的示意图。

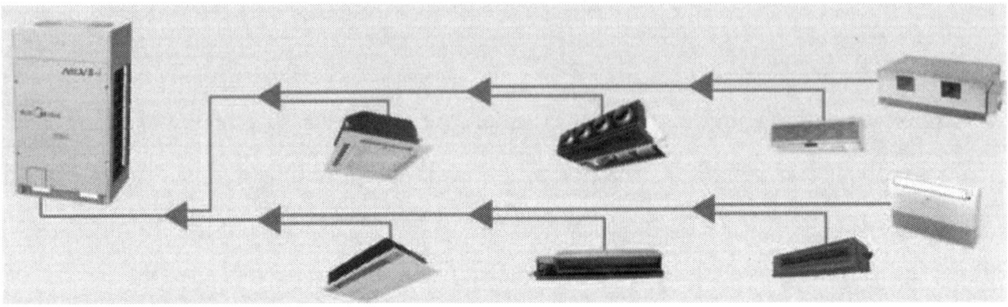

图8-1　多联机系统的示意图

多联机系统的特点和适用性为：①设备紧凑，占空间小，无粗大风道及水管路；与建筑施工配合简单，故安装进度快；不需大型制冷机房、锅炉房和空调机房。②机组平均COP值虽不如大型制冷设备高，但它无大容量的水系统和通风系统，即整个系统的输送能耗低，加之使用灵活，故运行费用比集中式系统低。此外，由于个别控制与启动，启动负荷对电网的影响相对较小。③多联机系统制冷剂管路过长，会导致制冷能力的下降，故设计布置时应控制管路的末端距离以及输送高度，此外，与相同容量的集中系统相比，由于冷剂管路长，其中冷剂充注量比较大，且管路均在室内，应考虑其泄露对环境的影响。④运行管理方便，维修由厂商负责。⑤设有新风。在新风不能保障的情况下应加设新风系统。

天津博物馆的空调系统主要包括：①收藏库使用恒温恒湿空调系统4套，组合式空调设初、中效过滤器及加湿加热装置。②收藏展柜使用恒温恒湿空调1套，组合式空调设初、中效过滤器及加湿加热装置不引入新风。③珍宝室使用恒温恒湿空调系统4套，组合式空调器设初、中效过滤器及加湿加热装置定新风系统。④一层前厅、二层展厅、三层展厅：舒适型全空气系统，变风量空调器加湿器，气流组织为分层型。⑤二、三层非展厅区域使用新风机组送新风。⑥图书馆及各类办公室使用全空气系统和小型办公室新风不做处理。⑦机房及换热站使用离心，螺杆冷水机组各2台，双管制、冬夏切换，钛合金板式换热器2台。⑧通风系统：全空气系统主回风管设排风，主展厅上都设自动排风天窗，客房间、文物间、卫生间设机械排风系统。

恒温恒湿空调系统是指对温度、湿度和洁净度都有严格要求的专用空调系统。随着社会的不断发展，恒温恒湿空调系统在当今社会很多领域得到了广泛的应用，需求量也不断增加，而某些特殊领域对恒温恒湿空调系统温湿度控制精度及稳定性的要求也不断地提高。博物馆中对文物保存的环境有极其严格的要求，特别是温湿度和空气污染物浓度。对于文物艺术品的保存，普遍认为20℃左右是比较适合的温度，不同的文物保存有不同的相对湿度要求，而空气中硫氧化物和氮氧化物含量要求尽可能低。为此，国外许多机构为博物馆建立了完整的文物保护标准。陈元生等建议博物馆文物保存环境达到如下要求：温度19～24℃±1%，相对湿度35%～65%，其中，纸张及金属类文物要求相对湿度40%～50%。因此，应用于博物馆的恒温恒湿空调系统需要较高的温湿度控制精度和稳定性，并需要净化过滤装置保证空气品质。

恒温恒湿空调系统由控制器、人机界面、变频器、温度传感器，温湿度传感器，水阀执行器、风阀执行器、高温断路器、风压开关等组成。恒温恒湿空调压缩制冷剂循环系统的工作原理是低温低压的制冷剂气体被压缩机吸入并压缩成高温高压的制冷剂气体（压力和温度增加），高温高压的制冷剂气体通过冷凝器（风冷或水冷）放出热量，冷凝成液体。通过截流装置（膨胀阀或毛细管等）节流后变成低温低压制冷剂液体进入低压的蒸发器，蒸发器中的液态制冷剂低压蒸发吸收空气的热量（从而空气被降温及除湿），最终制冷剂与空气之间形成一定的温度差，液态制冷剂亦完全蒸发变为低温低压的气体回到压缩机压缩，完成制冷剂循环过程。恒温恒湿空调空气循环系统的工作原理是风机将空气从回风口吸入，经过蒸发器（降温、除湿），加湿器加湿，电加热器加热升温后经送风口送到用户需要的空间内，送出的空气与空间内的空气混合后回到回风口，从而形成一个空气处理循环。温、湿度控制是通过温、湿度控制器，将回风的温湿度与用户设定的温湿做对比，自动运行压缩机（降温、除湿），加湿器，电加热（升温）等元件，实现恒温恒湿的自动控制。故障保护控制是通过压力保护、延时器、继电器、过载保护等相互组合达到，对压缩机、风机、加湿器等元件进行故障保护的控制。

组合式空调机组的材料有金属材质和非金属材质。金属的包括钢板或镀锌、复合钢板、合金铝板、不锈钢板；非金属有玻璃钢、砖或混凝土钢筋。金属材质的组合式空调机组体积小、重量轻；设计施工安装方便，容易保证装配质量和施工进度；箱体、喷水室不易漏气、漏水；改造时方便移动；镀锌、复合钢板有利于防腐。玻璃钢组合式空调机组节省钢材；重量轻、比强度高、耐腐蚀、绝电源；制造简单；喷水室不易漏水、不易腐蚀。

组合式空调机组的系统可以分为直流式、封闭循环式、混合式。直流式处理的空气全部来自室外，适用于散发大量有害物质而不能利用再循环空气的空调房间，宜采用热回收装置回收排风中的冷热量来加热或冷却新风；封闭循环式处理的空气全部来自空调房间本身，无新风、冷热耗量最省、卫生条件差，适用于很少有人进出的场所，显然这种系统不适合在博物馆内应用；混合式的部分回风与部分新风混合，满足卫生要求，经济合理，根据不同要求，选用一次回风或一、二次回风系统，该系统适用于绝大部分空调房间，同样也适用于博物馆内。常见的组合式空调机组的组合形式如图8-2～图8-4所示。

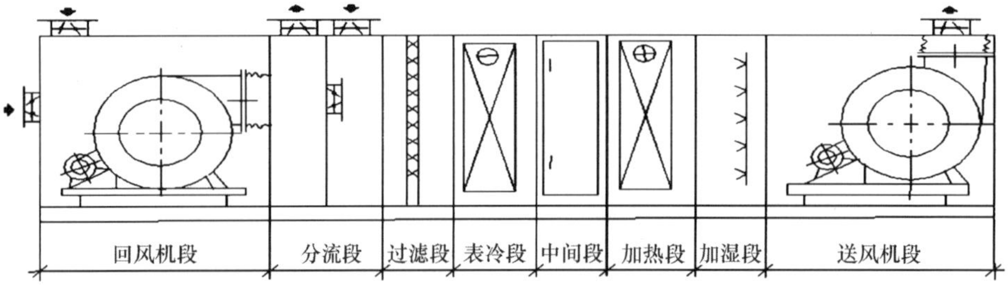

图8-2　组合式空调机组组合形式之一

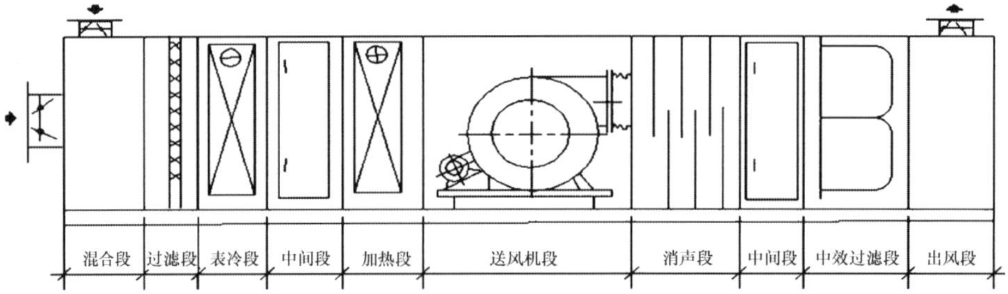

图8-3　组合式空调机组组合形式之二

组合式空调机组内的冷却装置包含喷水室和表面冷却器。喷水室可以实现空气的加热、冷却、加湿和减湿等多种空气处理过程，可以保证较严的相对湿度要求；耗金属少；水质要求高，水系统复杂；占地大；耗电多；采

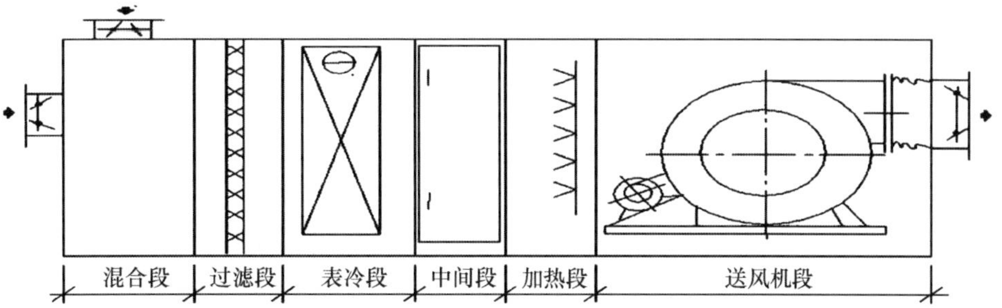

图8-4　组合式空调机组组合形式之三（一般舒适性空调常用的组合形式）

用金属空调机组时，易腐蚀。表面冷却器可以实现等湿冷却或减湿冷却等过程；但是难以保证较严的相对湿度要求；耗金属多；冷水不污染空气，水系统简单；节省机房面积，易施工；耗电少；目前国内常用铜套管铝片形式。采用人工冷源时，宜采用空气冷却器、喷水室。当采用循环水进行绝热加湿或利用喷水提高空气处理后的饱和度时，可采用带喷水装置的空气冷却器。

组合式空调机组的过滤器可以分为粗效、中效、高中效和亚高效。粗效过滤器可以有效捕集≥5μm直径的尘粒，技术效率E（%）为20≤E＜80，阻力≤50Pa；中效过滤器可以有效捕集≥1μm直径的尘粒，技术效率E（%）为20≤E＜70，阻力≤80Pa；高中效过滤器可以有效捕集≥1μm直径的尘粒，技术效率E（%）为70≤E＜99，阻力≤100Pa；亚高效过滤器可以有效捕集≥0.5μm直径的尘粒，技术效率E（%）为95≤E＜99.9，阻力≤120Pa。组合式空调机组内的风机可用离心风机或轴流风机。离心风机采用定风量或变风量离心风机，风机段常采用双进风风机，条件适合也可采用无蜗壳风机；电动机放在箱体外可节能；必须采用隔振基础，软接头；适用于较大风压的场所；噪声较小。轴流风机可以2～4台并联，常采用变节距调节或改变叶片角度调节，根据空调负荷变化，实验变风量；体积小，长度短，可缩短机组长度；适用于较大风量，较小风压，要求减小机房长度的场所，噪声较大。

典型中央空调机组系统主要由冷冻水循环系统、冷却水循环系统及主机三部分组成。

（1）冷冻水循环系统。该部分由冷冻泵、室内风机及冷冻水管道等组成。从主机蒸发器流出的低温冷冻水由冷冻泵加压送入冷冻水管道（出水），进入室内进行热交换，带走房间内的热量，最后回到主机蒸发器（回水）。室内风机用于将空气吹过冷冻水管道、降低空气温度、加速室内热交换。

（2）冷却水循环部分。该部分由冷却泵、冷却水管道、冷却水塔及冷凝器等组成。冷冻水循环系统进行室内热交换的同时，必将带走室内大量的热能。该热能通过主机内的冷媒传递给冷却水，使冷却水温度升高。冷却泵将升温后的冷却水压入冷却水塔（出水），使之与大气进行热交换，降低温度后再送回主机冷凝器（回水）。

（3）主机。主机部分由压缩机、蒸发器、冷凝器及冷媒（制冷剂）等组成，其工作循环过程如下：首先低压气态冷媒被压缩机加压进入冷凝器并逐渐冷凝成高压液体。在冷凝过程中冷媒会释放出大量热能，这部分热能被冷凝器中的冷却水吸收并送到室外的冷却塔上，最终释放到大气中。随后冷凝器中的高压液态冷媒在流经蒸发器前的节流降压装置时，因为压力的突变而气化，形成气液混合物进入蒸发器。冷媒在蒸发器中不断气化，同时会吸收冷冻水中的热量使其达到较低温度。最后，蒸发器中气化后的冷媒又变成了低压气体，重新进入了压缩机，如此循环往复。

第二节　空调系统的冷热源

博物馆一般应用的是大型中央空调系统，制冷机组安装在制冷机房，冷却塔安装在便于散热降温的室外，热源锅炉安装在锅炉房，市政热水和锅炉热水的流量控制在热水泵房，管道将冷热水和锅炉蒸气送到各个楼层、各个区域和各个展厅旁边的空调机房。因为博物馆每个展厅对温湿度的要求不同，需要单独控制温度和相对湿度，所以每个展厅旁边建设有自己独立的空调机房。空调机房内安装有组合式空气处理机组，机组内有热交换器、加湿器、风机、过滤网膜以及相关机械和电控设备等。

一、空调系统的冷源

博物馆展厅和文物库房的降温主要依赖中央空调的制冷系统，为空气调节系统提供所需冷量。冷量是由机房主机制造由低温水通过管道输送到博物馆展厅或者文物库房的空调机组（或者空调末端），当空气从换热器管外经过，空气就得到了冷却，而换热器内的低温水会吸收空气中的热量，低温水温度升高进入回水管，又回到冷源系统，进入下一次循环。

空调系统的冷源包括天然冷源和人工冷源。天然冷源利用自然界存在的冰、深井水等来制冷；人工冷源应用现代制冷技术来制冷。目前常用的空调人工冷源设备有电动压缩式冷水机组和溴化锂吸收式冷水机组两大类。电动压缩式冷水机组的制冷形式包括涡旋式、往复式、螺杆式、离心式等，具有体积小、重量轻的特点。溴化锂吸收式冷水机组的制冷工作形式包括热水型、蒸气型、直燃型等，具有制冷剂的环保性好、耗电量小、可以利用余热的特点。实现人工制冷的方法有很多，按物理过程的不同可分为液体汽化法、气体膨胀法、电热法和固体绝热去磁法等。不同制冷方法适用于获取不同的温度，空气调节用制冷技术属于普通制冷范围，主要采用液体汽化制冷法，其中以蒸气压缩式制冷、吸收式制冷应用最广。

常用的蒸气压缩式制冷机有离心式、螺杆式、活塞式、涡旋式。吸收式制冷机有直燃型和蒸气型。离心式制冷机适宜单机制冷量≤2000kW，它通过叶轮离心力作用吸入气体和对气体进行压缩，容量大、体积小，可实现多级压缩，以提高效率和改善调节性能。适用于大容量的空调制冷系统，不宜用于高压缩比场合。螺杆式适宜单机制冷量＞580kW，双螺杆通过转动的两个阴阳螺旋形转子相互啮合，单螺杆通过一个螺旋形转子与两个星轮相互啮合而吸入气体和压缩气体。利用滑阀调节气缸的工作容积来调节负荷。转速高，适合于高压缩比场合，排气压力脉冲性小、容积效率高，适用于制冷装置及大、中型空调制冷系统和热泵系统。活塞式适宜单机制冷量＜580kW，其通过活塞的往复运动吸入气体和压缩气体，适用于中、小容量的空调制冷与热泵系统。吸收式直燃型机组单机容量可达23 290kW，它是利用燃烧重油、煤气或天然气等作为热源。分为冷水、冷温机组两种。原理与蒸气热水型相同，由于减少了中间环节的热能损失，效率提高。冷温水机组可一机两用，一机三用，节约机房面积，有条件的场所均可使用。蒸气型最大容量可达11 630KW，适用于集中供热，特别是有余热和废热利用的场所。

（一）水冷式制冷机组

制冷机是由压缩机、冷凝器、储液器、干燥过滤器、膨胀阀和蒸发器组成。制冷机的工作原理是蒸发器中的液态制冷剂吸收水中的热量并开始蒸发，制冷剂与水换热器之间形成一定的温度差，液态制冷剂亦完全蒸发变为气态后被压缩机吸入并压缩，此时气体压力和温度均增加，气态制冷剂通过冷凝器吸收热量，凝结成液体，通过热力膨胀阀节流后变成低温低压制冷剂进入蒸发器，完成制冷剂循环过程。

压缩机：制冷压缩机是蒸气压缩机制冷装置的一个重要设备，是整个制冷系统中的核心部件，也是制冷剂压缩的动力之源。它的作用是将输入的电能转换成机械能，将制冷剂压缩。制冷压缩机的形式很多，根据工作原理的不同可以分为容积式制冷压缩机和离心式制冷压缩机。

冷凝器：冷凝器的作用是将制冷压缩机排出的高温高压气态制冷剂予以冷却、使之液化，以便制冷剂在系统中循环使用。根据冷却剂种类的不同，冷凝器可归纳为四类，即水冷、风冷、水—空气冷却（蒸发式和淋水式）以及靠制冷剂或其他工艺介质进行冷却的冷凝器。空气调节用制冷装置中主要使用前三类冷凝器。

水冷式冷凝器是用水冷却高压气态制冷剂而使之冷凝的设备。冷却水可以是地下水、地表水、经冷却后再利用的循环水，后者使用最为广泛。相对于室外空气而言，由于水的温度比较低，所以，采用水冷式冷凝器可以得到较低的冷凝温度，对制冷系统的制冷能力和运行经济性均有利。

风冷式冷凝器完全不需要冷却水，而是利用空气使气态制冷剂冷凝的。制冷剂在风冷式冷凝器中的传热过程和水冷式冷凝器相似，分降低过热、冷凝和再热三个阶段。风冷式冷凝器与水冷式冷凝器相比较，在冷却水充足的地方，水冷式设备的初投资和运行费用均低于风冷式设备；采用风冷式冷凝器由于夏季室外空气温度较高，冷凝温度一般可达50℃，为了获得同样的制冷量，制冷压缩机的容量约需增大15%。但是，采用风冷式冷凝器的制冷系统组成简单，可缓解水源紧张，并易于构成空气源热泵，故目前中小型氟利昂制冷机组多采用风冷式冷凝器。

蒸发式冷凝器主要是利用盘管外喷淋冷却水蒸发时的汽化潜热而使盘管内制冷剂蒸气凝结。蒸发式冷凝器主要由换热器、水循环系统及风机三部分组成。蒸发式冷凝器进口空气湿度温度对换热量影响很大。进口空气湿度温度越小，则空气相对湿度越小，在同样的冷凝温度和风量情况下，冷却水蒸发量大，冷凝效果好。蒸发式冷凝器耗水量很小，而且所需空气流量不足风冷式冷凝器所需空气流量的1/2，因此特别适用于缺水地区，气候越干燥使用效果越好。

节流装置：由于节流装置有控制进入蒸发器制冷剂流量的功能，也称为流量控制机构，又由于高压液态制冷剂流经此部件后，节流降压膨胀为湿蒸气，故也称为节流阀或膨胀阀。膨胀阀在制冷系统中既是流量的调节阀，又是制冷设备中的节流阀。其作用是对高压液态制冷剂进行节流降压，保证冷凝器与蒸发器之间的压力差，以使蒸发器中的液态制冷剂在要求的低压下蒸发吸热，从而达到制冷降温的目的；同时使冷凝器中的气态制冷剂，在给定的高压下放热冷凝；节流装置可以调节供入蒸发器的制冷剂流量，以适应蒸发器热负荷变化，从而避免因部分制冷剂在蒸发器中未及汽化，而进入制冷压缩机，引起湿压缩甚至冲缸事故；或因供液不足，致使蒸发器的传热面积未充分利用，引起制冷压缩机吸气压力降低，制冷能力下降。热力膨胀阀是通过蒸发器出口气态制冷剂的过热度控制膨胀阀开度的，故广泛地应用于非满液式蒸发器。由于热力膨胀阀依靠感温包感受到的温度进行工作，且温度传感器系统的灵敏度比较低，传递信号的时间滞后较大，易造成膨胀阀频繁启闭和供液量波动，因此感温包的安装非常重要。

蒸发器：蒸发器的作用是通过制冷剂蒸发（沸腾），吸收载冷剂（被冷却物）的热量，从而达到制冷的目的。在空调制冷的设备中最长用的是满液式蒸发器和非满液式蒸发器。满液式蒸发器内充满液态制冷剂，可使传热面与液态制冷剂充分接触，因此，沸腾换热系数更高；但是，这种蒸发器需充入大量制冷剂，而且，若采用能溶于润滑油的制冷剂，则润滑油难以返回压缩机。非满液式蒸发器，是液态制冷剂经膨胀阀进入蒸发器管内，随着在管内流动，不断吸收管外载冷剂的热量，逐渐汽化，故蒸发器内制冷剂处于气液共存状态；这种蒸发器虽克服了满液式蒸发器的缺点，但是，有较多的传热面与气态制冷剂接触，故传热效果不如满液式蒸发器。

辅助设备：①储液器。储液器在制冷系统中起稳定制冷剂流量的作用，并可用来存储液态制冷剂。采用泵循环式蒸发器的制冷系统，设有低压储液器，除了起气液分离作用以外，还可以防止液泵的气蚀。低压储液器的存液量应不少于液泵小时循环量的30%，其最大允许储存量为筒体容积的70%。对于小型制冷装置系统，往往不装储液器，而是利用冷凝器来调剂和储存制冷剂。②气液分离器。气液分离器是分离来自蒸气出口的低压蒸气中的液滴，防止制冷压缩机发生湿压缩甚至液击现象。③过滤器。过滤器是用来清楚制冷剂蒸气和液体中的铁屑、铁锈等杂质。

天津博物馆内采用的是螺杆式冷水机组和离心式冷水机组。螺杆式冷水机组是由螺杆式制冷压缩机、冷凝器、节流阀、蒸发器、油分离器、自控元件和仪表等组成的一个完整制冷系统。螺杆式冷水机组由蒸发器出来的状态为气体冷媒，经压缩机绝热压缩以后，变成高温高压状态；被压缩后的气体冷媒，在冷凝器中，等压冷却冷凝，经冷凝后变化成液态冷媒，再经节流阀膨胀到低压，变成气液混合物；其中低温低压下的液态冷媒，在蒸发器中吸收被冷物质的热量，重新变成气态冷媒；气态冷媒经管道重新进入压缩机，开始新的循环。离心式冷水机组将离心式压缩机、冷凝器、节流装置和蒸发器等设备组成一个整体。电动机通过增速器带动压缩机的叶轮将来自蒸发器的低压气态制冷剂压缩成高压蒸气，进入冷凝器，被冷凝后的液态制冷剂经浮球式膨胀阀节流后送到蒸发器中吸热，冷却冷冻水。

（二）风冷式制冷机组

有的博物馆中央空调系统采用的是风冷式制冷机组。风冷式冷水机组采用空气冷却方式，省去了冷却水系统所必不可少的冷却塔、冷却水泵和管道系统，避免水质过差地区造成冷凝器结垢、水管堵塞，还节约了水资源，是冷水空调设备产品中，保养维修最经济、简单的机种。风冷式冷水机机型结构紧凑、体积小巧、方便移动。具备恒温与智能调温两种工作模式，智能温控的模式可随温度的变化而调整至相应的水温。风冷式冷水机组比水冷式冷水机组一次性投资要稍高，但是全年运转费用要低于水冷式冷水机组，机房建筑费用在各种空调冷热源系统中为最少，维修保养费用约为水冷式或锅炉的一半费用。

（三）吸收式制冷机组

吸收式制冷是液体汽化制冷的另一种形式，它和蒸气压缩式制冷一样，是利用液态制冷剂在低温低压汽化以达到制冷的目的。所不同的是：蒸气压缩式制冷是靠消耗机械功（或电能）使热量从低温物体向高温物体转移，而吸收式制冷则依靠消耗热能来完成这种非自发过程。吸收式制冷机主要由四个热交换设备组成，即发生器、冷凝器、蒸发器和吸收器，它们组成两个循环环路：制冷剂循环与吸收剂循环。原理如图8-5所示。

图8-5中左半部分是制冷剂循环，属于逆循环，由冷凝器、节流装置和蒸发器组成。高压气态制冷剂在冷凝器中向冷却介质放热被凝结为液态后，经节流装置减压降温进入蒸发器；在蒸发器内，该液体被汽化为低压气体，同时吸取被冷却介质的热量产生制冷效应。这些过程和蒸气压缩式制冷式完全一样。图8-5中右半部分为吸收剂循环，属于正循环，主要由吸收器、发生器

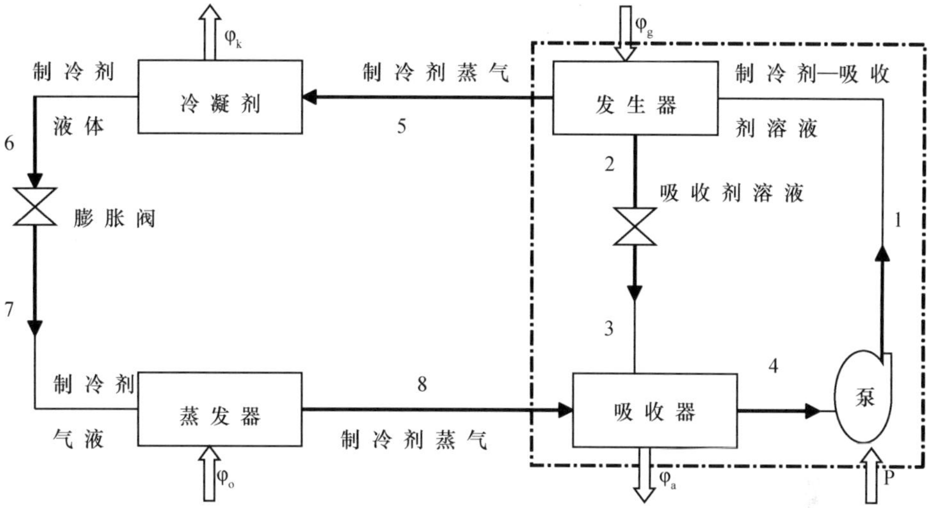

图8-5　吸收式制冷循环原理图

和溶液泵组成，相当于蒸气压缩制冷的压缩机。在吸收器中，用液态吸收剂不断吸收蒸发器产生的低压气态制冷剂，以达到维持蒸发器内低压的目的；吸收制冷剂蒸气而形成的制冷剂——吸收剂溶液，经溶液泵升压后进入发生器。在发生器中该溶液被加热、沸腾，其中沸点低的制冷剂汽化形成高压气态制冷剂，与吸收剂分离；然后制冷剂蒸气进入冷凝器被液化、节流进行制冷，吸收剂（浓溶液）则返回吸收器再次吸收低压气态制冷剂。

对于吸收剂循环而言，可以将吸收器、发生器和溶液泵看作是一个“热力压缩机”，吸收器相当于压缩机的压出侧。吸收剂可视为将已产生制冷效应的制冷剂蒸气从循环的低压侧输送到高压侧的运载液体。值得注意的是，吸收过程是将冷剂蒸气转化为液体的过程，和冷凝过程一样为放热过程，故需要由冷却介质带走其吸收热。吸收是制冷机中的吸收剂，通常并不是单一物质，而是以二元溶液的形式参与循环的，吸收剂溶液与制冷剂——吸收溶液的区别只在于前者所含沸点较低的制冷量比后者少，或者说前者所含制冷剂的浓度比后者低。常用的吸收式制冷剂有氨水吸收式制冷剂和溴化锂吸收式制冷机两种。

1. 氨水吸收式制冷机

用氨水溶液作为工质，其中氨用作制冷剂，水用作吸收剂。单级（只有一个吸收器）氨水吸收式制冷机单级氨水吸收式制冷机的系统图的工作原理与吸收式制冷机的工作原理相同，只是根据氨水溶液的特性在发生器的上部装有精馏塔和分凝器，用来提高氨蒸气的纯度。单级氨水吸收式制冷机的蒸发温度一般可达-30℃左右；两级吸收（用两个吸收器）的蒸发温度则更低，可达-60℃。氨水吸收式制冷机由于蒸发温度较低，可用于冷藏和工业生产过程，在化学工业中曾被广泛应用。但这种制冷机设备较笨重，金属消耗量大，需要使用较高压力的加热蒸气；且氨有毒性，对有色金属起腐蚀作用，故应用日渐减少。在家用冰箱中还使用一种吸收—扩散式制冷机，它也用氨水溶液作为工质，并充有氢气起平衡压力的作用。这种制冷机可用电或煤油加热，无运动部件，使用方便，且无噪声。

2. 溴化锂吸收式制冷机

用溴化锂水溶液为工质，其中水为制冷剂，溴化锂为吸收剂。溴化锂属盐类，为白色结晶，易溶于水和醇，无毒，化学性质稳定，不会变质。溴化锂水溶液中有空气存在时对钢铁有较强的腐蚀性。溴化锂吸收式制冷机因用水为制冷剂，蒸发温度在0℃以上，仅可用于空气调节设备和制备生产过程用的冷水。这种制冷机可用低压水蒸气或75℃以上的热水作为热源，因而对废气、废热、太阳能和低温热能的利用具有重要的作用。

溴化锂吸收式制冷机主要由发生器、冷凝器、蒸发器、吸收器、换热器、循环泵等几部分组成。在溴化锂吸收式制冷机运行过程中，当溴化锂水溶液在发生器内受到热媒水的加热后，溶液中的水不断汽化；随着水的不断汽化，发生器内的溴化锂水溶液浓度不断升高，进入吸收器；水蒸气进入冷凝器，被冷凝器内的冷却水降温后凝结，成为高压低温的液态水；当冷凝器内的水通过节流阀进入蒸发器时，急速膨胀而汽化，并在汽化过程中大量吸收蒸发器内冷媒水的热量，从而达到降温制冷的目的；在此过程中，低温水蒸气进入吸收器，被吸收器内的溴化锂水溶液吸收，溶液浓度逐步降低，再由循环泵送回发生器，完成整个循环。如此循环不息，连续制取冷量。由于溴化锂稀溶液在吸收器内已被冷却，温度较低，为了节省加热稀溶液的热量，提高整个装置的热效率，在系统中增加了一个换热器，让发生器流出的高温浓溶液与吸收器流出的低温稀溶液进行热交换，提高稀溶液进入发生器的温度。

溴化锂吸收式制冷机有多种类型，如两级发生的溴化锂吸收式制冷机，它可有效地利用高压加热蒸气；两级吸收的溴化锂吸收式制冷机，它可有效地利用低温位热能；直燃式溴化锂吸收式制冷机，可利用油或煤气的燃烧直接加热等。溴化锂吸收式制冷机还可与背压式汽轮机组成联合装置，利用汽轮机的排气作为溴化锂吸收式制冷机的加热蒸气，这样不但可提高水蒸气的利用率，且同时可以满足几种要求，如制冷和发电。根据这一想法已经设计出溴化锂吸收式制冷机与离心式氟利昂制冷机联合工作的制冷机组。它用背压式汽轮机直接驱动离心压缩机，并利用其排气向溴化锂吸收式制冷机加热。这种机组可生产较大的冷量，也可在不同的蒸发温度下生产冷量。这种机组不但经济性好（汽耗率低），而且低负荷特性好，即在部分负荷时仍能保持较高的经济性。

二、空调热源系统

中央空调热源主要指蒸气或热水。热源可由自备锅炉或城市热网提供，也可使用直燃型溴化锂机组和风冷热泵机组等热源装置为空调末端设备提供热源。

由供热中心为多个建筑群或者区域供热，称为热力网供热系统，其供热的热源通常为热电厂或大型锅炉房。按采暖中使用的热媒不同，中央空调系统又可分为热水采暖系统、蒸气采暖系统、热风采暖系统、热泵采暖系统、太阳能采暖系统、核能采暖系统等。城市热网或工厂、小区自建蒸气锅炉提供高温蒸气做热源，蒸气进入热交换器，释热后冷凝成凝结水，回流到中间水箱，通过水泵送回蒸气锅炉再加热。常用热网供给的热水作为空调热源。高温热水经换热器换热后，变成空调热水。空调系统中采用冷、热盘管合用方式，这种方式仅适用于热水做热源的情况，不适合蒸气。

博物馆内空气热源主要用于博物馆冬季供暖和其他季节低温凝结水除湿后空气再加热，热源系统一般是用市政热水或者锅炉加热水，同时辅助电力热源。电力热源包括电热炉、热泵等。在“节能减排”的时代背景下，尽可能地使用清洁能源和可再生能源已经成为每个新建博物馆的必然选择。可再生能源包括太阳能、地热能、河水等，以及工业余热、生活废热。在具备地质资源条件的地区利用地热、土壤热和河水热等“低温”热，这一技术称为热泵技术。其中，水环热泵是用一个循环水环路作为加热源和排热源；废热水热泵是利用工厂余热或废热以及生活污水作为热泵水侧加热源；太阳能热泵是利用太阳能热水作为水侧加热源；地下水热泵是通过地下水进行加热或冷却；地表水热泵是通过江河地表水进行加热或冷却，土壤热泵是以土壤作为吸热源和排热源。地源热泵系统是一种利用土壤、地下水或地表水（江、河、湖、海）进行冷热交换，将土壤、地下水或地表水作为热泵系统的冷热源的一种空调系统，冬季把地能（土壤、地下水或地表水）中的热量“取”出来，供给室内采暖，此时地能为“热源”。地源热泵同空气源热泵相比，有许多优点：全年温度波动小，冬季温度比空气温度高，夏季比空气温度低，因此地源热泵的制热、制冷系数要高于空气源热泵，一般可高于40%，因此可节能和节省费用40%左右；冬季运行不需要除霜，减少了结霜和除霜的损失；地源有较好的蓄能作用；当夏季的空调冷负荷明显高于冬季的热负荷时，通常采用复合式地源热泵系统，即以冬季荷为基准进行埋管，多余的夏季冷负荷由冷却塔排除。由于地下换热器的价格明显高于冷却塔，因此采用复合式热泵系统，一次投资可以大幅度下降。

相对于电加热技术，应用空调制热技术是一项节能技术，空调制热技术所输出的热功率比直接应用电加热所输出的热功率要高出3倍以上，现在市场上销售的很多小型空调或窗式空调是经压缩机制热的空调，其原理和空调制冷相反运行。其原理是压缩机吸入气液分离器中的低压制冷剂气体，经压缩机压缩后排出高压气体，经过四通阀至水侧换热器，在水侧换热器中高压气体放热冷却为高压液体，而铜管外的水被加热，达到使用要求，高压液体通过单向阀流入储液罐，此时，若有未冷凝的气体，则充于储液罐顶部，液体又通过储液罐底部经干燥过滤器后，去除水分和杂质，再经膨胀阀，高压液体经膨胀阀节流后，变为低压的制冷剂液体，经过单向阀和分液头后进风侧换热器中，在此，制冷剂液体在换热器铜管内通过风扇使空气循环，经气液分离器至压缩机吸气口，保证回到压缩机的流体全部为气体，至此，完成一个制热循环。

第三节　空调房间的气流组织

一、通风的目的

通风空调系统通过送风口（机械通风）或建筑的开口（自然通风）将满

足要求的空气送入建筑中，从而实现所需要的热湿环境和空气品质。合理的气流组织是实验室内热湿环境和保证空气品质的最终环节。一般来说，狭义的气流组织是上（下、侧、中）送下（上、侧、中）回或置换送风、个性化送风等具体的送回风形式，也称气流组织形式；而广义的室内气流组织，是指一定的送风口形式和送风参数所带来的室内气流分布。其中，送风口的形式包括风口（送风口、回风口、排风口）的位置、形状、尺寸，送风参数包括送风的风量、风速的大小和方向，以及风温、湿度、污染物浓度等。

所谓通风，是指把建筑物室内污浊的空气直接或净化后排至室外，再把新鲜的空气补充进来，从而保持室内的空气环境符合卫生标准。其中，前者称为“排风”，后者称为“送风”或“进风”。为实现排风或送风而采用的一系列设备、装置的总体称为“通风系统”。建筑内部的空调通风条件是决定生活在建筑内部的人们健康、舒适的重要因素，通风空调的目的主要有以下几个方面：①保证排出室内污染物。在博物馆内污染物的来源多种多样，有从室外带入的污染物，即工业燃烧和汽车尾气的排放的二氧化氮、二氧化硫、臭氧等气体；有室内产生的污染物，即博物馆内装饰材料散发的挥发性有机化合物、人体新陈代谢产生的二氧化碳等。大量污染物在空间内的存在会对人体健康产生不利的影响，还会损坏文物，而对房间进行通风则可以带走室内的污染物。②保证室内人员的热舒适。经过一定处理的空气，经空调系统送入室内，可以保证室内人员对温度、湿度、风速等的要求，从而满足人员对热舒适的要求。③满足室内人员对新鲜空气的需要。即使在空调房间，如果没有新风的保证，人们长期处于密闭的环境内，容易产生胸闷、头晕、头疼等一系列病状，形成“病态建筑综合征”。必须保证对房间的通风，使新风量达到一定的要求，才能保证室内人员的身体健康。

二、自然通风

自然通风是指利用自然的手段（热压、风压等）来促使空气流动而进行的通风换气方式。它最大的特点是不消耗动力或与机械通风相比消耗很少动力，因而其首要优点是节能，并且占地面积小、投资少、运行费用低，其次是可以用充足的新鲜空气保证室内的空气品质。自然通风主要依靠室内外风压或者热压的不同来进行室内外空气交换。由于室外风的速度和风向是经常变化的，不是一个可靠的稳定因素。为了保证自然通风的效果，根据《采暖通风与空气调节设计规范》的规定，在实际计算时仅考虑热压的作用，风压一般不予考虑。但是必须定性地考虑风压对自然通风的影响。自然通风量取决于风压和室内外温差的大小。尽管室外气象条件复杂，这两者不断变化，但是我们可以通过一定的建筑设计使得通风量基本满足预定要求。一般来说，在室外气象条件和噪声符合要求的情况下，自然通风可以应用于以下建筑中：低层建筑、中小尺寸的办公室、学校、住宅、仓库、轻工业厂房及简易养殖场等。北疆博物院的通风就采用的是自然通风。

自然通风的主要优点：①自然通风对于温带气候的很多类型的建筑都适用。②自然通风比机械通风经济。③如果开口数量足够，位置合适，空气流量会较大。④不需要专门的机房。⑤不需要专门的维护。

常见的自然通风实现形式有穿堂风、单面通风、被动风井通风、中庭通风。穿堂风，一般来说主要指房间的入口和出口相对，自然风能够直接从入口进入，通过整个房间后穿出出口，如果进、出口间有隔断，这种风就会被阻挡，通风效果大打折扣。北疆博物院内的通风就是典型的穿堂风。当自然风的入口和出口在建筑的一个面的时候，这种通风方式被称为单面通风。被动风井（烟囱）通风系统已被广泛应用于斯堪的纳维亚（半岛）的很多建筑中，通常用于排出比较潮湿房间的湿空气，也可用于改善室内空气品质。通过烟囱的气流被热压和风压共同驱动。中庭通风在现代的一些办公室中是一种常见的建筑构建，我们可以用中庭作为风井来实现自然通风。

虽然自然通风有诸多优点，但完全依靠自然通风也会有一些缺陷，主要表现在：①通风量往往难以控制，因此可能导致室内空气品质达不到预期的要求和过量的热损失。②在大而深得多房间建筑中，自然通风难以保证新风的充分输入换热平衡分配。③在噪声和污染比较严重的地区，自然通风不适用。④自然通风不适用于那些恶劣气候环境的地区。⑤一些自然通风的设计可能会带来安全隐患，应预先采取措施。⑥目前的自然通风很少对进口空气进行过滤和净化。⑦自然通风风道需要比较大的空间，经常受到建筑形式的限值。

三、机械通风

由于自然通风的可控性低，风量可能不足，对于要求较高的建筑通常需要机械通风来补充，有时可能需要完全依赖机械通风。

相对于自然通风，机械通风是指利用机械手段（风机、风扇等）产生压力差来实现空气流动的方式。机械通风和自然通风相比，最大的优点是可控制性强。通过调整封口大小、风量等因素，可以调节室内的气流分布，达到比较满意的效果。

根据通风形式的不同，通风（或空调）又可分为混合通风、置换通风和个性化送风三种形式。

不同的通风形式是室内人工环境学在历史演进过程中不同阶段的产物。对于均匀的室内环境的追求产生了混合通风，就是将空气以一股或多股的形式从工作区以外以射流形式送入房间，射入过程中卷吸一定数量的室内空气，让回流区在人的工作区附近，从而可以保证工作区的风速合适，温度均匀。

然而，充分混合后的空气很难避免被污染，于是出现了置换通风方式，就是将处理过的空气直接送入到人的工作区（呼吸区），使人率先接触到新鲜空气，从而改善呼吸区的空气品质。置换通风通过设置在地面高度的末端散流器送风，是下送风的一种。散流器通常分布在地面、屋角，或背靠墙壁，出风属于低速度、低紊流的流动，以保证送风在地面处形成冷空气湖，受室内热源（人员和设备）产生的热气流的卷吸作用及天棚封口的抽吸作用，空气由下向上转移排出，形成“置换”效果。工作区位于下部清洁区，新鲜空气单向流动，垂直方向产生温度分层和浓度分层，下部温度和浓度都低于上部，从而具有较高的通风效率。

为进一步提高送风改善室内空气品质的有效性，营造清洁舒适的微环境，并且满足不同人员个体对于送风的不同要求，近年来又产生了个性化送风。对于博物馆来说，个性化送风可以满足不同文物的保护需求。个性化送风是将处理好的新鲜空气直接送至人员主要活动区域及文物存放区域，同时人员可以根据各自的舒适性要求调解送风参数，实现有限区域内的个性化控制。由于这种形式直接将处理后的空气送入人的呼吸区附近，可以保证人吸入的空气质量。直接将处理后的空气送入文物存放区域附近，可以尽可能地保证文物不受空气中有害气体的损害。这样的送风方式不必将周围所有的空气控制在合适的温度和浓度范围中，因此具有较高的通风效率，可以大大减少通风量和能量消耗。

为实现混合通风、置换通风和个性化送风，通常需选用相应的风口和气流组织形式。决定混合通风气流组织的因素主要包括送风口位置、送风口类型、送风量、送风参数等。典型混合通风为上送上回形式，实际上，常用的还有上送下回、下送下回、侧送风、下回等多种送回风形式。常见的风口类型主要有喷口、百叶风口、条缝风口、散流器（方形、圆形和盘形）、旋流风口及孔板等。图8-6列出了部分常见的送风口形式。

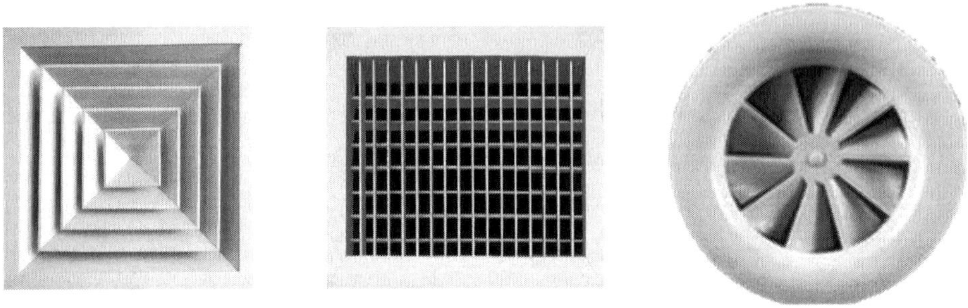

(a) 散流器　　(b) 百叶风口　　(c) 旋流风口

图8-6　混合通风常见的送风口类型

根据通风（空调）的目的，我们可以从三方面来描述和评价气流组织：一是描述送风有效性的参数，主要反映送风能否有效到达参考区域以及到达该区域的空气新鲜程度。描述送风有效性的参数有空气龄、换气效率及送风可及性。二是描述污染物排除有效性的参数，主要反映污染物到达考察区域的程度以及到达该区域所需要的时间。描述污染物排出有效性的参数有污染物含量和排空时间、排污效率与余热排出效率、污染物年龄及污染源可及性；三是与热舒适关系密切的有关参数，主要包括不均匀系数、空气扩散性能指标（ADPI）。不均匀系数是室内各点温度、风速等均有不同程度的差异。空气扩散性能指标定义为满足规定风速和温度要求的测点数与总测点数之比。当然，如果室内空气充分混合，那么就可以用一个集总的参数对房间的通风效果进行总体评价。

天津博物馆为满足不同功能房间的室内热舒适要求，大空间（如大厅、报告厅、展厅等）舒适性空调采用一次回风全空气低速空调系统，被测入口门厅采用旋流风口下送和可调角度的双层百叶风口下送相结合的送风方式。小房间（如办公室等）采用风机盘管加新风系统，气流组织采用侧送上回或上送下回的方式。舒适性展厅空调采用组合式空气处理机组，同时按照最小新风量设热回收器和50%全新风量的排风机，要求全热回收效率不低于60%。夏季和冬季采用最小新风量运行模式，正压排风；过渡季节采用50%全新风运行模式，机械排风。展厅舒适性组合式空气处理机设置值班循环送风模式，利用变频器控制采暖循环风量为送风量的60%，同时关闭新风支管的电动阀，可以在夜间和节假日保证供热供冷需求，避免展厅热环境的剧烈变化对展柜文物的影响。根据共享大厅内部的不同标高台阶，利用一级台阶为下一级台阶送风，气流组织采取上送下回方式，以满足冬夏两季送风要求。为改善共享大厅顶部的热积聚效应，大厅天窗设置电动天窗，在室外天气状况较好时开启电动天窗进行排风，有效排风面积为70平方米，占天窗面积的5%，降低大厅顶部的热积聚效应对周边区域的不利影响。

第四节　博物馆空调系统的热湿处理

为了满足博物馆内各房间的送风温、湿度的要求，在空调系统内必须有相应的热湿处理设备，以便能对空气进行热湿处理，达到所要求的送风状态。

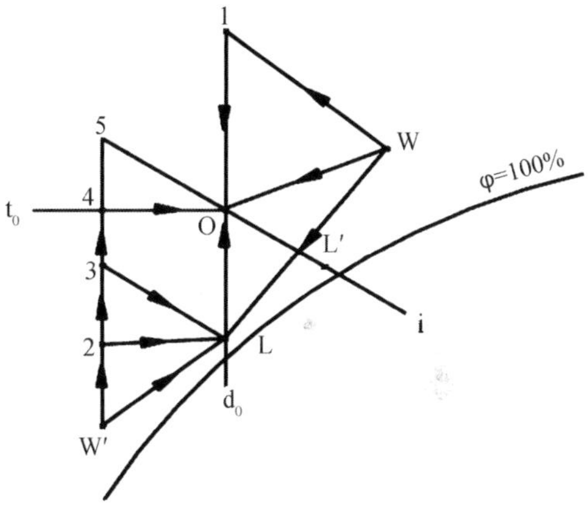

图8-7　空气处理的各种途径

在空调系统中，为得到同一送风状态点，可能有不同的空气处理方案。以完全使用室外新风的空调系统为例，一般夏季需对室外空气进行冷却减湿，而冬季则需要加热加湿，然而具体到将夏、冬季分别为W和W'点的室外空气处理到送风状态点O，如图8-7所示的各种空气处理方案。

夏季空气处理方案：①W→L→O，喷淋室喷冷水（或用表面冷却器）冷却减湿→加热器再热。②W→1→O，固体吸湿剂减湿→表面冷却器等湿冷却。③W→O，液体吸湿剂减湿冷却。冬季空气处理方案：①W'→2→L→O，加热器预热→喷蒸气加湿→加热器再热。②W'→3→L→O，加热器预热→喷淋室绝热加湿→加热器再热。③W'→4→O，加热器预热→喷蒸气加湿。④W'→L→O，喷淋室喷热水加热加湿→加热器再热。⑤W'→5→L'→O，加热器预热→一部分喷淋室绝热加湿→与另一部分未加湿空气混合。

在空调工程中，实现不同的空气处理过程需要不同的空气处理设备，如空气的加热、冷却、加湿、减湿设备。可以是其中的一种处理，也可以是多种处理。空气热湿处理装置按热湿交换介质与空气的接触方式可分为接触式热湿交换设备和表面式热湿交换设备两大类，喷水室及各种加湿器属于前者；各种表面式换热器则均属于后者。

一、博物馆加湿技术

博物馆内空气的加湿可以在空气处理室（空调箱）或送风管内对送入房间的空气集中加湿；也可以在空调房间内部对空气局部补充加湿。

空气的加湿方法有多种：喷水加湿、喷蒸气加湿、电加湿、超声波加湿、红外线加湿等。利用外界热源使水变成蒸气与空气混合的方法在焓湿图上表现为等温过程，故称为等温加湿；等温加湿按照加湿方式分为干蒸气加湿器、电热式加湿器、电极式加湿器等。水吸收空气本身的热量变成蒸气而加湿，在焓湿图上表现为等焓过程，故称为等焓加湿或绝热加湿。等焓加湿设备主要包括高压喷雾加湿器、湿膜加湿器、超声波加湿器、离心式加湿器等。

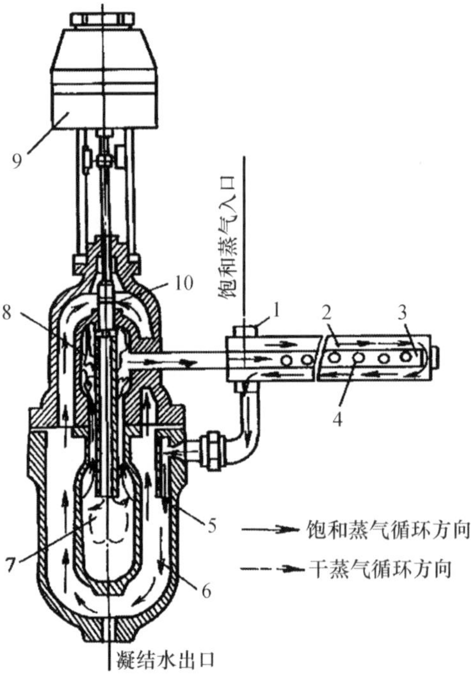

图8-8　干蒸气加湿器

1. 干蒸气加湿器

干蒸气加湿器由干蒸气喷管，分离湿、干燥室和电动或气动调节阀等组成，如图8-8所示。蒸气由蒸气进口1进入外套2内，它对喷管内的蒸气起加热、保温、防止蒸气冷凝的作用。由于外套的外表面直接与被处理的空气接触，所以外套内将产生一些凝结水并随蒸气一道进入分离式6。由于分离式断面大，使蒸气减速，再加上惯性作用及分离挡板5的阻挡，冷凝水便被分离下来。分离出冷凝水的蒸气经由分离室顶部的调节阀孔10减压后，再进入干燥室7，残存在蒸气中的水滴在干燥室中再汽化，最后从小孔3中喷出的则是干蒸气。

干蒸气加湿迅速、均匀、稳定，不带水滴、不带细菌；节省电能，运行费用低；装置灵活，可以满足室内相对湿度波动范围≤±3%的要求。干蒸气加湿器安全可靠、加湿量容易控制，但必须在有蒸气源的地方使用。

2. 电热式加湿器

工程上常用的电热式加湿器的结构如图8-9所示。图中编号1为控制器，控制器中配有微处理器，通过它可以控制加湿器的全部过程。2为水位探头，用以控制与调节液位。3为排水装置，用以排除加湿器内的存水，通过控制器可以设定排水周期和持续时间（一般停止加湿72h后，控制器将自动将水排空，以防止滋生微生物。再次需要加湿时，控制器能自动指挥进行充水和恢复加湿功能）。4为表面除污器（泡沫）装置，它能及时而有效地除去蒸发小室水表面上的矿物质和气泡，动作周期可通过控制器设定。5为电热元件，用以对水进行加热产生蒸气。6为可抽出式蒸发箱，沿着箱底下的固定滑道，可以很方便地将蒸发箱抽出，进行检查和维护。7是蒸气出口管，可根据工程具体情况进行连接。通常电热式加湿器是用管状电热元件置于水盘中做成的。元件通电之后便能将水加热而产生蒸气。补水靠浮球阀自动控制，以免发生断水空烧现象。此种电热式加湿器的加湿量大小取决于水温和水表面积。

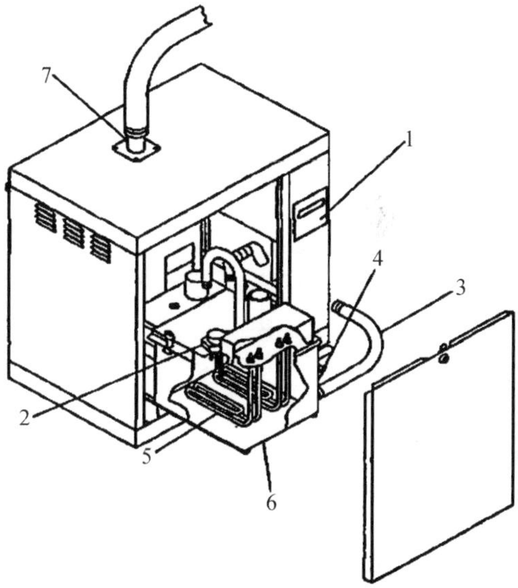

图8-9　电热式加湿器

3. 电极式加湿器

电极加湿器的构造如图8-10所示。加湿器是利用三根电极（不锈钢或镀铬铜棒），置于不易生锈的充水容器中，以水作为电阻，通电后，电流从水中通过，水被加热而产生蒸气，通过蒸气管送至需要加湿的空间。加湿器充

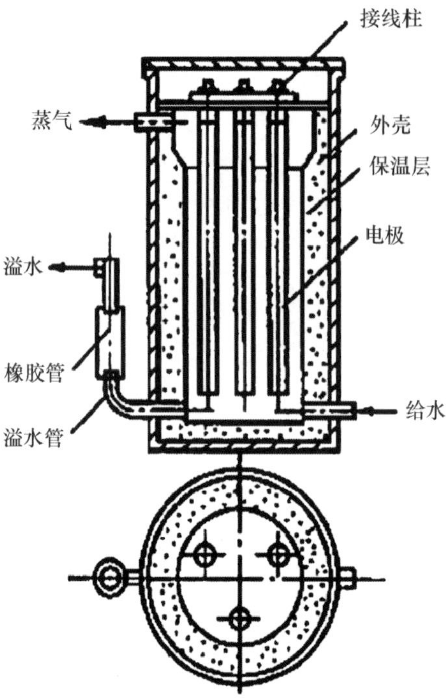

图8-10 电极式加湿器

水容器内容水量的多少，与导电面积成正比。对于同一种规格的加湿器来说，水位越高，容水量就越多，相应的导电面积就越大，产生的蒸气量也越多。因此，通过改变溢水口的高度，可以达到调节蒸气供应量的目的。

电极式加湿器结构紧凑，而且加湿量也容易控制，所以应用较多。它的确定是电极上易积水垢和腐蚀，因此，宜用在小型空调系统。

4. 高压喷雾加湿

将自来水经过加湿器主机（内有加压泵）增压后，在经过特制的喷头喷到空气中去，并在空气中雾化，然后水雾粒子与空气进行热湿交换，蒸发后将空气加湿（图8-11）。这就是高压喷雾加湿器的原理。喷头可以逆向喷射，也可以与空气流垂直喷射。喷嘴可以是单排，也可多排。由于水在喷嘴中高速喷出时对喷嘴有强烈的冲刷作用，会使喷嘴严重磨损，影响加湿效果，所以要选用耐磨材料，如陶瓷做喷嘴才好。由于喷出的水量不可能完全蒸发，所以将蒸发的水量称为有效加湿量，而将有效加湿量与喷出总水量之比定义为加湿效率。现有产品的加湿效率约为33%。

高压喷雾具有加湿量大、雾粒细、效率高，运行可靠、耗电量低、安全可靠等优点。

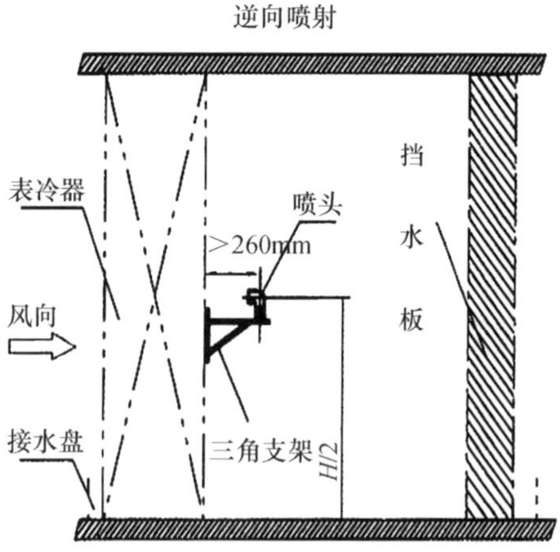

图8-11 高压喷雾加湿器

5. 湿膜加湿器

湿膜加湿就是将洁净的自来水或

循环用水送到湿膜顶部的布水器，水在重力作用下沿湿膜表面下流，从而使湿膜表面湿润，当干燥空气穿过湿膜时即被加湿。其工作原理如图8-12所示。

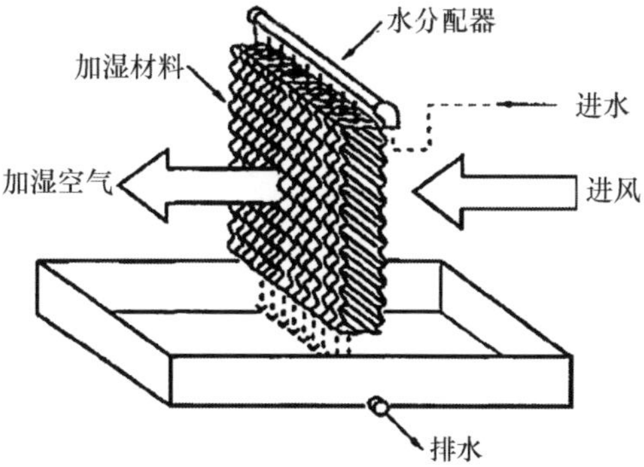

图8-12　湿膜加湿工作原理图

湿膜加湿器式工程上应用较多的一种加湿器，它具有下列特点。

（1）饱和效率高。加湿器布水均匀，且具有较大的蒸发面积，所以饱和效率很高；而且不受入口温湿度的影响，即使在低温高湿条件下，仍能保持可靠的加湿性能。

（2）洁净加湿。由于是利用蒸发原理，水分子完全气化成水蒸气（不是雾滴），所以，不仅洁净，也不会出现“白粉”现象，对风机和风管不会产生结垢和腐蚀；湿膜具有除尘、脱臭辅助作用，经游离氯杀菌处理的自来水不断地清洗加湿表面，所以可以实现清洁加湿。

（3）不需水处理。水流不断地流过介质表面，形成水膜，加湿器基本上不受水质影响。

（4）节省空间。加湿器出口没有水滴飘洒，加湿吸收距离短，不需设置挡水板，组合式空调机组的长度可缩短。

（5）使用周期长。家世界之采用高分子复合材料，没有使用胶黏剂，不会滋生有害微生物，结构强度及耐腐蚀性能优良，使用寿命长。

（6）加湿能力自我调节。由于饱和效率相对稳定，即入口空气的温湿度或加湿负荷有一定变化时，也可以自我调整加湿能力；风量变化时，加湿能力也能瞬时大致按比例变化，所以变风量空调系统的控制容易实现。

6. 超声波加湿器

如果利用换能器（也叫振荡片）将电能转化成机械能，产生每秒170万次的高频振荡，将水快速雾化成1 ~ 5μm微粒，这些微粒扩散到空气中便能吸收空气热量蒸发成水蒸气，从而对空气进行加湿，这就是超声波加湿器的工作原理。

超声波加湿器的特点：①结构紧凑，安装方便，除需连接电源外，基本上不再需要配置其他设施。②高效节电，与电极（热）式加湿器相比，可节省电能70%～85%。③控制灵敏，无噪声，无冷凝，安全可靠。④超声波加湿器在低温环境下也能加湿，这是它的一大特点。⑤超声波加湿器的雾化效果好，水滴微细而均匀，运行安静，噪声低。

7. 离心式加湿器

在空调工程中还使用一种靠离心作用将水雾化的加湿器叫离心式加湿器。一般的加湿器有一个圆筒外壳，封闭电机驱动一个圆盘和水泵管高速旋转。水泵从储水器中吸水并送至旋转的圆盘上面形成水膜。水由于离心力作用被甩向破碎梳，并形成细小水滴。干燥空气从圆盘下部进入，吸收雾化了的水滴从而被加湿。这种加湿器可与通风机组配合，成为一个大型的空气加湿设备。

二、博物馆减湿技术

在潮湿的季节，博物馆库房及展厅必须通过减湿技术将其内部的空气相对湿度降低至合理范围内。现在常用除湿方法有用加热通风法除湿、冷冻除湿技术、用固体吸附剂除湿、用液体吸湿剂除湿等。

单纯加热空气的等湿升温过程能降低空气的相对湿度，但是不能减少空气中的含湿量，所以它不是一种根本的除湿方法。如果能掌握有利时机，对需要除湿的房间进行通风，以含湿量低的室外空气代替含湿量高的室内空气，也能达到除湿目的。不过单纯通风不能调节室内温度，所以也就不能调节室内相对湿度。此外，该方法还受室外气象条件限制，在有些季节难以达到除湿要求。

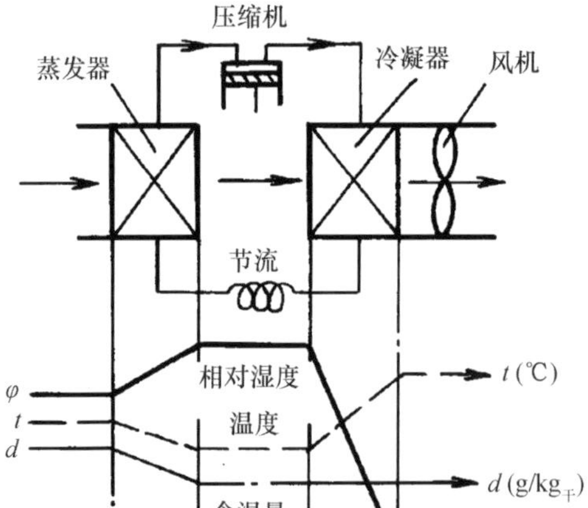

图8-13　冷冻除湿机原理图

1. 冷冻除湿机减湿

冷冻除湿机是由制冷系统和风机等组成的除湿装置，其工作原理如图8-13所示。经过冷冻减湿机后得到的是温度高、但含湿量低的空气。

2. 用固体吸附剂除湿

所有固体吸附剂本身都有大量的空隙，因此具有极大的孔隙内表面。通常1kg固体吸附剂的孔隙内表面可达数十万平方米。吸附剂各孔隙内的水表面呈凹面。曲率半径小的凹面上水蒸气分压力比平液面上水蒸气分压力低，当被处理空气通过吸附材料时，空气的水蒸气分压力比凹面上水蒸气分压力高，则空气中的水蒸气就向凹面迁移，由气态变为液态并释放出汽化潜热。

固体除湿在博物馆内应用得较多，如硅胶（SiO_2）作为除湿材料常用于展柜中。硅胶是无机酸处理水玻璃时得到的玻璃状颗粒物，它无毒、无臭、无腐蚀性、不溶于水。硅胶的粒径通常为2～5mm，密度为640～700 kg/m^3。1kg硅胶的孔隙面积可达40万平方米，孔隙容积为其总体积的70%，吸湿能力可达其质量的30%。对于小型展柜，硅胶可以控制相对湿度稳定，但对于大空间的相对湿度控制，硅胶的使用就不太方便了。

固体吸附剂的除湿方法分为静态和动态两种，静态吸湿就是室内空气通过自然对流方式流过除湿材料层，与固体除湿剂表面进行热质交换而将水分除去。静态除湿设备简单、初投资少，但是除湿缓慢、占用空间多，适用于除湿量小的场合。而动态吸湿是利用通风机，强制地使室内空气流过固体除湿剂表面进行热质交换而将水分除去。动态除湿速度快、占用空间少，且能连续不断工作，但是设备较复杂、初投资高，适用于除湿量的场合。显然，动态吸湿比静态吸湿效果好。在工程上，经常需要连续制备干燥空气，因此采用动态吸湿必须解决好吸湿剂的再生问题。一种方法是在空气流动方向上采用两套并联的设备，一套吸湿时，另一套再生。另一种方法是采用转动式吸湿设备，干燥与再生同时进行。

氯化锂转轮除湿机利用一种特制的吸湿纸来吸收空气中的水分。吸湿纸是以玻璃纤维滤纸为载体，将氯化锂等吸湿剂和保护加强剂等液体均匀地吸附在滤纸上烘干而成。存在于吸湿纸内的氯化锂等晶体吸收水分后生成结晶水而不变成盐水溶液。常温时吸湿纸上水蒸气分压力比空气中水蒸气分压力低，所以能够从空气中吸收水蒸气；而高温时吸湿纸上水蒸气分压力高于空气的水蒸气压力，因此又可将吸收的水蒸气放出来。如此反复便可达到连续除湿的目的。

图8-14为氯化锂转轮除湿机工作原理图，这种除湿机由吸湿转轮、传动结构、外壳、风机及再生加热器（电加热器或热媒为蒸气的空气加热器）等

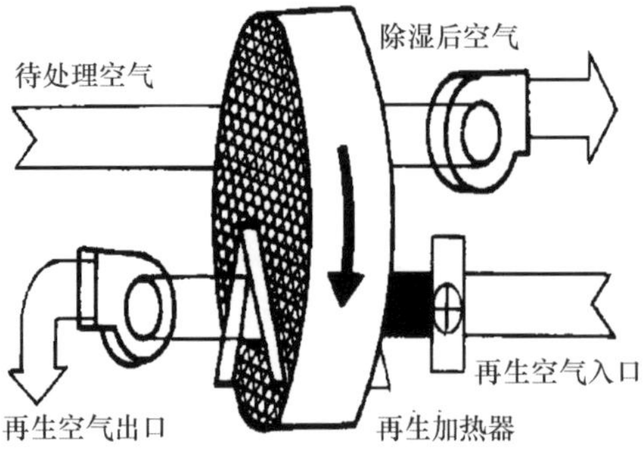

图8-14　转轮除湿机工作原理

组成。转轮是由交替放置的平吸湿纸和压成波纹的吸湿纸卷绕而成。在转轮上形成了许多蜂窝状通道，因而也形成了较大的吸湿面积。转轮以每小时数转的速度缓慢旋转，潮湿空气由转轮一侧的3/4部分进入干燥区。再生空气从转轮另一侧1/4部分进入再生区。氯化锂转轮除湿机吸湿能力较强，维护管理方便，是一种理想的除湿设备。

3. 用液体吸湿剂除湿

氯化锂、溴化锂、氯化钙等盐类的水溶液和三甘醇等有机物质对空气中的水蒸气也有强烈的吸收作用，因此在空调工程中也利用它们达到空气除湿的目的，并统称它们为液体吸湿剂。溶液除湿过程是依靠空气中水蒸气的分压力与除湿溶液表面的饱和蒸气压力之间的压力差为推动力而进行质传递的。由于空气中水蒸气的分压力大于溶液表面的饱和蒸气分压力，所以，水蒸气由气相向液相传递。随着质传递过程的进行，空气的含湿量减少，水蒸气分压力相应减小；与此同时，溶液则因被稀释而表面的饱和蒸气分压力相应增大。当压差等于零时，质传递达到平衡。这时，溶液已没有吸湿能力，必须进行再生（通过对溶液加热升温，使水分蒸发、浓度提升）；利用再生后的浓溶液，继续进行除湿。除湿过程中释放出的部分潜热，由冷空气带走。由于溶液的温度可以人为控制，因此用液体吸湿剂对空气进行除湿处理可以实现升温减湿、等温减湿和降温减湿三种过程。

溶液除湿装置，通常由除湿器、除湿剂（溶液）再生器、蒸发冷却器、换热器、水泵等设备组成。

氯化锂是一种白色立方晶体，在水中溶解很大。氯化锂溶液无色透明、无毒无臭，黏度小，传热性能好，容易再生，化学稳定性好，在常温条件下不分解、不挥发，吸湿能力大。氯化锂溶液在浓度大于40%后即发生结晶现象，所以用于除湿的溶液浓度宜小于40%。氯化锂溶液对一般金属也有一定的腐蚀作用，但钛和钛合金、含钼的不锈钢、镍铜合金和树脂等能耐氯化锂溶液的腐蚀。为了增加空气和液体吸湿剂的接触面积，通常采用喷液室或填料塔来处理空气。图8-15是一个使用氯化锂溶液的蒸发冷凝再生式除湿系统。

溴化锂常温下是天然晶体、无毒、无臭、有苦咸味，极易溶于水。溴化锂水溶液有较强的吸湿能力，对金属材料的腐蚀性比氯化钙溶液低，浓度在60%～70%时在常温下就可能结晶，所以使用浓度不应超过70%。溴化锂溶液进行除湿是除湿和再生过程把加热和通风结合起来的除湿方法，综合了加热和通风方法的优点，而且由于使用这种方法的设备简单，可节省初投资和运行费用，所以自然条件允许的地方应优先选用。

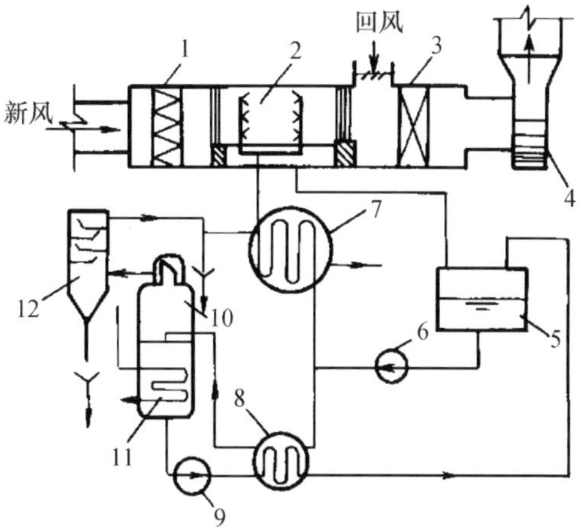

图8-15　蒸发冷凝再生式液体除湿系统

1. 空气过滤器　2. 喷液室　3. 表冷器　4. 风机　5. 溶液槽　6. 溶液泵　7. 溶液冷却器　8. 换热器　9. 再生溶液泵　10. 蒸发器　11. 蒸气盘管　12. 冷凝器

溶液除湿系统中除湿器是溶液除湿系统的主要部件，除湿器的工作原理如图8-16所示。溶液泵将除湿机均匀地喷淋至紧密床体（填料层）上，并形成液膜向下流动。高温的空气由下而上通过紧密床体，与除湿剂进行热质交换，使空气的含湿量减少，达到除湿的目的。根据在除湿过程中冷却与否，除湿器可分成绝热型与内冷型两大类。绝热型除湿剂溶液由顶部向下喷洒，沿填料层表面呈膜层均匀地向下流淌；空气则由下部逆流向上流动，在填料塔内与除湿溶液进行热质交换。图8-17为绝热型除湿器的结构简图。水冷型除湿器是溶液从上部沿平板往下流动，平板上涂层使溶液均匀分布在整个平板上，空气从下而上流动，在板间与溶液发生热质交换。图8-18为水冷型除湿器结构简图。交叉流型板式除湿器是空气和溶液从不同方向呈十字交叉进入除湿器，在平板的一侧空气与除湿溶液直接接触而被除湿，进行热质交换。图8-19为交叉性板式除湿器结构简图。

空气除湿的方法有很多，它们各有优缺点和适用场合，《实用供热空调设计手册》中汇总了空气的主要除湿方法及它们的优缺点和适用场合方面的资料，如表8-1所示。

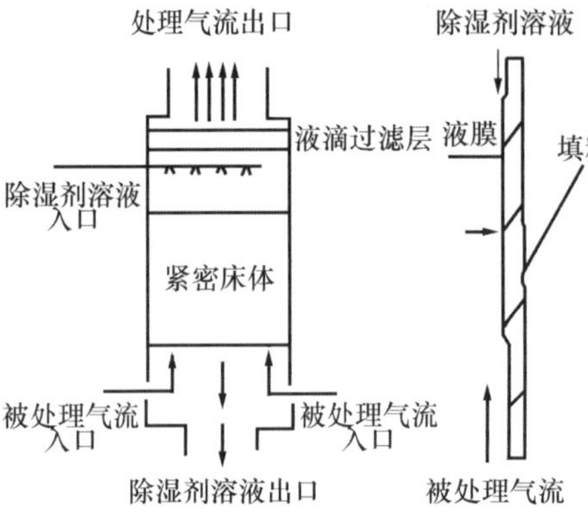

图8-16　除湿器的工作机理

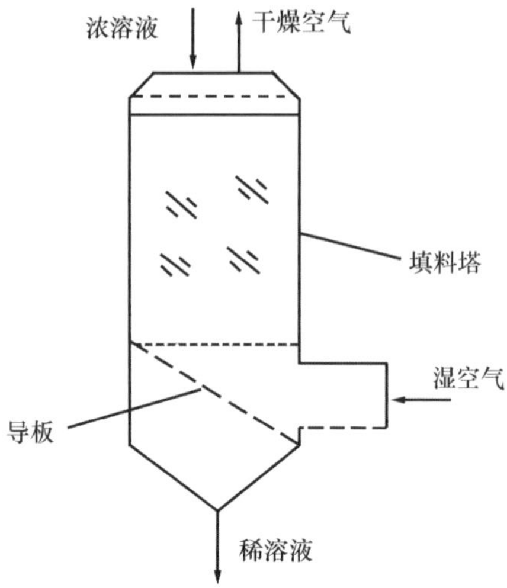

图8-17　绝热型除湿器结构简图

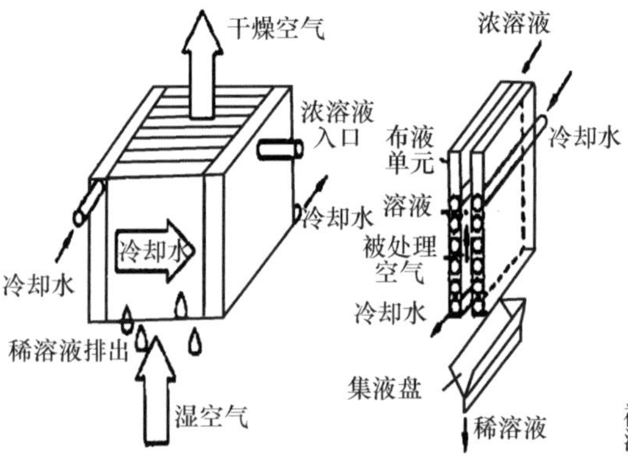

图8-18　水冷型除湿器结构简图

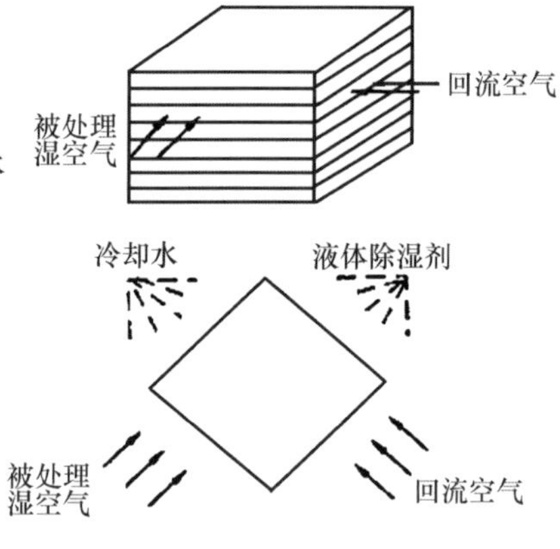

图8-19　交叉流型板式除湿器结构简图

表8-1　各种除湿方法的比较[1]

方法	工作原理	优点	缺点	备注
升温除湿	湿空气通过加热器，在d=const的条件下进行显热交换，在温度升高的同时，相对湿度降低	简单易行，投资和运行费用都不高	除湿的同时空气温度升高，且空气不新鲜	适用于室内温度没有要求的场合
通风除湿	向潮湿空间输入较干燥（含湿量小）的室外空气，同时排出等量的潮湿空气	经济、简单	保证率较低，有混合损失	适用于室外空气干燥、室内要求不严格的场合

续表

方法	工作原理	优点	缺点	备注
冷冻除湿	湿空气流经低温表面，温度下降至露点温度以下，湿空气中的水蒸气冷凝析出	性能稳定、工作可靠、能连续工作	设备费和运行费较高，有噪声	适用于空气露点温度高于4℃的场合
溶液除湿	依靠空气的水蒸气分压力Pv与除湿溶液表面的饱和蒸气分压力Ps之差为推动力而进行质传递，由于Pv＞Ps，所以，水蒸气由气相向液相传递。随着质传递过程的进行，空气的含湿量减少	除湿效果好、能连续工作，兼有清洁空气的功能	设备比较复杂，初投资高，再生时需要有热源，冷却水耗量大	适用于除湿量大、室内显热比小于60%、空气出口露点温度低于5℃的系统
固体除湿	利用某些固体物质表面的毛细管作用，或相变时的蒸气分压力差吸附或吸收空气中的水分	设备简单，投资和运行费用都较低	除湿性能不太稳定，并随时间的增大而下降；需要再生	适用于除湿量小，要求露点温度低于4℃的场合
干式除湿	湿空气通过以吸湿材料加工成的载体，如氯化锂转轮，在水蒸气分压力差的作用下，吸收或吸附空气中的水分成为结晶水，而不变成水溶液；转轮旋转至另一半空间时，吸湿载体通过加热而被再生	吸湿面积大，性能稳定，能连续进行除湿。湿度可调，除湿量大，能全自动运行	设备较复杂，并需要再生	适用温度范围宽，特别适宜于低温、低湿状态下应用
混合除湿	综合利用以上几种方法，联合进行工作			

第五节　博物馆内空气净化系统

空气净化系统是指去除空气中的污染物质，控制房间或空间内空气达到结晶要求的技术（亦称为空气洁净技术）。空气中悬浮污染物包括粉尘、烟雾、微生物及花粉等。博物馆内对空气的洁净度提出了严格要求，以保证馆藏文物的更好保存，同时提出了对空气中细菌数量的控制要求，在保护文物的同时保证人体的健康。

内部空间根据生产要求和人们工作生活的要求，通常将空气净化分为三类。

（1）一般净化：只要求一般净化处理，无确定的控制指标要求。

（2）中等净化：对空气中悬浮微粒的质量浓度由一定的要求，如提出在大型公共建筑物内，空气中悬浮微粒的质量浓度＞0.15mg/m³。

（3）超净净化：对空气中悬浮微粒的大小和数量均有严格的要求。我国现行的洁净度等级与国际标准相同，具体分级见表8-2。

表8-2　洁净度等级的划分

洁净度等级	≥表中粒径粒子的最大允许浓度限制/（粒/m³）					
N	0.1μm	0.2μm	0.3μm	0.5μm	1μm	5μm
1	10	2				
2	100	24	10	4		
3	1000	237	102	35	8	
4	10 000	2370	1020	352	83	
5	100 000	23700	10 200	3520	832	29
6	1 000 000	237000	102 000	35 200	8320	293
7				352 000	83 200	2930
8				3 520 000	832 000	29 300
9				35 200 000	8 320 000	293 000

表中≥要求控制粒径的粒子最大允许浓度C（粒/m³）可按下式四舍五入取有效位数不超过3位计算

$$C=10^{N}(0.1/d_p)^{2.08} \tag{8-1}$$

N——洁净度等级。

d_p——粒径尺寸，μm。

一、空气过滤器

由于博物馆库房与展厅内的文物对空气质量有较高的要求，因此，在风机进口处必须安装空气过滤装置，才能有效地阻止各种悬浮颗粒物与文物接触。空气净化所用的空气过滤器主要按其过滤（捕集）效率的高低来分类，目前常用的有粗效过滤器、中效过滤器、高效过滤器和静电集尘器。

粗效过滤器的滤材多采用玻璃纤维、人造纤维、金属丝网及粗孔聚氨酯泡沫塑料等，也有用铁屑及瓷环作为填充滤料的。金属丝网、铁屑及瓷环等类的滤料可以浸油后使用，以便提高过滤效率并防止金属表面生锈。粗效过滤器主要适用于空调与通风系统初级过滤、洁净室回风过滤、局部高效过滤装置的预过滤，主要用于过滤 5μm 及以上粒径的尘埃粒子，使用计重法测试，也用于多级过滤系统的初级保护。

中效过滤器的主要材料是玻璃纤维（比粗效过滤器用玻璃纤维直径小，约 5μm）、人造纤维（涤纶、丙纶、腈纶等）合成的无纺布及中细孔聚乙烯泡沫塑料等。该种过滤器可以做成袋式和抽屉式。中效过滤器用泡沫塑料和无纺布为滤料时，可以洗净后再用，玻璃纤维过滤器则需要更换。中效过滤器一般对大于1～5μm的粒子能有效过滤。大多数情况下，用于高效过滤器的前级保护，少数用于清洁度要求较高的空调系统。

高效过滤器可分为亚高效、高效及超高效过滤器。一般滤料均为超细玻璃纤维或合成纤维，加工成纸状，称为滤纸。为了减少气溶胶穿过滤纸的速度，即采用低滤速（以0.01m/s计），需大大增加滤纸的面积，因而高效过滤器常做成折叠状。高效过滤器常适用于常温、常湿，允许含有微量酸、碱有机溶剂的空气过滤，该产品效率高，但是阻力大、容尘量小，广泛应用于航天、航空、电子、制药、生物工程等精密领域。

在空调净化中亦可采用静电集尘器。静电集尘器的特点是对不同粒径的悬浮粒子均可有效捕集。在空调净化中常用的静电集尘器为二段式：第一段为电离段，第二段为集尘段。在电离段，由电源输出的高电压使正电极表面电场强度非常强以致在空间内产生电晕，形成数量相等的正离子和负离子，正离子被接地负极所吸引，负离子被放电正极所吸引。由于放电正极与接地负极之间形成电位梯度很大的不均匀电场，负离子易于被放电正极所中和，因此，当气溶胶粒子通过电离段时，多数附有正离子，使微粒带正点，少数带负电。在集尘段，由平行金属板相间构成正负极板，在正极板上加有高电压，产生一个均匀平行电场。带正电粒子随空气流入该平行电场后则被正极板排斥，被负极板吸引并最终所捕集。带负电的粒子与此相反，被正极板所捕集。

静电除尘器的集尘效率主要取决于电场强度、气溶胶流速、尘粒大小及集尘板的几何尺寸等。积在极板上的灰尘需定期清洗，小型静电集尘器的集尘段可整体取出清洗，清洗后需烘干再用。

表征空气过滤器性能的主要指标为过滤效率、压力损失和容尘量。过滤器的过滤效率是衡量过滤器捕集灰尘能力的指标。空调净化常用过滤器的性能如表8-3所示。

表8-3　常用过滤器的性能表

过滤器类型	有效捕集粒径/μm	适应的含尘浓度	过滤效率			压力损失/Pa	容尘量/（g/m^2）	备注
			计重法	比色法	DOP法			
粗效过滤器	＞5	中～大	＜65～90	—	—	30～200	500～200	滤速以m/s计
中效过滤器	＞1	中	—	40～95	20～90	80～300	300～800	滤速以dm/s计
亚高效过滤器	＜1	小	—	—	85～98	150～400	70～250	滤速以cm/s计
高效过滤器	≥0.5	小	—	—	99.9～99.99（一般指≥99.97%）	200～450	50～70	
超高效过滤器	≥0.1	小	—	—	≥99.997	150～350	30～50	过滤器迎面风速不大于1m/s
静电集尘器	＜1	小	＞99	≥80	60～95	80～100	60～75	

空调系统过滤器应用的材料主要有玻璃纤维、合成纤维及这些纤维制成的滤纸（布）等，它们的过滤作用大致分为重力作用、惯性作用、扩散作用、接触阻留作用和静电作用。

重力作用的原理是尘粒在纤维运动时，在重力作用下沉降在纤维表面上，重力作用只对较大粒径（如≥5μm）起作用；惯性作用是尘粒随气流运动，逼近滤料时，在惯性作用下，尘粒来不及随气流改变流向而继续向前运动，与滤料撞击而附着于纤维上，惯性作用的大小，随尘粒直径和过滤风速的增加而增加；扩散作用时气体分子做布朗运动时，空气中的细微尘粒（$<1\mu m$）随之运动，当尘粒围绕纵横交错的纤维表面做布朗运动时，在扩散作用下，有能与极细的纤维接触而附着在纤维上面，尘粒越小，过滤风速越低，扩散作用越明显；接触阻留作用是对非常小的（亚微米极）尘粒，可以近似认为没有惯性的，它随气流流线运动，当流线紧靠细微的表面时，尘粒与纤维表面接触而被阻留下来。接触作用往往与惯性作用同时存在，或在低速时，与扩散作用同时存在，尘粒尺寸大于纤维网眼而被阻留的现象，称为筛滤作用；静电作用是含尘空气经过某些纤维料时，由于气流摩擦，可能产生电荷，从而增加了吸附尘粒的能力，静电作用与纤维材料的物理性质有关。

二、空气净化器技术

国家《空气净化器》相关标准中把空气净化器定义为从空气中分离和去除一种或多种污染物的设备。对空气中的污染物有一定去除能力的装置。主要是指房间内使用的单体式空气净化器以及集中空调通风系统内的模块式空气净化器。空气净化器的外形构成主要有机箱外壳、过滤段、风道设计、电机、电源、液晶显示屏等。决定寿命的是电机，决定净化效能的是过滤段，决定是否安静的是风道设计、机箱外壳、过滤段、电机。

空气净化器又称空气清洁器、空气清新机、净化器，是指能够吸附、分解或转化各种空气污染物（一般包括PM2.5、粉尘、花粉、异味、甲醛之类的装修污染、细菌、过敏原等），有效提高空气清洁度的产品，主要分为家用、商用、工业、楼宇。空气净化器中有多种不同的技术和介质，使它能够向用户提供清洁和安全的空气。常用的空气净化技术有吸附技术、负（正）离子技术、催化技术、光触媒技术、机械滤网技术、HEPA高效过滤技术、高压静电集尘技术等；材料技术主要有光触媒、活性炭、合成纤维、HEAP高效材料、负离子发生器等。其中使用单一技术的净化器称为单一技术型，同时采用了多种净化技术和材料介质技术的净化器称为复合技术型，现有的空气净化器多采为复合型。

1. 吸附技术

活性炭是一种多孔的含碳物质，其发达的空隙结构使它具有很大的表面积，所以很容易与空气中的有毒有害气体充分接触，活性炭孔周围强大的吸附力场会立即将有毒气体分子吸入孔内，所以活性炭具有极强的吸附能力也是去除气态污染物的主要技术。活性炭吸附技术主要分为两类：物理吸附和化学吸附。物理吸附主要是针对大分子有机气体（如苯类等TVOC）通过活性炭自身的微孔结构吸附这些大分子污染物。化学吸附主要针对一些小分子气态污染物。（如甲醛、硫化氢、氮氧化物等），因为小分子气体被吸附后很容易再次脱开形成二次污染，所以要对活性炭进行化学处理，使得被吸附的气体与化学成分发生反应，从而达到吸附效果。

2. 机械过滤

一般主要通过以下4种方式捕获微粒：直接拦截、惯性碰撞、布朗扩散机理、筛选效应。其对细小颗粒物收集效果好但风阻大，为了获得高的净化效率，滤网的阻力较大，而且滤网需要致密导致寿命降低，需定期更换。

3. HEAP 高效过滤技术

高效微粒空气过滤器（HEPA）是空气净化中使用的最热门的技术之一。标准的HEPA过滤器能够吸纳99.7%大小为0.3μm的悬浮微粒（0.3μm是最难过滤的大小），但是它的风阻也相对比较大。HEPA滤网的优点是有效安全，是去除空气中颗粒污染物的最主要技术，但缺点是只能滤除悬浮微粒、无法滤除有害气体。使用HEPA的空气清净机要有良好的气密设计，否则空气会绕过滤网而失去过滤效果。

4. 高压静电集尘技术

是一种既能确保风量又能吸附微细颗粒的方式。这是在颗粒经过滤芯之前通过加载高电压使其带电，使颗粒在电的作用下“容易吸附”到滤芯上的方式。高压电集尘部分原本是向两个电极施加高电压，在两极放电之时，使通过的尘埃带电。大部分灰尘原本都是中性或带弱电荷，因此，滤芯只能过滤到比网眼大的灰尘。但缩小滤芯的网眼又会造成阻塞。高压静电集尘方式能够令尘埃带电，在电的作用下，吸附到经过特殊加工、永久带电的滤芯之上，因此，即使滤芯的网眼偏大（粗），也能够确实捕获到尘埃。

根据净化需求来分，空气净化器可以分为：①纯净化型，如果位于室内湿度较适中的地区，或者对空气质量要求不太高，则纯净化型的空气净化器就满足需求了。②加湿净化型，采用科技手段来实现水的汽化，通过风车式或者盘式过滤器旋转，将有害物质留在托盘中消除，只排放超细和清洁的水分子到空气中。如果是位于较干燥的地区、经常开空调被空调抽湿而造成室内空气干燥，或者对空气质量要求较高的地方，加湿净化型的净化器是最好的选择。③智能型，是通过自动化操作、智能监控空气质量。④车载型，用于轿车内空气净化，需要专门净化汽车异味、汽车甲醛等车内污染，并能够专门放置于车内的空气净化器。⑤桌面型，即放置于桌面，净化桌面周围一定范围内的空气，保护桌面附近人的健康，在博物馆内也可以避免净化器周围文物受到损害。⑥大中型，主要适用于面积较大的室内场合，如家内大厅、高级银行办公室、高级行政办公室、重要的演讲厅会议厅、高级酒店、医院、美容院、幼儿园等场合。⑦中央空调系统型，主要适用于安装了中央空调、或者有天花板的单一房间或者多个房间一起净化的情况。

对于博物馆来说，必须真正了解各种空气净化器的技术，如果选择不当，不仅不会净化空气反而会释放出有害气体对博物馆内的文物和工作人员造成伤害。例如，利用高压静电场使气体电离从而使尘粒带电吸附到电极上的收尘方法，其风阻虽小但对较大颗粒和纤维捕集效果差，会引起放电，且清洗麻烦费时，易产生臭氧，形成二次污染。

第六节 博物馆空调系统的自动控制

实现博物馆空调系统调节的自动化，不仅可以提高调节质量，降低冷、热量的消耗，节约能量，同时可以减轻工作人员的劳动强度，减少运行人员，提高劳动生产率和技术管理水平。空调系统自动化程度也是反映空调技术先进性的一个重要方面。随着自动调节技术和电子技术的发展，人们对环境要求逐渐提高，供暖与空调等机电设备的规模不断扩大，能源及运行效率问题日益突出，自动控制技术在传统上主要由人工运行操作或只配有简单参数检测的供暖与空调领域得到广泛的应用。自动控制系统已被列为建筑设计中的基本要求之一。

一、空调自动控制系统的基本组成

空调自动控制系统由传感器、控制器、执行调节机构组成，它们之间的关系如图8-20所示。

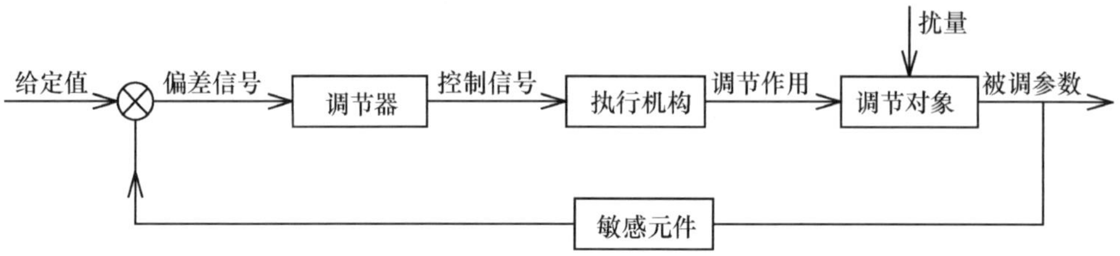

图8-20　自动控制系统方框图

自动控制就是根据调节参数（即被调量，如室温、相对湿度等）的实际值与给定值（如设计要求的室内基准参数）的偏差，用自动控制系统（如不同的调节环节组成）来控制各参数的偏差值，使之处于允许的波动范围内。

自动控制的主要部件有以下几种。

1. 传感器

传感器又称敏感元件、变送器，需要进行调节的参数称为被调参数。传感器就是感受被调参数的大小，并及时发出信号给调节器。如敏感元件发出的信号与调节器所要求的信号不符时，则需要利用变送器将敏感元件发出的信号转换成调节器所要求的标准信号，因此传感器的输入是被调参数，输出是检测信号。传感器种类很多，按控制参数分别有温度传感器，相对湿度传感器，压力与压差传感器，焓值、含湿量变送器（由温度、湿度传感器组成），CO_2传感器等。

2. 控制器

它能接受传感器输出的信号并与给定值进行比较，并按设定的控制模式对执行机构发出调节信号。任一时刻被调参数的实测值与给定值之差称为偏差，控制器对偏差按一定的模式进行计算，并给出调节量（输出信号）。常用的控制模式有：

双位控制：开关控制（如压差开关，流量开关等）；

比例控制（P）：调节量正比于偏差；

积分控制（I）：调节量正比于偏差对时间的积分；

微分控制（D）：调节量正比于偏差对时间的导数；

比例积分（PI）、比例积分微分控制（PID）：工程上常用的组合控制模式。

随着计算机技术的迅猛发展，现代的控制器应用了微处理技术，称为数字式控制器或微处理控制器。数字式控制器可以按数学模型和预先编制的程序进行控制，这种控制称为直接数字控制（direct digital control, DDC）。实用的数字式多功能控制器可控制多个被调参数，具有多种控制模式（P、PI、PID和双位控制等）。

非数值算法的控制模式（如模糊控制）亦开始被应用于空调系统的自控中。

3. 执行调节机构

执行调节机构根据来自控制器的调节信号驱动调节机构，如接触器、电动调节阀门的电动机、电磁阀的电磁铁、气动薄膜部分等都属于执行机构。

调节机构与执行机构紧密相连，有时合成一个整体，称为执行调节机构，如调节风量的阀门、冷热媒管路上的阀门，电加热器等。

二、空调自动控制系统的调节质量

在自动控制系统中，当扰量破坏了调节对象平衡时，就会经调节作用使调节对象过渡到新的平衡状态。亦即从一个旧的平衡状态转到一个新的平衡状态，这种转变所经历的过程叫做过渡过程，如图8-21所示。当时间在t_0以前，调节参数等于给定值，调节对象处于平衡状态。在到达t_0时突然受扰量影响，平衡被破坏，调节参数（温度或湿度等）x开始升高，逐渐达到最大值x_{max}，由于控制器的调节作用，x开始返回给定值，但是调节参数将会有一段衰减振荡过程，经过一段时间t_1后，最后趋向一个新的平衡状态，所

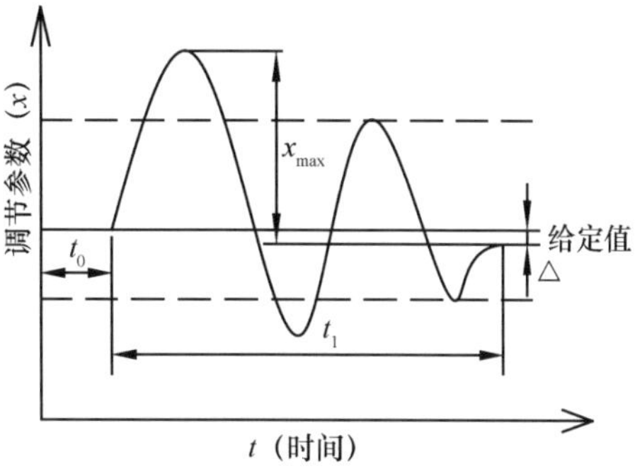

图8-21　调节过程的品质指标

经历的这段时间t_1称为过渡过程。这时调节参数与给定值之差为△。

对自动控制系统的基本要求是能在较短的时间内，使调节参数能够达到新的平衡。此外，还有以下调节质量的指标。

（1）静差，即自动调节系统消除扰量后，从原来的平衡状态过渡到新的平衡状态时，调节参数的新稳定值对原来给定值之偏差，叫静差，用符号△表示。静差越小越好，其大小由调节器决定。

（2）动态偏差，即在过渡过程中，调节参数对新的稳定值的最大偏差值，叫动态偏差，用x_{max}表示。动态偏差常指第一次出现的超调。动态偏差越小越好。

（3）调节时间，调节系统从原来的平衡状态过渡到另一个新的平衡状态所经历的时间，叫做调节时间。显然，调节时间短好。

以上三项指标根据要求不同而定。对于一般精度恒温室的自动调节系统，要求动态偏差和静差不超过恒湿精度。例如，室温要求20±1℃，则动态偏差和静差均要小于1℃，而且过渡过程要短。对于高精度空调系统，要求比较严格。

三、室温控制

室温控制是空调自控系统中的一个重要环节。它是用室内干球温度敏感元件来控制相应的调节机构，使送风温度随扰量的变化而变化。

改变送风温度的方法有调节加热器的加热量和调节新、回风混合比或一、二次回风比等。调节热媒为热水或蒸气的空气加热器的加热量来控制室温，主要用于一般工艺性空调系统；而对温度精度要求高的系统，则须采用电加热器对室温进行微调。室温控制方式可以有双位、恒速、比例及积分微分、DDC控制方式等几种。应根据室内参数的精度要求，以及房间围护结构和扰量的情况，选用合理的室温控制方式。

室温控制时，传感器的放置位置对控制效果会产生很大影响。传感器的放置地点注意不要受太阳辐射热及其他局部热源的干扰，还要注意墙壁温度的影响，因为墙壁温度较空气温度变化滞后得多，最好自由悬挂，也可以挂在内墙上（注意支架与墙的隔热）。

在一些工业与民用建筑中，空调房间不要求全年固定室温，因此可以采用室外空气温度补偿控制和送风温度补偿控制。它与全年固定室温的情况比较起来，不仅能使人体适应室内外气温的差别，感到更为舒适，而且可大大减少空调全年运行费用，夏季可以节省冷量，冬季可节省热量。例如，对于一些民用空调，室温按照图8-22进行控制是比较理想的。这种控制方法，是以室外干球温度作为室内温度调节器的主参数。根据室外气温的变化，改变室内温度的给定值，这种方法称为室外气温补偿控制法。

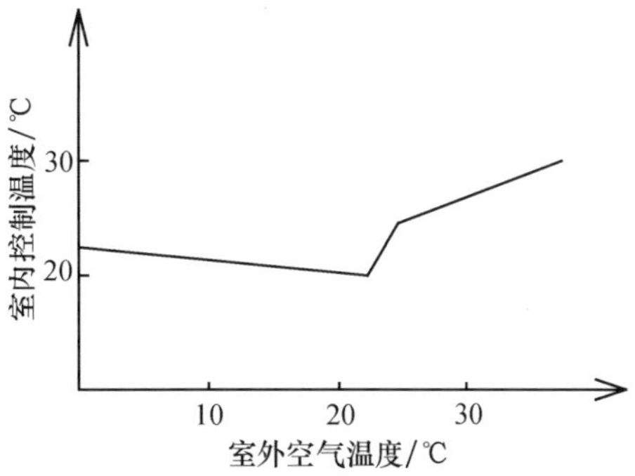

图8-22　室内温度给定值随室外温度的变化

室外温度补偿控制原理见图8-23，由于冬、夏季补偿要求不同，调节器M分别为冬、夏两个调节器，通过转换开关进行季节切换。

另外，为了提高室温控制精度，克服因室外气温、新风量的变化以及冷、热水温度波动等对送风参数产生的影响，在送风管上可增加一个送风温度传感器T_2（图8-24），根据室内温度传感器T_1和送风温度传感器T_2的共同作用，通过调节器对室温进行调节，组成室温复合控制环节，也称为送风温度补偿控制。

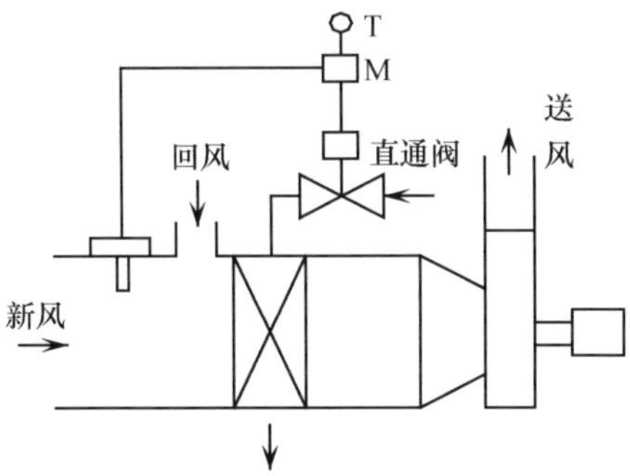

图8-23　室外温度补偿控制

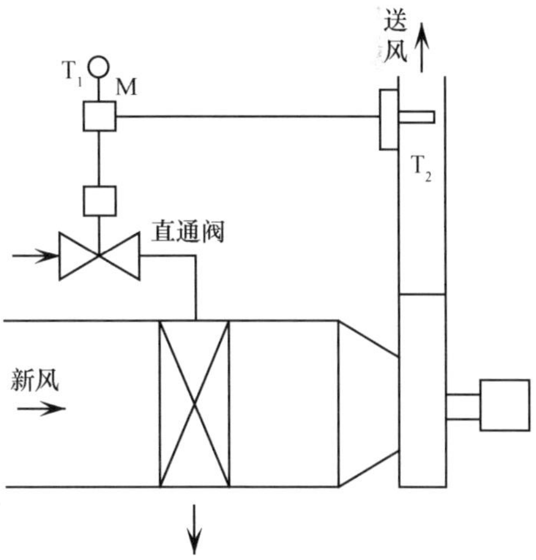

图8-24　送风温度补偿控制

四、室内相对湿度的控制

室内相对湿度的控制方法可以采用间接控制法和直接控制法两种。

（一）间接控制法（定露点）

对于室内产湿量一定或产湿量波动不大的情况，只要控制机器露点温度L就可以控制室内相对湿度。这种通过控制机器露点温度来控制室内相对湿度的方法称为“间接控制法”。

由机器露点温度控制新风和回风混合阀门（图8-25）。此法用于冬季和过渡季。

如果喷水室用循环水喷淋，随着室外空气参数的变化，需保持机器露点温度一定，则可在喷水室挡水板后，设置干球温度敏感元件TL。根据所需露点温度给定值，通过执行机构M比例控制新风、回风和排风联动阀门。

由机器露点温度控制喷水室喷水温度（图8-26）。此法用于夏季和使用冷冻水的过渡季。在喷水室挡水板后，设置干球温度敏感元件。根据所需露点温度给定值，通过比例地控制冷水管路中三通混合阀调节喷水温度，以保持机器露点温度一定。

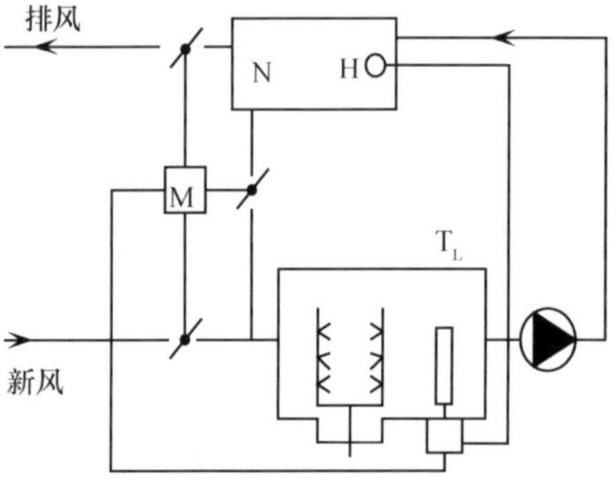

图8-25　机器露点温度控制新风和回风混合阀门

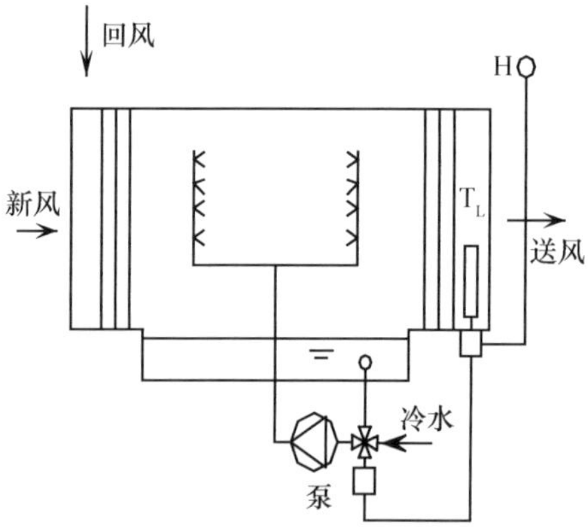

图8-26　机器露点温度控制喷雾室喷水温度

有时为了提高调节质量，根据室内产湿量的变化情况，应及时修正机器露点温度的给定值，可在室内增加一只温湿度传感器H。当室内相对湿度增加时，湿度传感器H调低TL的给定值，则调高TL的给定值。

（二）直接控制法（变露点）

对于室内产湿量变化较大或室内相对湿度要求较严格的情况，可以在室内直接设置湿球温度或相对湿度敏感元件，控制相应的调节机构，直接根据室内相对湿度的偏差进行调节，以补偿室内热湿负荷的变化。这种控制室内相对湿度的方法称为直接控制法，也即使相对湿度在控制的送风温度下波动，控制住送风水蒸气分压力。它与间接控制法相比，调节质量更好，目前在国内外广泛使用。

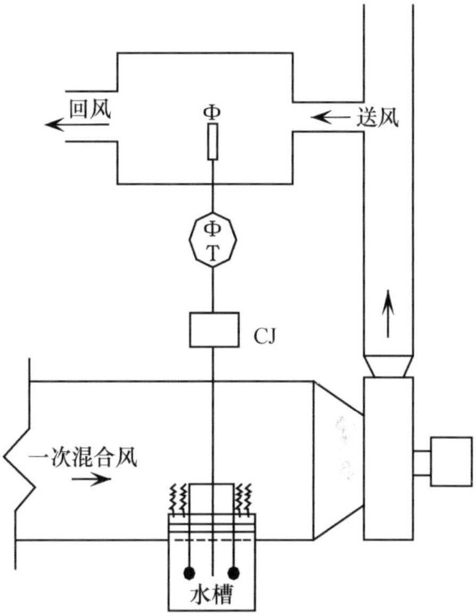

图8-27　电极加湿器的调节

图8-27是电极式加湿器，常采用通断的双位控制，它不需要外加电源，设备简单。由于直接把蒸气加入空气中，不影响空气的干球温度。这种方法常用于相对湿度要求不高的场合，一般在成套机组中应用较多。

五、集中式空调系统全年运行自动控制系统

图8-28为一次回风空调系统自动控制系统示意图。下面对该自动控制系统的调节过程加以说明。采用变露点“直接控制”室内相对湿度的方法，则控制元件和调节内容如下。

（1）T、H：室内温、湿度敏感元件。

（2）T_1：室外新风温度补偿敏感元件，根据新风温度的变化可改变室内温度敏感元件。

（3）T_2：送风温度补偿敏感元件；

（4）T_3：室外空气焓或湿球温度敏感元件，可根据预定的调节计划进行调节阶段（季节）的转换。

（5）M：风机联动装置，在风机停止时，喷水室水泵、新风阀门和排风阀门将关闭，而回风阀门将开启。

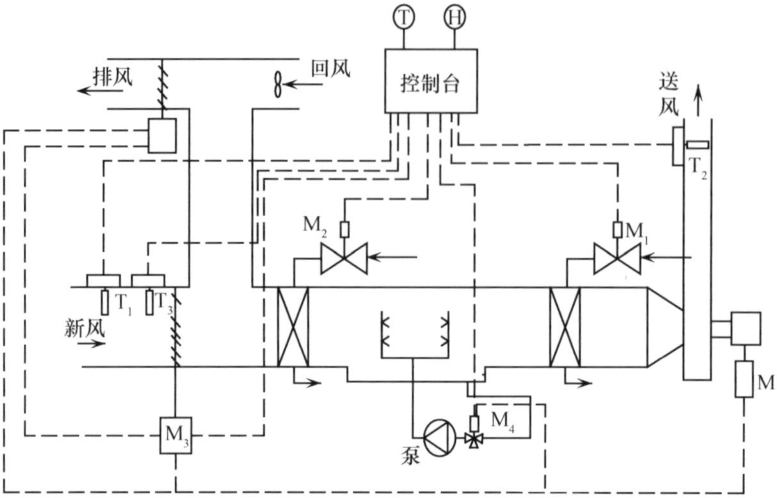

图8-28　一次回风空调自控系统示意图

（6）控制台：装有各种控制回路的调节器等设备。

随着室外空气参数变化，对于冬夏季室内参数要求相同的场合，其全年自动控制方案如下。

（1）第一阶段，新风阀门在最小开度（保持最小新风量），一次回风阀门在最大开度（总风量不变），排风阀门在最小开度。室温控制由敏感元件T和T_2发出信号，通过调节器使M_1动作，调节再热器的再热量；湿度控制由湿度敏感元件H发出信号，通过调节器使M_2动作，调节一次加热器的加热量，直接控制室内相对湿度。

（2）第二阶段，室温控制仍由敏感元件T和T_2调节再热器的再热量；湿度控制由湿度敏感元件H将调节过程从调节一次加热自动转换到新、回风混合阀门的联动调节，通过调节器使M_3动作，开大新风阀门，关小回风阀门（总风量不变），同时相应开大排风阀门，直接控制室内相对湿度。

（3）第三阶段，随着室外空气状态继续升高，新风越用越多，一直到新风阀全开，一次回风阀全关时，调节过程进入第三阶段。这时湿度敏感元件自动地从调节新、回风混合阀门转换到调节喷水室三通阀门，开始启用制冷机来对空气进行冷却加湿或冷却减湿处理。这时，通过调节器使M_4动作，自动调节冷水和循环水的混合比，以改变喷水温度来满足室内相对湿度的要求。室温控制仍由敏感元件T和T_2调节再热器的再热量来实现。

（4）第四阶段，当室外空气的焓大于室内空气的焓时，继续采用100%的新风已不如采用回风经济，通过调节器使M_3动作，使新风阀门又回到最小开度，保持最小的新风量。湿度敏感元件H仍通过调节器使M_4动作，控制喷水室三通阀门，调节喷水温度，以控制室内相对湿度。室温控制仍由敏感元件T和T_2调节再热器的再热量来实现。

整个调节阶段如表8-4所示。

表8-4 一次回风空调系统全年运行自动控制内容

调节阶段		第一阶段	第二阶段	第三阶段	第四阶段
调节内容	室温	调节再热	调节再热	调节再热	调节再热
	相对湿度	调节一次加热器加热量（喷循环水，保持最小新风量）	逐渐开大新风阀门，关小回风阀门（喷循环水）	调节喷水温度（新风阀门全开）	调节喷水温度（保持最小新风量）

上述一次回风空调系统的全年自控方案中，第四阶段也可以利用二次回风来调节室温（利用一组一、二次回风联动阀门）。也就是说，保持最小新风比，由室温控制敏感元件通过调节器，调节一次回风和二次回风的联动阀门，维持室温一定。这样，可以节省再热量。

空调系统的自动控制技术随着电子技术和控制元件的发展，将得到进一步的改进：一方面将从减少人工操作出发，实现全自动的季节转换；另一方面从更精确地考虑室内热湿负荷和室外气象条件等因素的变化出发，利用电子计算机进行控制，空调系统各参数的控制将越来越精确，越来越方便，一年四季都能在最佳工况下工作，以达到最大限度地节约能量的目的。

六、DDC直接数字控制系统

系统原理图如图8-29所示。

该系统采用DDC直接数字控制。DDC控制器配有相应环路的控制模块（计算模块、逻辑模块，比例、积分、微分的控制模块等）和数字量的输入和输出，并带有显示装置。

室内温度控制，由室内回风空气温度和送风温度传感器发出信号，实现DDC室温控制和送风温度补偿控制，使室温在给定范围内；室内湿度控制，

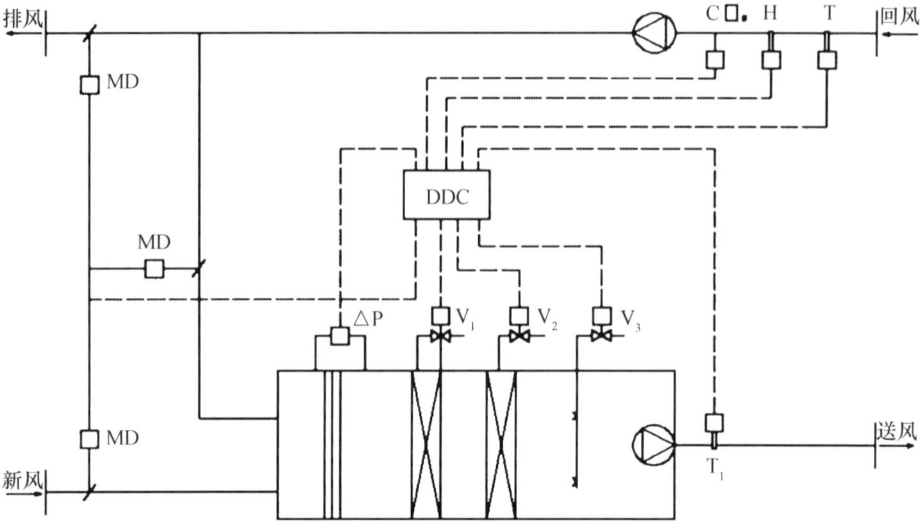

图8-29　一次回风空调DDC直接数字控制系统

T、T_1. 温度传感器　H. 湿度传感器　CO_2. CO_2浓度传感器　V_1、V_2、V_3. 电动调节阀；MD. 电动风阀　△P. 微压差传感器　DDC. DDC控制器

由室内回风空气湿球传感器发出信号，实现DDC室内湿度控制，使室内湿度控制在给定范围内。

CO_2传感器可以感知室内空气CO_2浓度，通过对CO_2浓度的检测，控制送入室内的最小新风量和排风量，以达到减小新风能耗的目的；△P微压差传感器可以检测过滤器前后的微压差或发出报警信号，以判断是否要清洗或更换过滤器。DDC控制器也可以事先设置运行模式，如预冷、预热，值班采暖、供冷，在过渡季可以全新风运行等达到节能的目的。

DDC控制器还可以与建筑内的中央监控系统连接。中央监控系统可以对各子系统实现中央监督、管理和控制。各子系统的现场控制器可以对供热、制冷、空调系统中热交换站、集中冷冻站和各种空调系统进行就地多参数、多回路控制。可以进行现场独立控制或中央集中控制。

DDC系统利用硬件和软件根据环境变数来调整控制设备运行状态，环境变数包括温度、压力、相对湿度、流量等，设备运行根据预先设置的参数和程序进行，也可以利用远程电脑输入设置，总控计算机操作人员可以在键盘上进行修正，这一功能取代了过去对硬件控制器的校正。DDC系统也可以将检测到的温度、相对湿度、压力等控制变数，与预先储存在电脑内的希望值相比较，如果测试的数值小于或大于所希望的数值，系统将会发送出一系列的数字脉冲，这些脉冲则借助电动对气动的转换器或电动对电动的转换器转变成控制装置的调整信号，使气动或电动的组件按指示信号操作运行。

DDC控制器整个控制系统的核心，是实现控制系统功能的关键部件。它的工作过程是控制器通过模拟量输入通道（AI）和开关量输入通道（DI）采集实时数据，并将模拟信号转变成计算机可以接收的数字信号（A/D转换），然后按照一定的控制规律进行运算，最后发出控制信号，并将数字量信号变成模拟量信号（D/A转换），并通过模拟量输出通道（AO）和开关量输出通道（DO）直接控制设备的运行。

一个DDC控制器功能的强弱主要看其容量和配套的软件，DDC控制器的容量是以其所包含的控制点的数量来衡量的，即其可接受的输入信号或可发出输出信号的功能和数量。也就是说其有几个模拟量输入点，几个开关量输入点，有多少个模拟量输出点和多少个开关量输出点。所控制点数的多少是评价一个DDC控制器的重要指标，一般来讲，控制点数越多表明其功能越强，可控制和管理的范围越大，价格也会越高。

第七节　博物馆空调系统节能

公共建筑的全年能耗中，暖通空调消耗的能量占到50%～60%。所以，设计供暖、通风和空调系统时，应该把节能设计放到重要位置。

空调建筑节能的基本原理与途径包括：①建筑本体节能，包括建筑朝向、体形系数、间距、绿化、围护结构等方面；②建筑运行设备节能，包括热湿设备、光照设备、办公设备、家用设备等；③建筑能源源头节能，包括可再生能源的应用、新型供能方式等方面。

目前空调建筑节能研究热点包括空调设备低能耗、高效率研究，如能量回收设备、空气处理设备的节能以及综合利用等；蓄冷系统研究，蓄冷系统容量设计、蓄冷介质、系统评价标准等；空调方式综合措施研究，如高大空间采用分层空调、采用下送风或高诱导送风、多级喷口方式送风等；可再生能源的应用，新型供能方式等；空调系统运行节能，如部分负荷时，调节运行台数，提高运行效率，春秋多利用自然空气降温，采用自动控制技术进行多工况控制。

一、蓄能空调技术简介

蓄能空调技术就是利用夜间电网低谷时的电力来制冷或制热，把冷量或热能储存起来，在白天电力高峰用电紧张时释放冷量或热能，满足建筑物空调冷源或热水需要。

1. 蓄能空调的起源与国际上的发展情况

水蓄冷空调大约出现在1930 年前后，最初用于影剧院、教堂、乳品加工厂等短时间使用降温、负荷集中的场所。这种蓄冷技术可以用小制冷机带动大冷负荷，可以降低制冷系统的初投资。后来，制冷机成本明显降低，该项技术的应用陷入了停滞期。1973年的能源危机，再次引起人们对空调蓄冷的关注。20世纪80年代，冰蓄冷空调技术在能源紧缺的发达国家迅速推广。在大型商场、办公楼、商住楼、宾馆饭店、娱乐场所、医院等场所应用效果显著。从世界范围看，世界发达国家都已经或正在使用蓄冷空调。目前该项技术在世界上属于成熟的技术，世界各国广泛于应用各个领域。目前，最新的蓄冷空调是低温、大温差供冷送风技术，少数工程已做到比常规空调系统投资更少。

2. 蓄能空调技术在国内的发展情况

随着社会发展和生活水平的提高，我国各地空调用电大幅度增长。而且许多企业由于晚班生产工效低，需另付晚班费等原因，渐渐恢复到白天生产，导致低谷用电负荷反而逐年相对下降。因此，城市用电峰谷差日趋拉大，城市尖峰用电时段电力紧张，迫使电力部门拉闸限电。而低谷用电时段电力过剩。根据美国、日本及我国台湾地区的经验，解决上述矛盾的一个有效途径是发展蓄能空调，将尖峰负荷转移到低谷时段。

与常规空调系统比较，冰蓄冷空调一方面对电网削峰填谷、优化资源配置、减少电力电站投资、保护生态环境有良好的社会效益。另外，对采用冰蓄冷空调的业主而言，还可以得到以下实惠：减免电力增容费用，减少制冷主机的装机容量，减少相应的配电设备投资，节省大量的运行费用，停电时还可以作为应急冷源继续供冷。

3. 蓄冷空调技术的基本原理

蓄冷中央空调简单地讲就是在常规中央空调增加了一套蓄冷装置，如蓄冰槽、蓄冰桶等。蓄冰空调主要利用分时电价政策，在夜间用电低谷期，采用电制冷机制冷，将制得冷量以冰（或其他介质）的形式储存起来。在白天空调负荷高峰期，将冷量释放，便可达到少开中央空调主机甚至不开主机的目标。

4. 蓄冷空调的分类

按蓄冷介质分：水蓄冷——用水作为蓄冷的介质，有一定的应用，某些条件下有优势。冰蓄冷——用冰作为蓄冷的介质，目前最常用。共晶盐等高分子介质，目前少用。

按蓄冷方式分：部分蓄冷，是指制冷机连续运行，在夜间制冷储能，以补足白天高峰制冷负荷，白天同时使用制冷机与夜间储存的冷量供应空调负荷。部分蓄冷是目前最常用方式。全部蓄冷，全部蓄冷是利用低谷电荷时制冷机蓄冰储能，白天空调不使用制冰机，所有空调负荷完全以储存的冷能供给。这种方式常用于改建工程，也适用需要瞬时大量释冷的建筑物，如体育馆。

5. 采用冰蓄冷空调技术对用户的效益

减少制冷主机的装机容量和功率，可减少30%～50%。减少电力增容费和供配电设施费。减少相应的电力设备投资，如变压器、配电柜等。例如，罐头厂，减少冷却塔的装机容量和功率。设备满负荷运行比例增大，充分提高设备利用率和效率。系统冷量调节灵活，过渡季节不开或少开制冷主机，节能效果明显。利用低谷廉价电力，节省大量的运行费用，可节省40%～50%。易于实现大温差和低温送风，节省输送系统的投资和能耗。能提高空调品质，有效防止中央空调综合征。具有应急功能，停电时可利用自备电力启动水泵溶冰供冷，空调系统的可靠性提高。缺点通常在不计电力增容费的前提下，其一次性投资比常规空调大（在15% 以内）。储冰装置要占用一定的建筑空间，制冷储冰时主机效率比在空调工况下运行低，设计和调试相对复杂。

6. 蓄冷空调技术的社会效益

商业用电一般集中在9：00～23：00。若按尖峰用电负荷建设发电设备与供电电网，那么在低谷时段，相当一部分发电设备与输电设备不能充分发挥作用，折算到每kW/h的平均供电成本也要上升。如果按平均用电负荷建设发电厂输配电网，那么在尖峰时段，用电负荷就会超过供电能力，必须采取拉闸停电，强制削减用电负荷。而采用了蓄冷空调之后，尖峰时段制冷机不制冷或少制冷，即可均衡用电负荷，保证供电。

如果单纯为了满足尖峰用电负荷需要，就必须兴建更多的新电厂。在空调的社会普及率相当高后，如果采用蓄冷空调技术，就可有效地把空调用电的40%左右的负荷转移到低谷时段，就可不建或缓建新电厂。从而提高了现有发电设备与输配电网的利用率与效率，改善电力建设的投资效益。

二、能量回收装置简介

空气—空气能量回收通风装置（air-to-air energy recovery ventilation equipment）带有独立的风机、空气过滤器，可以单独完成通风换气、能量回收功能，也可以与空气输送系统结合完成通风换气、能量回收功能的装置，习称能量回收机组或热回收机组。空气—空气热交换器（air-to-air heat exchanger）将排风中的热（冷）量传递给送风的热转移设备，习惯上称热回收器，也称能量回收部件（air-to-air energy recovery components）。

设置能量回收装置的目的是减少供热（冷）装置的容量；减少诸多设备如制冷和供热设备、空气处理设备、水泵、管路等投资；减少全年的能源消耗量；降低运行费用；减少对环境的污染，减少温室气体的排放，保护环境，保护地球。

《公共建筑节能设计标准》（GB 50189-2005）明确规定：设有集中排风的建筑，在新风与排风的温差$\Delta t \geq 8℃$时：当新风量$LO \geq 4000m^3/h$的空调系统，或送风量$Ls \geq 3000m^3/h$的直流式空调系统，以及设有独立新风和排风的系统，宜设置排风热回收装置。并规定排风热回收装置的额定热回收效率不应低于60%。

利用热回收装置回收排风中的热能，能取得显著的节能效益、经济效益和环境效益。应用不同形式热回收器时的经济分析如表8-5所示。

表8-5　采用不同形式热回收器时的经济分析（万元/年）[2]

热回收装置的类型	初投资	效率/%	风机电费	年维护费用	年节省费用	回收年限/年
板翅式	204.00	60	0	0	88.44	2.31
转轮式	331.50	70	12.00	0.8	137.01	2.51
热管式	214.20	65	0	0	95.24	2.25

殷平在《新型板式全热交换器研制——经济分析》一文中得出结论[3]：“当全热交换器的全热交换效率超过60%，单位风量的价格低于8元/（m^3/h）时，空调系统增设全热交换器的总投资不会增加，甚至可能减少，经济效益显著。”

三、节能措施和途径

下面简单介绍几种有效的节能措施和途径，在设计与实际中结合具体的工程情况使用。

（1）空调系统设计过程中，除方案设计和初步设计阶段外，不应利用负荷指标估算空调冷/热负荷。由于具体工程的情况千差万别，因此在施工图设计阶段必须对每一个房间进行热负荷与逐项逐时的冷负荷计算。不能把使用时间或温度、湿度等要求条件不同的空调区划分在同一个空调系统中。若划分在同一个空调系统中，不仅会给运行和调节造成困难而且不可避免地会使能耗增大。

（2）房间面积或空间较大、人员较多，或有必要集中进行温、湿度控制与管理的空调区（如大商场、影剧院、展览厅等建筑），应采用全空气空调系统。为了保证人体健康，确保室内空气品质满足国家标准《室内空气质量标准》（GB/T 18883–2002）的要求，在上面这些场合，不应采用风机盘管机组加新风的空调方式，更不能采用变制冷剂流量多联分体式（VRV）空调系统。这两种方式对再循环空气都缺乏有效和可靠的过滤净化功能，很难保证室内空气质量完全满足《室内空气质量标准》的要求，尤其是对可能吸入颗粒物的控制缺乏有效的手段。全空气系统不仅易于集中处理噪声和过滤净化空气，确保空气质量符合标准的各项要求，而且能方便地实现温、湿度的集中调控与管理，还能充分地利用新风的自然冷却能力，“实现免费供冷”，获得最大的节能效益、经济效益和环境效益。另外，全空气空调系统的空气输送，应采用单风管，这样可减少建筑占用空间、减少初投资，通过风管产生的温升/温降也可减至最少。

为了节省能耗，应根据室外温度的变化，对室内温度的设定值进行优化调节和浮动控制。室内温度不保持固定值，而根据室外温度的变化，在舒适区域内浮动，可以节省能耗15%～20%。在必要时，可采取新风进行集中除湿处理，使其含湿量降至等于室内空气的含湿量。传统的恒温恒湿空调系统，几乎无例外的都是采用“露点温度控制再加热”模式，若按本条措施执行，则可以节省由于在加热时造成的能耗。

（3）人员密度较大，且变化较大的房间，设计采用新风需求控制；通常宜根据CO_2浓度对新风需求进行优化控制。优化控制的目的是送最少的新风量来确保空调区CO_2浓度不超标，如果新风量不随排风量相应改变，会导致空调区内压压力过高或过低，造成新风不能按量送入，或室外空气侵入室内的现象。在新风量变化的同时，排风量必须相应改变。空调系统不宜从吊顶内直接回风，尤其是位于顶层的房间，更不应该如此。直接由吊顶内回风，容易造成污染物交叉传播，还可能增大空调系统的能耗，尤其是顶层房间。

（4）建筑物空间高度H≥10m、体积V＞10 000m^3时，宜采用分层空调系统。分层空调系统，仅对室内下部空间进行空气调节，所以，供冷时所需的冷量，比常规全空气空调系统可以节省30%左右，而且初投资也可降低。条件合适时，空调系统的空气分布应推广采用下送风方式，如置换通风和地板送风模式，且应充分利用室外空气进行免费供冷。下送风时，特别是置换通风型送风模式，具有送风效率高、空气龄短、送风温度高等特点，其制冷能耗费用比混合式通风可节省20%～50%。同一个空气处理系统中，除特殊需要外（如多区域再热和恒温恒湿空调系统），应避免同时有加热和冷却过程出现，若同时出现，必然存在冷热抵消现象，因此，不经济又不节能，在设计和应用中应该尽量避免。

（5）对于每层面积较大的建筑，应结合建筑进深、朝向、分隔等因素，因势利导地划分内区（核心区）和外区（周边区），分别设计和配置空调系统；同时，要注意防止冬季室内冷、热空气的混合损失。冬季内区的冷却，应尽量利用室外低温空气作为冷源。建筑内区和外区的负荷特性不同，外区因有外围结构，空调负荷随季节改变有较大的变化；内区一般需要常年供冷，因此，应分别设计和配置空调系统。这样既便于运行管理，获得最佳的空调效果；又能避免冷热抵消、节省能耗、降低运行费用。

（6）为了节能，空调冷却水系统应该满足冷水机组运行时，冷却水最低回水温度的控制；冷却塔风机运行台数或风机转速的控制；利用冷却塔供应空调冷水时（冷水机组停止运行）的供水温度控制；通过控制离子浓度法或定时法，实现排污控制。冷却水的进水温度越低，冷水机组的能效比越高越有利于节能。但是，为了保证冷水机组的正常运行，冷却水有最低温度的限制，为此，必须对冷却水实施控制。控制方法通常由调节冷却塔风机的运行台数、调节冷却塔风机的转速或调节旁通流量（在供回水总管间设置旁通电动调节阀）等。

空调冷、热源系统，应满足下列控制要求：对系统冷/热量的瞬时值和累计值进行监测，冷水机组优先采用冷量优化控制运行台数的方式；冷水机组/热交换器、水泵、冷却塔等设备的连锁启停；对供、回水温度及压差进行检测、控制；设备运行状态的检测与故障报警；有条件时，对冷水机组的出水温度进行优化设定。由于冷水机组的最高效率点通常位于机组的某一部分负荷区段，因此采用冷量控制的方式比采用温度控制的方式更有利于机组在高效率区段运行而节能，是当前最合理和节能的方式。设备台数控制的基本原则应是设备在高效率区运行；相同型号设备的运行时间基本相等；满足负荷侧低负荷运行的需求。当楼宇自动控制系统与冷水机组控制系统可实施集成时，可根据室外空气状态在一定范围内对冷水机组的出水温度进行再设定优化控制。

水冷式、风冷式或蒸发冷却式冷水机组，应优先选择采用能效等级为1级和2级的节能型产品，不应采用低于4级的产品。国家标准《冷水机组能效限定值及能源效率等级》（GB 19577–2004）中规定的能效等级1级和2级的产品为节能型产品，5级为将要淘汰的产品。

（7）对于间歇运行的空调系统，应设置根据预定时间进行最优启停功能的控制装置，一般宜根据室内外条件和房间特性自动决定启停时间，以便达到最大限度的节能。最常见的启停时间控制方式是在系统预定使用前30min启动空气处理机组，同时关闭新风风阀，进行预冷（热），预冷（热）结束后，开启新风风阀；预定结束使用时间之前15 ~ 30min关闭机组，停止运行。为了达到最大限度地节省能，在保证使用期间满足要求的前提下，应尽量提前系统运行的停止时间，推迟系统运行的启动时间。

（8）对于集中空调系统，应采用计算机监控技术，其内容包括参数检测、参数与设备运行状态显示、自动调节与控制、工况自动转换、能量计量、中央监控与管理等。采用计算机控制技术能提高管理水平，实现科学管理，在保证空调环境质量和降低运行成本的基础上，最大限度地节约能源，取得明显的社会效益和经济效益。对于面积大于20 000m^2的全空气空调建筑，空调系统以及冷、热源系统，宜采用直接数字控制（DDC）系统。DDC系统在设备及系统控制、运行管理等方面有较大的优越性，同时，能够取得很好的节能效果。DDC系统的控制功能很强，将其他机电设备的监控纳入同一系统，能对整个建筑机电系统的运行管理带来方便。

由于受到实际使用状况、内热扰与气候条件、空调系统的构成等诸多因素的影响，实际建筑物中空调系统的运行工况是复杂而多变的，因此，评价、衡量与考核一个空调系统实际运行状况的好坏，不应该只按某一标准进行判断，而应该综合考虑全工况下的运行情况。为此，各项指标均应取一个完整供冷季的平均值进行评价。为了便于操作，一般可以把指标的取值时间定为一段连续时间，如一天、一周或一个月，或者测量几个时间点取其平均值。

参考文献

[1] 陆耀庆. 实用供热空调设计手册（第二版）[M]. 北京：中国建筑工业出版社，1993.

[2] 赵建成，周哲. 排风热回收系统在工程中的应用[M]. 建筑科学，2006，22（6）：70.

[3] 殷平. 新型板式全热交换器研制——经济分析[J]. 暖通空调，2006，36（3）：53-58.

第九章　博物馆的调控系统

博物馆展柜、展厅、库房内的温湿度、洁净度对文物寿命造成一定的影响，博物馆必须采取科学技术手段检测并调控博物馆内部的环境温湿度。目前国际上博物馆界没有统一的标准，不同地理环境的博物馆，根据展厅的情况、博物馆空调设备的性能、展品的珍贵情况确定博物馆所执行的控制设备。天津地区的气候类型为暖温带半湿润季风性气候，夏季高温多雨，冬季寒冷干燥，春、秋较短。降水季节分配很不均匀，全年降水的80%集中在夏季6～8三个月。室外气候环境的变化对博物馆内部环境影响很大，展厅和库房空间环境的调控首先应该全面提升博物馆文物库房和展厅的建筑条件、空调系统、智能建筑、楼宇自动化系统和空调控制子系统，其次再用必要的调湿净化设备辅助调控空间内的环境状况。博物馆展柜为文物提供了物理防护和环境控制双重保护作用，文物保存在展柜内基本处于精确的恒温恒湿环境中，外界空气污染不会侵害到文物。另外，文物在运输途中的保护也是非常重要的。

第一节　展厅内温湿度的调控

早在19世纪之前，人们就尝试着对博物馆的温湿度环境进行控制，由于受当时技术水平的限制，通常是把大理石作为墙体材料，并在墙体内外壁涂上阻湿材料，利用大理石的蓄热作用和阻湿材料对湿度的缓冲作用来延缓馆内的温湿度变化[1]。19世纪以后，温湿度控制技术得到不断发展，由以前的“被动控制”发展到“主动控制”，采用空调机组控制温湿度的方式得到了广泛的应用，但随之也出现了较多的问题：如何解决冷表面冷凝；如何让系统运行稳定；如何让系统运行更节能及如何同时满足展厅中的“人”和“文物”的要求等。Lafontaine 等学者提出在冬天采用恒湿器控制加热装置的方法来控制馆内的温湿度，避免了冷凝现象的产生，但是采用该方法提供的环境达不到人类的舒适要求，只适用于那些不对外开放的小博物馆或者保藏室[2]。由于湿度调节装置经常发生故障导致馆内湿度不稳定，Barrette采用电动湿度调节装置，并增加了喷雾器，通过对冷却盘管喷雾来控制湿空气露点以达到控制湿度的目的[3]。Shirey为佛罗里达州圣彼得斯堡市艺术博物馆的空调系统安装备用风机和备用风管解决了馆内湿度发生波动的问题，并在冷却除湿系统中加上热管来回收热量以改善除湿的效果，改造后每年可节省20%以上的环境控制费用[4]。

由于人和文物所要求的温湿度环境有很大的不同，因此只采用一种空调系统对展厅环境集中进行控制不可能同时满足人和文物的要求，只可能在一定程度上缓和两者之间的矛盾。对于博物馆来说，当珍贵文物和敏感文物进入展厅展出时，总要采取最好的技术措施，精确控制展品区的温度和相对湿度，并且保证展品附近空气质量优良。

一般博物馆展厅内的空调系统为全空气空调系统，温湿度由组合式空调机组控制， 观众活动区域采用普通的中央空调风系统，能满足人们舒适度要求即可。对于展品区域，建议采用个性化送风方式。室外新风在经过集中的热湿处理后，由单独的小风机送往相应末端。该系统所用的末端风口，风口经可移动的软管与送风道相连，使风口位置和送风角度能够随意变动，而博物馆工作人员也可以控制该末端对应的小风机转速而随时改变送风量。此系统独立于房间背景送风系统，因此可实现送风温度和房间背景温度的分别控制。

要使博物馆展厅内温湿度经常处在比较适宜的状态，既需要对展厅内温湿度进行控制，又需要对展厅内的温湿度进行调节。如果对展厅内温湿度只控制不调节，或只调节不控制，都不能收到较好的效果。所以，温湿度的控制与调节是改善博物馆展厅温湿度状况不可缺少的两项措施，二者是相辅相成的，缺一不可，只有两者结合，才能取得事半功倍的效果。

一、人工调节

改善展厅内温湿度变化的环境可以采取多种措施。首先，要初步研究和掌握展厅内温湿度的变化规律，并根据调查情况采取相应的措施。方法是在展厅内设置温湿度测量仪表，每天定时观测变化数值，做好记录。根据观测，如果展厅内湿度过高，文物易滋生细菌，可采取密闭门窗，在门窗的缝隙处贴上海绵胶条，防止和减轻潮湿的空气进入展厅，破坏展厅内稳定环境。还可使用专业的除湿设备，加强除湿工作的力度。如在夏季多雨的季节，集中使用除湿机除湿防潮，可以保证展厅里良好的除湿效果。如果展厅内湿度过低，则要采取增加湿度的措施，可使用空气加湿器，使水分快速蒸发到空气中。没有加湿器，也可以采用人工的方法在展厅文物附近放置水盆等简易的方法增加湿度。除此之外，改善展厅内温湿度环境还可以单独将文物放置于展柜内，给文物制造第二环境，阻止外界潮湿空气的侵蚀，使文物保存在相对稳定的温湿度环境中，以此减轻外界环境的影响。文物的保存需要处在相对稳定的温湿度环境中，忌讳温湿度大起大落的剧烈变化，人为控制很难达到精确的标准，如监测有疏漏、库房内温湿度调整不平衡，文物就会吸湿膨胀、失水收缩，如此反复作用，会导致文物变形，直到破裂损坏，造成不可挽回的损失。

二、自动控制

近年来，随着我国建筑与现代信息技术的迅速发展，智能建筑系统在我国得到了广泛的应用。智能建筑是一个综合概念，其特点是以计算机和现代通信技术为核心，以提供信息自动化、建筑物内设备自动化监控为手段，用现代化的服务与管理方式向人们提供全面的、高质量的生活与工作环境的多功能建筑。

2005年，我国对外开放的首都博物馆使用了高度智能建筑的特点，它以建筑、结构、给排水、暖通空调、电气、电信等专业的通力配合为平台，文物展厅内采用恒温恒湿的先进、独特的智能化空调系统，将文物展厅相对湿度的变化幅度控制在2%以内，极大地保证了文物存放的安全。建立在博物馆智能建筑的基础上，如果在博物馆的文物展厅内安装独立的、自动调控温湿度的空调控制系统，就能单独对展厅内的温湿度实施有效的控制和调节，即可把调节了具体数值相对湿度和温度的空气，直接输送到展厅内，营造一个完整的恒温恒湿的人工环境，保持展厅内温湿度最稳定的状态。因此，博物馆建筑空调系统的正常运行和它对室内空气温湿度的精度调节尤为重要。其工作原理为在智能楼宇中，控制系统根据室内各个监测点的温湿度变化，自动调整空调机组各个设备的开关和运行状态，以确保室内各点温湿度的稳定。同时，空调控制系统，也可以检测出空气中有害废弃的含量和浓度，自动调节温度、湿度及空气中的含氧量，保证文物藏品处于最佳的文物保存环境中。

三、基于雾化器的室内温湿度控制系统[5]

近年来，科学技术迅猛发展，各行各业对于温湿度环境有了越来越高的要求。在进行室内温湿度控制系统设计时，可考虑采用雾化器作为调温加湿的执行设备。与其他同类产品相比较，雾化器具有较好的推广价值，其制造成本低、工作效率高、适用范围广，同时具备加湿器和普通空调器的功能。过去，雾化器更多地应用在医学上，而随着社会的发展，开始广泛地应用到人们的日常生活中。通过对水进行雾化操作，有效地保证了室内的湿度，同时可以产生一定量利于人体健康的负氧离子。因此，在改善室内温湿度环境的同时还可以起到打造较好的清新空气、预防疾病的功能。

雾化器系统的总体结构框图如图9-1所示。其中主要包括了雾化器单元、控制面板、温湿度传感器、水位传感器，声光显示装置以及各种执行器件等。由于本系统的功能及控制对象相对较复杂，因而系统采用单片机模块实现自动控制与检测。该模块接收输入信号和各个传感装置返回的检测信号，进行综合分析后，通过控制各执行器件，实现对系统各功能模块的有效控

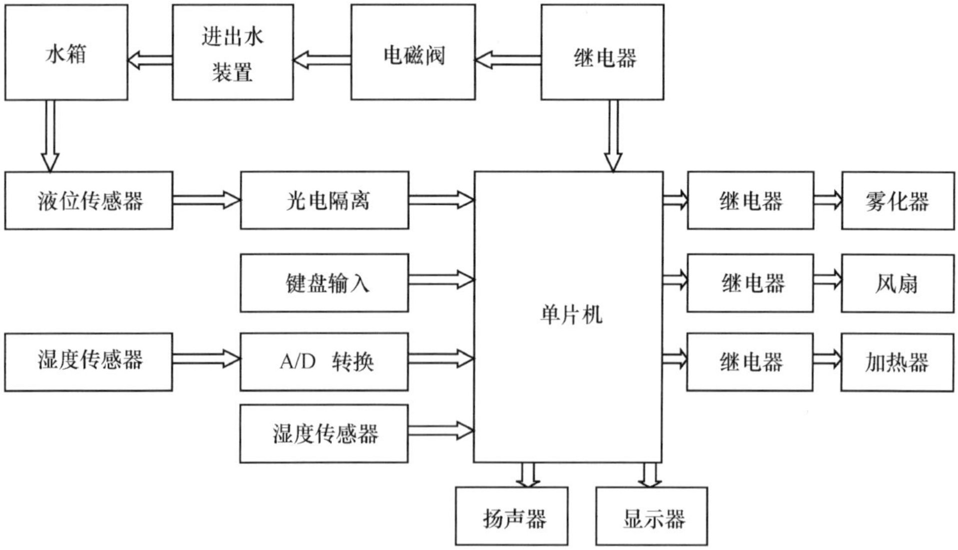

图9-1　功能信号处理流程及各执行模块的控制方式示意图

制。在整个工作过程中，各个参数可以通过液晶显示屏显示出来。

该系统的工作原理是该系统可以将一定温度的水雾化成直径仅几μm左右的水颗粒，快速实现室内升温、加湿及空气净化等功能。具体分析如下：系统接通开关电源后，正式进入工作状态，温度传感器将分别返回室内温度检测值和水箱水温检测值。湿度传感器将接收室内空气的湿度信号，而液位传感器则将反馈水箱水位的高度信号。与此同时，系统会自动检测用户是否预先设定了温度值和湿度值，如果没有检测到设定值，系统将自动调取默认的设置参数。系统开始工作后，将先判断室内的温度，若温度比系统默认值低，将会启动雾化器给室内的空气升温。在启动之前事先要检测水箱的水温，如果水温达不到规定标准，则需要给水加热。加热工作开始之前检测水位，如果水位位置超过了加热器的位置，则可以启动加热器对水加热。反之，则必须先启动进水装置给水箱加水。本系统的进、出水工作由专门的电磁阀完成，单片机通过固态继电器控制着这些阀的开启与关闭。每次等待水箱实际水位达到设定位置时再启动加热器，当水温上升至雾化设定值时，雾化工作便可以正式开始。该系统的加热方式可以考虑采用电加热，该方式具有效率高、零污染、控制方便等优点，理论证明，该加热方式可以获得85%甚至更高的热利用效率。电加热装置的停止及启动完全由单片机控制单元进行自动控制，如果系统的温度传感器反馈的温度值已经达到雾化器的启动温度值，电热装置将处于等待状态。而随着时间的推移，一旦温度下降了，雾化器会自动停止工作，电热装置启动给水加热，如此循环，有效地保障了整个系统安全正常地工作。

雾化器启动后，室内温度值及湿度值都将逐渐增加，当所有数据达到用户设定值或系统默认值时，雾化器会停止工作，系统将进入保持状态。如果之后温度再有下降，雾化器会再次开启，如此循环，最终将室内的温度值、湿度值恒定在用户的设定值上。整个工作过程中的温度、湿度等数据都可以通过液晶屏显示技术呈现出来。

整个室内温湿度控制系统集雾化、自动检测、显示于一体，操作方便，安全高效，互动性好。具有较强的实用性和良好的推广性。

随着我国博物馆事业不断壮大和发展，提倡“保护文物，利用文物”，文物展厅内的环境控制建设将成为一个新课题。近年来，博物馆对文物的收藏空间环境的研究取得了很大的进展。博物馆是文化遗产的宝库，作为博物馆工作人员，应充分地重视这项工作，加强展厅内建设，完善现代化设备，为文物的保存提供优质的空间环境，让文物以最佳状态展示出来，才能传递和表达丰富的文化信息，为文化事业的繁荣做出更大的贡献。

第二节　库房内温湿度的调控

博物馆是保存文物的重要场所，为降低文物的老化速度，博物馆要求文物保存于适宜的环境条件中。对于保存于文物库房的珍贵文物和敏感文物，博物馆不仅要求文物库房环境温湿度适宜和空气质量清洁，而且还要为这些无价之宝创建多层保护措施，如保藏柜、小型保藏箱、囊匣、囊盒、柔性内衬、塞缝棉、包裹布、包裹绵纸等措施，保藏在这样多重保护条件下的文物，基本处于精确控制的恒温恒湿环境中，外界空气污染不会侵害到多层保护的文物，多层保护会使外部相对湿度变化的影响逐层降低，即使博物馆处于污染较严重的市中心，由于每一层保护措施都会吸掉大部分污染气体，能经过多层保护层接触到文物的有害气体几乎微乎其微。

刘健波等在《文物保管环境对文物保存的影响及控制》一文中指出[6]，文物的载体，同世界上所有的物质一样，处在永不停息的运动中，而运动的物质又是不断变化的。任何文物都有它合适的温湿度环境，打破了这个平衡，文物就会产生问题。库房不适宜的温湿度不仅会直接影响文物制成材料的耐久性，而且会加速一些不利因素对文物制成材料的破坏作用。因此，温湿度的控制与调节是文物保护技术中的一项十分重要的内容。如果库房的温湿度能够控制在比较适宜的范围内，文物就会得到较好的保护。

库房温湿度对文物保存有很大的影响，高温、高湿的气温条件会加速一些文物的制作材料发生物理变化或化学变化，例如，一些纸质文物中耐热性较差的字迹在高温、高湿环境条件下容易产生油渗扩散、蜕变等现象而导致字迹模糊不清，同时还会加速纸张中残留的有害化学物质对纤维素的破坏，使纤维素水解，导致纸张强度下降，耐久性遭到破坏。又如，金属类文物在较高相对湿度条件下常常会发生锈蚀反应，使文物的质地由单质金属变为金属氧化物。

高温、高湿有利于有害生物的生长繁殖，虫害生长发育最适宜的温度为22～32℃，相对湿度为70%～90%。高湿能维持虫害体内适宜含水量从而促进其新陈代谢加速虫霉发育。在适宜温度下湿度越大昆虫产卵越多，繁殖越快。危害文物安全的虫害有十余种之多，这些虫害以纸张、棉绸、皮革等有机物为食，蛀蚀文物造成孔洞，被其严重啃噬的文物则无法抢救。同样，在高温、高湿条件下，各种微生物也会大量繁殖，文物很容易发生霉变，霉变的结果就会使文物质地中有机成分发生分解，糟朽度提高，文物最终可能完全粉化。库房湿度过低会使纸质、木质一类的文物水分过度蒸发，导致纤维内部的结构破坏，使纸张变硬变脆、竹木器文物干裂，机械强度下降。

温湿度波动幅度过大或波动速度过快对文物材料有很大的影响。在自然环境中，温湿度本身对文物的影响主要体现于环境温湿度差较大时的“热胀冷缩”。当我们注意到这些自然现象时，温湿度对文物的影响就显而易见了。就温度和湿度而言，它们在环境因素中，对文物的影响是最普遍、最直接的，二者相互作用，同时，也直接或间接地影响其他环境因素。当与环境中的光、氧、虫、霉等环境因素共同作用时，温湿度就变成了一种反应加速剂。研究表明：在一定湿度值内，温度每升高10℃，文物组成材料分子反应速度就增加1～3倍。因此，文物库房高温高湿、高温低湿和温湿度忽高忽低对文物材料的保存都不利，必须加强对文物库房温湿度的控制与调节，使之处于适宜状态，这样才能有利于文物的长期保存。正是基于以上几点，国家文物局才发布了有利于文物长久保存的库房温湿度控制范围，温度是14～18℃，相对湿度是45%～60%；在规定范围内，又界定了温湿度每昼夜波动幅度，分别为±2℃和±5%（相对湿度）。

在没有安装空调系统的文物库房，温湿度变化的一个总的规律是：基本上和库外的温湿度变化趋势保持一致。但又因为不同库房的密封条件不同，库房随室外温湿度变化的速度也有所不同。密封条件越好，库房温湿度变化的速度就越慢，所以各地区、各单位的环境及库室条件不同，在库房温湿度控制与调节方面也应各有侧重，但大致有以下几项措施。

1. 密闭

密闭是防止和减少库外不适宜温湿度对库内的影响，使库内较适宜的温度状况保持相对稳定的措施之一。密封的重点是库房的门窗。它对门窗要求关闭时密闭程度要求较高，需要通风时又能开启，对这类门窗能采取措施也很多，如在门窗框上嵌橡皮条、绒布条等填塞物；玻璃四周嵌油灰、双层窗；安装防光窗帘等都可以起到相对密封的作用。不过，密封只有控制库房的温度作用，而没有调节的作用。密封又是相对的，当出现不适宜温湿度的情况下，还必须进行调节，所以只靠密封一种措施是不能达到使库房温湿适宜的目的的，必须和其他措施相结合。

2. 通风

是利用空气流动的规律，利用热压差，有计划地使库内外空气进行交换，以达到调节库内温湿度的目的。这种方法是调节库内温湿度的简便易行的有效方法。对库内降温、防潮、升温等都可以收到一定的效果。但是库房通风并不是随便开启门窗，让库内外空气自由交换，而是要掌握库内外空气自然流动的规律，根据文物制成材料的要求，对比库内外温湿度的实际情况和变化趋势，并参考风力风向而有计划地进行，否则通风不适宜，将造成不良恶果。通风，特别是采取自然通风的方法，一定要严格遵守通风降湿的四原则：①外温度和湿度都低于库内时可以通风，反之，不能通风。②外温度低于库内，库内外相对湿度一样时，可以通风，反之不能。③库外相对湿度低于库内而库内外温度一样时，可以通风。④库内外温湿度的情况不与上述三项原则相同又不相反时，需经计算来确定能否通风。就是把库外的相对湿度换算为库内温度下的相对湿度，如果低于库内的相对湿度则可以通风；反之，不能通风。

3. 控温

在密闭和通风很难达到库房理想控温效果的情况下，目前许多文物库房均根据各自实际条件采取了一些控温措施，如安装气暖设备或空调等。在经济条件允许的情况下安装中央空调是控温最理想的方法，可使库房内温度均匀，且安全有效。此外，绿化环境也是控温的一个重要措施。绿色植被可以起到防风、净化空气、调节湿度、吸收热量等作用。

4. 去湿

库房去湿是控制调节库房温湿度的重要措施，特别是针对我国南方春夏高温潮湿的季节，最潮湿月份的相对湿度会在85%～95%，对库内湿度影响较大。过去文物部门普遍采取在库房内放吸潮剂如硅胶、生石灰、无水氯化钙等措施，进行静态吸潮去湿的方法。随着条件的改善，特别是小型去湿机的广泛应用，目前许多文物库房均以去湿机为主，使库房的去湿效果十分理想。但是，去湿机的应用必须科学合理，要注意去湿机去湿功能与库房面积的关系，确保去湿的效果。如春秋季多雨，去湿机工作的时间应相对延长。

与此同时，要注意去湿与密封的关系，确保去湿在密封的条件下进行，否则难以达到去湿的理想效果。

5. 增湿

当文物库房湿度较低时，需对库房进行增湿，增湿的方式主要有两种：自然蒸发加湿和加湿器加湿。自然蒸发加湿是采用在库内放置敞口盛水容器、地面洒水、挂湿布条等方式，具有经济、简便易行的特点。还可用通风机帮助湿气很快发到空气中。用加湿器增湿是购买具有加湿效果的设备，目前这类设备市场上有很多种，各有特点，可根据库房情况进行购买。增湿措施主要是针对我国西北、东北地区常年气候干燥、湿度较低而采取的。

6. 使用文物库房温湿度自动监测系统

近年来，应文物库房温湿度监控调节的要求，出现了具有智能化、自动化特点的“文物库房温湿度巡检和联动控制系统”。此类系统在库房安装了温湿度传感器，并和温湿度控制设备相连，运用电脑系统实时监控库房温湿度变化状况，在温湿度超过一定范围时启动或关闭温湿度控制设备，实现了实时调节库房温湿度的功能，节省了人力资源。此外，系统还可以自动检测和记录库房温湿度数据，显示和打印固定时间段的数据表格和数据曲线，以利用数据长期的保存和分析。目前在天津博物馆就已经初步安装了一套库房温湿度监控系统。这类系统的开发和使用标志着库房温湿度监控水平又上了一个新的台阶。

天津博物馆的文物库房、书库采用组合式恒温恒湿空调机组，功能段包括：混合过滤段（含初效和中效）、表冷段、电热加湿段、加热段、风机段和电加热段。综合过滤效率不低于75%。恒温恒湿空调系统采用湿度优先控制方式，在送风段出口安装电加热器，用于湿度微调，优先保证湿度在控制精度范围内。恒温恒湿空调机，机组采用智能化的控制模式，实现对机组制冷、除湿、加热、加湿等功能，从而达到对室内环境温、湿度的精确控制，室内温湿度波动小，温度精度达±0.8℃，湿度精度±5%。

文物库房的温湿度调节是一项长期的文物管理工作，文物库房温湿度的标准也是相对的，不是绝对的，所采取的调节控制措施也会随着我国经济、技术的不断发展而发生变化，文物工作者们不仅要注意学习相关的理论知识，吸取相关科学的最新成果，还要有丰富的实践经验，根据实际情况有针对性地加以调节控制，积极探索出适合自身的库房温湿度调节控制的工作方法。

第三节 展柜内温湿度的调控

为了更好地保护展厅内的文物，博物馆大多将文物置于展柜内供观众展览。展柜为文物保存提供了物理防护和环境控制双层保护作用。将文物置于展柜内展览，可以避免观众与文物直接接触，也可以防止文物被偷盗；更重要的是展柜可以有效降低多种环境因素对文物的不利影响。

（1）阻止尘埃玷污文物，展柜可以大大降低环境尘埃的影响，2000年比利时安特卫普大学的化学家Van Grieken先生经过对展柜内外尘埃采样后测定[7]，进行定量（称重）分析和定性比较分析，他得出研究结论是：展柜内含硫沉降尘埃，低于展柜外含硫沉降尘埃的1%。展柜阻止尘埃影响文物的程度取决于展柜密闭性，密闭性越好，尘埃进入展柜的机会越少，文物保持清洁度越高。

（2）防止害虫和微生物损害文物，展柜可以降低害虫和微生物的影响，在博物馆展厅的开放空间内，飞行生物可以到达每一个角落，如果开放空间内放置着有机类文物，就可能成为生物体繁衍生存的食物；对于微生物真菌孢子，可以飘落到展厅内任何位置，只要其环境温湿度条件适宜，它就会滋生发展，造成文物损害。展柜为文物创造了一个相对独立的保护空间，有效阻止和降低了生物和微生物对文物的不利的影响。

（3）为文物保存提供适宜的环境温湿度条件，降低外界有害气体对文物的影响。部分展柜内的温湿度控制采用的是独立的精密空调系统，送入展柜的气体都是通过机组（或降温）、加湿（或减湿）、过滤后的气体，冬夏季各有两个管分别送入新鲜空气，排出污染的空气。有效地保证了展柜内的空气质量。

（4）符合文物保存所需要的照明条件。现阶段展柜内的照明均采用冷光源，如LED、光纤照明等，避免了对展柜内温度造成干扰。为了保证观众看文物时可以看清楚文物，同时又不会因光线太强而影响文物寿命，提供均匀适宜的照明十分重要。展柜为合理布置灯光提供了技术职称，在展柜内的不同位置安装灯具，或者应用光纤照明，通过调整局部灯光强度，可以为文物照明提供最好的条件。

对于展厅内有恒温恒湿要求的文物，天津博物馆单独设展柜空调。展柜空调采用四管制，电极加湿，设计预留冷热水管和加湿管。

目前，湿度的调节方式可归结为机械调节和非机械调节。调节湿度的机械主要有去湿机、增湿机及恒湿空调等。非机械调节主要指利用调湿材料的吸放湿性能自主、自适应地调节环境湿度，这种方式无需任何机械设备和能源消耗，是一种生态性的控制调节方法，特别适用于文物展柜、储藏柜等文物保存微环境的湿度调节。

20世纪80年代，日本的西藤等提出调湿材料的概念，在近30年的发展过程中按材料的成分，调湿材料可大致分为硅胶、无机盐、无机矿物和有机高分子四类。通常，单一调湿材料难以同时满足高吸湿容量、高吸放湿速度的要求。近年来人们开始将不同类型的调湿材料进行复合，或与其他无机材料反应混合制成复合调湿材料，取得了不错的效果。国内对用于文物保存环境的调湿材料也有大量的研究。20世纪90年代，上海博物馆与华东理工大学共同开发了交联罩硅蒙脱土型BMC调湿材料，性能优于同期日本的Nikka调湿材料[8]。2004年南京博物院与南京大学合作通过将高吸水性树脂、4A分子筛和无水硫酸镁进行复配获得了性能优异的调湿材料[9]。近年来上海博物馆联合有关企业，研发了高效纤维调湿板，它将梭基化处理的纤维材料、多孔性无机颗粒及无机盐有机地结合在一起，并压制成片状板材，方便任意裁切。它有效整合了四类调湿材料的特点，可通过改变四种成分的配比，对各段调控目标湿度达到了优良的调控效果。下面介绍几种博物馆展柜常用的调湿方法。

一、盐

在《博物馆环境》一书中指出，盐可以用于封闭展柜内相对湿度的控制。如果把一碗水放进封闭的柜子里，水会从碗里蒸发，直到柜子里的相对湿度达到100%。这在理论上很简单，在实践中，如果水的表面小，只有非常接近水面的地方可以达到这一数值。

任何溶于水的盐都将限制蒸发，但是不同的盐其限制能力也不相同，这种能力与溶液的浓度也有关系，所以可以用饱和溶液来简化问题。一种饱和盐溶液，是指其溶液中容纳了所有溶解的最大量的盐。通常配置饱和溶液的方法是，同时把水和盐加热，并搅拌，直到再也没有盐能溶解，冷却后一些盐会以晶体的形式析出。析出晶体是一个直接证据，说明溶液是饱和的。

硝酸镁和溴化钠的饱和溶液已经被用于展柜内相对湿度的稳定。在实践中，20℃时硝酸镁提供大约50%的相对湿度，溴化钠大约是58%。尽管湿度在某种程度上随温度变化，但这种方法最大的优势在于水的储量大、维护简单。但是有一点使它未能得到更广泛的应用，即融入和析出的盐晶体都趋向于蔓延到容器的边缘上，并进入到展柜里，尽管有人声称，在不锈钢容器里的硝酸镁不会发生这种情况。此外，如果展柜里存在盐晶体，对金属器物来说不是件好事，因为它能够发生电化学反应而腐蚀金属。

最早用盐保持博物馆展柜内相对湿度的稳定时，其用法和今天稍有不同。使用的不是饱和溶液，而是一种含有结晶水的干燥的盐——硫酸锌。像许多其他盐一样，硫酸锌的晶体结构里带有一定数量的水分子。这些水分子成为晶体结构的一部分，不是液态水。在相对湿度较低的条件下，其中一些键和较弱的水分子会离开形成水汽。如果相对湿度升高到一定水平，它们又会冷凝进入晶体结构，因此具备稳定相对湿度的条件。

古斯（Hugo van der Goes）的一幅著名绘画《三圣学院的祭坛装饰》（*Trinity College Altarpiece*），在1926年被移入一个含有干燥硫酸锌晶体的封闭展柜里，收藏于苏格兰国家美术馆。那时美术馆在冬季的温度大约是15℃，在这个温度下，当相对湿度为55%，也就是所要求的相对湿度时，硫酸锌会有六个结晶水分子与七个结晶水分子之间的转变。如果相对湿度升高到55%以上，所有那些含有六个水分子的硫酸锌分子将吸收一个水分子，如果相对湿度降到55%以下，就会出现相反的情况。

与所有其他系统一样，这个系统由一个有限的水容量，或者说是有限的吸水能力。比如，如果相对湿度高，硫酸锌会吸收足够的水，全部转变成七个水分的硫酸锌，此后对减少该环境的相对湿度就再也无能为力了，这个系统的容量比饱和盐溶液小得多。腐蚀的危险仍然存在，尽管程度较小。而使用硅胶则没有腐蚀的危险，也没有任何其他的化学反应。

二、硅　　胶

调湿材料也称为湿度缓冲材料，很多博物馆展柜内应用的控制湿度的方法就是在密闭性好的展柜中放入调湿材料，以保证展柜微环境相对湿度长期稳定。所谓的调湿材料就是其本身具有吸收和释放水汽能力，当材料所处空间环境湿度较高时，调湿材料才能够吸附环境中的水汽，使所处空间的湿度降低；当所处环境空间的湿度较低时，材料将释放出自身吸附的水汽，增加所处环境空间的相对湿度，从而保持环境空间湿度的相对恒定。有机纤维类材料也是一种天然的调湿材料，如棉花、纸张、麻类等产品，它们都是微孔材料，具有良好的调湿功能。人们使用的最广泛的调湿材料是硅胶。

硅胶不溶于水和任何溶剂，无毒无味，化学性质稳定，除强碱、氢氟酸外不与任何物质发生反应。硅胶的化学组分和物理结构，决定了它具有许多其他同类材料难以取代的特点：吸附性能高、热稳定性好、化学性质稳定、有较高的机械强度等。硅胶可以用来做干燥剂，而且可以重复使用。硅胶是由硅酸凝胶$mSiO_2 \cdot nH_2O$适当脱水而成的颗粒大小不同的多孔物质。具有开放的多孔结构，比表面（单位质量的表面积）很大，能吸附许多物质，是一种很好的干燥剂、吸附剂和催化剂载体。硅胶的吸附作用主要是物理吸附，可以再生和反复使用。在碱金属硅酸盐（如硅酸钠）溶液中加酸，使之酸化，再加入一定量的电解质进行搅拌，即生成硅酸凝胶；或者在较浓的硅酸钠溶液中加酸或铵盐也能生成硅酸凝胶。将硅酸凝胶静置几小时使之老化，然后用热水洗去可溶性盐类，在60～70℃下烘干并在约300℃时活化，即可得硅胶。将硅酸凝胶用氯化钴溶液浸泡后再烘干和活化，可得变色硅胶。用它做干燥剂时，吸水前是蓝色，吸水后变红色，从颜色的变化可以看出吸水程度，以及是否需要再生处理。硅胶还广泛用于蒸气的回收、石油的精炼和催化剂的制备等方面。

硅胶根据其孔径的大小分为：大孔硅胶、粗孔硅胶、B型硅胶、细孔硅胶。由于孔隙结构的不同，因此它们的吸附性能各有特点。粗孔硅胶在相对湿度高的情况下有较高的吸附量，细孔硅胶则在相对湿度较低的情况下吸咐量高于粗孔硅胶，而B型硅胶由于孔结构介于粗、细孔之间，其吸附量也介于粗、细孔之间。博物馆一般选用的是粗孔硅胶，粗孔硅胶又叫C型硅胶，是硅胶的一种，是一种高活性吸附材料，属非晶态物质，其化学分子式为$mSiO_2 \cdot nH_2O$。不溶于水和任何溶剂，无毒无味，化学性质稳定，除强碱、氢氟酸外不与任何物质发生反应。粗孔硅胶的化学组分和物理结构，决定了它具有许多其他同类材料难以取代得特点：吸附性能高、热稳定性好、化学性质稳定、有较高的机械强度等。

硅胶使用都要进行预处理，每一种硅胶产品在一定的相对湿度条件下保持一定时间，硅胶内部吸附的水分就会达到平衡，重量会保持恒定。如果将展柜控制在20℃，50%的相对湿度下，最简单的硅胶预处理方法就是将硅胶分装于棉纤维布袋中，放于温度为20℃、相对湿度为50%环境中，每周对硅胶重量进行称重，最后两周硅胶重量保持恒定 ，说明硅胶内水分已经达到平衡。经过重量计算，将含水分较多的硅胶与较干燥硅胶按适当比例混合后使用。但是，当硅胶需要加湿时，一定不能将硅胶放于水中，或者将水泼到硅胶上，因为这样会造成硅胶颗粒破碎。可以用加湿机为硅胶加湿，将硅胶放置于加湿机出风口附近可以为硅胶快速加湿。使硅胶干燥的方法是加热，在实验室中，人们一般使用烘箱，在120～200℃温度下保持1～2h，可以使硅胶完全干燥。

在博物馆展柜内放置吸湿缓冲材料硅胶，在夏季潮湿气候下可吸收潮气，在冬天干燥气候下可放出水分保持展柜内湿度稳定。放置吸湿缓冲材料调节湿度的缺点是工作人员需要随时根据气候特点跟换吸湿缓冲材料。在夏季，需要将吸湿缓冲材料经过烘干后，使之具备吸湿能力后放入展柜中才能发挥作用。在冬天，需要将吸湿缓冲材料放入湿度较大的小环境中使之吸收充足水分，使之具备释放出水分能力后放入展柜中才能发挥作用。在展柜下层预留吸湿缓冲材料箱体的目的是为了在更换硅胶时应该不影响展柜中的展品，即不需要移动展品。

三、小型恒温恒湿机

对于独立的一个展柜可以采用小型恒湿机控制展柜内的湿度，在展柜的下层空间内加装加湿和除湿一体机设备，通过展柜上层玻璃柜中安装的温湿度传感器检测展柜内微环境的相对湿度，并通过下方的控制系统开启或者关闭加湿或者除湿设备，展柜下层的小小型恒湿机的回风口和出风口和上层展柜空间通过管道相连接进行空气交换，这种小型恒湿机通过微处理器智能控制展柜内相对湿度，无人值守自动运行。一般来说，展柜内保持正压，正压空气可以防止外界污染气体流入展柜，而且可以通过正压气流把从文物挥发出来的有害气体送走。展柜下防止小型恒湿机的箱体的门是可以开启的，以便加水和倒水。湿度控制范围可以由用户自己设定。现在国内外已有多家企业开发了专用于单体展柜的小型恒湿机。

小型恒湿机的技术源于空调技术，具有空气加湿、减湿、空气过滤和加压送风的功能。设备虽小，但功能齐全。功能部件主要包括制冷、监测、电控、蓄水箱、送风等。减湿原理和空调除湿技术相同，是空气冷却到露点温度以下结露，使空气的含湿量减小，不同的是，制冷技术采用的是半导体制冷片技术，当空气从制冷片旁边通过，空气被冷却到“露点”以下，部分水分会从空气中凝结出来，从而达到“减湿”的目的。其加湿技术是：当空气气流从水箱中水表面高速流过，部分水分会随气流进入空气中，以此达到加湿的目的。半导体制冷片的另一端是制热端，将制热端置于水中就会使水面加温，更有利于水分蒸发。

半导体制冷片，也叫热电制冷片，是一种热泵。它的优点是没有滑动部件，应用在一些空间受到限制，可靠性要求高，无制冷剂污染的场合。利用半导体材料的Peltier效应，当直流电通过两种不同半导体材料串联成的电偶时，在电偶的两端即可分别吸收热量和放出热量，可以实现制冷的目的。它是一种产生负热阻的制冷技术，其特点是无运动部件，可靠性也比较高。在原理上，半导体制冷片是一个热传递的工具。当一块N型半导体材料和一块P型半导体材料联结成的热电偶对中有电流通过时，两端之间就会产生热量转移，热量就会从一端转移到另一端，从而产生温差形成冷热端。但是半导体自身存在电阻当电流经过半导体时就会产生热量，从而会影响热传递。而且两个极板之间的热量也会通过空气和半导体材料自身进行逆向热传递。当冷热端达到一定温差，这两种热传递的量相等时，就会达到一个平衡点，正逆向热传递相互抵消。此时冷热端的温度就不会继续发生变化。为了达到更低的温度，可以采取散热等方式降低热端的温度来实现。

半导体制冷片作为特种冷源，在技术应用上具有以下的优点和特点：不需要任何制冷剂，可连续工作，没有污染源没有旋转部件，不会产生回转效应，没有滑动部件是一种固体片件，工作时没有震动、噪声、寿命长，安装容易；半导体制冷片具有两种功能，既能制冷，又能加热，制冷效率一般不高，但制热效率很高，永远大于1。因此使用一个片件就可以代替分立的加热系统和制冷系统；半导体制冷片是电流换能型片件，通过输入电流的控制，可实现高精度的温度控制，再加上温度检测和控制手段，很容易实现遥控、程控、计算机控制，便于组成自动控制系统；半导体制冷片热惯性非常小，制冷制热时间很快，在热端散热良好冷端空载的情况下，通电不到一分钟，制冷片就能达到最大温差；半导体制冷片的反向使用就是温差发电，半导体制冷片一般适用于中低温区发电；半导体制冷片的单个制冷元件对应的功率很小，但组合成电堆，用同类型的电堆串、并联的方法组合成制冷系统的话，功率就可以做得很大，因此制冷功率可以做到几毫瓦到上万瓦的范围；半导体制冷片的温差范围，从正温90℃到负温度130℃都可以实现。

四、大型恒湿机

大型恒湿机可控制多个展柜的相对湿度，对于体积大的展柜，尤其是博物馆展厅沿墙几十立方米乃至上百立方米体积以上的长大展柜，半导体制冷技术的小型恒湿机已经不能满足要求，应当选择安装博物馆空调系统的进风和出风管道，直接控制展柜内相对湿度，因为这样做的能量消耗费用只有半导体制冷技术小型恒湿机的1/10。也可以应用远程柜式大型恒湿机控制大型展柜或几个展柜内的相对湿度。但是这种机器采用压缩机制冷，噪声大，所以放在展厅外或有固定的机房，通过管道将气流送入展柜内。

恒温恒湿机由制冷系统，加热系统、控制系统、湿度系统、送风循环系统和传感器系统等组成。制冷系统：制冷系统是恒温恒湿机的关键部分之一。一般来说，制冷方式都是机械制冷以及辅助液氮制冷，机械制冷采用蒸气压缩式制冷，它们主要由压缩机、冷凝器、节流机构和蒸发器组成。单级制冷难以满足要求，因此恒温恒湿机的制冷方式一般采用复叠式制冷。恒温恒湿机的制冷系统由两部分组成，分别称为高温部分和低温部分，每一部分是一个相对独立的制冷系统。高温部分中制冷剂的蒸发吸收来自低温部分的制冷剂的热量而汽化；低温部分制冷剂的蒸发则从被冷却的对象（试验机内的空气）吸热以获取冷量。高温部分和低温部分之间是用一个蒸发冷凝器联系起来，它既是高温部分的冷凝器，也是低温部分的冷凝器。控制系统是综合试验箱的核心，它决定了试验机的升温速率，精度等重要指标，现在控制器大都采用PID控制，也有少部分采用PID与模糊控制相组合的控制方式。湿度系统分为加湿和除湿两个子系统。加湿方式一般采用蒸气加湿法，即将低压蒸气直接注入试验空间加湿。这种加湿方法加湿能力强、速度快、加湿控制灵敏，尤其在降温时容易实现强制加湿。除湿方式有两种：机械制冷除湿和干燥除湿。机械制冷除湿的除湿原理是将空气冷却到露点温度以下，使大于饱和含湿量的水汽凝结析出，这样就降低了湿度。干燥器除湿是利用气泵将试验箱内的空气抽出，并将干燥的空气注入，同时将湿空气送入可循环利用的干燥器进行干燥，干燥完后又送入试验箱内，如此反复循环进行除湿。现在大部分综合试验箱采用前一种除湿方法，后一种的除湿方法，可以使露点温度达到0℃以下。适用于有特殊要求的场合，但费用较贵。传感器主要是温度和湿度传感器。温度传感器应用较多的是铂电组和热电偶。湿度的测量方法有两种：干湿球温度计法和固态电子式传感器直接测量法。由于干湿球法测量精度不高，现在的恒温恒湿箱正逐步以固态传感器代替干湿球来进行湿度的测量。送风循环系统一般有离心式风扇和驱动其运转的电机构成。

博物馆展柜远程恒温恒湿机是由加湿机产生一定相对湿度的空气，或者由除湿机去掉空气中的部分水分后，通过管道在持续正压的条件下，自动向展柜内提供经过过滤的一定相对湿度空气的装置。远程控制相对湿度恒湿机使用的前提条件是展柜一定有缝隙，能够渗漏出一定量的空气，使得新风可带入一定相对湿度的空气，才能调控控制整个展柜内相对湿度，使之保持稳定。在冬季室内空气普遍干燥，装置提供非常稳定的湿空气。在夏季潮湿季节，装置要向展柜内提供干燥空气，而且，所提供的新风经过空气过滤系统。大型恒温恒湿机设备也可以向多个湿度要求相同的展柜输送空气，甚至可以作为小型房间的空气湿度调节。相比展厅而言，展柜的体积较小，且较为密闭，可见向展柜内输送新风比向展厅内输送新风更加节能。

第四节　“洁净”控制技术

对于博物馆文物保存环境，除了温度、湿度、光照等物理环境因素影响之外，还要控制空气污染物，包括硫氧化物（SO_2）、氮氧化物（NOx）、硫化氢（H_2S）、二氧化碳（CO_2）等无机酸性气体，氨（NH_3）等碱性气体，臭氧（O_3）等氧化性气态物，醛系、苯系、羰基硫化物、有机羧酸等挥发性有机物以及细微颗粒物等。这些污染物与温度、湿度、光线等物理因素协同作用，对文物产生了明显的或潜在的威胁。其中，主要来源于各种装饰装修材料及文物自身降解老化所散发的甲酸（HCOOH）、乙酸（CH_3COOH）、甲醛（HCHO）、乙醛（CH_3CHO）等挥发性有机物污染气体，已经成为当前恶化博物馆环境的主要因素。

与洁净室环境相比，博物馆微环境空间相对密闭，环境质量参数的背景值相对稳定，但文物材质种类较多，对不同污染物的敏感性不同，环境质量的指标要求也因文物质地的不同而有所差异，低浓度的污染物对文物的影响和作用以长期的累积效应为主。基于“洁净”概念的馆藏文物保存环境体系，是与工业、生物洁净技术体系相平行的，满足馆藏文物保护行业特殊需求的环境控制技术体系。其技术内涵，既基于工业和生物洁净技术的发展基础，而有别于工业洁净室和生物洁净室定义，是以温度、湿度和室内环境中的气态污染物（airborne molecular contaminants，AMCs）为主要控制对象。

吴来明、徐方圆等在《预防性保护理念下的博物馆藏品保存环境对策与实践》中提出了基于“洁净”概念的馆藏文物保存环境理念。基于“洁净”概念的馆藏文物保存环境体系，是以文物预防性保护为核心的技术体系。研究提出的基于“洁净”概念的文物保存环境评估体系框架见图9-2，其目标是努力获得适宜于文物长期保存的“稳定、洁净”环境，最大限度地预防保护文物。在技术层面上，建立合适的博物馆环境因素检测和综合质量监测技术系统，形成科学的环境质量评估和环境调控产品质量评价技术，研发有效的主动调控和被动调控技术。在管理层面上，建立博物馆环境风险预控管理系统，研制一批技术标准，制定环境监测调控管理手册，形成文物预防保护准则，有效推进博物馆环境监测和调控工作。在应用层面上，通过示范推广，建立全国馆藏文物保存环境监测平台，基于环境因素对各种文物的破坏影响作用机理研究，实施文物保存环境风险评估和预控，形成馆藏文物保存环境监测评估长效机制，努力提升馆藏文物预防性保护能力。

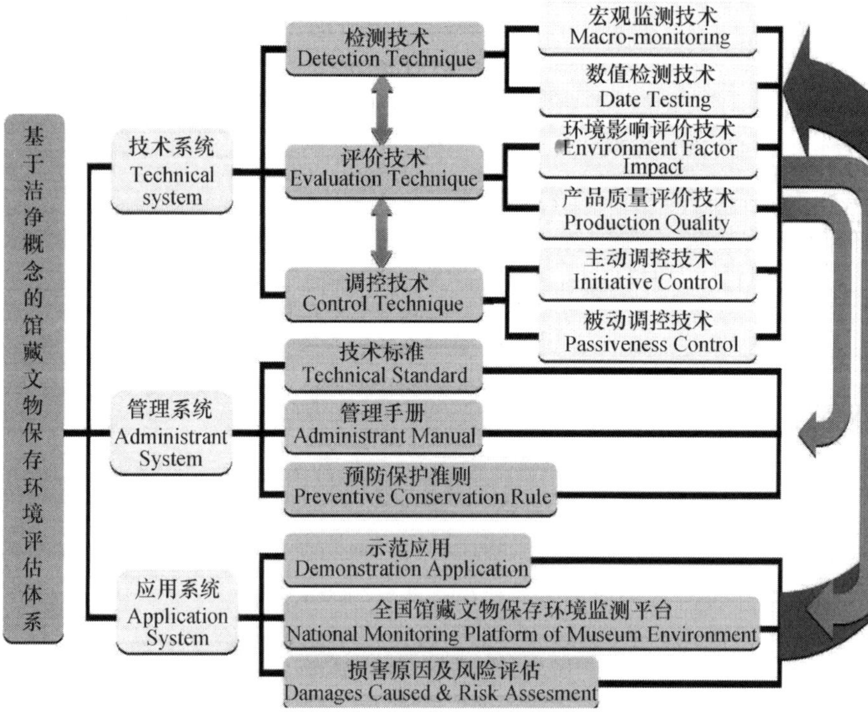

图9-2　基于“洁净”概念的文物保存环境评估体系框架

一、温湿度净化一体机

加湿净化机是一款广泛适用于办公室、计算机机房、档案室、健身房、阅览室、电子精密加工车间等商业及工业领域的加湿净化设备。它完美结合了自然蒸发加湿的纯净、节能和净化机的除尘、除菌、除异味等诸多特性。设备结构设计合理，实现了多功能设备的小型化。超大容量的内置水箱令使用更加方便。

该设备的工作原理是污浊的空气进入初效过滤器，粒径在10μm以上的颗粒物被拦截，空气进入亚高效杀菌净化电子集尘单元的空气被进一步净化，同时空气中的细菌被杀灭；空气进入活性炭PC气体过滤器，空气中的甲醛、苯、臭氧、氮氧化物等有害气体被吸附。得到初步净化的空气经过被水润湿的湿膜，水分子吸收空气中的湿热而蒸发，形成湿润空气。彻底净化后的空气携带湿空气加入负离子，被送回室内。

该设备的功能特点是采用湿膜加湿，对水质无特殊要求，无“白粉”污染；采用过滤和电子除尘技术，可以去除小至0.01μm的粒子；采用独特浸渍的气体过滤器，高效净化甲醛、苯、氮氧化物等多种有害气体；高压静电能破坏微生物细胞核，使其失去活性，杀菌消毒；该设备配有湿度控制系统，湿度可自由设定、实时显示实际环境温度、湿度；该设备可以设定新风量，具有风机寻找模式设定功能，可设定高风速、中风速、低风速控制；带有LCD液晶显示的中文面板，实现了设备操作及运行的可见性；配有传感精确的声光漏水报警控制；自动上水式标配水箱能自动清洗功能、湿膜介质能进行自我清洗功能；具有自动缺水保护功能，水泵的运行受水箱水位传感器控制。

二、空气净化器

1. 机械过滤式净化器

这种净化器属于小型空气过滤器，室内空气经过风机加压后通过纤维过滤材料，从而将空气中的颗粒污染物捕集下来以达到净化空气的目的。它只能有效去除空气中一定粒径范围的颗粒污染物，但对气态污染物却无法去除。因而，其性能不够完善总体净化效果不佳。

2. 机械过滤 + 吸附式净化器

由于颗粒污染物和气态污染物的性质完全不同，因而应分别采用不同的净化机理予以去除。这种净化器的净化原理符合这一原则，将普通空气过滤技术与活性炭吸附技术结合起来，利用活性炭对气体具有较强吸附能力的特点，提高了对气态污染物的净化效果，在总体上改善了净化性能，是目前市场上的主导产品。但由于活性炭存在吸附饱和状态，再生麻烦，因而，实际使用时不够方便，这是限制其广泛应用的主要原因。

3. 静电式净化器

这种净化器实际上是一种小型静电式空气过滤器，对粒径较大的颗粒污染物的净化效果较好，但是无法净化气态污染物，同时，还会产生臭氧等二次污染物，不适宜应用于博物馆内。

4. 负离子净化器

此种净化器通过强电场产生负离子，与空气中的颗粒污染物结合形成“重离子”而沉降或吸附在物体表面，同时，通过负离子还能杀灭某些细菌。因此，这种净化器有一定的杀菌和净化颗粒污染物的作用，但同样也无法净化气态污染物，同时也会产生臭氧等二次污染物，所以不适宜应用于博物馆内。

5. 活性炭—纳米 TiO_2 复合光催化净化器

所谓活性炭—纳米TiO_2复合光催化净化体，即利用吸附剂活性炭与光催化剂纳米TiO_2复合的方法，首先在支撑体表面上黏结活性炭形成吸附层，然后再将纳米TiO_2负载在活性炭粉末颗粒上形成最外层的光催化层，从而最终形成纳米TiO_2涂附在活性炭表面的薄壳型结构。由于光催化剂TiO_2处于最外层，使得紫外光在没有遮挡的情况下直接作用在TiO_2光催化剂上，实现了较高的光利用率。借助活性炭的吸附作用，对空气中极低浓度的污染物进行快速的吸附净化和表面富集，加快了光催化降解反应的速率，抑制了中间产物的释放，提高了污染物完全氧化的速率。TiO_2的光催化作用促使被活性炭吸附的污染物向TiO_2表面迁移，从而实现了活性炭的原位再生。活性炭—纳米TiO_2复合光催化净化技术综合了吸附和光催化技术的优点，为改进空气净化器的性能提供了有效的技术方法，将其与传统的空气过滤技术结合起来，将显著增强室内空气污染物的净化效果，推动室内空气净化器产品的技术升级。同时，这一技术也可以广泛应用于中央空调系统和各类空调器中，以改善室内空气品质。

6. 其他净化器

水雾型空气净化器可以应用于博物馆内，但是水中不应使用含氯杀虫剂；对于物理吸附和化学综合的净化技术的空气净化器可以用于博物馆，但是博物馆工作人员应定期更换滤芯和滤液，如果使用半年没有更换滤芯或者滤液，那么开启净化机等于开启污染机，对室内环境造成更大范围的污染。

三、基于生物质净化文物保存微环境污染物集成技术

当前的人居室内环境空气净化技术研究及其净化器产品发展迅速，但针对博物馆展陈微环境低浓度污染气体的净化技术和净化器产品仍是空白。氮氧化物（NO_x）除了自身在一定条件下生成的硝酸对文物产生直接破坏作用外，还会同多种污染物相互之间产生协同效应，加剧二氧化硫、臭氧等对文物的破坏。因此，研发文物微环境专用小型净化设施也是十分重要的。

吴来明等在《馆藏文物保存微环境调控技术研究》中提出了基于生物质净化文物保存微环境污染物集成技术。他们通过筛选木屑、稻壳、竹屑、秸秆等生物质炭净化性能，研发了以生物质炭净化为主，复合预氧化材料、臭氧脱除剂，偶合光催化技术，对微环境中氮氧化物具有明显净化效果的集成工艺技术，继而开发试制两款集成式专用小型空气净化器样品。经第三方资质机构检验，研发净化装置对进口浓度为$150\times10^{-9}\sim400\times10^{-9}$的氮氧化物气体可以在较短的时间内达到97%以上的处理效率，净化后出口氮氧化物浓度可以控制在2×10^{-9}（约$5\mu g\cdot m^{-3}$）以下。明显优于洁净空间中氮氧化物的净化效果，同时对有机酸等其他典型污染物也具有较为良好的净化效果（$>90\%$），能够满足文物保存微环境低浓度污染气体净化需求[10]。

依照预防性保护原则，运用研究建立的基于“洁净”概念的馆藏文物保存环境评估体系理念及其内容框架，围绕调控“稳定、洁净”的文物保存环境目标，应用研发的一系列博物馆环境监测、评估和调控技术成果，已经在敦煌研究院承担的“文物出土现场移动实验室研发”项目的车载文物保存密封柜充氮系统、法门寺博物馆真身佛指舍利展示保存柜、南京报恩寺地宫出

土佛骨舍利保存展示柜、2008年奥运期间中国科技馆《奇迹天工——中国古代发明创造文物展》文物微环境监控、2010年上海世博会中国国家馆与城市足迹馆及世博会博物馆参展文物环境监控、云南省博物馆《滇青铜器》展览环境调控、中国航海博物馆部分展览文物环境调控、上海博物馆多项引进文物展微环境调控等重大项目中实施了10多项饮用实践，宣传了文物预防性保护及其管理理念，示范推广了环境监控应用技术，有效预防保护了一大批珍贵馆藏文物。

参考文献

［1］ Thomson G. The Museum Environment ［M］. London: Butterworths, 1986.

［2］ Lafontaine R H. Humidistatically-controlled heating: A new approach to relative humidity control in museums closed for the winter season ［R］. Institute for Conservation, 1982: 35-41.

［3］ Barrette B. Climate control: egyptian galleries at the metropolitan museum of art ［A］. In Proceeding of 7th triennial meeting of ICOM committee for conservation ［C］, Copenhagen: 2002, 176-178.

［4］ Shirey D B. Demonstration of efficient humidity control techniques at an art museum ［J］. ASHRAE Transactions. 1993, 99 (1): 694-703.

［5］ 李中望. 基于雾化器的室内温湿度控制系统设计方案研究［J］. 河南科技，2014，（9）.

［6］ 刘建波，陈新征. 文物保管环境对文物保存的影响及控制［J］. 网络财富，2008，（6）.

［7］ Van Grieken R, Gysels K, Hoornaert S. Characterisation of Individual Aerosol Particles for Atmospheric And Cultural Heritage Studies, Water, Air, & Soil Pollution, Volume123, Numbers2000: 1-4.

［8］ 陈元生， 解玉林， 金鑫荣等. BMC湿度调节剂研究［A］//上海博物馆文物保护科学论文集［C］. 上海：上海科学技术文献出版社，1996：295-313.

［9］ 奚三彩，杨毅，郑冬青等.调湿材料在文物保护中的应用研究［A］//文物科技研究，第三辑［C］.北京：科学出版社，2005，31-36.

［10］ 王大为，修光利，张大年等. 文物保存微环境空气氮氧化物集成净化技术研究［J］. 文物保护与考古科学，2009，21：65-68.

第十章　文物保护技术

第一节　3D打印技术与文物保护

一、3D打印简介

3D打印技术出现在20世纪90年代中期，实际上是利用光固化和纸层叠等技术的最新快速成型装置。它与普通打印工作原理基本相同，打印机内装有液体或粉末等“打印材料”，与电脑连接后，通过电脑控制把“打印材料”一层层叠加起来，最终把计算机上的蓝图变成实物，该打印技术称为3D立体打印技术。

日常生活中使用的普通打印机可以打印电脑设计的平面物品，而所谓的3D打印机与普通打印机工作原理基本相同，只是打印材料有些不同，普通打印机的打印材料是墨水和纸张，而3D打印机内装有金属、陶瓷、塑料、砂等不同的“打印材料”，是实实在在的原材料，打印机与电脑连接后，通过电脑控制可以把“打印材料”一层层叠加起来，最终把计算机上的蓝图变成实物。通俗地说，3D打印机是可以“打印”出真实的3D物体的一种设备，比如打印一个机器人、打印玩具车，打印各种模型，甚至是食物等。之所以通俗地称其为“打印机”是参照了普通打印机的技术原理，因为分层加工的过程与喷墨打印十分相似。这项打印技术称为3D立体打印技术。

3D打印存在着许多不同的技术。它们的不同之处在于以可用的材料的方式，并以不同层构建创建部件。3D打印常用材料有尼龙玻纤、耐用性尼龙材料、石膏材料、铝材料、钛合金、不锈钢、镀银、镀金、橡胶类材料。

二、3D打印的原理

1. 三维设计

3D打印的设计过程：先通过计算机辅助设计（CAD）或计算机动画建模软件建模，再将建成的三维模型“分割”成逐层的截面，从而指导打印机逐层打印。

设计软件和打印机之间协作的标准文件格式是STL文件格式。一个STL文件使用三角面来大致模拟物体的表面。三角面越小其生成的表面分辨率越高。PLY是一种通过扫描来产生三维文件的扫描器，其生成的VRML或者WRL文件经常被用作全彩打印的输入文件。

2. 打印过程

打印机通过读取文件中的横截面信息，用液体状、粉状或片状的材料将这些截面逐层地打印出来，再将各层截面以各种方式粘合起来从而制造出一个实体。这种技术的特点在于其几乎可以造出任何形状的物品。

打印机打出的截面的厚度（即Z方向）以及平面方向即X-Y方向的分辨率是以dpi（像素每英寸）或者微米来计算的。一般的厚度为100μm，即0.1mm，也有部分打印机如Objet Connex系列还有3D Systems' ProJet系列可以打印出16μm薄的一层。而平面方向则可以打印出跟激光打印机相近的分辨率。打印出来的“墨水滴”的直径通常为50～100μm。用传统方法制造出一个模型通常需要数小时到数天，根据模型的尺寸以及复杂程度而定。而用3D打印的技术则可以将时间缩短为数个小时，当然其是由打印机的性能以及模型的尺寸和复杂程度而定的。

传统的制造技术如注塑法可以较低的成本大量制造聚合物产品，而3D打印技术则可以以更快，更有弹性以及更低成本的办法生产数量相对较少的产品。一个桌面尺寸的3D打印机就可以满足设计者或概念开发小组制造模型的需要。

3. 完成

目前3D打印机的分辨率对大多数应用来说已经足够（在弯曲的表面可能会比较粗糙，像图像上的锯齿一样），要获得更高分辨率的物品可以通过如下方法：先用当前的3D打印机打出稍大一点的物体，再稍微经过表面打磨即可得到表面光滑的“高分辨率”物品。

有些技术可以同时使用多种材料进行打印。有些技术在打印的过程中还会用到支撑物，比如在打印出一些有倒挂状的物体时就需要用到一些易于除去的东西（如可溶的东西）作为支撑物。

三、3D打印技术

3D打印有三种主流技术，熔融沉积成型技术（fused deposition modeling，FDM）、立体平版印刷（Stereo litho graphy，SLG）、选择性激光烧结（selective laser sintering，SLS）。

熔融沉积成型法（fused deposition modeling, FDM），这种工艺是通过将丝状材料如热塑性塑料、蜡或金属的熔丝从加热的喷嘴挤出，按照零件每一层的预定轨迹，以固定的速率进行熔体沉积。每完成一层，工作台下降一个层厚进行叠加沉积新的一层，如此反复最终实现零件的沉积成型。FDM工艺的关键是保持半流动成型材料的温度刚好在熔点之上（比熔点高1℃左右）。其每一层片的厚度由挤出丝的直径决定，通常是0.25 ~ 0.50mm。有些3D打印机使用“喷墨”的方式，整个流程是在喷头内熔化塑料，然后通过沉积塑料纤维的方式才形成薄层。

FDM的优点是成型精度更高、成型实物强度更高、可以彩色成型。缺点是精度低、成型后表面粗糙、复杂构件不易制造、悬臂件需加支撑表面质量差。该工艺适合于产品的概念建模及形状和功能测试，中等复杂程度的中小原型，不适合制造大型零件。

立体平版印刷快速原型又称为光敏液相固化法、光固化成形、立体光刻等，是最早出现的技术最成熟和应用最广泛的快速原型技术。它是在树脂槽中盛满液态光敏树脂，使其在激光束或紫外线光点的照射下快速固化。这种工艺方法适用于制造中小型产品，能直接得到塑料产品。它还能代替蜡模制作浇铸模具，以及作为金属喷涂模、环氧树脂模和其他软模的母模，是目前较为成熟的快速原型工艺。其优点是精度高、可以表现准确的表面和平滑的效果，精度可以达到每层厚度0.05 ~ 0.15mm。缺点则为可以使用的材料有限，并且不能多色成型。

选择性激光烧结法采用红外激光器作能源，使用的造型材料多为粉末材料。加工时，首先将粉末预热到稍低于其熔点的温度，然后在刮平棍子的作用下将粉末铺平；激光束在计算机控制下根据分层截面信息进行有选择地烧结，一层完成后再进行下一层烧结，全部烧结完后去掉多余的粉末，则就可以得到一烧结好的零件。用高强度的CO_2激光器在刚铺的新层上扫描出零件截面；材料粉末在高强度的激光照射下被烧结在一起，得到零件的截面，并与下面已成形的部分粘接；当一层截面烧结完后，铺上新的一层材料粉末，选择烧结下层截面。目前成熟的工艺材料为蜡粉及塑料粉，用金属粉或陶瓷粉进行烧结的工艺还在研究之中。

选择性激光烧结比立体平版印刷要结实得多，通常可以用来制作结构功能件；激光束选择性地熔合粉末材料：尼龙、弹性体，未来还有金属；优于SLA的地方主要表现在材料多样且性能接近普通工程塑料材料；无碾压步骤因此Z向的精度不容易保证好；工艺简单，不需要碾压和掩模步骤；使用热塑性塑料材料可以制作活动铰链之类的零件；成型件表面多粉多孔，使用密封剂可以改善并强化零件；使用刷或吹的方法可以轻易地除去原型件上未烧结的粉末材料。

四、3D打印技术在文物保护方面的应用

3D打印技术其实已经被应用到国内一些博物馆的文物保护工作中。博物馆里的3D打印技术主要应用在两个方面：一是对于无法翻模或不适于翻模的文物进行复制；二是用于局部残缺文物的修复。业内人士称传统的文物复制一般直接在文物上翻模，这种复制方法会造成两种不利影响，首先是翻模材料残留在文物表面，对文物造成污染；其次塑形与文物不能达到百分之百的一致。相关专业人士认为结合三维扫描技术的3D打印可以很好地解决这些问题。首先使用三维扫描技术获得复制文物的三维模型，然后使用3D打印获得复制品，再在复制品上翻模复制，就可以批量制作。

三维扫描是集光、机、电和计算机技术于一体的高新技术，主要用于对物体空间外形和结构及色彩进行扫描，以获得物体表面的空间坐标。它的重要意义在于能够将实物的立体信息转换为计算机能直接处理的数字信号，为实物数字化提供了相当方便快捷的手段。三维扫描技术能实现非接触测量，且具有速度快、精度高的优点。而且其测量结果能直接与多种软件接口，这使它在CAD、CAM、CIMS等技术应用日益普及的今天很受欢迎。在发达国

家的制造业中，三维扫描仪作为一种快速的立体测量设备，因其测量速度快、精度高、非接触、使用方便等优点而得到越来越多的应用。用三维扫描仪对手板、样品、模型进行扫描，可以得到其立体尺寸数据，这些数据能直接与CAD/CAM软件接口，在CAD系统中可以对数据进行调整、修补，再送到加工中心或快速成型设备上制造，可以极大地缩短产品制造周期。三维扫描作为新兴的计算机应用技术在文物保护行业已经得到越来越多的应用，特别是在文物形态记录、虚拟修复及展示方面的应用已日趋成熟。

按照所使用的三维扫描技术的不同，三维扫描系统可以进行不同方式的分类。按照是否接触被测物体，三维扫描系统可以分为接触式和非接触式两类；按照扫描使用的介质，可以分为激光扫描系统和非激光扫描系统；按照扫描范围大小，可分为大场景扫描系统和普通扫描系统；按照扫描系统是否同时获取纹理信息又可分为普通三维扫描系统和彩色三维扫描系统。由命名方法可知，接触式扫描仪在扫描过程中需要接触物体，而非接触式不需要接近物体，在对文物进行三维扫描时，接触文物是被禁止的，所以在文物三维数字化应用中，主要使用非接触式三维扫描系统。再根据文物的大小选择精度和扫描视场合适的三维扫描系统，比如，针对一般文物可以选择普通的三维扫描系统，而针对一些古建筑等较大的文物数字化任务，则需要采用大场景的三维扫描系统。在文物的数字化过程中，文物模型的表面材质非常重要，需要在记录文物三维信息的同时，记录文物的表面纹理信息，彩色三维扫描系统满足了这种需求，减少了文物数字化的工作量。

快速成型技术（rapid prototyping, RP）是20世纪90年代发展起来的一项先进制造技术，RP技术是在现代CAD/CAM技术、激光技术、计算机数控技术、精密伺服驱动技术以及新材料技术的基础上集成发展起来的。不同种类的快速成型系统因所用成形材料不同，成形原理和系统特点也各有不同。但是，其基本原理都是一样的，那就是“分层制造，逐层叠加”，类似于数学上的积分过程。形象地讲，快速成型系统就像是一台“立体打印机”。自美国3D公司1988年推出第一台商品光敏材料固化法的快速成型机以来，目前按照这种分层加工、逐层叠加成形原理开发出的快速成型机已经有十几种，主要的有液态光敏聚合物选择性固化、薄型材料选择性切割、丝状材料选择性熔复、粉末材料选择性烧结或黏结。

对于残缺文物的修复，业内人士表示首先要获得残缺处的三维模型。例如，陶俑有一足缺失，根据分析，应与另一足形状相同，可以扫描另一足外形打印后用作补全的依据。再如，瓷碗口沿缺失局部，而缺失处整体弧度与其他部分是完全相同的，也可通过复制其他部分来进行文物修复，个别材质的文物（如瓷器）还可直接利用打印品进行文物补全。

李文怡等[1]在“三维扫描及快速成型技术在文物修复中的应用”中用陕西历史博物馆的一件隋代白瓷高足杯为例应用三维扫描及快速成型技术解释了文物修复的过程。此高足杯口沿处有一长约5、高1.8cm的缺失；腹部有一处炸纹，其中一条裂纹延伸至口沿处形成约0.5mm的裂隙；釉面出现片纹；胎极薄，从缺失处测量，平均壁厚约1.6mm。其修复过程为先进行表面清洗；再进行加固，此件白瓷高足杯有一条延伸至口沿宽约0.5mm的开放式裂隙，这是一个威胁文物安全的隐患，修复中，使用双组分透明环氧树脂自口沿处滴灌入裂隙内，以粘接加固裂隙；最后进行补全。

采用三维修复技术进行文物补全，因需要进行大量的电脑数据处理进行缺失部位的三维模型构建，所以是此项工作中最复杂的过程。对于此件文物的补全，他们首先使用美能达VIVID 9i激光扫描仪进行文物三维模型采集（扫描仪精度可达 ± 50μm，能够很好地捕捉到文物表面的细节），之后采用Rapidform或者Geomagic Studio等逆向工程软件，构建出文物缺失处的三维模型。将制作的三维模型以“STL”格式保存后，通过Objet Studio添加到三维层析系统的模型中。此高足杯的修复采用的是Object30光敏树脂三维打印机，层积厚度为0.03mm，可打印尺寸为290mm × 190mm × 150mm。打印过程中，打印喷头喷出的材料有两种：一种是用于构成模型的模型材料，即光敏树脂，通过紫外光照射后固化形成所需的结构；另一种是用于填补模型中空白位置的支持材料，这部分材料通过紫外光照射后具有一定的强度，能在打印过程中对整个构建予以支持，并在打印结束后被高压水枪完全清除掉。通过喷头往复的喷涂、固化如图10-1，最终打印出总重6g的补全模型。考虑到补全模型本身较轻而缺失处的修复要求是可去除，最终使用与补全材料相同的物质——光敏树脂进行缺失处的补全粘接。具体方法是将打印出的补全模型与缺口处比对，用刮刀修正模型制作时的偏差。将UV光敏树脂均匀地涂抹于文物断面及补全模型上，对接后使用380nm紫外灯照射一分钟，如图10-2，补全处的粘接即完成。

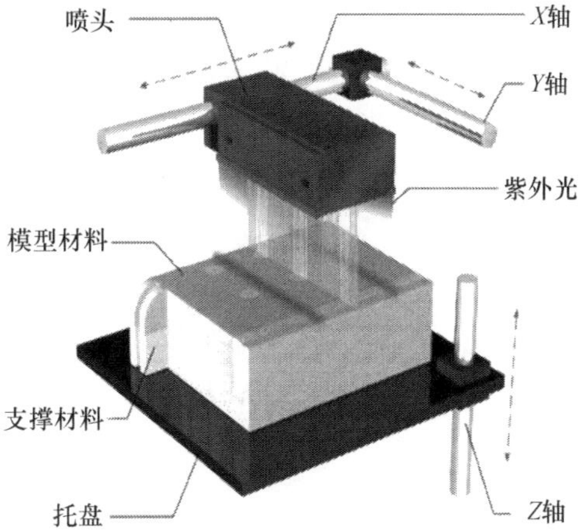

图10-1　模型打印过程

图10-2　紫外固化粘接材料

五、3D打印技术的市场发展前景分析

随着3D打印机的普及，其应用领域也在不断扩展和延伸。据预测，2016年，中国有望超越美国成为全球最大的3D打印市场。3D打印也将促进中国企业提升在国际市场上的竞争力并缩短与世界先进水平的差距。随着市场需求的扩大，3D打印将呈现以下几个方面的发展趋势：一是随着技术的成熟，打印速度和打印效率将逐步提高；二是随着新材料的研发，打印材料更加丰富，成本更低；三是打印设备价格会越来越低；四是3D打印的应用领域将进一步扩大。

可以预见，3D打印前景广阔，将对社会生活及生产方式带来一场革命性的变革。而作为主导作用的政府，应具备高瞻远瞩的战略眼光，重点从以下几个方面进行推进。首先，针对当前3D打印产业发展的热潮，政府应明确提出产业的整体目标，从战略的高度确定3D打印产业发展的整体规划，将3D打印产业作为重要的战略性产业，对推进步骤、重点领域和具体措施都做详尽的规划。其次，相关部门应加强产研互动和统筹协作，共同打造提升3D打印技术的研发水平。最后，政府必须逐步完善3D打印知识产权保护机制，保护知识产权拥有者的合法权益，坚决打击复制抄袭者的违法行为，促进3D打印技术向良性循环的方向发展。

3D打印技术如今被各国所认可，并不断有业内人士、学者评论“3D打印技术作为一项前沿性、先导性非常强的新兴技术，对传统制造业的工艺改造和新材料的广泛应用具有颠覆性的意义和作用”。面对新的生产方式的变革和发达国家再工业化战略，我国应该高度重视3D打印这一新技术可能带来的制造业革命，深入分析全球3D打印技术的市场发展趋势，研究建立3D打印的基础理论和技术体系，加大人才培养、市场培育和应用推广力度，制定符合中国国情的3D打印产业中长期发展战略规划。同时，加快3D打印的试点示范，选择诸如高端汽车零部件、医疗器械、文物保护等重点行业领域进行推广应用，积极探索和积累3D打印的市场运营和行业管理经验，积极有效地应对3D打印技术并使之为实现中国梦和中华民族的伟大复兴而服务。

第二节　数字技术与文物保护

我国是一个古老文明的国家，文化遗产非常丰富。而文物作为历史的陈述者，由于常年受到风蚀、氧化，会慢慢地损坏、腐朽。保护文物是一件非常复杂而困难的事情。如今数字技术遍布生活和研究的各个领域，数字技术以其丰富多样的表现形式获得了迅猛发展。用于军事、医学、政治、经济、艺术、科技等各个领域，在考古及文物修复的领域中也是大放异彩，为文物保护和修复的工作提供了先进的数字科技支持，也为文物保护开辟了一条新的途径。

一、数字技术在文物修复中的应用

数字技术辅助文物修复是利用计算机的数字化技术为文物修复、复原工作提供先进的技术支持，利用数字化的设备在文物修复的每一个环节辅助修复工作，进行资料调查，数据存储及模拟复原和实验等。主要是利用数字化设备扫描测量文物残片的数据，在电脑中输入相关数据，再储存记录碎片所处的位置及次序，模拟碎片，创建缺损部件的模型为文物的拼接复原及最终修复提供帮助。数字技术修复文物，可以降低文物修复的难度，加快文物复原的速度，减少或避免传统修复过程中文物的损坏，而复原过程中的数字模型还可以用于数字图书和博物馆数字化建设的检索和展示中，实现文物资源的共享。这种新型的数字技术对于文物修复的重要意义还不仅于此，对于全方位的文物保护和更深层次的文化传承其作用更是不可估量的。

文物数字修复技术是利用定点或非定点的三维扫描仪扫描文物，将文物的形态、纹理、色彩、材质都转变成数字信息，在计算机中形成一个模型。这个模型是三维立体的。三维扫描仪的精度可以达到0.001μm，连文物上落着的一粒沙子都会被扫描进计算机里。数字信息采集完成之后，可以通过数字雕刻软件来对文物的碎片、残片或者缺失的部分进行数字修复，在计算机中将这件文物完整地重新呈现出来。这样既可以省略掉文物专家大部分的手工工作，也可以避免在文物修复过程中对文物的二次破坏。

目前比较流行的数字雕刻软件有Pixologic Zbrush和Autodesk Mudbox两款软件。3dmax也是贴图和初期草模格式修改和贴图渲染过程中不可或缺的工具。数字软件修复的步骤为[1]：①三维扫描仪扫描出的数字信息数据，通过扫描仪自带的软件可以将数据转换成多种格式，更加有利于其他雕刻生成修改软件的读取。目前比较流行的三维数据格式有OBJ、dxf等。这些格式在主流的三维软件中都可以打开。②将生成的OBJ等格式的模型导入3dmax中，用多边形建模的方式重新对其进行布线控制，以生成最佳的模型布线走向。如果有残损的文物，我们可以将残片进行拼贴和重组，以生成一个新的文物模型。③将重新布线和重组的模型转化成OBJ格式导入数字雕刻软件Zbrush或者Mudbox中，使用雕刻工具修整布线模型并雕刻出不清晰的纹理和铭文等重要细节。④在Zbrush雕刻完成之后的模型重新导入3dmax中，进行UV贴图坐标的编辑，要求UV贴图坐标的接缝尽量在文物器皿的阴角和不显眼的部位。⑤结合Photoshop等软件来拓扑文物所需要的材质和贴图。⑥绘制完文物表面纹理之后，结合3dmax的纹理烘焙功能和Photoshop，制作光照贴图和高光贴图。通过3dmax先进的拓扑贴图技术，将文物的纹理、颜色及图案贴在数字模型上，即达到一个高度一致的文物数字个体。⑦最后可以通过3dmax软件的光学模拟渲染器vray，对数字模型进行渲染和最后的虚拟现实生成处理。那么文物的软件修复阶段的工作也就完成了。

我们可以将这些数字模型直接运用在动画、电影及网络互动媒体上，让更多的文物爱好者和研究者去了解文物自身的价值。通过数字技术，让文物以三维全息影像的方式呈现给对此文物感兴趣的人们。这种数字文物的好处是，文物以数字形式存储在计算机中不会腐朽，即使有一天某一件文物不存在了，那么后人也可以通过建立的数字全息影像档案去触摸历史。

数字技术修复文物可利用数字化二维图像智能编辑和三维虚拟技术。数字化二维图像保护修复工作能够将图像信息永久保存，并运用数字技术对画面进行虚拟修复。辅助收集整理画面资料的数字信息，其中可以在绘图中使用Adobe Photoshop、Illustrator、Freehand等软件进行信息的获取和制图、辅助进行图像远近景的立体拍摄然后经过扫描、数字摄影测量和数字图像色彩恢复、辅助进行碎片拼接、缺片填补、辅助进行画面临摹和图像保护、利用图像智能及三维虚拟技术对画面图像病损过程进行虚拟演示、实现画面真实感虚拟展示等工作。数字化二维图像处理技术为文物表面的物理保护修复过程提供了确实充足的科学依据，也为文物修复保护工作提供了科学的测试环境，提示、检测文物修复的正确性和可操作性，将保护工作的危险性降至最低，有效地减少和避免了修复保护工作中文物的再损坏。

二、博物馆展陈中数字技术的应用

目前博物馆的展陈多以展品配说明牌、图片的形式呈现给观众，但是随着社会的发展和人们知识水平的提高，观众不再满足于只欣赏美妙的展品，更多的是想探求藏品背后所蕴藏的文化积淀，甚至渴望将部分自己喜爱的文化层面移出博物馆，融入自己的生活中去。为了适应世界文化潮流，满足社会的文化需要，计算机技术的应用是最有效的手段之一，博物馆的数字化油漆是展列中数字技术的应用代表着世界博物馆社会化发展的方向。

各种性质的博物馆因自身陈列内容的包罗万象（自然、科技、天文、地质等）、展品的科技含量高、时代性强等诸多特点使数字技术在展陈中的应用具有得天独厚的优势。数字展陈技术已经开始成为博物馆的主流。无论数字技术运用于什么领域，比如影像、声像资料，甚至博物馆的管理，它最终的成效是使应用对象更清晰、更高品质、更易于把握和传播。从展示静态的展品实物，到全方位介绍三维立体动态的展馆环境；从进入现实的博物馆空间，到进入变化的虚拟空间，这些都是从静态到动态的变化。这样，博物馆的展品在观众面前“活”起来了。

博物馆展陈中的数字技术多种多样，但是总结起来主要包括[2]以计算机技术为基础的触摸屏系统、影院系统、悬浮成像系统，虚拟现实系统、语音导览系统、大屏幕显示系统、网络展示系统以及为展览提供辅助帮助的电子票务系统等八个方面。此外，八个方面的应用又不是孤立存在的，相互之间有很多交叉和综合应用，构成了完整的数字技术的应用。

1. 触摸屏系统

博物馆展陈中应用触摸屏系统可以提高展览的生动、形象与互动性，具有操作简单、演示自由度高的优点。触摸屏系统一般包括两个部分：触摸检测装置和触摸屏控制器。触摸检测装置安装在显示器屏幕前面，用于检测用户触摸位置，接收后送触摸屏控制器；触摸屏控制器的主要作用是从触摸检测装置上接收触点信息，并将它转换成触点坐标，再送给CPU，它同时能接收CPU发来的命令并加以执行。

从技术原理角度来讲，触摸屏是一套透明的绝对定位系统。按照触摸屏的工作原理和传输信息的介质，把触摸屏分为四种，它们分别为电阻式、电容感应式、红外线式及表面声波式。触摸屏技术的发展趋势，具有专业化、多媒体化、立体化和大屏幕化等特点。随着信息社会的发展，人们需要获得各种各样的公共信息，以触摸屏技术为交互窗口的公共信息传输系统，通过采用先进的计算机技术，运用文字、图像、音乐、解说、动画、录像等多种形式，直观、形象地把各种信息介绍给人们，给人们带来极大的方便。在博物馆内触摸屏可以按照需求放置在展厅中需要的地方，对观众来说其操作简单、直观、互动性强，能够提供展品的来源、图片、影音资料、历史背景、相关知识等方面的信息。在中国科技馆、上海科技馆、北京天文馆、北京自然博物馆、中国地质博物馆等具有代表性的博物馆中，触摸屏已大量应用在展陈中。

触摸屏的引入同样也带来了一些问题。比如，参观人数多带来的触摸屏设备易损坏、播放资料易丢失、维护与管理分散；观众身高差异带来的触摸屏高度与人体高度之间的问题；场馆内触摸屏多、人员多带来的播放声音与观众声音互相干扰的问题。

2. 影院系统

影院系统是国际上新兴的一种电影院形式，是在传统的例题影院基础上发展起来的，具有主体突出、科技含量高、效果逼真等特点和优势。近年来，我国博物馆发展较快，中国科技新馆建设了包含3D动感影院、4D影院和SGI数字激光影院。北京天文馆在建馆之处就设计了3D动感影院、4D科普影院和SGI数字宇宙剧场，包括今年完成的老馆改造增加的球幕影院，可谓是影院系统的大组合。影院系统的应用，一方面极大地改善了展陈中数字技术的应用，强烈吸引着观众的兴趣，创造出很好的社会效益；另一方面，在博物馆免费开放的新形势下，影院系统为博物馆带来一定的经济效益。

影院系统有多种形式，有3D与4D影院、球幕系统、水幕影院、气体投影影院、地面互动投影影院等方式。3D与4D影院一般由四个要素构成：立体放映系统、特效系统、座椅系统、计算机控制系统。这四者协同作用，构成一个完整的娱乐系统，共同刺激观众的视觉、听觉、触觉、感觉等各个器官，再现影片主题所涉及的环境以及观众在特定环境内的遭遇等，营造出身临其境的整体效果。目前，上海科技馆、北京自然博物馆、北京天文馆都有自己的这类影院。球幕系统真正实现了360度超大画面展示，观众既可以在球幕的外部观看，也可以在球幕的内部观看。从球幕内部可以全方位体验动感球幕影院的超强震撼感觉。观众完全可以脱离立体眼镜和头盔形成立体视觉，如同真实般体验到天地翻转、地动山摇和激素运动所带来的极度震撼感、眩晕感和强刺激。从球幕外部让观众能体验到一种新奇的感觉，播放动态画面时，会看到一个多彩的、转动的球体。中国科技馆、北京天文馆等馆都有球幕影院系统。水幕影院是由3或4个高压水泵通过专用的水幕喷头将水幕喷成一块半圆形的幕布状，普通的规格大约是40m长、30m高。它的主要作用是作为一个载体，将激光和电影投到水幕上面才可以成像，因为激光和电影不可以空中成像，必须要有载体。在室内水幕可以用白色的纱布或者水帘替代，当室内灯光暗下来时纱布就展开，激光将动画打在纱布上进行成像让人感觉到图像成形在空中。当激光演示完灯光再次暗时将纱布收起来，灯光亮时就见不到纱布了。此类影院在我国博物馆内尚未建立，但在国内外的一些大型活动场所和水族馆内已经出现，将来会是在博物馆内的有益补充。气体投影影院是一种新型的影院系统，造价低，很适合在空间不大的地方实施。目前我国尚未有博物馆采用，由于其自身的优点，也是未来国内博物馆影院系统的一种形式。地面互动投影影院是参与者和投影在地面上的影像的真实互动。该系统由感应器、应用服务器和地面显示三部分组成。将展示空间内的观众与内容结合在一起，做到多名观众融入到内容场景中，就像大家同时参与游戏一样。多名观众的形体动作通过非接触式的感应设备，控制着地面投影或墙面投影的内容，产生互动。展示的内容随着参与者的路过或动作产生不同的变化。北京自然博物馆的植物展厅和首都规划馆都有此类影院。

3. 悬浮成像系统

悬浮成像系统是利用光学成像、声光电控制、多媒体制作等高新技术来展示生物、珍品宝物、科技新产品、天体运动等的最新展示系统。系统可以把展示物品以真彩色三维影像逼真地在空中成像，在普通的光照环境下清晰可见。这种数字技术手段很早就在国内外的博物馆中使用。北京自然博物馆在6个展厅中采用了悬浮成像系统，分别再现了史前恐龙的生活、捕食等场景，胭脂鱼的生活等。这些都深受观众的喜爱。这一技术，在其他类的博物馆，比如中国抗日战争纪念馆、海淀安全馆中也有大量的应用。

4. 虚拟现实系统

虚拟现实系统（virtual reality system，VR；又译作灵境、幻真）是近年来出现的图形图像领域的高新技术，也被称为灵境技术或人工环境。虚拟现实是利用电脑模拟产生一个三度空间的虚拟世界，提供使用者关于视觉、听觉、触觉等感官的模拟，让使用者如同身临其境一般，可以及时、没有限制地观察三度空间内的事物。另外，虚拟现实系统，又称虚拟现实平台（virtual reality platform，VR-Platform或VRP）。VRP是一项综合集成技术，涉及计算机图形学、人机交互技术、传感技术、人工智能等领域，它用计算机生成逼真的三维视、听、嗅觉等感觉，使人作为参与者通过适当装置，自然地对虚拟世界进行体验和交互作用。使用者进行位置移动时，电脑可以立即进行复杂的运算，将精确的3D世界影像传回产生临场感。该技术集成了计算机图形（CG）技术、计算机仿真技术、人工智能、传感技术、显示技术、网络并行处理等技术的最新发展成果，是一种由计算机技术辅助生成的高技术模拟系统。

一般来说，一个完整的虚拟现实系统由虚拟环境、以高性能计算机为核心的虚拟环境处理器、以头盔显示器为核心的视觉系统、以语音识别、声音合成与声音定位为核心的听觉系统，以方位跟踪器、数据手套和数据衣为主体的身体方位姿态跟踪设备，以及味觉、嗅觉、触觉与力觉反馈系统等功能单元构成。

利用虚拟现实技术，结合网络技术，可以将文物的展示、保护提高到一个崭新的阶段。首先表现在将文物实体通过影像数据采集手段，建立起实物三维或模型数据库，保存文物原有的各项形式数据和空间关系等重要资源，实现濒危文物资源的科学、高精度和永久的保存。其次利用这些技术来提高文物修复的精度和预先判断、选取将要采用的保护手段，同时可以缩短修复工期。通过计算机网络来整合统一大范围内的文物资源，并且通过网络在大范围内来利用虚拟技术更加全面、生动、逼真地展示文物，从而使文物脱离地域限制，实现资源共享，真正成为全人类可以“拥有”的文化遗产。使用虚拟现实技术可以推动文博行业更快地进入信息时代，实现文物展示和保护的现代化。

5. 语音导览系统

博物馆采用的语音导览系统经历了大范围广播式、无线发射接收式、预录制存储式和无线感应式等发展阶段。大范围广播式导览是用磁带录音机录下资料后，接上喇叭在整个景区内进行循环式播放。无线发射接收式导览是由无线发射装置和接收器（收音机）两部分组成。按发射装置的数量来划分，该形式可被分为以下两类：①整个景区只有一台发射装置，又可通过向景区租用接收器来收听所发射的内容。②在一个景区的不同景点设置不同的发射装置，游客在不同的景点将接收来自不同发射装置的内容。预录制存储式导览是采用不同存储载体（磁带录音机、数字录音机）的录音器。无线感应式导览是应用红外线等无线传输技术后，导游器（接收器）会在某一景观的设定范围内接受到特定的信号，并因此播放与该景观相应的介绍资料。具有数字录音机的所有优点，且游客无需按键，只要走进景观就能听到相应的讲解。无线感应式语音导览是采用科技化手段，用随身电子设备模仿人工讲解和人工导游的新型导览/导游方式，具有费用低、多语种、自主性强、解说规范、环保等诸多优点，已有世界上各名胜古迹、博物馆、美术馆、艺术馆大量采用。

6. 大屏幕显示系统

大屏幕显示系统又称多媒体信息发布系统，主要依托网络技术和数字控制技术，对分布在展馆内的各处大屏幕显示屏进行集中控制和多媒体信息的发布与更新。随着我国大型博物馆新馆的不断建设，其中以上海科技馆、北京天文馆、中国电影博物馆、首都博物馆和中国科技新馆为代表，他们在建设新馆初期就充分考虑了数字技术的应用，网络综合布线遍布场馆内，这就为大屏幕显示系统的应用创造了可能和先决条件。2005年，北京天文馆建成了大屏幕显示系统，利用大屏幕的显著位置和高清晰的播放质量，将天文科普影音在展厅内循环播出，达到了很好的科普宣传作用。

7. 网络展示系统

网络展示系统突破了时间、空间的局限，使得实时展示、异地展示、互动展示成为可能，为博物馆展陈手段带来变革。网络展示系统在博物馆内的应用可分为展馆内网络展示与互联网远程展示两种。北京自然博物馆的探索角展厅和“昆虫乐园”展厅分别使用了展馆内网络展示技术和互联网远程展示技术。在国外一些自然科技类博物馆或者动物园采用了互联网远程展示技术，这和远程教学一样将是未来展陈中数字技术应用的发展方向。

8. 电子票务系统

电子票务系统是博物馆信息化的主要组成部分，其主要表现在对参观人数的实时控制，各个展厅内人数的实时统计，在馆内消费额定电子钱包功能，网上预约与预售票，残障人士进入场馆的无障碍化，影院系统票与作为的对应等各个方面。利用计算机技术和信息技术的电子票务系统能够很好地解决观众疏散通道设置、残疾人通道等问题。电子票务系统的优势是能准确统计任一时刻馆内观众的人数，及时掌控馆内观众的情况，最大限度的保障最佳接待人数，及时有效地疏导滞留观众，减少安全隐患；科学地对参观人群统计分类，根据参观人群的年龄段进行统计与分析，更有针对性地做好展览设计与相关的科普工作。

三、博物馆中数字化展览的特点

博物馆展示随着数字技术的快速发展其展览方式及特点也发生了很大的变化。通过数字技术它突破了实体博物馆的展示方式，利用交互艺术对观众的感官（视觉、听觉、触觉）进行信息刺激。观众可以达到身临其境的感受，同时可以根据个人爱好自主选择参观的导览路线、展品的主题。通过互动等方式，在达到展示的教育功能的同时，还可以增强展品的情趣，增强参观者主动探索的精神。数字化展览的特点是多方面的，主要体现在内容、设计等方面。下面针对这几方面对数字化展览的特点进行总结分析。

在内容方面，数字化展览是以现代数字技术为基础的展览方式，充分发挥了数字技术的潜力和优势，在内容方面主要表现在交互特性、感受特性、想象特性等方面的特点。

（1）交互特性。交互特性主要体现在全方位的人性化行为方式上，这里的人性化主要是突出观众的个性化选择方面，观众可根据参观的需求自主选择参观的方式和不同的参观路线。当观众进入展示空间，根据展示提供的相关信息，根据个人需求选择参观的内容，已不再是被动地接受展览的信息，而是主动地去探索展览信息。如果是虚拟的信息空间观众就更能发挥个人的空间想象力，观众可以多视角、多方位的参观展览，而且每次参观的感受也是不一样的，总是会给观众新奇感，调动了观众的积极性，激发了观众参与到展览中的兴趣。

（2）感受特性。数字化展览是让观众的各个感官都能感受展示所传递的信息，使观众有“身临其境”的感受。在虚拟仿真环境里，观众不仅能体会从视觉和听觉上感受展示的信息，而且也能够从触觉、嗅觉上感受不同展品的信息刺激。将观众置于全方位感受的仿真环境里，让观众去感受到真实的展示空间。

（3）想象特性。展示所涉及的学科之一就是心理学，展示的信息给观众的内心产生一定的心理反应，从而引起观众的注意。数字技术在展示上的应用更体现了心理学的作用。使展览更具人性化，让人产生更丰富的联想。数字化展示的信息环境空间多是虚拟的立体空间，虚拟空间突破了真实空间的限制，使空间的表现力更丰富，更具想象力，更自由。这样观众在参观展览时可将反馈的信息实时的反馈给展览，观众和展览之间的信息交流就更真实了，观众的情感也能及时地反映出来，展览就能及时地调整展示的方式，使展览更能适应观众的要求，以达到展示信息传播的需求。

在设计方面，随着数字技术在博物馆展示中的应用，博物馆展览的设计也发生了很大的变化，在设计理念、设计空间、展览的方式上都有新的特点。

（1）以动态为主导的展览方式。以数字媒体技术为主导的数字化展览方式改变了传统实体博物馆以静态为主的展览方式。在传统的实体博物馆中虽然也应用到声光电技术，但在运用上还局限在以静为主的方式上。在数字环境里，三维图形和时间的结合，形成了四维空间，使展览的运动成为形式的主导，使展览更加丰富、灵活。

（2）展览由“实体”向“数字”方向转换。传统的实体展览已经不能完全适应现代社会的需求，无论从信息量还是在展示空间上都对观众的参观有很多限制，而数字技术加大了展示信息量的传播，观众参观展览在一定程度上不必受到展示空间的限制，在虚拟的展示空间中可获得更多的展示信息，而且，网络博物馆还解决了博物馆地址、时间等方面的限制，数字化展览从某种程度上扩大了博物馆的教育功能，达到了寓教于乐的目的。

数字技术已经成为博物馆展示事业的发展重要组成部分，在第三次技术革命即计算机技术革命的推动下，促进展示设计和方式的发展，使博物馆展示的技术手段已由传统的单一的静态的图片、模型的展览方式向以数字技术为主导的人性化的多维展示方式。展示设计作为数字化革命的实验点，随着计算机技术的快速发展，在竞争激烈的信息化时代，运用数字技术进行信息的传播已经成为展示设计方式的主流，对于博物馆数字化展览无论从展示方式还是展示技术都已经离不开数字技术。虚拟博物馆展示建设中数字技术是展示发展的重要的技术手段和支撑，数字技术的快速发展必将给博物馆展示事业带来一场革命。

第三节　无酸纸包装与文物保护

文物是人类文化的宝贵遗产，随着时间的推移，年代的延续，作为物质的文物，都会老化；有时不恰当的保存和不利的自然环境甚至会造成文物的消亡。然而，文物一旦损毁消亡，附着其身的文化历史内涵也就不复存在了，因此保护好文物就显得非常重要。随着人类社会的进步，文化艺术和科学技术的发达，对文化遗产的保护日趋重视。为了达到长久保存文物的目的，专业的保存与维护至为关键，保存材料和环境对文物的寿命有直接的影响。

一、无酸纸的背景

文物包装已经被公认为是馆藏珍贵文物预防性保护的关键之一。通过对文物包装的合理设计，可以保护文物免受诸如光、过快的温度和湿度变化及灰尘等环境因素的影响以及外力的损害。如果文物箱柜囊盒材料选择不当，在日后的文物保藏过程中这些材料不断地释放出有害气体，并在封闭的箱柜囊盒中积累，势必会对文物造成损坏。例如，旧报纸、牛皮纸、档案袋、黄板纸（马粪纸）老化后会形成挥发性有害物质的成分，木质素会在日后分解成为挥发性有机酸，挥发性有机酸会对文物造成破坏；含酸性腐蚀物质如桦木、水青冈木、松木和云杉木干馏时会产生相当于本身重量的7.08%、6.04%、3.5%和3.19%的酸性腐蚀物质，木头中缓慢散发出的乙酸损害了蛋壳的钙质表面，生成了粉末乙酸钙，使蛋壳画藏品表面出现白色粉末；人造板材能散发甲醛、有机酸等污染物。在众多的包装材料中，无酸纸因保存性能好、耐久、化学性稳定而在国际文物包装和展陈中有大量普遍的采用。

造纸术是我国四大发明之一，纸张是传播人类知识和文化最简便而廉价的工具，也是人类日常生活不可或缺的必须物品。传统手工纸主要以韧皮纤维为造纸原料，以草木灰或石灰蒸煮纸浆原料，采用日光自然漂白，所以手工纸具有耐久性的特点。但是随着纸的需求量日益增加和造纸原料等的限制，手工造纸已不能满足社会发展和日常生活的要求，19世纪中期西方的工业革命给造纸技术带来了突破性的发展，传统的手工造纸逐渐被现代化的机械制纸所替代。由于现代的造纸工艺和原料中含有酸性物质，加速了纸张的酸化。20世纪40年代初，造纸原料的影响被发现，半纤维素和木质素被氧化后会生成有色基团，使纸张变黄；紫外线还可以使木质素中的C—C键和C—O键发生断裂，使纸张变脆，在光或者热的作用下，酸性纸纤维更容易降解；制浆过程中残留的酸碱物质、漂白过程中残留的氧化剂、施胶过程中加入的松香胶料都直接或间接地引起纸张的发黄脆化，缩短纸张的使用寿命。由于酸性造纸系统抄造的纸张pH值为4～5，可知酸性纸问题十分严重为解决酸性纸张的劣化问题，赫可立士公司在20世纪50年代首先研制成功碱性施胶，从而使无酸纸的制造成为可能。和酸性纸的生产相比较，碱性纸的制作过程更干净，对工厂设备腐蚀更小，碱性纸工厂比酸性纸工厂产生的污染少，而且可以再利用和被生物分解，这些都有利于保护环境。

二、无酸纸简介

无酸纸（acid free paper），是不含活性酸的纸。纸的定量和颜色依用途而定。纸质坚实、强度高，接近中性。由植物纤维纸浆采取特殊处理（消除其中存在的有机酸）后，在造纸机上抄造而成。用于包装某些物品或在制造某些设备中使用，保护与纸接触的材料不受酸的侵蚀。美国TAPPI标准对无酸纸有两种解释：①为一种包装或保护性纸张，被包装物（产品）易受纸张包装材料酸度危害时，采用无酸纸。②为一种耐久性的记录用纸，此种纸张不具酸性且可防止过早劣化的发生。

纸张的含酸量是其使用寿命的最佳指标。它可以用0（酸性，表示纸张的使用寿命非常短）到14（碱性，表示纸张的使用寿命很长）之间的pH值来测量。随着使用年限的增长和在日光和空气中曝光次数的增多，任何一种纸张的酸性也会随之增强。酸性值的pH值都低于7。日常中的报纸就是用酸性纸做的，如果小心地加以保存，那么这种报纸大概能达到20年的使用寿命，但是如果你把报纸暴露在日光和空气中，那么它也许只能保存几个星期。无酸就是指纸张的pH值为7（中性）或更高（碱性），即广义上的无酸纸，是指pH在7以上的纸品。在正常的使用和保存条件下，无酸纸的使用寿命可以达到200年左右。

无酸纸在国外的发展。1984年，美国制定用于保存资料的中性纸的规格；1990年，美国布什总统签署了一项关于使用无酸纸张的国会联合决议，这项决议要求必须使用无酸纸张作为美国联邦政府文件、书籍和其他具有永久价值出版物的用纸；国际图书馆协会机构联盟（IFI.A）在1989年、1991年就已向联合国建议其出版物应率先使用耐久纸；1994年国际标准组织（ISO）更通过了耐久纸标准（ISO 9706）；现在，一些国家以立法的形式规定，在印制图书杂志、档案文件时，应使用耐久纸或无酸纸。在20世纪的60~70年代世界发达国家的艺术界、科学界造纸业人士就开始通力合作，研制并完善了基本满足艺术创造与长久保存之目的无酸纸张、纸板。20世纪末21世纪初，又结合新开发的微室技术（micro chamber），制造出各种能更好地保存维护艺术品的无酸纸张、纸板，这项技术是21世纪文物保护的福音。目前，国外有专门的公司研究和生产博物馆文物保护专用无酸纸，如德国的Klug公司。

我国对无酸纸的研制主要面向档案保护，国内在1991年1月，由中国档案科研所山东省档案局与山东太阳纸业集团组织专家和科技人员联合组成了科技课题小组，开发了耐久性系列公文档案纸，并且得到了普遍的重视应用。档案行业颁布了相关标准，如文件用纸耐久性测试法DA/Tl1-1994，无酸档案卷皮卷盒用纸及纸板DA/T 24-2000等。

现在无酸纸主要用途有两个方面：一个是照片输出介质“纯棉无酸纸输出的作品能够完全满足收藏级别的输出要求，进行彩色输出时，色调沉着优雅，含蓄而不失饱和，层次过渡分明，现场感强。而且纯棉无酸纸种类繁多，其表面的纹理、涂层皆不相同，可适合不同的题材表现。往往一个比较平淡的影调，在合适的纸张纹理上，就会得到艺术升华。进行黑白输出或单色调输出时，纯棉无酸纸所表现的过渡层次细腻，影调温润柔和，让人不忍释手，受环境光源影响也较小”。另一个就是目前国内使用比较多的无酸纸档案盒，用于文物保存。

三、无酸纸在文物保护中的应用

当前，国家对文物包装材料做出了以下原则要求：①安全性原则，要求包装材料确保文物安全。②真实性原则，保证文物本身所具备的各类信息的真实性和完整性，要求在选择内包装材料时，尤其是直接接触文物的包装材料，应避免选择可能对文物本体造成污染的材料，同时还应注意在包装操作工程中避免造成文物表面的摩擦和磨损。③选择性原则，指对包装对象的选择。④科学性原则。⑤环保性原则。因此，馆藏文物专用无酸纸和纸板，对于提升我国文物保护能力具有重要意义。

《馆藏文物包装材料・无酸纸》定义：pH值为中性（7左右）或者偏碱性的纸。馆藏文物包装无酸纸指不含木质素、不含回收纸浆，呈中性或经弱碱性缓冲剂处理的纸。按是否加入缓冲剂可分为有缓冲剂无酸纸和无缓冲剂无酸纸两种。有缓冲剂馆藏文物保护无酸纸pH值8～9.5，常用来保存棉、麻、纸等非蛋白质制品和其他文物，常用的缓冲剂是碳酸钙等碱性物质，$CaCO_3$含量在2%～5%，用添加缓冲剂的保存材料来保存，可以防止酸性物质的迁移。无缓冲剂馆藏文物保护无酸纸pH值7左右，常用来保存动物性的制品如羊毛、皮革、丝和其他含蛋白质的纺织品及特殊纸张（如蓝图）及相纸等。根据用途，无酸纸可分为文物箱衬纸和衬纸板、文物纸箱用纸板、文物囊盒用纸板、盒外装饰纸和内衬纸、保藏文物用纸袋和信封、陈列展览文物用的后背纸板和垫衬纸、包裹文物用的绵软纸等。

馆藏文物保护无酸纸内不能含有硫化物，为避免无酸纸包装材料在长期使用中变色，纸中尽量不用荧光增白剂，如果选用彩色无酸纸包装材料，需要进行相关色牢度实验。无酸纸在使用过程中应尽量避免使用胶黏剂，需要时胶黏剂中不能含有塑化剂、硫化物、铜离子、铁离子等有害成分，不含有或产生氧化物，不引起变色、分层。

纸张和纸板是文物保护中常用的一种包装材料[3]，如主要包装材料瓦楞纸、纸箱、纸盒、纸板和起辅助包装材料各种纸张如宣纸、绵纸等。文物无酸包装可进行无酸性耐久裱褙，再以无酸隔层保护纸覆盖，继而保存在无酸保存袋，并装在无酸保存盒子里。无酸纸是纸质文物包装的安全材料之一，包装盒材料对存放于其内的纸质材料的影响，经过老化试验对比发现，存放于酸性盒中的纸质材料比存放于无酸纸盒中的纸质材料强度下降明显。

由于文物保护的特殊需要，对无酸纸提出了更高的要求。纸张或纸板在使用中和文物长期接触，在这一接触过程中，是否对文物安全是必须认真考虑，必须做相关试验的。例如，纸张中一定不能含有残余漂白剂残留过的氧化物、残留氯、残留酸、游离甲醛和金属颗粒等，甚至不能含有在日后会形成挥发性有害物质的成分，如木质素会在日后分解成为挥发性有机酸，挥发性有机酸会对文物造成破坏，也就是说草纸板、磨木浆纸、新闻纸、硫酸铝施胶纸、再生纸是绝对不能用作文物囊盒、文物袋、文物信封，也不能用于文物箱文物藏品柜和文物展柜中的。

《馆藏文物包装材料·无酸纸》中指出文物包装产品直接接触到文物，如果含有酸性物质迁移到文物，会加速文物的衰化，不仅起不到保护的作用，反而会给文物带来永久性的伤害。因此包装纸pH值要求必须保持在7～8.5，纸张生产过程一定采取中性或碱性施胶方法，含有2%～5%的碳酸钙，这样做的目的除了在于包装材料寿命会长久外，更主要的目的在于用包装材料中的碱性碳酸钙去中和纸张文物中的酸性成分，以此延长文物的寿命。包装材料不能含有在日后会形成挥发性有害物质的成分，再生纸是绝对不能用作文物包装材料的。木质素会在日后分解成为挥发性有机酸，挥发性有机酸会对文物造成破坏；金属离子和硫化物会加速纸张的老化。浆料中需要严格控制相关成分。在大量无酸纸分析的基础上，本标准确定馆藏文物包装无酸纸卡伯值小于5，铜离子含量小于6ppm，铁离子含量小于150ppm。国内外多种无酸纸化学性能对比如表10-1所示。

表10-1　国内外多种无酸纸化学性能对比

序号	产地	卡伯值	碱含量/%	铜离子/ppm	铁离子/ppm
1	德国进口	2.540	6.275	1.1	20.8
2	香港	1.771	4.055	1.6	49.8
3	日本1	1.266	2.825	10.4	33.6
4	日本2	1.246	2.315	9.4	57.9
5	美国进口	1.354	5.415	1.7	185
6	国产1	18.281	2.245	4.74	70.4
7	国产2	17.408	9.02	2.0	84.7

续表

序号	产地	卡伯值	碱含量/%	铜离子/ppm	铁离子/ppm
8	自制1	0.947	8.51	0.8	37.0
9	自制2	0.569	8.06	0.7	39.8
10	纸板1（自制）	1.122	9.76	0.6	58.0

戴红旗、吴来明等发明的专利“文物保护专用无酸纸和制备方法”中提出了无酸纸的制备方法[4]，该无酸纸由下列质量百分比的原料配制而成：纸浆纤维80%～90%，腐蚀性气体吸附剂0.01%～10%，湿度调节剂0.5%～5%，pH缓冲剂0.5%～5%，湿增强剂0.1%～3%及水3%～7%。

文物保护无酸纸制备方法，其具体制造步骤如下：①纸浆悬浮液的配制：将绝干纸浆纤维放入标准疏解器，加入去离子水，进行疏解得到纸浆悬浮液。②在上述疏解后的纸浆悬浮液中，按对绝干纸浆纤维原料质量比加入0.01%～10%的腐蚀性气体吸附剂、0.5%～5%的湿度调节剂、0.5%～5%的pH缓冲剂及0.1%～3%的湿增强剂，搅拌均匀。③将上述步骤②的纸浆悬浮液在纸页抄片器上成形网过滤脱水得到湿纸片，湿纸片经烘干得到文物保护无酸纸。上述纸浆纤维为全无氯漂白硫酸盐针叶木浆或阔叶木浆、过氧化氢漂白棉浆中的任一种或两种的混合浆。上述疏解纸浆纤维的水为去离子水。上述的腐蚀性气体吸附剂为白色活性炭或多孔磷酸钙，外观白色，表面积大，能吸附酸性腐蚀性气体。上述的pH缓冲剂为碳酸钙或多孔磷酸钙，它具有一定的碱度，能中和或缓冲因吸附酸性气体的酸度，维持在中性或弱碱性。上述的湿度调节剂为硅胶、白色活性炭或多孔磷酸钙中的一种，对微空间环境湿度有一定的调节功能。上述的湿增强剂为聚胺聚酰胺环氧氯丙烷树脂，保证纸在意外受潮后仍具有好的强度。

本发明的文物保护专用无酸纸经评价，试验结果表明具有以下特点：①对酸碱性气体吸收性能好。对SO_2气体吸收量达到33.9mg/g，HC1气体吸收量164mg/g，NH_3气吸收量221mg/g。吸附后不会对被保护对象产生不良影响，即文物与纸张友好性。②可重复使用。对已吸收腐蚀气体的文物保护专用纸进行脱附后，对SO_2气体吸收量仍达到39mg/g，HC1气体吸收量103.8mg/g，NH_3气吸收量156.2mg/g，这说明自制文物保护专用纸具有吸附再生功能，且二次吸附气体效果基本没有下降。③不含酸性物质。采用全无氯漂白纸浆，添加了磷酸钙作为缓冲剂，纸张呈碱性。比较后可以看出，自制文物保护专用纸的厚度、松厚度、白度、抗张指数、湿强指数、吸水性都达到进口文物保护专用纸的指标。

无酸纸有以下优点：①不含酸性物质，不会因为酸性物质迁移对文物造成酸性损害，纸中的缓冲剂可以中和纸张文物中的酸性成分，同时，能缓冲环境中酸性气体对馆藏品的侵蚀，以此延长纸张文物寿命，起到更好的保护文化遗产的作用。②和酸性纸的生产相比较，无酸纸的制作过程更干净，对工厂设备腐蚀更小，而且可以再利用和被生物分解，用无酸纸还有利于保护环境。

我国有大量的文化遗产需要保护，无酸纸作为一种文物保护材料会发挥越来越重要的作用，具有广阔的应用前景。虽然国外已经有比较成熟的产品，但是价格过于昂贵，研制开发适合我国文物保护的无酸纸并建立相应的评价标准规范是无酸纸的发展趋势。

第四节　微环境控制技术与文物保护

博物馆展览陈列是艺术与科学的结合，形式的科学性体现在现代科技手段和新型材料的运用上，陈列柜是最基本的陈列设备。20世纪初，英国的博物馆工作者设计了一套标准化的陈列柜。整套陈列设备由三种基本类型的橱柜组成，即立柜、中心立柜和桌柜，此外再配以展板和依墙屏风，作为辅助设备。20世纪40年代，随着商业橱窗式的大尺幅玻璃柜崭露头角，博物馆陈列进入了通柜式陈列。这种柜子具有制作简便、省工省料、整体感强、美观、大方的优点，其玻璃面顶天立地，具有开阔的视野和宽敞的展示空间，并能使陈列空间布局获得更好的整体效果，有利于灵活组合陈列品。现代陈列柜的设计除了考虑展示内容因素之外，还需要根据不同展品特性，对灯光、温度、监控设施等进行特别设计。

文物展柜（museum showcase）指用于展示、存放文物的柜子。文物展柜在设计的时候要坚持的总原则为[5]：①协调性。展柜的外观、材料的使用、灯光的配置，要从展品的风格、特质出发，使展柜融入展览环境中，尽量隐形，重点突出展品。②耐用性。确保展馆结构在室内环境长期使用不会出现明显变化。③安全性。采用钢架结构保证整体结构的可靠性，材料符合防盗标准。④操作性。展柜的设计在保护文物的同时，提倡良好的操作性，每个展柜均可由一个人独立操作。⑤环保性。采用环保材料，以保证展品在展柜内不会因为化学反应而遭破坏。展柜背板、展台平面板、纺织衬料需环保材料，并对表面层进行阻燃处理。⑥照明控制性能。达到《博物馆照明设计规范》的要求，营造氛围，突出展品，兼顾辅助物品的照明。隐蔽出光点、调控照度及角度，过滤红外光、紫外光以及热量，以防对展品照成损害。⑦环境控制性能。展柜应具有良好的密封性，可以根据要求实现恒温恒湿控制，无氧小环境、空气过滤以及基于以太网的环境数据监测等功能。展柜是文物的舞台，同时也是文物最直接的保护者。

展柜的功能一是审美性，二是实用性，其最根本的特性是，既要解决“展”又要解决“藏”。珍贵文物应该配备相应的展柜，好马要有好鞍。好的展柜应该是设计制作美观协调，便于操作安全合理，材料环保耐用，照明温湿度控制有度。

一、展柜的分类

根据展柜的形状可以分为桌柜、立式柜、卧式柜、落地柜、箱体柜、墙柜等；根据展柜所用材质可分为全玻璃展柜、金属玻璃展柜、木质玻璃展柜、有机玻璃展柜等；根据展柜性能可分为环境控制型展柜、光控制型展柜、安全级别类型展柜、特种密闭型展柜等。图10-3～图10-6为博物馆几种展柜。

图 10-3　立式柜

图 10-4　木质玻璃展柜

图10-5　墙柜

图10-6　桌柜

二、展柜的技术要求

由于大部分展柜与文物直接接触，所以展柜所用材料含有硫、氯、其他酸性成分或使用过程中不断地释放有害气体，势必会对文物造成损害，展柜自身老化后释放出的有害气体包括甲醛、甲酸、乙酸、氮氧化物、硫化氢、二氧化硫等。对文物造成潜在危害的材料包括油漆、胶黏剂、皮革、木头等。通常情况下，展柜用不锈钢、铝合金和表面喷塑涂料钢板要比其他材料安全。对于展柜的内衬板、垫衬材料和装饰材料应当经过科学的测试和化学分析，得出确切结论不会对文物造成损害后才可用于文物展柜。一般情况展柜内部装饰材料采用棉织品、无酸纸张、无酸纸板、聚四氟乙烯材料、聚乙烯材料、聚丙烯材料、表面活性炭板材、硅胶和纤维混合板材等。

展柜应具有良好的密封性，展柜内应安装有相对湿度自动检测仪器或者湿度传感器和控制展柜内湿度的设备。展柜内控制温湿度的方法在第七章第三节已经详细介绍过。对于大型连排展柜，可采用远程空调控制单元管道连接方式控制展柜内温湿度，将空调系统的进出风口安装在展柜的顶部或底端，应用空调系统调节展柜内的温湿度。直接应用空调系统控制展柜内的温湿度是最方便也是最节能的选择。对于独立展柜一般在展柜内安装加湿和减湿系统，当湿度超过要求范围时，湿度控制仪器能自动开启除湿机降低湿度，当相对湿度低于要求范围时，湿度控制仪器能自动开启加湿机增加湿度。展柜湿度的另一种控制方法是在展柜内放置调湿材料，如，硅胶。调湿材料在冬季干燥气候下可放出水分保持展柜内湿度稳定，在夏季潮湿气候下可以吸收潮气。但吸湿材料有一定的缺点就是工作人员需要随时更换吸湿材料，并对吸湿材料进行一定的处理。加拿大博物馆内，每立方米展柜空间放入2.5kg硅胶就可以满足湿度要求，展柜下层硅胶箱体应该和上层文物展出部分留有足够的气孔进行气体交换。在展柜下层预留调湿缓冲材料箱体是为了在更换硅胶时应该不影响展柜中的展品，即不需要移动展品。展柜去湿和加湿水箱也应该和展品部分隔离，水箱应该置于展柜的下层位置，水箱门应该置于前部方便拿出水箱加水。

展柜中的照明应该对文物是没有损害的，目前，博物馆展柜内的光源多采用冷光源，如光纤照明、LED照明（图10-7、图10-8）。光纤照明可将灯光送入展柜照明位置，将发光热源放于柜中箱体内较远位置，这种冷光照射有利于通风，将发光热量排出展柜外。

图 10-7　光纤灯照明

图 10-8　LED 照明

在安全技术方面，展柜必须具备物理稳定性和足够承重能力，展柜材料应具备自身防火性能；展柜的设计形式应具有防盗功能，展柜应该内置震动报警器和其他报警装置，展柜的玻璃应该具有足够抗冲击能力，展出的珍贵文物的展柜内应安装电视监视器和防火报警器。在张晋平的《博物馆环境监测控制技术》[5]一书中提出了选择展柜的基本原则。

（1）对于金属文物、陶瓷文物、玉石文物等无机文物应该选择金属玻璃展柜，金属展柜在使用中不会挥发有害气体，金属框架的机械强度高，对展柜中文物和对表面玻璃的称重能力都比其他材料强。需要注意的是，展柜内底板和背板的材料一定要选择不会挥发有害气体的材料，如选择高密度聚乙烯硬泡沫板，这一材料在中国国家博物馆承办德国展览时，得到了中方和德方文物保护人员的一致认可。如果展柜内部一定要用木质材料，那么要选择十分干燥的木材；对于密度板，尽量不要使用，如果一定要使用，那么一定要用高阻隔涂料封护表面，并且在制作时对边缘封边。

（2）对于较宽大的油画和中国画，应该选择落地式连排木质墙柜，木材是多孔纤维材料，和画作材料相近，具有缓冲环境温湿度影响的作用。如果选择金属框架展柜，其底板和背板也应当使用实木材料，木制板材涂刷一两层清漆即可，只要不掉粉尘，便于清洗即可。不要应用胶合板，因为胶合板会挥发甲醛，甲醛会破坏画作中的颜料成分。展柜内部下方要制作底箱体，预留放置硅胶的空间，这样可以需要时在展柜内放置硅胶等调湿材料。对于具有条件的博物馆，也可以考虑应用空调系统控制展柜内温湿度和空气质量，也就是将空调末端的进出风口安装在展柜内，应用空调系统控制展柜内温湿度和空气质量。也可以考虑应用大型恒湿机远程控制展柜内温湿度。

（3）对于木雕文物、皮革文物、书籍文物、象牙文物、玛瑙文物等中小件文物，可以选择金属玻璃展柜或者木制展柜。应当强调的是，展柜的密闭性一定要好。对于珍贵文物应当考虑安装小型恒湿机控制展柜内部的相对湿度。如果是一般文物，应当考虑在展柜的展出空间内部制作底箱体，预留放置硅胶的空间，需要时可以在箱体内放置硅胶等调湿材料。

（4）对于银质文物，硫化氢和二氧化硫都会引起银质文物逐步变灰黑，应当考虑在展柜内安装空气过滤循环系统，因为展柜很难做到完全密闭，空气中的硫气体会渗透进入展柜中，而且其平均寿命又长，所以降低展柜内硫气体影响的办法就是应用主动式以活性炭为吸附材料的空气过滤系统。根据美国大都会艺术博物馆的经验，加装了主动式以活性炭为吸附材料的空气过滤系统，可以保证银器长期光亮如新。

（5）对于展柜内支撑材料可选择金属、玻璃、有机玻璃、高密度聚乙烯板材、聚苯乙烯板材、干燥实木板材等。对于内部装饰材料可选择棉麻织物、聚四氟乙烯材料、无酸纸张、无酸纸板以及其他经检测不会挥发有害气体的材料等。

（6）对于展柜内照明系统，一般展柜可选择可调光普通照明灯具方式，珍贵艺术品展柜应该选择光纤照明方式，光纤照明系统的光源部分安装在下部壳体内，下部壳体不能封闭，要保证光源热量能够散发到室内环境中。进入展柜的线孔要用玻璃胶封闭，以此保证展览空间的密闭性能。

（7）对于要求密闭性能的展柜，应当要求生产商在其性能表中标明该展柜与外界的空气换气效率。

三、微环境密闭技术

展柜内的空气质量与展柜外的空气质量、展柜的密闭性、展柜内使用的材料以及有害气体成分的平均寿命有关。

文物展柜是展示文物的空间，同时也是保护文物、防止文物加速老化腐蚀的重要场所。密封的展柜能缓冲外界湿度的波动，减少外界各种有害气体、尘埃等对展柜内环境的污染，从而改善文物保存微环境的质量。目前，为了控制展柜内的环境质量，应用了多种微环境调控手段，如除氧充氮、被动调湿吸附、主动净化等。展柜的密封性能是发挥这些调控手段的基础，不同的调控手段对展柜的密封度要求也不同，通常以展柜每天的换气率作为评价指标。

根据密封程度的高低，本标准将文物展柜分为高密封展柜、密封展柜和一般展柜。该分类标准是在大量实地检测的基础上确定的。从文物等级上说，所有可移动文物均应放置在密封文物展柜内，一级文物应放置在高密封展柜内。从文物保存微环境调控措施上说，采用主动和被动调控措施的展柜，为了保证调控的效果，展柜密封度要求较高，对于采用惰性气体保存或缺氧保存的展柜，为了达到保存的效果，更要求采用高密封展柜。

1. 氮气微环境

氮气微环境是将文物放在密闭空间内，通过充氮置换，除去空间内的氧气和其他气体。这一技术具有防潮、防虫、防霉、防氧化的作用。氮气，化学式为N_2，通常状况下是一种无色无味的气体，且通常无毒，而且一般氮气比空气密度小。氮气占大气总量的78.12%（体积分数），是空气的主要成分。在标准大气压下，冷却至−195.8℃时，变成没有颜色的液体，冷却至−209.8℃时，液态氮变成雪状的固体。氮气的化学性质不活泼，常温下很难跟其他物质发生反应，但在高温、高能量条件下可与某些物质发生化学变化，用来制取对人类有用的新物质。由于氮的化学惰性，常被用作保护气体，如瓜果、食品、灯泡填充气。以防止某些物体暴露于空气时被氧所氧化，用氮气填充粮仓，可使粮食不霉烂、不发芽，长期保存。液氮还可用作深度冷冻剂。作为冷冻剂在医院做除斑、包、痘等的手术时常常也使用，即将斑、包、痘等冻掉，但是容易出现疤痕，并不建议使用。高纯氮气用作色谱仪等仪器的载气。用作铜管的光亮退火保护气体。跟高纯氦气、高纯二氧化碳一起用作激光切割机的激光气体。氮气也作为食品保鲜保护气体的用途。在化工行业，氮气主要用作保护气体、置换气体、洗涤气体、安全保障气体。用作铝制品、铝型材加工、铝薄轧制等保护气体。用作回流焊和波峰焊配套的保护气体，提高焊接质量。用作浮法玻璃生产过程中的保护气体，防锡槽氧化。

将氮气保护技术应用于珍贵文物的保存和保护，在国内外已不乏先例。美国的《独立宣言》就密封于氮气环境中进行永久性保护；意大利、法国十多年前就成功地将氮气保护技术应用于文物的保护；中国历史博物馆和中南海毛主席故居纪念馆使用除氧剂进行珍贵文物的封存保护，也是应用氮气保护的一种形式；北京房山云居寺“99石经回藏”的成功，可以说是我国应用氮气库技术进行文物保护的范例。图书在自然环境条件下保存，纸张纤维会受到空气中氧气和有害气体的危害，发生氧化和酸化水解反应，使图书纸张变黄和脆化，这就是图书纸张的老化。应用氮气库进行珍贵图书的保护，可以防止图书纸张发生酸化和氧化反应。

氮气库系统主要由气密结构（库体）、制氮机系统、调温调湿系统、气体净化装置、监测控制系统组成。气密性是氮气库区于别其他类型库房的一个最重要的特点。氮气库不仅要求维护结构具有良好的隔热性能，减少外界热量对库内温度的影响，更重要的是还要求维护结构具有很好的气密性，减少或消除外界空气对库内气体成分的影响，并能长时间地维持库内所要求的气体成分。制氮系统是为达到和保持库内氮气工况所必需的设备，是氮气库系统中最重要的组成部分。氮气库系统主要采用的碳分子筛制氮机是以碳分子筛为吸附剂，以空气为原料，利用变压吸附原理进行氮氧分离制取高纯度氮气的气体分离设备。碳分子筛制氮机具有产气量大、设备结构简单、操作灵活等特点，并且在去除氧气、产生氮气的同时，还能有效地去除其他有害气体成分，是目前最常用的制氮设备。调温调湿系统可以调节库内的温度湿度，达到恒温恒湿的要求。气体净化装置，可对进入库内的气体进行过滤和净化，滤除二氧化硫等有害气体和灰尘，使库内气体保持洁净状态。监测控制系统可对库内温度、湿度、氮气纯度进行检测，控制制氮系统、调温调湿系统的运行，现多采用的计算机控制系统，具有温度、湿度、氮气等数值的设定，数据的采集、显示、存储、查询、报警、打印等多种功能。

展柜密闭研究和设计是物保护科学家要解决最艰难的任务，因为框架玻璃部分和供电部分会造成氮气泄露，一般来说，将展柜连接连续制氮机将能够解决氮气含量的泄露，但是，这将造成成本和运行费用的增加。展柜内充入的氮气要含有一定水分，通入氮气时，部分气体经过水池，可将部分水分加入到通入的氮气中。检测氧含量和氮含量时都可以不开启展柜，通过连接下方阀门完成。另外，展柜内还放置了硅胶和活性炭，硅胶用于缓冲相对湿度的变化，活性炭用于吸附可能的有害气体。

2. 氩气微环境

氩气，分子式Ar，分子量39.95，无色无臭的惰性气体；蒸气压202.64kPa（–179℃）；熔点–189.2℃；沸点–185.7℃；微溶于水；相对密度（水=1）1.4（–186℃）；相对密度（空气=1）1.38。氩气的化学性质极其稳定，即使在2500℃超高温条件下，它的化学性质也不会发生变化。氩气是一种稀有气体，常用作电弧焊接（切割）不锈钢、镁、铝和其他合金的保护气体，还用于钢铁、铝、钛和锆的冶炼中。放电时氩发出紫色辉光，又用于照明技术和填充日光灯、光电管、照明管等。

美国国家档案馆的专家认为，将有机文物保存于氩气环境可以使文物寿命延长至万年以上。能够享受此待遇的文物仅仅是美国国家档案馆的顶级文物，如《美国独立宣言》和《美国宪法》等几件原始档案文物，《美国独立宣言》《权利和自由法案》和《美国宪法》共同构成了《美国自由宪章》，这几件文物是美国国家的出生证文件，共7页，它们也是美国国家最古老的官方档案文件，质地为羊皮纸，羊皮纸主要由胶原蛋白组成。3～13世纪，欧洲各国普遍使用羊皮纸书写文件。14世纪起被中国传入的纸所代替。但是，直到18世纪，有些国家仍然使用羊皮纸书写重要的法律文件，以示庄重。当时的美国政府也沿用了这一传统。

3. 二氧化碳微环境

经过20多年的研究与实践，国际文物保护领域已经成功应用了无毒气体，如氩气、氮气和二氧化碳等技术。虫害是有机文物的天敌，多少年来，人们经常使用化学杀虫剂处理虫害，但杀虫剂在杀死害虫的同时，不仅污染了文物和文物的保存环境，还对文物保护工作人员造成一定的伤害。随着人们环保意识的日益提高，摒弃传统杀虫方法，探寻不会造成环境污染和人体伤害的杀虫方法成为科学家们的主要任务。

美国盖蒂文物保护研究所于1998年出版了一般专著*Inert Gases in the Control of Museum Insect Pests*，该书将文物保护界应用的惰性气体控制虫害方法进行了总结[7]。目前，二氧化碳杀虫技术已经在国外多家博物馆内应用，它与氩气和氮气杀虫技术相比能节省费用，它投资小、设备简单、杀虫更加便宜。另外，二氧化碳可以对大物件，甚至整个建筑物进行杀虫处理。

美国Old Sturbridge Village生态博物馆是美国文物保护领域最开始应用二氧化碳对文物进行杀虫处理的博物馆。该生态博物馆是一个具有200多年历史的村庄，村庄内有40多个1790～1840年的古建筑对外开放。由于它的地理环境和建筑特点，衣蛾和地毯蠹虫害十分严重。20世纪80年代，博物馆购置了一个体积为2m^3的真空密闭消毒箱，用环氧乙烷对文物进行杀虫处理。为了解决环氧乙烷排放造成的环境污染，1989年，博物馆将杀虫气体改为二氧化碳。文物在放入真空密闭消毒箱前放置在相对湿度不低于45%的环境中（文物保持一定水分，可以提高二氧化碳的杀虫效果）。二氧化碳通过管道进入消毒箱时，要加热到23℃以上。如果不加热，二氧化碳会使管道温度快速下降，它也会形成干冰，阻碍气流通过，而且试验表明如果消毒箱内温度低于23℃会影响杀虫效果。一般情况下将充入消毒箱的二氧化碳温度控制在24～29℃。

1990年，该博物馆购买了一个30m^3的可充气复合塑料布密封袋，工作人员将文物装入密封袋中，拉上拉锁后用胶带密封。在二氧化碳浓度为60%～70%，温度为20～25℃的条件下保持14d，即可取得良好杀虫效果。该博物馆在用二氧化碳杀虫时并没有特别关注相对湿度的问题。

二氧化碳密度较空气大，当二氧化碳少时对人体无危害，但其超过一定量时会影响人（其他生物也是）的呼吸，原因是血液中的碳酸浓度增大，酸性增强，并产生酸中毒。空气中二氧化碳的体积分数为1%时，感到气闷、头昏、心悸；4%～5%时感到眩晕；6%以上时使人神志不清、呼吸逐渐停止以致死亡。因此，在应用二氧化碳杀毒时，应安装二氧化碳泄露报警器，注意操作间的浓度变化，防止对人体造成危害。

预防性保护是研究应用一切与博物馆环境及风险管理相关的科学技术

和成果，对馆藏文物保存环境进行有效的监测和控制，抑制各种环境因素对文物的危害作用，努力使文物处于一个安全稳定的保存环境，尽可能阻止或延缓文物的物理和化学性质改变乃至最终劣化，达到长久保存馆藏文物的目的。文物的存储是预防性保护工作中一个重要的部分，存储装备的选择对于文物的预防性保护起了决定性的作用。

参考文献

[1] 秦建华. 三维数字技术在文物保护中的作用［J］. 美术大观，2014，（7）.

[2] 李健文，苗雨雁，黄艳军. 自然科技类博物馆展陈中数字技术的应用［C］. 北京数字博物馆研讨会. 2009.

[3] 徐文娟，吴来明，解玉林，等. 无酸纸的发展及其在文物保护中的应用［J］. 文物保护与考古科学，2009：76-79.

[4] 戴红旗，吴来明等. 文物保护专用无酸纸和制备方法：中国，ZL200810022635.6，2008-12-24.

[5] 黄曦. 超越“展”与“藏”——博物馆展柜陈列形式设计的创新［J］. 艺海，2013，（5）.

[6] 张晋平. 博物馆环境质量检测控制技术［M］. 北京：中国环境出版社.

[7] Selwitz C, Maekawa S. Inert Gases in the Control of Museum Insect Pest, The Getty Conservation Institute, 1998.

附　　录

附录1　馆藏文物保护环境照度的测定方法

《馆藏文物保存环境质量检测技术规范》（WW/T 0016-2008）

馆藏文物保护环境照度的测定方法。

光学辐射作为一种能量对文物有一定的潜在危害，馆藏文物保护环境中可见光照度应遵循有利于观赏展品和保护展品的原则，达到安全可靠、经济适用、技术先进、节约能源、维修方便的要求。

一、相关标准和依据

本方法主要依据GB/T 18204.21和GB/T 5700。

二、原　　理

照度计是利用光电探测器的物理光电现象制成的。当外来光线入射于光电探测器表面后，光电探测器将光能转变为电压、电流或频率，通过后继电路显示出光的照度值。光电探测器的光谱响应被修整为人眼光谱光视效率曲线。

三、仪器和设备

照度计

照度计的性能如下。

量程：使用照度计最小分辨率不得大于1lx，检测上限在5000lx以上；

应用国家标准照度计，性能：相对示值误差不大于±4%；V（λ）匹配误差f，<6%；余弦特性不大于±4%；非线性误差不大于±1%；换挡误差不大于±1%；疲劳误差不大于−0.5%；红外线响应误差不大于2%；紫外线响应误差不大于1.5%；温度系数不大于±0.5%。

光照度计的检定应符合JJG 245的规定。

四、测　　定

1. 测定点的确定

馆藏文物保存环境中照度的测量应选测其中有代表性的测量点，测量面与文物主要受光面平行，距离文物不超过10cm，应在测量结果中详细注明测量点的位置。

2. 照度测定时注意事项

（1）测定开始前，白炽灯和卤钨灯应燃点15min；气体放电灯类光源应燃点40min。

（2）受光器上必须洁净无尘。

（3）测定时受光器稳定平行放置于接近文物的主要受光面。

（4）应防止各类人员和物体对光接收器造成遮挡。

3. 年曝光量的测定

（1）将受光器固定于测定位置，定期（通常为1h）记录照度值和间隔时间。

（2）累积各时段的曝光量值（照度×间隔时间）。

（3）年曝光量的计算必须连续累积计算三个工作日后按比例换算成年曝光量。

（4）闭馆后若检测环境无光照射，则仅需积累开馆时的曝光量。

（5）对于感应灯光年曝光量的测量推荐采用具有自动累积计算的照度计检测，并至少连续累积测量一周。

五、结果计算

1. 测定结果可直接记录，也可以记录最大值、最小值及平均值，必须记录详细的检测位置和受光面的朝向

2. 曝光量按下式计算

$$C_k = \sum_{i=1}^{k} E_i \cdot t_i$$

C_k——k 时段曝光量，lx·h；

E_i——i 时段平均照度，lx；

t_i——i 时段时间间隔，h。

3. 年曝光量计算

$$C_{年} = C_k \times \frac{365}{t_k}$$

$C_{年}$——年曝光量，lx·h/a；

C_k——k 时段曝光量，lx·h；

t_k——检测时间，d。

注：365是1a的统计计算天数。

附录2　馆藏文物保存环境紫外照度的测定方法

《馆藏文物保存环境质量检测技术规范》（WW/T 0016-2008）

馆藏文物保存环境紫外照度的测定方法。

紫外辐射是波长比可见辐射波长短的光学辐射，通常将波长在100～400nm的紫外辐射细分为：UV-A 315～400nm；UV-B 280～315nm；UV-C 100～280nm。由于紫外辐射的能量较大，因此对文物的损害也较大。馆藏文物保存环境中紫外照度的测定通常采用紫外照度计测定。

一、原　　理

紫外照度计是利用光敏半导体原件的物理光电现象制成的。当外来一定波长的紫外线射到硅光电池（光学元件）后，硅光电池即将光能转变为电脑，通过电流表显示出紫外线的辐照强度值。

二、仪器和设备

紫外辐射照度计

紫外辐射照度计的性能如下：

辐照度测量范围：0.01μW/cm2-1.999

紫外带外区杂光：＜0.02%；

余弦特征：符合JJG254中二级光照度计标准；

准确度：±5%。

三、测　　定

1. 测定点的确定

馆藏文物保存环境中紫外辐射照强度的测量应选择其中有代表性的测量点，测量面与文物主要受光面平行，距离文物不超过10cm，应在测量结果中详细注明测量点的位置。

2. 照度测定时注意事项

（1）测定开始前，白炽灯和卤钨灯应燃点15min；气体放电灯类光源应燃点40min。

（2）受光器上必须洁净无尘。

（3）测定时受光器稳定平行放置于接近文物的主要受光面。

（4）应防止各类人员和物体对光接收器造成遮挡。

（5）通常馆藏文物保存环境中紫外辐射的检测仪需测量UV-A（波长为315～400nm）值。

（6）检测仪器应定期校准。

四、结果计算

（1）测定结果可直接记录，也可以记录最大值、最小值及平均值，必须记录详细的检测位置和受光面的朝向。

（2）紫外线相对含量按下式计算。

$$R=I\times 10^4/E$$

R——紫外线相对含量，μW/lm；

I——紫外照度，$\mu W/cm^2$；

10^4——转换系数，$lx\cdot cm^2\cdot lm^{-1}$。

附录3　甲酸、乙酸的测定

《馆藏文物保存环境检测 · 气体扩散采样测定方法》第1部分：甲酸、乙酸的测定

一、范　　围

本部分规定了馆藏文物保存环境中甲酸、乙酸的扩散采样离子色谱同时测定方法。

本部分适用于馆藏文物保存环境中甲酸、乙酸的测定，也适用于其他室内环境中甲酸、乙酸的测定。

本方法的测定范围为5.0mL样品溶液中含0.1 ~ 50μg的甲酸根或乙酸根。若采样时间为1 ~ 5d，可测浓度范围经过换算为：甲酸0.8 ~ 1900μg/m^3；乙酸0.9 ~ 2200μg/m^3。

本方法对甲酸根的最低检测限为2.5μg/L，定量限为8.3μg/L；对乙酸根的最低检出限为3.5μg/L，定量限为11.7μg/L。

二、术语和定义

下列术语和定义适用于本文件。

1. 馆藏文物保存环境（museum environment）

收藏与展示各类可移动文物的相对封闭空间的总体，包括文物库房、展厅、展柜、储藏柜（箱、盒）等空间中影响文物保存的物理、化学、生物等条件。

2. 无动力扩散采样（passive diffusion sampling）

指将采样装置或气样捕集介质暴露于环境空气中，不需要抽气动力，依靠环境空气中待测成分的自然扩散作用而直接采集待测物质的采样方式。

三、原　　理

环境中的甲酸、乙酸，通过扩散作用进入无动力扩散采样器内，与吸收膜上碱性浸渍液作用，中和生成盐；用超纯水浸泡超声提取吸收膜上吸附的甲酸根和乙酸根离子，用离子交换色谱柱分离，抑制电导检测器检测，根据保留时间定性，外标法峰面积定量。

四、试剂和材料

除非另有规定，仅使用色谱纯或优级纯试剂

（1）超纯水，GB/T 6682，一级，电阻率不得低于17.8 MΩ · cm。

（2）氢氧化钠溶液，*c*（NaOH）=100 mmol/L，称取8g 50%NaOH溶液，溶于100mL超纯水中，混匀后转移至1 L的容量瓶，用超纯水定容。

（3）碱性浸渍液，20%（w/v）三乙醇胺+10%（w/v）甘油溶液。

称取2 g三乙醇胺和1 g甘油并用超纯水定容至10 mL。

（4）乙酸根标准储备液，*c*（CH_3COO^-）=500μg/mL。

精确称取经硫酸干燥器干燥的无水乙酸钠0.1737 g 溶于超纯水中，于250mL容量瓶中定容，4℃冷藏存放，此标准储备液1mL含500μg CH_3COO^-，可稳定90d。

（5）甲酸根标准储备液，*c*（$HCOO^-$）=500μg/mL。

精确称取经硫酸干燥器干燥的无水甲酸钠0.1889 g，溶于超纯水中，于250mL容量瓶中定容，4℃冷藏存放，此标准储备液1mL含500μg $HCOO^-$，可稳定90d。

（6）乙酸根标准工作溶液，*c*（CH_3COO^-）=20 μg/mL。

精确量取乙酸根标准储备液2 mL，用超纯水于50 mL容量瓶中定容，此标准工作溶液1 mL含20μg CH_3COO^-。此溶液临用时配制。

（7）甲酸根标准工作溶液，*c*（$HCOO^-$）=20 μg/mL。

精确量取甲酸根标准储备液2 mL，用超纯水于50 mL容量瓶中定容，此标准工作溶液1mL含20μg $HCOO^-$。此溶液临用时配制。

（8）浓淋洗液，*c*（NaOH）=25mmol/L。

于洁净的干燥烧杯中称取2 g 50% NaOH溶液，用超纯水转移至1 L淋洗液罐中，并加入超纯水至1L。

（9）稀淋洗液，c（NaOH）=5mmol/L。

用洁净量筒量取200mL浓淋洗液，用超纯水转移至1L淋洗液罐中，并加入超纯水至1L。

注：①若离子色谱仪有二元泵或四元泵，可只配25mmol/L 氢氧化钠溶液，另一路用超纯水代替；

②若离子色谱仪有淋洗液发生装置，可通过面板设置所需的氢氧化钾（钠）淋洗液的浓度，无需配制淋洗液。

（10）吸收膜，按附录1规定的规格和尺寸裁剪。

五、仪器和设备

（1）分析天平，精度为0.1mg。

（2）超声波清洗器，JB 20002.2。

（3）真空干燥箱，JB/T 9505，内部洁净。

（4）清洗杯，聚丙烯材质。

（5）样品瓶，聚丙烯材质的具盖广口瓶，规格为100 ~ 250 mL。

使用前用超纯水洗净后，40 ℃下真空干燥。

（6）提取瓶，具聚四氟乙烯盖垫的带盖玻璃小瓶，规格为20 ~ 25 mL。

使用前用超纯水浸泡超声洗涤，至浸泡后的溶液经测定甲酸根、乙酸根离子浓度分别低于2.5μg/L和3.5 μg/L后，在40 ℃下真空干燥。首次使用的提取瓶在上述清洗前须用100 mmol/L氢氧化钠溶液浸泡过夜。

（7）无动力扩散采样器，由后盖、底膜、吸收膜、接头、防尘膜、挡风网、端盖等部件组成。

无动力扩散采样器的各部件分别放入清洗杯中用超纯水浸泡超声洗涤，至浸泡后的溶液经测定甲酸根、乙酸根离子浓度分别低于2.5 μg/L和3.5 μg/L。首次使用的采样器在上述清洗前须用100 mmol/L氢氧化钠溶液浸泡过夜。

将清洗后的无动力扩散采样器各部件置于洁净托盘中，将托盘置于洁净的真空干燥箱中真空干燥，干燥温度40 ~ 45 ℃，干燥时间3 h。

在超净工作台上，用洁净的镊子将干燥的底膜放入无动力扩散采样器后盖中，将吸收膜置于底膜上，扣上接头，用移液枪在吸收膜上均匀滴入100 μL碱性浸渍液，依次在接头上部压上防尘膜、挡风网和端盖。将安装好的采样器置于样品瓶中，并在样品瓶中放入保护性采样吸收器，密闭瓶盖。保质期为5d。

注：为减少操作过程中的污染，操作人员应戴口罩以及无离子的一次性手套。

（8）保护性采样吸收器，由后盖、底膜、吸收膜、接头、端盖等部件组成。

在超净工作台上，用洁净的镊子将干燥的底膜放入无动力扩散采样器后盖中，将吸收膜置于底膜上，扣上接头，用移液枪在吸收膜上均匀滴入100 μL碱性浸渍液，压上端盖。

（9）离子色谱仪，PEEK（聚醚醚酮）系统的离子色谱仪，具有两个或两个以上的流路，或带有淋洗液流路切换的单泵，或带有淋洗液发生装置的单泵；抑制电导检测器。

（10）色谱柱，保护柱和分离柱。

保护柱和分离柱为高效阴离子交换柱。

分离柱每根柱容量不低于240μmol，或者采用其他等效的阴离子交换柱。

（11）抑制器，高容量的连续工作、自动再生的电解微膜阴离子抑制器。

（12）针式滤器，孔径0.22μm，直径13mm。

使用前用超纯水清洗滤器5次以上，其滤液经测定甲酸根、乙酸根离子浓度分别低于2.5μg/L和3.5μg/L，可重复使用。

六、采样和样品提取

1. 采样

将无动力扩散采样器放置在监测点位置，记录环境温度、湿度、照度、风向等相关参数，采样器不得对着风口，采样器端盖与前方阻挡物至少应有5cm间距，暴露于检测空间，平行采样的采样器间距不少于10cm，采样时间为1～5d。采样后将无动力扩散采样器放入样品瓶中，密闭瓶盖，带回实验室检测，样品应在5d内测定。

2. 样品提取

用洁净的镊子将吸收膜和底膜取出，放入提取瓶中，加入5mL超纯水，密闭瓶盖，放入超声波清洗器中超声振荡5～10min，得到样品提取液。样品提取液应在提取后12 h内测定。

进样时样品应用针式滤器过滤。

七、分析步骤

1. 色谱分析条件

分析时，根据离子色谱仪的型号和柱性能调整色谱条件，以下条件作为一个实例，参考分离色谱图，见图1。

淋洗液流速：1mL/min。

0 ~ 1 min　　5 mmol/L NaOH

1.01 ~ 8 min　　25 mmol/L NaOH

8.01 ~ 18 min　　5 mmol/L NaOH

抑制电流：100mA；

色谱柱柱温：30℃；

进样体积：25μL。

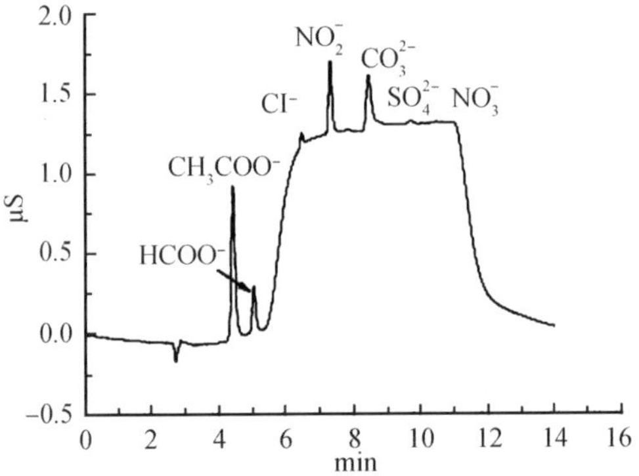

图1　阴离子分离色谱图

2. 标准曲线的绘制

取7只50 mL容量瓶，按表1制备甲酸根、乙酸根标准系列。

表1　甲酸根、乙酸根标准系列

瓶号	0	1	2	3	4	5	6
乙酸根标准工作液/mL	0	0.05	0.25	1.25	2.50	10.00	25.00
甲酸根标准工作液/mL	0	0.05	0.25	1.25	2.50	10.00	25.00
超纯水定容体积/mL	50.00	50.00	50.00	50.00	50.00	50.00	50.00
乙酸根离子浓度/（μg/mL）	0	0.020	0.100	0.500	1.000	4.000	10.00
乙酸根离子浓度/（μg/mL）	0	0.020	0.100	0.500	1.000	4.000	10.00

仪器稳定后，依次将各瓶中标准系列溶液按浓度从低到高进样，以含量（μg/mL）为横坐标，峰面积为纵坐标，绘制标准曲线，并计算回归方程。斜率的倒数作为样品测定时的计算因子Bs［μg/（mL·峰面积）］。

3. 样品测定

样品提取后，按色谱分析条件测定，每个样品重复测定三次，根据保留时间确认甲酸根、乙酸根离子的色谱峰，测量其峰面积，计算三次峰面积的平均值。

4. 空白试验

将同批次组装，但未采过样的空白采样器按“样品测定”操作步骤测定。

八、结果计算

环境中甲酸和乙酸的质量浓度ρ用下式进行计算

$$\rho=\frac{1000\times C\times(A-A_0)\times B_s\times V_1}{k\times t} \tag{1}$$

ρ—— 环境中甲酸或乙酸的质量浓度，μg /m^3；

C—— 酸根离子与相应气体间的质量转换系数，$C_{甲酸}=1.022$，$C_{乙酸}=1.017$；

A——样品提取液色谱峰面积的平均值；

A_0——空白试验的样品提取液色谱峰面积的平均值；

B_s——由“标准曲线的绘制”得到的计算因子，μg/（mL·峰面积）；

V_1——样品提取液体积，mL；

k——无动力扩散采样器的采样速率，L/min，$k_{甲酸}=1.836\times10^{-2}$（L/min），$k_{乙酸}=1.598\times10^{-2}$（L/min）；

t——采样时间，min。

九、方法特性

1. 精密度

（1）重复性相对标准偏差在3%～5%。

（2）再现性相对标准偏差在10%～15%。

2. 回收率

样品加标回收率为85%～115%。

附录4　氨的测定

《馆藏文物保存环境检测·气体扩散采样测定方法》第2部分：氨的测定。

一、范　　围

本部分规定了馆藏文物保存环境中氨的扩散采样离子色谱测定方法。

本部分适用于馆藏文物保存环境中氨的测定，也适用于其他室内环境中氨的测定。

本方法的测定范围为5mL样品溶液中含0.05～25μg的铵离子。若采样时间为1～5 d，氨的可测浓度范围经过换算为0.18～430μg/m^3。

本方法对铵离子的最低检测限为2μg/L，定量限为6μg/L。

二、术语和定义

下列术语和定义适用于本文件。

1. 馆藏文物保存环境（museum environment）

收藏与展示各类可移动文物的相对封闭空间的总体，包括文物库房、展厅、展柜、储藏柜（箱、盒）等空间中影响文物保存的物理、化学、生物等条件。

2. 无动力扩散采样（passive diffusion sampling）

指将采样装置或气样捕集介质暴露于环境空气中，不需要抽气动力，依靠环境空气中待测成分的自然扩散作用而直接采集待测物质的采样方式。

三、原　　理

环境中的氨，通过扩散作用进入无动力扩散采样器内，与吸收膜上酸性浸渍液作用，中和生成盐；用超纯水浸泡超声提取吸收膜上吸附的铵离子，用离子交换色谱柱分离，抑制电导检测器检测，根据保留时间定性，外标法峰面积定量。

四、试剂和材料

除非另有规定，仅使用色谱纯或优级纯试剂。

（1）超纯水，GB/T 6682，一级，电阻率不得低于17.8 MΩ · cm。

（2）硫酸溶液，c（H_2SO_4）=50 mmol/L。

称取5g 98%的浓硫酸缓慢溶于含300mL超纯水的烧杯中，混匀，冷却后转移至1L的容量瓶，用超纯水定容。

（3）酸性浸渍液，5%（w/v）甲基磺酸+20%（w/v）甘油溶液。

称取0.5g甲基磺酸和2g甘油并用超纯水定容至10mL。

注：甲基磺酸有腐蚀性、强刺激性。

（4）氯化铵标准贮备液，c（$NH4^+$）=1000μg/mL。

精确称取经硫酸干燥器干燥的无水氯化铵0.7414 g，溶于超纯水中，于250 mL容量瓶中定容，4℃冷藏存放，此标准溶液1.00mL含1000μg$NH4^+$，可稳定90d。

（5）氯化铵标准工作溶液，c（$NH4^+$）=10.0μg/mL。

精确量去取氯化铵标准贮备液1mL，用超纯水于100 mL容量瓶中定容，此标准工作溶液1mL含10μg$NH4^+$，此溶液应在临用时配制。

（6）淋洗液，c（CH3HSO3）=18mmol/L。

在洁净的干燥烧杯中称取1.73g甲基磺酸，用超纯水转移至1L淋洗罐中，并加入超纯水至1 L，所配制的甲基磺酸溶液浓度为18mmol/L。

（7）吸收膜，按附录1规定的规格和尺寸裁剪。

五、仪器和设备

（1）分析天平，精度为0.1mg。

（2）超声波清洗器，JB 20002.2。

（3）真空干燥箱，JB/T 9505，内部洁净。

（4）清洗杯，聚丙烯材质。

（5）样品瓶，聚丙烯材质的具盖广口瓶，规格为100～250mL。

使用前用超纯水洗净后，40℃下真空干燥。

（6）提取瓶，具聚四氟乙烯盖垫的带盖玻璃小瓶，规格为20～25mL。

使用前用超纯水浸泡超声洗涤，至浸泡后的溶液经测定铵离子浓度低于2μg/L后，在40℃下真空干燥。首次使用的提取瓶在常规清洗前须用50mmol/L硫酸浸泡过夜。

（7）无动力扩散采样器，由后盖、底膜、吸收膜、接头、防尘膜、挡风网、端盖等部件组成。

无动力扩散采样器的各部件分别放入清洗杯中用超纯水浸泡超声洗涤，至浸泡后的溶液经测定铵离子浓度低于2μg/L。首次使用的采样器在上述清洗前须用50mmol/L硫酸浸泡过夜。

将清洗后的无动力扩散采样器各部件置于洁净托盘中，将托盘置于洁净的真空干燥箱中真空干燥，干燥温度40～45℃，干燥时间3h。

在超净工作台上，用洁净的镊子将干燥的底膜放入无动力扩散采样器后盖中，将吸收膜置于底膜上，扣上接头，用移液枪在吸收膜上均匀滴入100μL酸性浸渍液，依次在接头上部压上防尘膜、挡风网和端盖。将安装好的采样器置于样品瓶中，并在样品瓶中放入保护性采样吸收器，密闭瓶盖，保质期为5d。

注：为减少操作过程中的污染，操作人员应戴口罩以及无离子的一次性手套。

（8）保护性采样吸收器，由后盖、底膜、吸收膜、接头、端盖等部件组成。

在超净工作台上，用洁净的镊子将干燥的底膜放入无动力扩散采样器后盖中，将吸收膜置于底膜上，扣上接头，用移液枪在吸收膜上均匀滴入100μL酸性浸渍液，压上端盖。

（9）离子色谱仪，单泵离子色谱仪PEEK（聚醚醚酮）系统，抑制电导检测器。

（10）色谱柱，保护柱和分离柱。

保护柱和分离柱为弱酸性（带羧酸和膦酸功能基）阳离子交换柱。

分离柱每根柱容量不低于2800μmol，或者采用其他等效的阳离子交换柱。

（11）抑制器，高容量的连续工作、自动再生的电解微膜阳离子抑制器。

（12）针式滤器，孔径0.22μm，直径13mm。

使用前用超纯水清洗滤器5次以上，其滤液经测定铵离子浓度应低于2μg/L，可重复使用。

六、采样和样品提取

1. 采样

将无动力扩散采样器放置在监测点位置，记录环境温度、湿度、照度、风向等相关参数，采样器不得对着风口，采样器端盖与前方阻挡物至少应有5cm间距，暴露于检测空间，平行采样的采样器间距不少于10cm，采样时间为1～5d。采样后将无动力扩散采样器放入样品瓶中，密闭瓶盖，带回实验室检测，样品应在5d内测定。

2. 样品提取

用洁净的镊子将吸收膜和底膜取出，放入提取瓶中，加入5mL超纯水，密闭瓶盖，放入超声波清洗器中超声振荡5～10min，得到样品提取液。样品提取液应在提取后12h内测定。

进样时样品应用针式滤器进行过滤。

七、分析步骤

1. 色谱分析条件

分析时，根据离子色谱仪的型号和柱性能调整色谱条件，以下条件作为一个实例，参考分离色谱图见图1。

淋洗液流速：1.0mL/min。

淋洗液：18mmol/L甲基磺酸。

抑制电流：50mA。

色谱柱柱温：30℃。

进样体积：25μL。

2. 标准曲线的绘制

取14只50 mL的容量瓶，按表1及表2制备铵标准溶液系列。

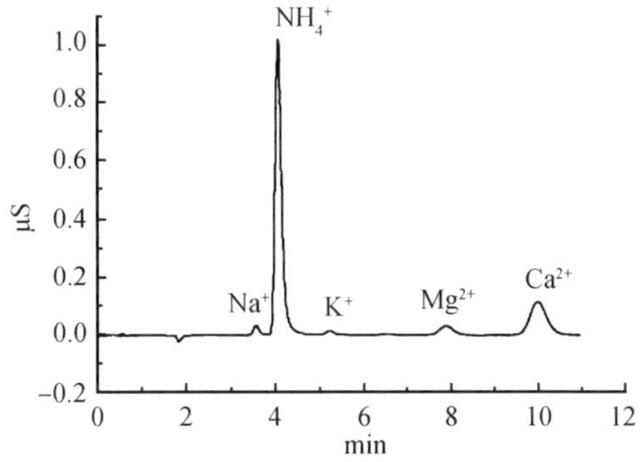

图1　阳离子的分离色谱图

表1　低浓度$NH4^+$标准溶液

瓶号	0	1	2	3	4	5	6
氯化铵标准工作液/mL	0	0.05	0.125	0.25	0.5	1.25	2.50
超纯水定容体积/mL	50.00	50.00	50.00	50.00	50.00	50.00	50.00
铵离子浓度/（μg/mL）	0	0.01	0.025	0.05	0.10	0.25	0.50

表2　高浓度$NH4^+$标准溶液

瓶号	0	1	2	3	4	5	6
氯化铵标准工作液/mL	0	2.50	3.50	5.00	7.50	10.00	25.00
超纯水定容体积/mL	50.00	50.00	50.00	50.00	50.00	50.00	50.00
铵离子浓度/（μg/mL）	0	0.50	0.70	1.00	1.50	2.00	5.00

仪器稳定后，依次将标准溶液按浓度从低到高进样，以铵离子含量（μg/mL）为横坐标，峰面积为纵坐标，按表1、表2所示，分高低浓度，绘制两条标准曲线，并分别计算回归方程。以斜率的倒数作为样品测定时的计算因子Bs［μg/（mL·峰面积）］。

3. 样品测定

样品提取后，按色谱分析条件测定，每个样品重复测量三次，根据保留时间确认铵离子的色谱峰，测量其峰面积，计算三次峰面积的平均值。

4. 空白试验

将同批次组装，但未采过样的空白采样器按“样品测定”操作步骤测定。

八、结果计算

环境中氨的质量浓度ρ用下式进行计算

$$\rho=\frac{1000\times C\times(A-A_0)\times B_s\times V_1}{k\times t} \tag{1}$$

ρ——环境中氨的质量浓度，μg/m³；

C——铵离子与氨之间的质量转换系数，取0.9441；

A——样品提取液色谱峰面积的平均值；

A_0——空白试验的样品提取液色谱峰面积的平均值；

B_s——由“标准曲线的绘制”得到的计算因子，μg/（mL · 峰面积），样品铵离子含量小于0.5 μg/mL时，取低浓度NH^{4+}标准溶液计算得的计算因子；样品铵离子含量大于0.5 μg/mL时，取高浓度NH^{4+}标准溶液计算得的计算因子；

V_1——样品提取液体积，mL；

k——无动力扩散采样器的采样速率，L/min，$k\mathrm{NH}^3=3.755\times10^{-2}$ L/min；

t——采样时间，min。

九、方法特性

1. 精密度

（1）重复性相对标准偏差在3%～5%；

（2）再现性相对标准偏差在10%～15%。

2. 回收率

样品加标回收率为85%～115%。

后　记

本书在天津自然博物馆领导和文物保护工作人员的支持下，经过专家严谨的指导修改和逐字审核，终于和读者见面了。

多年来，天津自然博物馆对预防性文物保护和博物馆环境的监测调控都非常重视，在人力物力上的投入也提高到了前所未有的高度。全国可移动文物保护环境监测系统平台的建立为文物保护工作提供了博物馆环境监测、控制、研究和实践的现实平台，同时笔者也从中学习到很多世界领先的博物馆环境监测和控制技术。针对天津自然博物馆北疆博物院旧址和天津自然博物馆新馆区的展厅与库房环境现状，博物馆制定了全面的标本藏品保存环境监测与控制方案，将建立国内自然博物馆行业中先进的环境监测系统，从而全面提升天津自然博物馆藏品预防性保护水平。天津自然博物馆无线传感监测系统的建立，使笔者全面了解了博物馆文物保护环境的现状，这些都为笔者完成本书创造了条件。

经过多年的学习、探索和工作实践，笔者对预防性文物保护和博物馆环境监测和调控技术有了较深刻的认识。本书在对国内外博物馆环境了解的基础之上对博物馆内涉及的环境因素（温湿度、光、空气品质等）进行了详细的理论阐述；对于书中涉及的所有监测、调控技术以及最新的文物保护技术，也结合天津自然博物馆和天津博物馆的现状进行了说明。本书将这些技术细节汇集起来组成连贯的文字，目的是使读者能够全面地了解我国在文物保护工作方面的进展以及在文物保护新技术方面的发展。

本书在写作过程中得到了天津自然博物馆黄克力馆长的大力支持；在整本书的资料查找和整理方面得到了河北工业大学能源与环境工程学院王华军教授和研究生张钰的鼎力相助；在专业咨询方面得到了中国国家博物馆张晋平研究员和首都博物馆何海平博士的指导帮助；在日常工作中得到了博物馆同仁覃学波、李彬、张艳红、王冬冬等的支持和帮助，在此一并表示感谢！

马金香

2015年5月7日